Estudio

de Casos Clínicos

Contribuciones a la Psicología en Puerto Rico

Editado por
**Alfonso Martínez-Taboas y
Guillermo Bernal**

© Alfonso Martínez-Taboas
    Guillermo Bernal
    Publicaciones Puertorriqueñas, Inc.

ISBN 978-1-62537-037-2

Editores
Alfonso Martínez-Taboas
Guillermo Bernal

Diseño y diagramación
Ana Rosa Rivera Marrero
Centro de Investigaciones Sociales, UPR-RP

Diseño de portada
Ana Rosa Rivera Marrero
Centro de Investigaciones Sociales, UPR-RP

Editora técnica
Christie Capetta Suro
Centro de Investigaciones Sociales, UPR-RP

Pintura en la portada
Espacios Interiores, 2013, encáustica de Jorge Luis Bernal
jorgeluisbernal.com

Producido e impreso en Puerto Rico

Publicaciones Puertorriqueñas, Inc.
Calle Mayagüez 46
Hato Rey, Puerto Rico 00919
Tel. (787) 759-9673   Fax (787) 250-6498
e-mail: servicio@ppeditores.com
www.ppeditores.com

NOTA ACLARATORIA
Para propósitos de carácter legal en relación con la Ley de Derechos Civiles de 1964, el uso de los términos maestro, director, supervisor, estudiante y cualquier otro que pueda hacer referencia a ambos géneros, incluye tanto al masculino como al femenino.

Colaboradores

Guillermo Bernal, PhD, Director, Instituto de Investigación Psicológica, Universidad de Puerto Rico, Río Piedras

Yarí L. Colón Torres, PhD, Servicio de Psicología, Hospital de la Administración de Veteranos, San Juan

Mariana Coronado, Instituto de Investigación Psicológica, Universidad de Puerto Rico, Río Piedras

Yovanska Duarté Vélez, PhD, Instituto de Investigación Psicológica, Universidad de Puerto Rico, Río Piedras y Departamento de Psiquiatría, Universidad de Brown, Rohde Island

Keishalee Gómez, Instituto de Investigación Psicológica, Universidad de Puerto Rico, Río Piedras

Samariz Laboy Hernández, Departamento de Psicología, Universidad de Puerto Rico, Río Piedras

Cybelle M. López-Valentín, Instituto de Investigación Psicológica, Universidad de Puerto Rico, Río Piedras

Domingo J. Marqués, PsyD, Departamento de Psicología, Escuela de Medicina de Ponce, Ponce.

Sylvia Martínez-Mejías, PhD, Departamento de Psicología, Universidad de Puerto Rico, Río Piedras

Alfonso Martínez-Taboas, PhD, Programa Doctoral de Psicología Clínica, Universidad Carlos Albizu, San Juan.

Jennifer Morales, Instituto de Investigación Psicológica, Universidad de Puerto Rico, Río Piedras

Edgardo Morales Arandes, PhD, Departamento de Psicología, Universidad de Puerto Rico, Río Piedras

Juan A. Nazario-Serrano, PsyD, Departamento de Psicología, Universidad Carlos Albizu, San Juan

José Pons Madera, PhD, Director, Departamento de Psicología, Escuela de Medicina de Ponce, Ponce

Mae-Lynn Reyes-Rodríguez, PhD, Departamento de Psiquiatría, Universidad de Carolina del Norte en Chapel Hill.

Lydia Rodríguez, Instituto de Investigación Psicológica, Universidad de Puerto Rico, Recinto de Río Piedras

Vivian Rodríguez del Toro, PhD, Departamento de Psicología, Universidad Interamericana, San Juan

Julio Santana Mariño, PhD, Practica Privada y Facultad Afiliada, Instituto de Investigación Psicológica, Universidad de Puerto Rico, Río Piedras

Edmee Soltero, Instituto de Investigación Psicológica, Universidad de Puerto Rico, Río Piedras

Jessika Talavera Valentín, PhD, Servicio de Psicología, Hospital de la Administración de Veteranos, San Juan

José Toro-Alfonso, PhD, Departamento de Psicología, Universidad de Puerto Rico, Río Piedras

Paloma Torres Dávila, Instituto de Investigación Psicológica, Universidad de Puerto Rico, Río Piedras

Tabla de contenido

IV. Terapias Psicodinámica, basadas en el Apego, Consultoría Forense Basada en el Apego

V. Terapias afirmativas

VI. Terapia Constructivista y sobre la mejoría rápida en la Psicoterapia

Agradecimientos

ALFONSO MARTÍNEZ-TABOAS Y GUILLERMO BERNAL

En este libro presentamos el caso a favor de los estudios de caso. Por supuesto, este libro no hubiera sido posible sin la participación de las personas que compartieron sus historias de vidas en las que nos dejaron entrar, apreciar sus experiencias y espacios interiores para relatarlos como estudios de caso. Esperamos que lo que aquí se describe, sea una fiel representación de esos espacios interiores compartidos en la psicoterapia.

La idea de este libro surgió independientemente de ambos editores. Ya desde el 1988 uno de nosotros (GB), soñaba con un libro sobre casos clínicos desde la experiencia puertorriqueña. La idea emergió cuando se estableció una conferencia de casos semanal en el centro de adiestramiento graduado del Programa de Psicología del Departamento de Psicología de la Universidad de Puerto Rico, Recinto de Río Piedras. Sin embargo, dicho proyecto no prosperó en parte por los múltiples compromisos y la falta de tiempo. Unos cuantos años después el primer editor (AMT) planteó la idea de dicho libro al segundo editor (GB), quien de inmediato acogió la propuesta.

Editar un libro es una tarea especial, edificante y a la vez constituye un gran reto intelectual. Sin la colaboración de un sinnúmero de personas, un proyecto como éste no hubiese prosperado. Primero, gracias a las personas que redactaron capítulos exponiendo sus experiencias en distintas modalidades del trabajo psicoterapéutico y presentando su trabajo clínico entorno a esos espacios interiores de la psicoterapia. Al leer la exposición de sus casos, quedó claramente plasmado el compromiso con sus pacientes; un compromiso que abarca tratar de sacar de la miseria humana a personas que por una u otra razón quedaron atascadas y confundidas por diversas adversidades de vida. Nuestra admiración y respeto para todos/as estos/as colegas.

Además estamos agradecidos por la comprensión de nuestros contribuyentes por las demoras y retos enfrentados durante el camino. Gracias por su respaldo y por la confianza en nosotros.

Agradecemos también, a varias personas del Instituto de Investigación Psicológico (IPSI) y del Centro de Investigaciones Sociales (CIS) de la Universidad de Puerto Rico, Recinto de Río Piedras. Destacamos el apoyo secretarial de Krisia Meléndez y el apoyo administrativo de Carmen Ríos Reyes, Liz Bultrón, Fermarie Villegas y de la asesoría tecnológica de

Wilmarie Santiago. Estamos sumamente agradecidos por la colaboración de estas compañeras del IPSI. De parte del CIS, le agradecemos encarecidamente el apoyo del Dr. Nelson Varas Días por solidarizarse con la producción de este volumen. El trabajo editorial de Christie Capetta y de Ana Rosa Rivera en la diagramación del libro fue de una gran calidad. El profesionalismo de las compañeras del IPsi y del CIS fue impresionante y superado solo por su competencia y compromiso universitario.

Y un agradecimiento muy especial al arquitecto y artista Jorge Luis Bernal quien nos permitió utilizar la imagen de su obra "interior spaces" (o espacios interiores) de su galería de trabajo de encáustica sobre el tema de la experiencia arquitectónica. La descripción completa de la serie aparece en el interior de la portada de este libro. En palabras del artista "La serie explora los espacios interiores de los ámbitos y las profundidades de mis sueños, creencias, espiritualidad y mi viaje cotidiano en la vida. Estas pinturas representan arquetipos personales comunicados a través del simbolismo histórico, arquitectónico y mitológico. Se centran en los espacios ideales que nuestras mentes crean, imaginan y se consideran seguros, pero las conexiones más importante aún presentes entre la felicidad, refugio y paz o tal vez todo lo contrario. Mi objetivo es presentar una historia a desdoblarse mediante abstracciones niveladas." Nos pareció que esta pintura refleja la complejidad de esos espacios interiores que nuestros/as clientes o pacientes compartes con nosotros y que representa el tema principal de un libro sobre el estudio de casos. Gracias Jorge.

Por último, deseamos ofrecer un agradecimiento a nuestros/as clientes. De ellos/as es que emana esa motivación para ser un mejor clínico. Cada paciente es único, con necesidades y retos diferentes. Todos vienen con una esperanza de cambio y con una expectativa de que producto de nuestra interacción surgirán soluciones o alternativas viables a sus problemas. Los libros, artículos profesionales y conferencias ofrecen una mirada al proceso de psicoterapia y ciertamente son importantes en la formación de cualquier clínico. Sin embargo, muchas veces quedan fuera las sutilezas e idiosincrasias de nuestros/as clientes. Por lo tanto, son precisamente los pacientes que, sin saberlo, nos ofrecen la oportunidad de abrir fronteras y re-pensar lo que aprendimos a nivel teórico. No sólo esto, cada paciente que mejora y que logra florecer en un proceso de psicoterapia, se convierte en un testimonio fehaciente de que nuestros esfuerzos tienen una recompensa intangible: la transformación, ante nuestros ojos, de un ser humano que ahora tiene la oportunidad de abrirse nuevos caminos hacia los retos de vida.

I. INTRODUCCIÓN

Capítulo 1

ESTUDIOS DE CASO:
CONTRIBUCIONES A LA PSICOLOGÍA CLÍNICA EN PUERTO RICO

ALFONSO MARTÍNEZ-TABOAS Y GUILLERMO BERNAL

El estudio de caso clínico es un pilar fundamental de la psicología clínica. La psicoterapia se estableció con los estudios de casos sobre los cuales se elaboraron las primeras teorías de la personalidad y de la psicoterapia a finales del Siglo XIX. Sin embargo, desde el 1946, cuando se inicia la Psicología Clínica en Puerto Rico, hasta el presente (Bernal, 2006), son relativamente pocos los estudios de caso publicados sobre la evaluación, diagnóstico y tratamiento en Puerto Rico. Este libro pretende responder a la carencia de información sobre los estudios de casos clínicos en Puerto Rico. El mismo presenta una compilación de quince capítulos originales realizados por colegas con peritaje en distintos acercamientos teóricos y representativos de distintas instituciones académicas y de servicios psicológicos en el país. El libro esta completamente dedicado a los estudios de casos, en parte por la falta de recursos publicados en Puerto Rico, pero también este volumen pretende contribuir a un cuerpo de información que desde la práctica permita construir y generar evidencia. Aspiramos a crear un mayor balance de cara a la falta de información y pretendemos generar evidencia desde la práctica ofreciendo ejemplos desde nuestro contexto histórico y cultural.

El estudio de caso es una herramienta fundamental para el trabajo clínico tanto psicoterapéutico como de evaluación psicológica. Por un lado, el estudio de caso es un gran recurso para examinar el proceso y el resultado de tratamientos psicológicos. El estudio de caso sirve para ejemplificar temas importantes en el tratamiento, asuntos diagnósticos, de evaluación psicológica, sobre estratégicas o técnicas psicoterapéuticas, como asuntos de la cultura y el lenguaje en la terapia (Leong & Kalibatseva, 2013). El estudio de caso privilegia lo particular, lo singular y permite un estudio intensivo de la persona a través del tiempo. Dicho acercamiento a la singularidad de la persona se conoce como *idiográfico*. Hay mucha variedad en los métodos idiográficos. Por ejemplo, estos pueden variar desde la descripción del proceso de la psicoterapia, a observaciones de la conducta, o del discurso de la persona vinculada a las intervenciones del terapeuta. También pueden utilizarse diseños de un solo caso en donde se manipula una variable independiente y donde se observa la respuesta del cliente a través del tiempo. El estudio de caso es una herramienta vital para el estudio de la persona en su contexto y ofrece una alternativa flexible a los diseños grupales. En dichos diseños, la estrategia científica es poder establecer relaciones causales entre variables con un solo sujeto. Desafortunadamente, el estudio de caso como estrategia de investigación científica, usualmente no forma parte de los cursos de metodología en los programas graduados de psicología (Barlow & Nock, 2009). Muy a pesar de enseñar métodos mixtos y estrategias metodológicas cualitativas y cuantitativas, frecuentemente se omiten los estudios de un solo sujeto.

Otro pilar de la psicología clínica científica es el acercamiento que busca identificar principios universales y las diferencias individuales mediante la comparación de grupos. Esto se conoce como el acercamiento *nomotético* que pretende aportar a leyes universales que puedan ser generalizadas y a la construcción de teorías psicológicas. La diferencia entre estas estrategias de investigación radica en la variabilidad entre participantes y el grado de generalización de los resultados. Como señalan Barlow y Nock (2009), la tarea básica en la ciencia psicológica es documentar relaciones de causa y efecto entre las variables independientes y las dependientes mas allá de las variables ambientales y biológicas que estén afectando a la persona en un momento particular. En el acercamiento nomotético, se presupone que hay variabilidad y la misma es una parte fundamental de la persona o personas, pero se maneja estadísticamente como error o variabilidad no explicada.

Los editores de este libro comparten una orientación amplia de la ciencia psicológica y valoran la investigación rigurosa. Desde nuestro punto de vista los diversos métodos de investigación han hecho posible que la psicología no sólo se limite a la divagación filosófica y la meta-física, sino que se mueva hacia una mayor integración y transformación de la disciplina cuyos constructos, hipótesis y teorías pueden ser evaluados utilizando las mejores herramientas producto de la indagación crítica y científica, con el propósito último de comprender la naturaleza biológica, psicológica, social y cultural del ser humano.

Esta empresa ha tenido muchos éxitos y puntos cúspides. Podemos afirmar que al día de hoy tenemos un entendimiento mucho más completo de la interacción de las emociones con las cogniciones (Davidson, Shererm, & Goldsmith, 2009); de las emociones y su relación con substratos neurobiológicos (Panksepp & Biven, 2012); de enfoques terapéuticos de gran versatilidad y efectividad (Lambert, 2013); y de las interacciones de Genes X Ambiente en la generación de psicopatologías y de los estados de resiliencia (Dodge & Rutter, 2011) entre muchos otros ejemplos.

Muchos de estos adelantos han sido posibles, utilizando sofisticados métodos científicos que siempre van a la par con el uso cada día más extenso de complicadas fórmulas estadísticas que hacen posible entender las interacciones complejas entre múltiples variables. Este punto es necesario resaltarlo, ya que prácticamente todos los modelos más avanzados y exitosos en psicología son de tipo multifactorial (Zuckerman, 1989). Los modelos unicausales, como los primeros esfuerzos llevados a cabo por conductistas y psicoanalistas, al día de hoy sólo pueden ser juzgados como esfuerzos pioneros, pero de poca relevancia contemporánea para entender la complejidad exquisita del comportamiento humano.

En medio de todo este derroche de elegancia metodológica, se asoman los estudios de casos clínicos. ¿Qué son los estudios de casos clínicos? Estos pueden ser definidos y descritos como la presentación detallada de las circunstancias de vida de un individuo en el contexto del desarrollo de una condición clínica. Esta presentación puede incluir el historial de vida, el desarrollo de su condición, contexto psicosocial de vida de la persona, datos sobre vulnerabilidades biopsicosociales, y posibles factores protectores. Asimismo, muchos casos clínicos presentan la respuesta del individuo a diversas intervenciones clínicas.

A través de un estudio de caso, el autor o autora puede plasmar con sutileza cómo una persona en particular presenta una condición clínica y cómo es su respuesta terapéutica. El lector o lectora de un estudio de caso puede a su vez conocer las interioridades de las vivencias fenomenológicas del paciente, muchas veces logrando un enganche afectivo e intelectual con el material que se presenta.

Mientras que en estudios científicos la norma es presentar los datos de manera agrupada, en el estudio de caso el lector tiene frente a si la vivencia única de una persona. Esta vivencia puede ser captada, transmitida y elaborada por el lector, quien en ocasiones puede incluso desarrollar empatía y simpatía por la persona que ocupa el caso clínico. Por otro lado, en los estudios científicos grupales, la identidad de los participantes se oscurece. Ahora lo que se busca no es la historia de un individuo en particular, sino la documentación de tendencias e inclinaciones en personas que demuestran una condición clínica o que se han beneficiado de algún tipo de modalidad terapéutica.

Por lo tanto, la presentación de casos clínicos nos muestra un escenario personal, individual y rico en conceptuación. Nos permite adentrarnos en las interioridades del personaje de una manera imposible de lograr con otros métodos de investigación. Más aún, Nisbett y Ross (1980) documentaron que los seres humanos, incluyendo a personas con bagaje en ciencia, nos impacta más la presentación de uno o dos casos clínicos que una presentación rigurosa en donde se informan hallazgos con cientos de personas. Por lo tanto, la presentación detallada de un caso de una niña de 10 años abusada sexualmente y las repercusiones que tuvo dicho trauma, pueden ser más impactantes al momento de tomar decisiones, que una presentación en donde se analizan los datos de 100 niñas abusadas sexualmente, pero cuyo historial y vivencias se pierden dentro de fórmulas estadísticas.

HACIA UN PLURALISMO METODOLÓGICO

A veces distintas orientaciones para construir el conocimiento se plantean como si fueran polos opuestos o hasta paradigmas en contraposición. De hecho, Campbell y Stanley (1963) desde la década de los 60 abogaban por un acercamiento que ellos denominaban multi-método multi-rasgos (multi-trait) que hoy conocemos como métodos mixtos. Entendemos que tanto los estudios de casos, así como los estudios de comparación de grupos se complementan. En otras palabras, lo ideográfico y lo nomotético son dos orientaciones a la investigación que no tienen por qué estar en contraposición, de la misma forma que un acercamiento cualitativo no tiene que ser el polo opuesto de lo cuantitativo. De hecho, en todo dato cuantitativo lo cualitativo está necesariamente presente porque ese dato tiene que interpretarse y explicarse. De la teoría surge la pregunta de investigación y la pregunta sugiere el método o métodos a utilizar. Por lo tanto, acercamientos a la investigación que a veces se plantean como en oposición, desde una perspectiva de la complejidad tanto lo ideográfico como lo nomotético, lo cualitativo como lo cuantitativo, aportan a la construcción del conocimiento de maneras complementarias. De esta manera tenemos un mejor entendimiento de procesos en la persona, el grupo, o la familia bajo estudio y por ende aportan al desarrollo teórico en la ciencia psicológica.

Con miras a elaborar un marco conceptual integrador, Bernal y Scharrón-del-Río (2001) propusieron integrar dos estrategias de investigación que a veces se plantean como divergentes. En concreto, el planteamiento es conjugar la estrategia de investigación orientada a la prueba de hipótesis con la estrategia de investigación orientada al descubrimiento. Por ejemplo, el estudio de caso puede usarse como una investigación orientada al descubrimiento con el interés de explorar procesos, sin pretender identificar la relación causal entre variables. Por lo tanto, la investigación orientada al descubrimiento (IOD) y la investigación orientada a la prueba de hipótesis (IOPH) representan dos vertientes en el campo con diferentes objetivos y estrategias metodológicas. La IOD como originalmente fue planteada por Mahrer (1988), ofrece estrategias de corte exploratorio y donde no se parte de nociones pre-concebidas.

Por un lado, la IOD ofrece la oportunidad de explorar procesos psicoterapéuticos y fenómenos (Mahrer, 1988) como los vínculos entre las condiciones a trabajarse en determinadas terapias, las operaciones o acciones terapéuticas con las consecuencias de dichas operaciones (rendimiento terapéutico o el "outcome"). Los resultados de la IOD sirven de base para adelantar la teoría científica y la conceptualización psicoterapéutica, prácticas en el tratamiento, y la integración entre la teoría, la práctica y la investigación. Por otro lado, la investigación de comparación de grupo o la IOPH privilegia la búsqueda de relaciones causales entre la variable independiente y la dependiente. Al cruzar estas dimensiones de la IOD y la IOPH considerándolas complementarias (Bernal & Scharrón-del-Río, 2001), se generan cuatro cuadrantes que presentamos a continuación.

TABLA 1.1

Investigación orientada a la prueba de hipótesis e investigación orientada al descubrimiento como dimensiones complementarias

		INVESTIGACION ORIENTADA AL DESCUBRIMIENTO	
		+	-
INVESTIGACION ORIENTADA A LA PRUEBA DE HIPOTESIS	+	I. Pluralismo metodológico (métodos mixtos) Etnografía, estudios de caso, ensayo clínico aleatorio, ensayo clínico abiertos	II. Experimentos y cuasi-experimentos Estudios para evaluar causa y efecto de un tratamiento (eficacia) Estudios de casos de línea base múltiple
	-	III. Estudios exploratorios sobre "procesos" y "efectividad", ensayos clínicos abiertos, estudios de caso	IV. Estudios descriptivos

Como muestra la Tabla 1.1, hay cuatro cuadrantes basados en el criterio de que un determinado estudio puede considerarse con más o menos peso en las dimensiones de IOPH o IOD. A modo de ejemplo, si un estudio de caso está más orientado a la verificación de relaciones causales sin un objetivo de explorar o descubrir nada, entonces dicho estudio estaría en el cuadrante #2 de estudios experimentales y cuasi-experimentales. Dicho estudio sigue una línea deductiva, recopila datos de naturaleza cuantitativa, se orienta a proteger la validez interna, y de alguna forma u otra manipula la variable independiente. En el cuadrante #3 se ubican estudios de caso que pretenden explorar o descubrir algún fenómeno o proceso y son de naturaleza exploratoria, fenomenológica y usualmente utilizan estrategias cualitativas, etnográficas o naturalista. En este tipo de estudio, la variable independiente no se manipula. Aquí encontramos la mayoría de los trabajos en este libro.

Por otro lado, hay estudios de casos donde no se pretende explorar o evaluar una hipótesis. Estos estudios pueden ser completamente fenomenológicos donde se pretende describir la experiencia o vivencia de un sujeto. Dicho estudio lo consideramos de naturaleza descriptiva (vea cuadrante #4). En el cuadrante #1 se encuentran estudios que utilizan métodos mixtos y pudieran considerarse que en igual o casi igual forma se orientan tanto al descubrimiento como a la prueba de hipótesis. Los estudios de caso que utilizan métodos mixtos usualmente parten de un pluralismo metodológico (Polkinghorne, 1983).

LA PERTINENCIA DE LOS ESTUDIOS DE CASO

Recientemente la influencia del caso clínico ha logrado un resurgir en la literatura clínica. Así, por ejemplo, recientemente han comenzado a publicarse dos revistas especializadas en la presentación de casos clínicos: *Clinical Case Studies* y *Pragmatic Case Studies in Psychotherapy*. La publicación de casos clínicos en estas revistas va por la línea de suplementar lo que se conoce como Prácticas Psicológicas Basadas en la Evidencia (PPBE). En las PPBE el énfasis es documentar las intervenciones tomando en cuenta tres parámetros fundamentales:

1. las idiosincrasias culturales y personales del cliente;
2. el peritaje y experiencia del clínico;
3. la utilización de estrategias que hayan demostrado utilidad y efectividad en estudios clínicos científicos (Martínez-Taboas & Quintero, 2012). En Puerto Rico, a estos parámetros se les añadió un cuarto que es la consideración de la ética (Bernal & Rodríguez, 2012).

En las PPBE la mayoría de las decisiones se toman de acuerdo a la mejor evidencia disponible (estudios clínicos controlados, ensayos clínicos abiertos, meta-análisis). Sin embargo, los estudios de casos también pueden aportar a este tipo de evidencia. Esto lo pueden hacer de dos maneras. Primero, utilizando lo que se conocen como estudios de casos con un diseño experimental del caso sencillo (Rassafiani & Sahaf, 2010). En este último, el autor presenta el material clínico utilizando una serie de controles y líneas bases para poder asumir causalidad en las intervenciones realizadas. Ejemplos son diseños A-B; A-B-A-B; A-B-C-B; etc. En segundo lugar, presentando el caso clínico, pero suplementándolo con medidas objetivas de cambio, como lo pueden ser inventarios, cuestionarios y otras medidas de auto-informe (Persons, 2007).

VENTAJAS Y DESVENTAJAS DE LOS ESTUDIOS DE CASO

Varios autores han demostrado otras bondades y ventajas

de los estudios de casos clínicos (Kratochwill, Mott, & Dodson, 1984; Lazarus & Davison, 1971; McLeod & Elliott, 2011). En primer lugar, los estudios de caso tienen un valor intrínseco de naturaleza heurística. Nos permiten generar ideas e hipótesis sobre situaciones clínicas novedosas que ameritan la atención. Por ejemplo, el psiquiatra de niños, Leo Kanner, llamó la atención de la comunidad internacional al escribir acerca de 11 casos clínicos de niños con una sintomatología hasta ese momento desconocida: autismo infantil (Artigas-Pallares & Paula, 2012). Asimismo, muchos clínicos famosos como Freud, Jung, Minuchin, Haley, Wolpe, presentaron sus ideas iniciales a través de casos clínicos. Más adelante, la investigación sistemática se ha encargado de corroborar, modificar o descartar algunas de las hipótesis generadas por vía de los casos clínicos.

En segundo lugar, los casos clínicos permiten estudiar y presentar a la comunidad científica casos raros, poco comunes y singulares. Hay ciertas condiciones clínicas que a nivel epidemiológico son raras. Por lo tanto, no es viable esperar a que se acumulen 20-30 casos de una condición para entonces pasar a estudiarlos. A través de una presentación detallada de un caso, el o la lector/a puede entrever características que aparentan ser esenciales en la etiología y curso del trastorno. En este particular son instructivos los casos clínicos de delirios compartidos (*folie a deux*; Patel, Arnone, & Ryan, 2004), trastornos de identidad disociada (Oxman, 2005), de ataque de nervios (Lewis-Fernández et al., 2002), y de *koro* (o síndrome culturalmente especifico de la retracción de los genitales) (Hawley & Owen, 1988), entre otros.

En tercer lugar, a través de casos clínicos se han desarrollado intervenciones terapéuticas novedosas, que luego han sido examinadas con más detalle y rigurosidad. El caso de Anna O. (Bertha Pappenheim) presentado en el libro clásico de Breuer y Freud (1895/2009) constituye un excelente ejemplo. La fenomenología histérica conversiva de Anna O., permitió a Breuer establecer una modalidad de terapia catártica en la que una vez la paciente ventilaba sus emociones respecto a algún incidente en particular, los síntomas supuestamente desaparecían. Asimismo, Mary Cover Jones (1924) puso en práctica una modalidad totalmente novedosa para ese entonces, que consistió de extinguir una fobia en un niño llamado Peter a través de principios de condicionamiento clásico.

Sin embargo, los casos clínicos también presentan desventajas. En primer lugar, es difícil y riesgoso generalizar el conocimiento de un solo caso a otras personas. Esto se puede deber a idiosincrasias del paciente, del clínico o de su contexto. Por ejemplo, si en un caso clínico se reporta que un paciente se deterioró al ser expuesto a un procedimiento hipnótico, este dato puede generar curiosidad, pero no debe pensarse que se tiene que generalizar a otras personas (Heap, 2000). Esto es así, porque precisamente muchos autores escogen el método del caso clínico para comunicar observaciones noveles, atípicas o inusuales.

En segundo lugar, típicamente el caso clínico es presentado por un autor que ya está comprometido con un marco teórico particular (jungiano, adleriano, conductual, humanista). Esto tiene el inconveniente de que los prejuicios del autor tienen el potencial de colorear e influir en un sinnúmero de decisiones que se tomarán al momento de presentar la información. En otras palabras, el caso clínico tiene pocas salvaguardas metodológicas para restringir el entusiasmo teórico del autor. Por ejemplo, en los casos clínicos de Jung no aparecen alusiones a envidias del pene ni complejos de castración, ya que estos constructos son ajenos a su visión teórica. A su vez, Freud nunca informó sobre la presencia de mándalas y arquetipos en sus casos clínicos, ya que estos constructos no son cónsonos con su marco teórico. Asimismo, Ellis no informaba en sus casos fenómenos clínicos inconscientes, ya que dentro de su concepción teórica estos procesos son innecesarios. Por lo tanto, los casos clínicos están exquisitamente expuestos a toda una variedad de amenazas a su validez interna (Kazdin, 1998). En este sentido, la persuasividad y fortaleza de los casos clínicos no es precisamente presentar evidencia contundente de ciertos procesos, sino de ejemplificar cómo se trabajan esos procesos en la vida real. Los estudios clínicos controlados oscurecen y hasta invisibilizan a la persona de Juan; en los casos clínicos podemos ver más claramente a Juan. Pero, y esto es importante, vemos a Juan a través del crisol de quien lo reporta: su psicólogo o psiquiatra. El psicólogo/psiquiatra se convierte entonces en el interlocutor de Juan, pero con el costo de que no tenemos acceso al discurso de Juan, sino a través del marco teórico que endosa nuestro psicólogo.

En tercer lugar, los casos clínicos se basan mayormente en información anecdótica. Por esto decimos que una parte del material no se puede verificar ni corroborar. Pertenece al dominio exclusivo de su autor, por lo que se dificulta su examen crítico o replicación por otros autores. En ocasiones la historia ha permitido excepciones a esta regla. Tomemos el caso de Anna O., el cual fue informado en el libro de Freud y Breuer del 1895. La exposición del caso de Anna O., según presentan al lector (Breuer & Freud, 1895/2009), es que ella terminó sus terapias curada de sus dolencias histéricas. Así lo reafirmó Freud en su autobiografía: "Por medio de este procedimiento consiguió Breuer, después de una larga y penosa labor, liberar a la enferma de todos sus síntomas" (1925/1985, p. 28). El relato escrito no deja dudas al respecto. Sin embargo, unos 70 años más tarde un investigador francés (Ellenberger, 1972) y el biógrafo de Breuer (Hirschmüller, 1989), encontraron sendos expedientes clínicos en un hospital psiquiátrico que apuntan a otra dirección. Anna O., no fue curada de muchos de sus síntomas, y durante varios años tuvo que ser atendida en clínicas psiquiátricas debido a la severidad de su condición clínica (véase la revisión detallada del caso de Anna O., en Martínez-Taboas, 1999).

El caso de Anna O., pone de relieve la suspicacia que debemos todos de tener cuando nos acercamos al caso clínico. Este tipo de material es rico, persuasivo, y hasta puede ser entretenido; pero siempre teniendo en cuenta que nos permite mayormente un ejercicio intelectual limitado por su propio encuadre epistemológico.

Tomando en cuenta toda esta multiplicidad de bondades y de vicios de los casos clínicos, es que nos hemos dado a la tarea de editar el presente volumen. Nuestro propósito es uno pragmático: deseamos documentar cómo un grupo de talentosos psicólogos ubicados en Puerto Rico conceptualizan y manejan diversas situaciones clínicas retantes y difíciles. Esta tarea será de gran utilidad en especial para todos aquellos estudiantes graduados que están deseosos de conocer cómo se trabajan en Puerto Rico situaciones clínicas, en especial al momento de conceptualizar las mismas.

PUBLICACIÓN DE CASOS CLÍNICOS EN PUERTO RICO

En realidad son pocos los estudios de casos clínicos publicados por profesionales de la salud mental en Puerto Rico. Con el fin de identificar dichas publicaciones, realizamos una búsqueda en las bases de datos como PsycINFO y Redalyc.

Luego de determinar la mejor combinación de términos, seleccionamos el término de "estudio de caso" o "case study". La búsqueda con dichos términos identificó un total de 104,156 referencias. Luego al entrar el término de "Puerto Rico" la cifra se redujo a 60 referencias (combinación de "estudio de caso" y "Puerto Rico"). Sin embargo, muchas de esas fichas bibliográficas no eran estudios de caso en psicología y su contenido no correspondía al criterio de la salud mental, psicología clínica o de consejería. De hecho, algunos eran estudios grupales o de encuestas. En fin, de las 60 referencias se logró identificar 16 artículos o capítulos bona fide correspondiente a estudios de casos en distintos temas[1]. Presentamos una breve sinopsis de los mismos a continuación.

Los estudios de caso corresponden a temas sobre la terapia cognitiva conductual, la psicoterapia interpersonal y la de los problemas de conducta del programa de investigación desarrollado en el Instituto de Investigación Psicológica de la Universidad de Puerto Rico (Duarté-Vélez, Bernal, & Bonilla, 2010; Jiménez Chafey, Bernal, & Rosselló, 2009; Jiménez Chafey, Duarté Vélez, & Bernal, 2011; Román & Bernal, 1992; Rosselló 1993; Rosselló & Jiménez-Chafey, 2006). También de la Universidad de Puerto Rico, identificamos otros estudios de casos sobre una intervención grupal para hombres VIH+ (Ortíz Colón, 1992) y un estudio temprano del Dr. José J. Bauermeister sobre mutismo electivo (Bauermeister & Jemail, 1975).

De la Universidad Carlos Albizu, encontramos varios estudios de casos en diversos temas por el editor de este volumen en torno a la terapia multimodal (Martínez-Taboas, 1988), tratamiento de fobias (Martínez-Taboas, 1991), memorias reprimidas (Martínez-Taboas, 1996), posesión espiritual y espiritismo (Martínez-Taboas, 1999; Martínez-Taboas, 2005), compulsiones (Martínez-Taboas, 1994), la somatización (Martínez-Taboas, 2004) y de naturaleza histórica (Martínez-Taboas, 1999).

En fin, nuestra revisión somera de la literatura escrita por psicólogos en Puerto Rico apunta a que la publicación de

---

[1] De seguro existen más estudios de caso no publicados en forma de disertaciones doctorales y tesis de maestría que requeriría una evaluación más extensa. Sin embargo, desgraciadamente ese cuerpo de información no es de fácil acceso, muy a pesar del movimiento en las universidades hacia digitalizar esos trabajos. Entendemos que el modesto estudio realizado debe de repetirse para identificar otras posibles fuentes de información.

casos clínicos no ha estado ajena de la literatura psicológica. Muy en particular, Martínez-Taboas ha escrito a nivel local e internacional varios casos clínicos. Por otro lado, Bernal también se ha destacado en la publicación de casos desde el inicio de su carrera profesional (por ejemplo, Bernal, Jacobson, & Lopez, 1975; Bernal, Rodríguez, & Diamond, 1990; Bernal & Vande Kemp, 1976; Jacobson, Bernal, & Lopez, 1973). Asimismo, varios psicólogos y psicólogas que han estado trabajando en el Instituto de Investigación Psicológica han publicado casos de sus proyectos de investigación o de su práctica psicológica.

METAS Y ORGANIZACIÓN DEL LIBRO

Aunque bien es cierto que varios autores y autoras han presentado casos clínicos en revistas profesionales, podemos decir sin temor a equivocarnos que este es el primer libro que se dedica con exclusividad al tema de casos clínicos con pacientes puertorriqueños.

Este libro pretende llenar un vacío sobre los casos clínicos en Puerto Rico. Aquí encontrará 15 capítulos originales sobre variados temas por peritos en el área. Como señalamos anteriormente, esperamos que este trabajo sirva para alentar a colegas en el campo y muy en particular a la nueva generación de psicólogos y psicólogas a redactar sus experiencias y compartirlas en revistas profesionales. Con este volumen esperamos contribuir a generar evidencia basada en la práctica y ofrecer ejemplos del trabajo psicológico desde nuestro contexto histórico cultural.

Con el propósito de establecer uniformidad en la presentación de los 15 casos del libro, los editores le entregamos un bosquejo como guía de los incisos que cada capítulo debería de cubrir. La intención aquí era facilitarle al lector o lectora la comparación entre un caso y el otro por sección. A todos los y las autoras se les solicitó que presentaran la base teórica que sustentaba su exposición del caso; la presentación de los datos clínicos; la conceptuación teórica del mismo; descripción de la modalidad terapéutica; evaluación de los resultados; e implicaciones clínicas.

Los editores decidimos invitar a personas que representan diversos marcos teóricos, ya que uno de los propósitos del presente libro es permitirle al lector o lectora adentrarse en cómo situaciones clínicas complejas pueden ser entendidas y tratadas desde diversas ópticas conceptuales. Aunque no podemos pretender que nuestro libro recoja todas las miradas discursivas terapéuticas, sí podemos asegurar que ofrece con suficiente detalle cómo se trabajan casos clínicos desde diferentes vertientes de vanguardia. Así, por ejemplo, tenemos casos conceptuados y tratados con modelos cognitivos-conductuales (Talavera, Marqués; Duarté-Vélez, Colón Torres; y Santana y colaboradores), integrativo (Martínez-Taboas), familiar-contextual integrativo (López Valentín y Bernal), narrativo constructivista (Morales), feminista (Rodríguez del Toro), de afirmación LGBT (Nazario; Toro-Alfonso), psicodinámico (Reyes-Rodríguez), basado en el apego (Martínez) y desde la psicología forense y familiar (Pons).

La estructura del libro está compuesta de cinco secciones temáticas. La primera es sobre las terapias integrativas y cuenta con tres capítulos. La segunda sección trata sobre las terapias cognitivas y conductuales (TCC) e incluye la nueva generación de tratamientos tales como la Terapia de Aceptación y Compromiso (o ACT por sus siglas en inglés). Esta sección cuenta con cinco capítulos sobre la TCC, uno sobre la terapia de exposición y otro sobre el ACT. Los temas en torno a la TCC son sumamente variados, tales como el tratamiento para un joven con ideación y conducta suicida, otro sobre un caso de personalidad limítrofe utilizando la terapia Dialéctica Conductual y un tercero sobre el uso de la TCC con hipnosis para tratar los síntomas secundarios a la quimioterapia en una mujer operada de cáncer de mama. La tercera sección incluye tres capítulos que giran en torno al tema del tratamiento psicodinámico, basado en el apego o evaluación relacional-familiar en un escenario forense. La cuarta sección agrupa dos trabajos sobre las terapias afirmativas LGBT y el manejo de asuntos de género y preferencia sexual en la terapia. La última sección agrupa dos capítulos de temas emergentes como lo son la psicoterapia constructivista y la mejoría rápida en la psicoterapia. Cada uno de estos escritos se trabajó a profundidad y proveen una mirada a la diversidad de temas y perspectivas teóricas, así como la complejidad de las situaciones presentadas de las cuales algunas fueron manejadas en escenarios de adiestramiento clínico. A nuestro juicio, cada uno de estos escritos representa una verdadera joya.

CONCLUSIÓN

Entendemos que este libro ejemplifica a cabalidad que no hay una sola manera de entender y tratar a nuestros pacientes. Es intrínseca a la naturaleza humana una complejidad biológica, psicológica, social, y cultural que muy bien puede ser abarcada desde una mirada de múltiples niveles. El resultado suele ser que cada modelo teórico permite una entrada y exploración única a nuestros pacientes. Partiendo de un enfoque multinivel, los cambios en un nivel suelen repercutir en otros niveles, lográndose el cambio tan esperado y deseado. Es quizás por esto que muchas veces los resultados en investigación en psicoterapia logran resultados parecidos, a pesar de utilizarse modelos diferentes (Lambert & Ogles, 2004). Así por ejemplo, un psicofármaco antidepresivo logra cambios motivacionales, conductuales y cognitivos ya que al ejercer cambios en procesos neurobiológicos, éstos repercuten en cambios en otros sistemas que son inherentemente interdependientes unos de otros (cambio "bottom-up", o de abajo hacia arriba).

Por otro lado, una terapia cognitiva puede a su vez energizar cambios conductuales e interpersonales, ya que al cambiar las cogniciones la persona comienza a presentar más deseos de exponerse a nivel social y de buscar experiencias placenteras. Lo más novedoso es que ya se ha demostrado que las terapias cognitivas e interpersonales logran cambios profundos y dramáticos en procesos neurobiológicos (cambio top-down, o de arriba hacia abajo;Kumari, 2006; Linden, 2006). Por lo tanto, desde un encuadre teórico integrativo, la meta de la psicoterapia es impactar uno (o varios) de los niveles disfuncionales del paciente, con la expectativa de que dichos cambios logren a su vez modificar de manera recursiva otros niveles de funcionamiento, lográndose así un mejor funcionamiento global y generalizado. Afortunadamente, al día de hoy hay evidencia contundente, de que ciertos estilos interpersonales del terapeuta y ciertas modalidades técnicas han mejorado el panorama sombrío que existía hace unas pocas décadas atrás sobre muchas condiciones mentales y emocionales (Carr, 2009).

Esperamos que este libro permita al lector y lectora una mejor comprensión y visión de cómo trabajan clínicamente algunos de nuestros colegas cuando se enfrentan a situaciones clínicas difíciles y retantes. La psicoterapia es una tarea que requiere de intuición, sabiduría de vida y en ocasiones hasta de improvisación. También la psicoterapia requiere rigurosidad conceptual, un buen anclaje teórico, y destrezas y técnicas que faciliten el cambio. Creemos que en este libro el lector y lectora podrá identificar esta conjunción tan necesaria en la riqueza del material clínico.

REFERENCIAS

Artigas-Pallares, J., & Paula, I. (2012). El autismo 70 años después de Leo Kanner y Hans Asperger. *Revista de la Asociación Española de Neuropsiquiatría, 32*(115), 567-587.

Barlow, D. H., & Nock, M. K. (2009). Why can't we be more idiographic in our research? *Perspectives on Psychological Science, 4*(1), 19-21.

Bauermeister, J. J., & Jemail, J. A. (1975). Modification of "elective mutism" in the classroom setting: A case study. *Behavior Therapy, 6*, 246-250. doi: 10.1016/s0005-7894(75)80148-1

Bernal, G. (2006). La psicología clínica en Puerto Rico. *Revista Puertorriqueña de Psicología, 17*, 341-388.

Bernal, G., Jacobson, L. I., & Lopez, G. N. (1975). Do the effects of behaviour modification programs endure? *Behaviour Research and Therapy, 13*, 61-64. doi: 10.1016/0005-7967(75)90053-4

Bernal, G., Rodríguez, C., & Diamond, G. (1990). Contextual therapy: Brief treatment of an addict and spouse. *Family Process, 29*, 59-71. doi: 10.1111/j.1545-5300.1990.00059.x

Bernal, G., & Rodríguez, N. C. (2012). La práctica psicológica basada en la evidencia: Hacia una integración de la investigación, el peritaje profesional, la singularidad del/a cliente, su contexto y con la ética. . In A. M. Taboas & N. Quintero (Eds.), *Practica psicológica basada en la evidencia en Puerto Rico.* (pp. 8-34). San Juan: Publicaciones Puertorriqueñas. .

Bernal, G., & Scharrón-del-Río, M. R. (2001). Are empirically supported treatments valid for ethnic minorities? toward an alternative approach for treatment research. *Cultural Diversity and Ethnic Minority Psychology, 7*(4), 328.

Bernal, G., & Vande Kemp, H. (1976). Marital therapy: Experiential perspectives of two developing clinicians. *Family Therapy, 3*(2), 109-122.

Breuer, J., & Freud, S. (1895/2009). *Studies on hysteria.* New York: Basic Books.

Campbell, D. T., & Stanley, J. C. (1963). *Experimental and quasi-experimental designs for research on teaching*: American Educational Research Association.

Carr, A. (2009). *What works with children, adolescents, and adults? A review of research on the effectiveness of psychotherapy.* New York: Routledge.

Davidson, R. J., Shererm K., & Goldsmith, H. H. (2009). *Handbook of affective sciences.* New York: Oxford University Press.

Dodge, K. A., & Rutter, M. (2011). *Gene-environment interactions in developmental psychopathology.* New York: : Guilford Press.

Duarté-Vélez, Y., Bernal, G., & Bonilla, K. (2010). Culturally adapted cognitive-behavioral therapy: Integrating sexual, spiritual, and family identities in an evidence-based treatment of a depressed Latino adolescent. *Journal of Clinical Psychology, 66,* 895-906. doi: 10.1002/jclp.20710

Ellenberger, H. F. (1972). The story of "Anna O": A critical review with new data. *Journal of the History of the Behavioral Sciences.*

Hawley, R. M., & Owen, J. H. (1988). Koro: its presentation in an elderly male. *International Journal of Geriatric Psychiatry, 3*(1), 69-72.

Heap, M. (2000). The alleged dangers of stage hypnosis. *Contemporary Hypnosis, 17*(3), 117-126.

Hirschmüller, A. (1989). *The life and work of Josef Breuer: Physiology and psychoanalysis*: New York University Press.

Jacobson, L. I., Bernal, G., & Lopez, G. N. (1973). Effects of behavioral training on the functioning of a profoundly retarded microcephalic teenager with cerebral palsy and without language or verbal comprehension. *Behaviour Research and Therapy, 11,* 143-145. doi: 10.1016/0005-7967(73)90079-X

Jiménez Chafey, M. I., Bernal, G., & Rosselló, J. (2009). Clinical case study: CBT for depression in a Puerto Rican adolescent: Challenges and variability in treatment response. *Depression and Anxiety, 26,* 98-103. doi: 10.1002/da.20457

Jiménez Chafey, M. I., Duarté Vélez, Y., & Bernal, G. (2011). Mother-daughter interactions among depressed Puerto Rican adolescents: Two case studies in CBT. *Revista Puertorriqueña de Psicología, 22,* 46-71.

Jones, M. C. (1924). The elimination of children's fears. *Journal of Experimental Psychology, 7*(5), 382.

Kazdin, A. E. (1998). *Research design in clinical psychology* (3rd ed.). Boston: Allyn & Bacon.

Kratochwill, T. R., Mott, S. E., & Dodson, C. L. (1984). Case study and single-case research in clinical and applied psychology. In A. S. Bellack & M. Hersen (Eds.), *Research methods in clinical psychology* (pp. 55-99). New York: Pergamon Press. .

Kumari, V. (2006). Do psychotherapies produce neurobiological effects? *Acta Neuropsychiatrica, 18,* 61-70.

Lambert, M. (2013). *Bergin and Garfield's handbook of psychotherapy and behavior change*: John Wiley & Sons.

Lambert, M., & Ogles, B. M. (2004). The efficacy and effectiveness of psychotherapy. In M. Lambert (Ed.), *The Bergin and Garfield's handbook of psychotherapy and behavior change* (pp. 139-193). New York: Wiley.

Lazarus, A. A., & Davison, G. C. (1971). Clinical innovation in research and practice. In A. E. Bergin & S. L. Garfield (Eds.), *Handbook of psychotherapy and behavior change* (pp. 196-215). New York: Wiley.

Leong, F. T., & Kalibatseva, Z. (2013). Clinical Research with Culturally Diverse Populations. *The Oxford Handbook of Research Strategies for Clinical Psychology*, 413.

Lewis-Fernández, R., Guarnaccia, P. J., Martinez, I. E., Salmán, E., Schmidt, A., & Liebowitz, M. (2002). Comparative phenomenology of ataques de nervios, panic attacks, and panic disorder. *Culture, Medicine, and Psychiatry, 26*(2), 199-223.

Linden, D. E. J. (2006). How psychotherapy changes the brain-The contribution of functional neuroimaging. *Molecular Psychiatry, 11*, 528-538.

Mahrer, A. R. (1988). Discovery-oriented psychotherapy research: Rationale, aims, and methods. *American Psychologist, 43*, 694-702. doi: 10.1037/0003-066x.43.9.694

Martínez-Taboas, A. (1988). El uso de la terapia multimodal en la práctica clínica. *Ciencias de la Conducta, 3*, 9-20.

Martínez-Taboas, A. (1991). Tratamiento conductual de una fobia compleja a los insectos. *Ciencias de la Conducta, 6*, 113-126.

Martínez-Taboas, A. (1994). Un caso de cacodemonomanía a la luz del modelo biopsicosocial. *Ciencias de la Conducta, 9*, 125-143.

Martínez-Taboas, A. (1996). Repressed memories: Some clinical data contributing toward its elucidation. *American Journal of Psychotherapy, 50*(2), 217-230.

Martínez-Taboas, A. (1999). A case of spirit possession and glossolalia. *Culture, medicine and psychiatry, 23*(3), 333-348. doi: 10.1023/a:1005504222101

Martínez-Taboas, A. (1999). La pertinencia del reanálisis histórico del caso de Anna O. para Freud, el psicoanálisis y la psicoterapia. *Revista Puertorriqueña de Psicología, 12*, 29-53.

Martínez-Taboas, A. (2004). A case study illustrating the interplay between psychological and somatic dissociation. *Revista Interamericana de Psicología, 38*, 113-118.

Martínez-Taboas, A. (2005). Psychogenic seizures in an Espiritismo context: The role of culturally sensitive psychotherapy. *Psychotherapy, 42*, 6-13.

Martínez-Taboas, A., & Quintero, N. (2012). *Practica psicológica basada en la evidencia: Una perspectiva hispana*. San Juan, PR: Publicaciones Puertorriqueñas.

McLeod, J., & Elliott, R. (2011). Systematic case study research: A practice-oriented introduction to building an evidence base for counselling and psychotherapy. *Counselling and Psychotherapy Research, 11*(1), 1-10.

Ortíz Colón, R. (1992). Grupos de apoyo para hombres gay HIV seropositivos: un estudio de caso en Puerto Rico. *Revista Latinoamericana de Psicología, 24*(1-2), 189-200.

Oxman, R. B. (2005). *A fractured mind: my life with multiple personality disorder*. New York: Hyperion.

Panksepp, J., & Biven, L. (2012). *The archaeology of mind:*

Neuroevolutionary origins of human motions New York: Norton & Company.

Patel, A. S., Arnone, D., & Ryan, W. (2004). Folie à deux in bipolar affective disorder: a case report. *Bipolar Disorders, 6*(2), 162-165.

Persons, J. B. (2007). Psychotherapists collect data during routine clinical work that can contribute to knowledge about mechanisms of change in psychotherapy. *Clinical Psychology: Science and Practice, 14*(3), 244-246.

Polkinghorne, D. (1983). *Methodology for the human sciences: Systems of inquiry.* Suny Press.

Rassafiani, M., & Sahaf, R. (2010). Single case experimental design: an overview. *International Journal of Therapy and Rehabilitation, 17*(6), 285-289.

Román, H., & Bernal, G. (1992). Estudios de caso sobre el trastorno por deficit atencional (TDA): Una revisión de la literatura. *Revista Interamericana de Psicología, 26*(2), 195-213.

Rosselló , J. (1993). Treatment approaches for depression in Puerto Rican adolescents: Two case studies. . *Interamerican Journal of Psychology, 27*(163-180.).

Rosselló, J. M., & Jiménez-Chafey, M. I. (2006). Cognitive-behavioral group therapy for depression in adolescents with diabetes: A pilot study. *Revista Interamericana de Psicología, 40*(2), 219-226.

Zuckerman, M. (1989). *Vulnerability to psychopathology: A biosocial model.* Washington, DC: American Psychological Association.

II. TERAPIAS INTEGRATIVAS

Capítulo 2

EL PADRE QUE NO APRENDIÓ A PERDER

Alfonso Martínez-Taboas

FUNDAMENTO TEÓRICO Y EMPÍRICO

El presente caso es el de un hombre que luego de perder a su hijo, producto de una enfermedad, desarrolla un luto complicado y convulsiones psicógenas. Mi presentación toma como base un modelo integracionista. Las terapias integracionistas toman como punto de partida el hecho de que diversos modelos teóricos (cognitivos, psicodinámicos, interpersonales) le ofrecen al clínico una perspectiva valiosa de su cliente; pero una que suele ser parcial e incompleta. Esta insatisfacción se debe a la misma naturaleza de la complejidad del material clínico, el cual debe ser visto y analizado dentro de diversos niveles, desde lo micro hasta lo macro. Por lo tanto, la tarea del terapeuta integracionista es ofrecer un servicio psicoterapéutico en donde se impacten los diversos problemas del cliente tomando como base la sabiduría que potencialmente ofrecen diversos modelos terapéuticos. Autores como Shapiro, Barkham, Reynolds, Hardy y Stiles (1992) y Beutler (Beutler & Harwood, 2000) han desarrollado modelos integrativos que plantean que los clientes en psicoterapia presentan problemáticas que requieren diversos tipos de enfoques. En el modelo de asimilación de Shapiro et al., (1992), por ejemplo, se plantea que algunos clientes llegan a terapia sin tener entendimiento o introvisión de sus problemas. En casos como estos, el enfoque indicado es uno psicodinámico. Otros clientes tienen un buen entendimiento de su condición, pero fracasan en el cambio. En esta etapa los modelos cognitivos y conductuales son los indicados.

Por lo tanto, dentro de los modelos integrativos el clínico analiza las deficiencias o problemas del cliente tomando en cuenta sus necesidades particulares dentro de un sistema complejo de multiniveles. Esta posición coincide con la tesis expuesta por Castonguay y Beutler (2006) quienes han abogado por ver a las psicoterapias en términos de principios de cambio empíricamente basados.

Debido a la complejidad de la conceptuación que desarrolla el clínico y a las múltiples áreas de impacto, las terapias integrativas no tienen un bagaje empírico tan amplio como el que tienen terapias como las cognitivas y conductuales. Sin embargo, hay datos sistemáticos disponibles que apoyan esta dirección. Por ejemplo, los modelos basados en asimilación (Shapiro, et al., 1992) han demostrado empíricamente que la secuencia de comenzar con el material no asimilado es superior a secuencias alternas en donde no se toma en cuenta la asimilación del material clínico. Por su parte, en el modelo integrativo conocido como psicoterapia ecléctica sistemática (Beutler & Harwood, 2000), se hace un esfuerzo sistemático de identificar las características del cliente, para luego utilizar estrategias de tratamiento que van de acuerdo con dichas características. Por ejemplo, Beutler y Harwood (2000) han documentado que el tipo de afrontamiento ante los problemas es importante al momento de escoger el modelo terapéutico para dicho cliente. Personas con defensas muy altas y con resistencia, no suelen beneficiarse mucho de terapias muy directivas.

Asimismo, algunos modelos que cuentan con una buena base en la evidencia, son eminentemente integrativos. Por ejemplo, la terapia dialéctica conductual (Landes & Linehan, 2012), la terapia familiar multisistémica (Schoenwald, 2012) y la terapia de aceptación y compromiso (Herbert & Forman, 2011) son modelos que en esencia son integrativos y con un fuerte bagaje empírico.

PRESENTACIÓN DEL CASO

Luis es un hombre de 45 años, casado desde hace 22 años y con un hijo de 20 años y una hija de 21 años. No terminó la secundaria y se dedicó a hacer trabajos de construcción.

Luis viene a la consulta referido por su psiquiatra, quien le ha dado seguimiento a su caso en los últimos dos años. Al momento está tomando Prozac y Ativan. De su historial se desprende que hace 10 años su hijo menor (Miguelito), que en ese entonces tenía 12 años, murió de leucemia. La leucemia del niño fue tratada por varios años, pero finalmente sucumbió a la enfermedad.

En las primeras dos sesiones Luis nos explicó que Miguelito fue un niño muy apegado a él: jugaban diversos deportes juntos y lo ayudaba con tareas domésticas. La muerte de Miguelito fue devastadora para Luis, no sólo por el estrecho vínculo entre ambos, sino porque la noche en que el niño murió en el hospital, Luis se encontraba solo con éste, y lo vio morirse en sus brazos mientras él gritaba por ayuda.

A pesar de haber transcurrido 10 años, Luis se siente afectado y deprimido por la muerte de su hijo. Nos indicó que casi a diario pensaba en la pérdida de éste y la angustia que esto le provocaba.

Lo que en esencia motiva a Luis a mi consulta es que desde hace 10 años le han dado de manera recurrente unos episodios en donde cae al suelo, tuerce sus extremidades, se pone bien rígido y convulsa. Estos episodios comenzaron horas más tarde luego de la muerte de su hijo, y al momento de asistir a la consulta, le dan aproximadamente 5 convulsiones semanales. La frecuencia e intensidad de las convulsiones ha traído como consecuencia que él casi no pueda trabajar en construcción, quedándose muchas veces en su casa totalmente frustrado con su vida. Tanto él como su esposa me indicaron que en los últimos años había tenido 15 intervenciones en Sala de Emergencia, ya que sus convulsiones no cesaban, aún tras pasar varias horas.

Por otra parte, su esposa (Heidi) trabaja a tiempo completo y es la persona que en gran medida sostiene la economía de la casa. Heidi es el apoyo principal de Luis, dedicándose a cuidar a su esposo y a llevarlo a diversos médicos y hospitalizaciones. Sobre sus convulsiones, Luis ha sido atendido por varios neurólogos y le han realizado varios EEG y dos MRI. Todos los resultados reflejan que sus convulsiones no tienen una causa orgánica, por lo que la epilepsia se descartó a base de dichos hallazgos. Por lo tanto sus convulsiones son psicógenas, lo que apunta a que el origen de su sintomatología convulsiva es de origen emocional o psicológico.

Al evaluar el caso utilizando el DSM-IV-TR, encontramos el siguiente perfil:

Ejes	Diagnósticos
Eje I	Trastorno Conversivo
Eje II	Diferido
Eje III	Asma
Eje IV	Problemas laborales
Eje V	50 (al momento de la consulta)

Elaborando este perfil, tenemos que su diagnóstico principal es el de un Trastorno Conversivo. Este diagnóstico se ofrece cuando la persona informa o presenta unos síntomas que interfieren con alguna función orgánica del cuerpo (ej: visión, movimientos motores), y que *prima facie* sugieren algún tipo de enfermedad orgánica. En el caso de Luis la primera sospecha orgánica fue la de epilepsia. En los casos de epilepsia muchas personas caen al suelo y convulsan. En el caso de Luis, la epilepsia se descartó debido a que sus convulsiones no presentaban hallazgos electrocorticales y a que sus movimientos y manifestación motora apuntaba a factores psicológicos (por ejemplo, no es típico de la epilepsia la manera en que se retorcía en el suelo). Adicional, notemos que el primer episodio de Luis comenzó la misma noche en que muere su hijo, lo que fuertemente apunta a aspectos psicológicos. Nótese también que Luis lleva una década de su vida teniendo un promedio de 20 convulsiones mensuales, lo que es un perfil bastante atípico en los casos de epilepsia.

El tema de las convulsiones psicógenas ha sido estudiado de manera rigurosa y amplia (Martínez-Taboas, Lewis-Fernández, Sar, & Agarwal, 2010; Reuber, 2009; Sahaya, Dholakia & Sahota, 2011). Innumerables revisiones de literatura indican que las personas que desarrollan convulsiones psicógenas son usualmente personas que tienen un historial de traumas u otras adversidades las cuales no se han resuelto a nivel emocional (Proenca, Castro, Jorge & Marchetti, 2011). Las convulsiones psicógenas, si no son tratadas con psicoterapia, pueden ser tan incapacitantes como casos de epilepsia refractaria, y pueden durar décadas en la vida de un paciente, minando así su productividad social, ocupacional y familiar (Mercer, Martin & Reuber, 2010).

Cuando evaluamos el aspecto socio-cultural de Luis y su familia, tenemos que éste viene de un entorno en donde impera el familismo, o sea, en donde son importantes y vitales los valores relacionados con la unión familiar. En este sentido, Luis se percibe a sí mismo como un hombre familiar y quien atesora compartir con sus hijos. De igual manera, su esposa proviene de un ambiente familiar similar, lo que abona a entender su papel activo y de sostén en todo el andamiaje familiar y marital. Partiendo de su papel como padre, es que también podemos explicar cómo es posible que a pesar de haber pasado una década de la muerte de su hijo, aún Luis sienta una tristeza profunda y culpa por la muerte de su hijo. Dentro de su contexto de vida, él le falló de alguna manera a su hijo, al éste último morir por la leucemia. Por otro lado, debido a la poca educación formal de Luis, cualquier servicio de psicoterapia que se le ofreciera a éste tendría que tomar en cuenta su limitación en término de extensión de vocabulario y de entender conceptos psicológicos que le pueden ser muy complejos.

CONCEPTUACIÓN DEL CASO

Como ya indiqué en la primera sección de este capítulo, mi intervención con Luis estuvo enmarcada dentro de lo que se conocen como psicoterapias integrativas. Una premisa medular de las terapias integrativas es que un solo modelo terapéutico (ya sea cognitivo, psicodinámico, conductual) no suele ser suficiente para entender y tratar situaciones clínicas, en especial en casos tan complejos y crónicos como el de Luis (Martínez-Taboas, 1993, 2003, 2005).

Una ventaja de las terapias integrativas es que el clínico puede analizar el material terapéutico con un lente amplio, lo que le permite sentirse cómodo indagando diversos factores y variables que potencialmente están influyendo en el caso. No sólo esto, sino que al momento de realizar intervenciones terapéuticas, el terapeuta integrativo tiene a su disposición todo un arsenal amplio de técnicas terapéuticas que van directamente a las deficiencias o problemas del cliente (Stricker & Gold, 2008). Por su parte, un clínico purista, al comprometerse con un solo modelo terapéutico (cognitivo, psicodinámico, sistémico de familia) tiene la propensión de dar una mirada a todos sus clientes utilizando el mismo bagaje teórico, lo que constriñe innecesariamente una mirada diversa y abarcadora de su cliente.

Mi conceptuación del caso de Luis toma como base la muerte de su hijo. Es desde ese momento que le comienzan sus convulsiones, dato que apunta a que Luis ha canalizado su angustia, culpas y penas a través de un lenguaje corporal. Esta manifestación corporal toma sentido cuando Luis me admite en una de las primeras sesiones de terapia, que él no habla de la pérdida de su hijo con nadie (aunque lo piensa a diario), que aún siente culpa por la muerte de éste, y que no ha aprendido a soltar emocionalmente a su hijo. Pensar en él y su muerte duele demasiado. Por lo tanto, Luis estaba utilizando un estilo de afrontamiento muy deficiente y problemático: me refiero a un afrontamiento evitativo. Por tal razón, él no hablaba del tema con nadie y lo que hacía era rumiar continuamente sobre la pérdida.

Por lo tanto, aquí tenemos un caso típico de una reacción de un luto no resuelto. Por este término me refiero a que la persona manifiesta una serie de sintomatología psiquiátrica (somatizaciones, depresión, ansiedad) producto de una pérdida con la cual no se ha reconciliado, y cuyo dolor aún permanece vívido en términos cognitivos y emocionales (Worden, 2009). Era obvio que Luis no se había reconciliado con la pérdida de su hijo y tampoco parecía querer soltar su dolor. Sus rumiaciones constantes y diarias lo habían envuelto en un ciclo maladaptativo del cual no encontraba una salida satisfactoria.

Sus convulsiones eran una representación corporal de su dolor, angustia y pena. Luis no expresaba verbalmente este dolor, pero su cuerpo sí. Esto coincide con lo que los expertos en el área de los trastornos conversivos han documentado, de que en casos de trauma psicológico, la persona manifiesta su angustia utilizando un simbolismo corporal (Van der Kolk, 1994). Así, cuando Luis caía al suelo y retorcía su cuerpo, podemos inclinarnos a interpretar que esta era una forma indirecta de sacar fuera de su psiquis todo ese dolor enorme que padecía Luis por la muerte de su hijo.

Partiendo de esta conceptuación, mis metas eran las siguientes:

1. Explorar con más detalle las razones por las cuales Luis había encerrado su dolor y angustia.

2. Invitar a Luis a hablar sobre su hijo en términos globales, enfatizando los momentos de unión, amor y de alegría.

3. Crear introvisión de la conexión entre sus convulsiones y la pérdida de su hijo.

4. Transformar la figura de su hijo, de una llena de culpa y dolor, a una en donde él pudiera celebrar el privilegio de haber conocido y compartido con su hijo.

Según nuestra conceptuación, las culpas y angustias de Luis, las cuales él no expresaba ni canalizaba, se estaban manifestando a través de una sintomatología somática que no le dejaba funcionar en múltiples contextos. Estas convulsiones psicógenas eran un símbolo de que la presencia de Miguelito en Luis continuaba, pero llena de culpas y remordimiento.

Dentro de un modelo integrativo, el caso de Luis se entiende dentro de diferentes niveles. Por un lado, hay que crear una introvisión en él, ya que él no tiene clara la relación de la muerte de Miguelito con sus convulsiones. Por lo tanto, en esta primera fase de su terapia, es importante que Luis reconozca y asimile la relación que tienen sus síntomas con asuntos emocionales inconclusos con su hijo. Un enfoque psicodinámico corto es de mucha ayuda en situaciones en donde el clínico desea crear esas conexiones entre la sintomatología psiquiátrica y procesos que yacen fuera de la consciencia (Messer & McWilliams, 2007).

Por otro lado, una vez Luis reconociera la conexión de sus síntomas con los asuntos inconclusos con su hijo, se torna imperativo que Luis pueda enfrentarse y resolver dichos asuntos. En este punto, intervenciones basadas en modelos experienciales emotivos son de mucha utilidad. En estos modelos se parte de la premisa de que las personas que no se enfrentan a situaciones adversas o traumáticas, corren el riesgo de transformar su malestar en síntomas psiquiátricos, muy particularmente en somatizaciones. Dentro de los modelos experienciales emotivos, se parte de la premisa de que la canalización y comprensión del dolor emocional es parte de la sanación y transformación del individuo. Cuando la persona no reconoce, no canaliza y no comprende la necesidad imperiosa de ponerse en contacto con su mundo emocional, entonces se trastoca todo este proceso, desligándose las emociones del mundo experiencial del individuo. Las emociones entonces pueden activarse de manera involuntaria, sin la comprensión y control del individuo. En algunos casos, estas emociones estranguladas se pueden disociar completamente del yo ejecutivo de la persona, creándose entonces manifestaciones somáticas de tipo conversivo, en donde la persona pierde el control volitivo de su visión, del habla y de sus conductas motoras (Nijenhuis, 2009; Paivio & Pascual-Leone, 2010).

Por otra parte, la terapia cognitiva es una buena opción en este caso. Su utilización va encaminada a crear una construcción narrativa más balanceada de la figura introyectada de su hijo. En el caso de Luis, la figura representativa de su hijo está fusionada con dolor, miedo, coraje, culpa y angustia. La terapia cognitiva permitiría re-analizar todas estas construcciones mentales y substituirlas por pensamientos más funcionales, que le permitan a Luis tener un vínculo con la figura de su hijo, pero en términos conciliadores (Malkinson, 2007).

TRATAMIENTO Y SEGUIMIENTO DEL CASO

El tratamiento de Luis tomó 6 meses, con citas cada 2-3 semanas. El primer paso fue crear un ambiente terapéutico en donde Luis pudiera sentirse cómodo y no juzgado al hablar de la pérdida de su hijo y de otras situaciones difíciles de su vida. Afortunadamente, pudimos establecer una alianza terapéutica fuerte en las primeras sesiones. Esto permitió que Luis pudiera expresar, en ocasiones con llanto, su coraje, tristeza y culpas relacionados a la pérdida de Miguelito.

Una vez establecí una buena alianza y recogí un extenso historial familiar y marital, en la tercera sesión le pedimos a Luis que le expresara a su hijo lo mucho que él lo quería y que fuera soltando su dolor hacia la pérdida. En este sentido, comencé a utilizar la técnica de la silla vacía, la cual es una técnica útil en terapias experienciales-emotivas (Neimeyer, 2012). El propósito es que Luis hablara del tema, que soltara sus defensas rígidas, y que fuera transformando su discurso hacia su hijo en uno de irlo soltando, pero manteniendo algún tipo de vínculo con él, pero no basado en el dolor y la culpa.

A Luis le tomó bastante trabajo mirar la silla donde ubicamos en el imaginario a su hijo. Pero lo pudo hacer. Según mis notas verbatim, él expresó:

> "Miguelito, tú sabes que te quiero mucho. Yo he sufrido demasiado todos estos años, y ya no quiero seguir así. Yo voy a seguir estando contigo, pero quiero vivir mejor. Todos en casa te queremos y te extrañamos. Yo te tengo en mi corazón. Por favor, ayúdame a sanar. Te amo".

Luis pudo hablarle al fin a su hijo, y no sólo eso, en su discurso había una señal de paz, de ternura, de reconciliación. Durante este encuentro con su hijo, el cual he resumido, Luis lloró profusamente. Pero era un llanto diferente; no era de culpa, era de liberación. La asignación que le di a Luis es que en su casa, en un momento de sosiego, llamara a su hijo y compartiera con él momentos y memorias bonitas. Este diálogo unilateral con su hijo tenía el propósito de afianzar lo comenzado en terapia: la creación de un espacio alterno de perdón, amor, comprensión y ternura.

En su próxima cita, tres semanas más tarde, el resultado fue sorpresivo. Sólo le habían dado dos convulsiones, y una de ellas muy leve. Típicamente, en este periodo de tiempo le habrían dado como 15 convulsiones. En esta cita, por primera vez, Luis se mostró contento y más comunicativo. Esta impresión la confirmé con su esposa quien de inmediato abundó diciendo que Luis estaba más comunicativo y más contento. Antes se la pasaba encerrado y rumiando. Ahora estaba más abierto a conversar con su esposa e hijos. Este nuevo acercamiento trajo que ella y su esposo salieran a visitar a varios familiares.

En esta sesión comencé a utilizar una técnica de imaginería hipnótica, con el propósito de crear estados anímicos de tranquilidad y sosiego. La utilización de esta técnica tiene su razón de ser en dos vertientes: 1- Hay evidencia que apunta a que en los trastornos conversivos la hipnosis suele ser una técnica que logra transformar imaginería traumática en escenarios más neutrales o reconfortantes (Moene & Roelofs, 2008). 2- La imaginería hipnótica se utilizaría como un afrontamiento alterno, cuando a Luis le comenzaran los primeros signos de una posible convulsión. Así, cuando los síntomas aparecieran, Luis comenzaría a crear estas escenas reconfortantes e incompatibles con miedos y ansiedades (Moene & Kuyk, 2010).

Usualmente, mis clientes escogen escenas donde imaginariamente van a una playa o al Yunque. Allí, por ejemplo, se introducen en el mar o en una cascada, y comienzan a sentir un despojo de tensiones y miedos, logrando un estado de relajación y bienestar. En el caso de Luis, él decidió crear un escenario típico con su entorno social. En este lugar especial había una finca, con vacas, gallinas, caballos y cerdos. Este escenario le daba paz y alegría. Por lo tanto, a Luis se le sugirió que cuando se sintiera tenso y con síntomas de una convulsión inminente, cerrara sus ojos y se imaginara que visitaba su finca. Este ejercicio lo practicamos primero en la sesión de terapia para auscultar cómo Luis se sentía con esta técnica. Afortunadamente, Luis tiene una capacidad imaginativa profusa lo que permitió que él visitara, con buena nitidez mental, la finca y los animalitos circundantes. Esta escena le dio paz y lo puso de buen humor.

En su próxima cita, tres semanas más tarde, Luis nos informó que había utilizado la técnica de la imaginería hipnótica y que sólo le había dado un episodio en su cuarto. Se le felicitó por este logro. Su esposa confirmó su apreciación y trajo a colación un dato clínico importante: Luis ahora estaba más relajado, más conversador, y al fin estaba hablando espontáneamente de Miguelito. Lo interesante es que al hablar de su hijo, lo hacía recordando momentos buenos con éste. Con sólo utilizar algunos conceptos básicos de terapia cognitiva, Luis ya estaba logrando transformar su relación con su hijo, de una de dolor, a una de amor y paz.

En terapia experiencial emotiva, el clínico le da mucho énfasis no sólo a las verbalizaciones del cliente, sino también al lenguaje corporal de éste. Así, por ejemplo, un cliente puede decir que perdonó a su madre, pero se puede observar que tiene los puños cerrados y que gesticula con coraje. Con Luis era notable el cambio. Al hablar de Miguelito, lo hacía mucho más natural, sin mareos, dolores de cabeza y sin lágrimas en sus ojos. Su lenguaje corporal era cónsono con sus verbalizaciones: Miguelito ya no era el foco de emociones negativas. Ahora, hablar y recordar a Miguelito ponía a Luis en una dimensión de nostalgia, pero a la vez entendiendo que tenía que continuar con su vida y hacer lo mejor de ésta.

Para esta cita, y con el consentimiento de Luis, llevé una cámara de video con el propósito de grabar una de sus convulsiones. El propósito era que él pudiera apreciar las mismas y crear más introvisión al entender finalmente que las mismas pueden ser provocadas por técnicas psicológicas. Para esto utilicé un protocolo de inducción hipnótica, el cual he detallado en una publicación anterior (Martínez-Taboas, 2002). Básicamente, en este protocolo se le pide al cliente que cierre los ojos, que se concentre en mi voz y en las imágenes que vamos a generar. Luego subimos una escalera de 5 escalones, entramos al cuarto de su mente, y utilizamos un calendario y un reloj para ubicarnos exactamente en el momento de su última convulsión.

Con Luis todo fue fácil: en cuestión de unos minutos Luis cayó al suelo y se retorció de una manera típica en las convulsiones psicógenas. Luego de un par de minutos, ofrecí un comando firme y categórico de que su convulsión terminara. En menos de un minuto la convulsión de Luis había terminado. Obviamente, todos estábamos presenciando una convulsión psicógena, con los movimientos paroxísticos desincronizados, tan típicos de este tipo de convulsión. Esta grabación fue más tarde utilizada para que Luis pudiera al fin apreciar cómo eran sus convulsiones, y entendiera por qué su esposa y familiares lo habían llevado en unas 15 ocasiones a la sala de emergencias de un hospital. Ver a Luis convulsar era impresionante: un hombre corpulento y maduro tirado en el suelo virando sus extremidades y rechinando sus dientes, suele dejar boquiabierto a cualquiera.

En su próxima cita, como un mes más tarde, Luis y su esposa nos indicaron que sólo le habían dado dos convulsiones. En este tiempo, Luis decidió comenzar, poco a poco a trabajar. Dio como ejemplo que estaba poniéndole losas a una casa. A nivel emocional indicó sentirse bien y con ánimo. Asimismo, su esposa y él indicaron que habían ido a la playa, dieron un paseo por un pueblo distante, fueron al cine, cenaron fuera y fueron a ver un partido de baloncesto. La esposa hizo énfasis en esto ya que anteriormente Luis rehusaba ir a este tipo de actividades. Al indagar el tema de la pérdida de su hijo, notamos que Luis pudo hablar de éste de manera serena, tranquila y sin culpas. Hablar de su hijo ahora era parte de su historia de vida, pero sin la culpa y el sufrimiento de antes.

Debido a ciertos contratiempos económicos, la próxima cita de Luis no fue hasta dos meses luego. En general sus mejorías se mantenían. Le habían dado unos pocos episodios convulsivos en su casa, pero éstos representaban una fracción de sus convulsiones anteriores. Adicional, se documentó que Luis continuaba saliendo más con su familia y estaba socializando más con gente de su comunidad. Al auscultar el tema de la muerte de su hijo, nos expresó: "Doctor, estoy tranquilo y en paz con Miguelito. Ya no me siento culpable".

En este punto de nuestro encuentro terapéutico se me hizo obvio que Luis había re-conceptuado a nivel cognitivo la pérdida de su hijo. Ya no había indicadores de un duelo complicado. Su discurso, su mirada, su lenguaje corporal reflejaban que Luis tenía otra visión de Miguelito. Miguelito seguía cerca de él, pero como un ser de luz, cuidando a su papá y contento al ver que su papá ya no sufría. La conexión de Luis y Miguelito se había transformado a una de vínculos que continúan, pero sin el dolor de antes (Klass, Silverman & Nickman, 1996).

En esta sesión, Luis me indicó que quería conversar de su familia, cuando éste era niño. Aunque habíamos conversado de su historial en su niñez, en esta sesión Luis trajo a colación que

Más Exploración

en su casa él presenció y fue víctima de peleas familiares. Al preguntarle cómo había lidiado con ese ambiente, nos indicó que desde chiquito él trataba de no pensar en eso. Se le explicó que su estilo de reprimir las emociones (como sucedió con su hijo) ya venía probablemente desde su niñez, donde en un ambiente de indefensión aprendió a evadir hablar de temas dolorosos. Se le indicó que estos estilos evitativos usualmente se han relacionado con somatizaciones y estados disociativos (van der Hart, Nijenhuis & Steele, 2006).

Decidimos darle una cita a Luis cuatro meses más tarde, para darle seguimiento a su caso. En general, sus convulsiones se habían estabilizado a dos al mes. En una ocasión, una de sus convulsiones fue muy fuerte y la esposa lo llevó a la sala de emergencias. El neurólogo lo había visto en un par de ocasiones y le indicó que definitivamente sus convulsiones eran psicógenas. En la última cita, el neurólogo decidió cerrar su caso. Aparte de sus convulsiones, Luis había hecho adelantos en el área laboral. Así, por ejemplo, había entrado más de lleno a trabajar en la construcción sin contratiempos. Nos indicó que por lo general se encontraba de buen humor con su esposa e hijos. Su esposa indicó que Luis ahora conversaba con ella mucho más que antes. Hubo una noticia que fue retante para él, y consistió de saber que su padre había sido diagnosticado con cáncer del colon. Sin embargo, lo asimiló bien y no tuvo crisis convulsivas.

Nuestra penúltima cita con Luis fue tres meses más tarde. Se encontraba estable emocionalmente y sus convulsiones eran una o dos al mes. Producto del cáncer de su padre, Luis y éste se habían acercado mucho más, y ahora estaban teniendo una relación más satisfactoria que antes. Al preguntarle que nos dijera cuánto había mejorado desde que empezó en terapia casi un año atrás, nos indicó que estaba un 80% mejor, o lo que podríamos clasificar como una mejoría marcada. Aún tenía unas pocas convulsiones, pero éstas eran usualmente cortas y se manejaban rápido. Revisando la literatura sobre el tratamiento de convulsiones psicógenas, LaFrance, Kanner y Barry (2007) indican que aún con terapias especializadas, son pocos los clientes que eliminan totalmente sus convulsiones: "Revisiones recientes revelan que como una tercera parte de los pacientes reporta la eliminación total de sus convulsiones psicógenas, y otra tercera parte informa de reducciones en las mismas" (p.

467). Lamentablemente, otra tercera parte no logra reducir su sintomatología.

Seis meses más tarde fue su última cita. Nos indicó que estaba criando cerdos y que entre la crianza de animales y la construcción estaba trabajando 8 horas diarias. Su esposa añadió que su funcionamiento marital y familiar era satisfactorio y que sus convulsiones se habían mantenido en 1-2 mensuales. Al hacer un resumen de sus logros, se mencionó que se sentía mucho mejor en la relación con su padre, a quien ahora veía a menudo. Al preguntarle por Miguelito, insistió que ya no pensaba tanto como antes, y que sabía que estaba en el cielo y que algún día se encontrarían nuevamente. En esta última sesión, todos nos abrazamos y vi salir a un hombre con esperanza, con ganas de vivir y con una transformación en lo que se refiere a la pérdida de su hijo.

Reflexionando sobre el caso de Luis, me siento muy satisfecho por el trabajo psicoterapéutico y los alcances de los cambios logrados. El caso de Luis era uno difícil: por un lado una cronicidad de síntomas que abarcaba una década; por otro lado, una incapacidad laboral y familiar marcada; en tercer lugar un cliente con un renglón bajo educativo y con una introvisión algo limitada.

A pesar de estos retos, el enfoque que adoptamos rindió resultados positivos. Mirando mis notas, puedo apreciar que el enfoque integrativo que adopté me permitió atacar varias de las deficiencias de Luis. Se creó una introvisión adecuada; pusimos a Luis a re-elaborar sus emociones y ponerse en contacto con ellas; se reinterpretó la pérdida de su hijo; y se le dieron herramientas específicas para lidiar con sus convulsiones. En este caso, la utilización de técnicas hipnóticas fue esencial, ya que permitió desarticular la aparición de los primeros síntomas somáticos, los cuales típicamente desembocaban en las convulsiones psicógenas.

Asimismo, el caso fue un reto para mí en términos de tener que insertarme en las creencias religiosas del cliente. Luis es católico y traía consigo todo un bagaje religioso que yo en mi vida personal no endoso (soy agnóstico). Tal y como lo he documentado en otros dos casos, las creencias religiosas muchas veces son el problema del cliente (Martínez-Taboas, 1999, 2005). En el caso de Luis, en terapia discutimos con detalle cómo sus creencias religiosas estaban distorsionadas.

Por ejemplo, Miguelito, que había sido un niño bueno, era visto como en un tormento eterno al morir tan joven. Utilizando sus mismas creencias religiosas, re-conceptuamos esta narrativa, y convertimos a Miguelito en un ángel de paz, quien ahora, lejos de estar atormentado, velaba desde el más allá a su padre y su familia. Más aún, algún día Miguelito y su padre se encontrarían otra vez, en un abrazo espiritual que los fundiría a los dos en un centro de amor. Mi postura en casos como estos, es dejar a un lado mis posturas escépticas hacia la religión. El cliente no viene a terapia para escuchar o entender mis posturas; es a lo inverso. Yo soy el que tiene que entender y ubicarme dentro de las construcciones religiosas de mis clientes. Si no logro hacer esto, pierdo ese contacto exquisito que necesito hacer con mi cliente. Entender a Luis y su conflicto religioso me ayudó a buscar ángulos y opciones que su propia religión provee, y que al fin de cuentas permitían una visión más sublime de la relación que él pudiese tener con su hijo.

IMPLICACIONES Y CONCLUSIONES

El caso de Luis tiene muchas implicaciones para la práctica clínica. En este breve espacio me permito elaborar algunas de ellas. En primer lugar, si algo he aprendido en 25 años que llevo como psicólogo clínico, es que ningún modelo terapéutico, por más elaborado que sea, puede de por sí sólo ser aplicado a toda la diversidad de casos que uno se encuentra en la consulta (Martínez-Taboas, 1993, 2003, 2005). El purismo terapéutico es para mí como un tipo de cautiverio intelectual, en donde la persona puede saber mucho, mucho, mucho de cierto enfoque, y cada vez menos, menos y menos de otros enfoques. Peor aún, el purismo infla una arrogancia epistemológica y conceptual, en donde se desdeñan otros saberes, otras visiones, otras dimensiones de nuestro cliente. Es por esta razón por la cual desde hace años abogo por que mis estudiantes doctorales aprendan a manejar varios modelos terapéuticos. Yo entiendo que Luis es ese paciente típico polisintomático, crónico y con poca introvisión, que difícilmente pueda ser entendido, y menos tratado por un solo enfoque, ya sea cognitivo, conductual, psicodinámico o el que sea.

En segundo lugar, casos como el de Luis ponen de manifiesto la complejidad de la mente humana. Los trastornos conversivos tienen esa peculiaridad de permitirnos la oportunidad de descifrar un lenguaje corpóreo, que en esencia encubre y soslaya toda una serie de traumas y conflictos intrapsíquicos. Descubrir y descifrar ese lenguaje somático constituye un reto para el clínico (van der Hart, Nijenhuis & Steele, 2006). Un buen bagaje en psicodinámica resulta imprescindible para entender estos casos. Como si esto fuera poco, todos sabemos algo básico: entender no se traduce necesariamente en cambio. Por lo tanto, entender las razones por las cuales mi cliente está ciego, o paralítico o convulsando no se traduce en que éste cambie. Tal y como lo planteó Watchel (1997), muchas veces la teoría psicodinámica nos permite tener un entendimiento adecuado de la presencia de unos síntomas, pero en ocasiones este modelo se queda corto para ofrecer cambios notables en el cliente. Watchel (1997) y Shapiro, Barkham, Reynolds, Hardy y Stiles (1992) han propuesto modelos integracionistas en donde la fase de entender se nutra más de enfoques psicodinámicos, pero la parte del cambio se base más en terapias cognitivas, sistémicas y conductuales.

En conclusión, casos como el de Luis nos abren las puertas para ampliar nuestros horizontes terapéuticos, reducir el sufrimiento humano, y ofrecer un servicio de calidad que en última instancia nos permita devolverle a nuestro cliente la paz, el sosiego y la felicidad que se merece.

REFERENCIAS

Beutler, L. E., & Harwood, T. M. (2000). *Prescriptive psychotherapy: A practical guide to systematic treatment selection.* New York: Oxford University Press.

Castonguay, L. G., & Beutler, L. E. (Eds.). (2006). *Principles of therapeutic change that work.* New York: Oxford University Press.

Herbert, J. D., & Forman, E. M. (Eds.). (2011). *Acceptance and mindfulness in cognitive behavior therapy.* New York: Wiley.

Klass, D., Silverman, P., & Nickman, S. (Eds.). (1996). *Continuing bonds: New understanding of grief.* Washington, DC: Taylor & Francis.

LaFrance, W. C., Kanner, A. M., & Barry, J. J. (2007). Treating patients with psychological nonepileptic seizures. En A. B. Eitinger & A. M. Kanner (Eds.), *Psychiatric issues in epilepsy (2da. ed.)* (pp. 461-488). Philadelphia: Wolters Kluwer.

Landes, A. J., & Linehan, M. M. (2012). Dissemination and implementation of dialectical behavior therapy. En R. K. McHugh

& D. H. Barlow (Eds.), *Dissemination and implementation of evidence-based psychological interventions* (pp. 187-208). New York: Oxford University Press.

Malkinson, R. (2007). *Cognitive grief therapy.* New York: Norton.

Martínez-Taboas, A. (1993). La investigación psicoterapéutica y el movimiento de integración de las psicoterapias. *Revista Interamericana de Psicología, 27*, 197-217.

Martínez-Taboas, A. (1999). Case study in cultural psychiatry: A case of spirit possession and glossolalia. *Culture, Medicine and Psychiatry, 23*, 333-348.

Martínez-Taboas, A. (2002). The role of hypnosis in the diagnosis and treatment of psychogenic seizures. *American Journal of Clinical Hypnosis, 45*, 11-20.

Martínez-Taboas, A. (2003).Psicoterapia integracionista. In L. O. Guadalupe (Editor). ¿Cómo hacer psicoterapia exitosa? (pp. 621-650). México: Thomson Learning.

Martínez-Taboas, A. (2005). Teorías integrativas a la psicoterapia. In G. Bernal & A. Martínez-Taboas (Eds.), *Teoría y práctica de la psicoterapia en Puerto Rico* (pp.129-148). San Juan, P. R.: Publicaciones Puertorriqueñas.

Martínez-Taboas, A. (2005). Psychogenic seizures in an Espiritismo context: The role of culturally sensitive psychotherapy. *Psychotherapy, 42*, 6-13.

Martínez-Taboas, A., Lewis-Fernández, R., & Sar, V., & Agarwal, W. L. (2010). Cultural aspects of nonepileptic seizures. *Gates & Rowan non-epileptic seizures (Third Edition)* (pp.121-130). New York: Cambridge University Press.

Mercer, G., Martin, R. C., & Reuber, M. (2010). Health related quality of life: Utility and limitation in patients with psychogenic nonepileptic seizures. En S. C. Schachter & W. Curt LaFrance (Eds.), *Gates and Rowan's nonepileptic seizures* (pp. 149-156). New York: Cambridge University Press.

Messer, S. B., & McWilliams, N. (2007). Insight in psychodynamic therapy: Theory and assessment. En L. G. Castonguay & C. E. Hill (Eds.), *Insight in psychotherapy* (pp. 9-30). Washington, DC: American Psychological Association.

Moene, F. C., & Kuyk, J. (2010). Hypnosis in the treatment of psychogenic nonepileptic seizures. En S. C. Schachter & W. Curt LaFrance (Eds.), *Gates and Rowan's nonepileptic seizures* (pp. 297-306). New York: Cambridge University Press.

Moene, F. C., & Roelfs, K. (2008). Hypnosis in the treatment of conversion and somatization disorders. En M. R. Nash & A. J. Barnier (Eds.), *The Oxford handbook of hypnosis* (pp. 625-646). New York: Oxford University Press.

Neimeyer, R. A. (2012). Chair work. En R. A. Neimeyer (Ed.), *Techniques of grief therapy* (pp. 266-274). New York: Routledge.

Nijenhuis, E. R. S. (2009). Somatoform dissociation and somatoform dissociative disorders. En P. F. Dell & J. A. O'Neil (Eds)., *Dissociation and the dissociative disorders* (pp. 259-276). New York: Routledge.

Paivio, S., & Pascual-Leone, A. (2010). *Emotion-focused therapy for complex trauma.* Washington, DC: American Psychological Association.

Proenca, I. C., Castro, L. E., Jorge, C. L., & Marchetti, R. L. (2011). Emotional trauma and abuse in patients with psychogenic nonepileptic seizures. *Epilepsy & Behavior, 20,* 331-333.

Reuber, M. (2009). The etiology of psychogenic non-epileptic seizures: Toward a biopsychosocial model. *Neurologic Clinics of North America, 27,* 909-924.

Sahaya, K., Dholakia, S. A., & Sahota, P. K. (2011). Psychogenic non-epileptic seizures: A challenging entity. *Journal of Clinical Neuroscience, 18,* 1602-1607.

Shapiro, D. A., Barkham, M., Reynolds, S., Hardy, G., & Stiles, W. B. (1992). Prescriptive and exploratory psychotherapies: Toward an integration based on the assimilation model. *Journal of Psychotherapy Integration, 2,* 253-272.

Shoenwald, S. K. (2012). The transport and diffusion of multisystemic therapy. En R. K. McHugh & D. H. Barlow (Eds.), *Dissemination and implementation of evidence-based psychological interventions* (pp. 227-246). New York: Oxford University Press.

Stricker, G., & Gold, J. (2008). Integrative therapy. En J. L. Lebow (Ed.), *Twenty-first century psychotherapies* (pp. 389-423). New York: Wiley.

Van der Hart, O., Nijenhuis, E. R. S., & Steele, K. (2006). *The haunted self: Structural dissociation and the treatment of chronic traumatization.* New York: Norton.

Van der Kolk, B. (1994). The body keeps the score: Memory and the evolving psychobiology of posttraumatic stress. *Harvard Review of Psychiatry, 1,* 253-265.

Watchel, P. L (1997). *Psychoanalysis, behavior therapy, and the representational world.* Washington, DC: American Psychological Association.

Worden, J. W. (2009). *Grief counseling and grief therapy* (4th. Ed). New York: Springer.

Capítulo 3

UNA PSICOTERAPIA "CORTA" A LARGO PLAZO:
UNA MADRE ARTESANA RECUPERA LA MUSA Y RE-SIGNIFICA LA VIDA

CYBELLE M. LÓPEZ-VALENTÍN Y GUILLERMO BERNAL

FUNDAMENTO TEÓRICO Y EMPÍRICO

Este caso es el de una mujer con un cuadro de depresión mayor acompañado de un historial de múltiples y serios intentos suicidas, repetidas hospitalizaciones y relaciones de pareja conflictivas y abusivas. Sus tres hijas adultas estaban distanciadas o en conflicto abierto con su madre. El caso lo empezamos a trabajar en el 2009, cuando la primera autora estaba en su segundo año de práctica clínica. El segundo autor fue el supervisor a lo largo del proceso.

Nos acercamos al caso desde una perspectiva integracionista (Goldfried, 1995; Martínez- Taboas, 2007). Estas terapias parten de distintos acercamientos como el cognitivo, el psicoanalítico, el conductual y el familiar, entre otros, dentro de un marco conceptual que pretende ofrecerle al cliente mayores alternativas a diversas y complejas presentaciones clínicas. Sin embargo, es importante aclarar que las terapias integradoras no son eclécticas. El eclecticismo típicamente se define por escoger técnicas de un modelo u otro en ausencia de un marco conceptual que guíe dichas decisiones. Por el contrario, las terapias integradoras parten de un modelo conceptual bien formulado que guían el proceso terapéutico. Dichas terapias pretenden consolidar las supuestas diferencias entre los modelos teóricos tradicionales. Como señala Martínez-Taboas (2013), la tarea del terapeuta que parte de una psicoterapia integradora es examinar las debilidades del cliente tomando en consideración múltiples niveles de complejidad. Dentro de estos distintos niveles o dimensiones se desarrollan formulaciones clínicas, estrategias de intervención, y se evalúan los resultados de la misma.

A partir de la década del 1980 se desarrollaron varios modelos de psicoterapia integradora (Prochaska & DiClemente, 2002; Shapiro, Barkham, Reynolds, Hardy, & Stiles, 1992; Greenberg & Paivo, 1997, entre otros). En la terapia de familia, a pesar de ser "sistémica" e implicar una visión holista, muchos de los modelos no son realmente integradores. Sin embargo, surgió un movimiento de corte integrador que es la terapia contextual (Boszormenyi-Nagy & Krasner, 1986; Lebow, 2002; Liddle, Rodríguez, Dakof, Kanzki, & Marvel, 2005; Nichols, 2001; Pinsof, 1995, entre otros).

El modelo de terapia contextual fue elaborado por Ivan Boszormenyi-Nagy en el 1973 como una terapia familiar intergeneracional (Boszormenyi-Nagy & Spark, 1973). Dicha terapia se nutre de tres vertientes teóricas y filosóficas: la teoría de relaciones objetales, el existencialismo, y la dialéctica. Este modelo posteriormente se articula como una terapia contextual representada como un acercamiento integrador (Boszormenyi-Nagy & Krasner, 1986). En su formulación más reciente, se proponen cuatro dimensiones de la realidad relacional que sirven como una guía para la práctica de la terapia, así como para conceptualizar dicha realidad en el contexto de la familia. La primera dimensión es la de los *hechos* o la realidad existencial. Esto significa la consideración de aspectos de la genética, de la salud física, los antecedentes étnicos y culturales, el estatus socioeconómico, los hechos históricos básicos, los eventos del ciclo de vida de una persona, entre otros. Desde la dimensión de lo hechos, se pueden elaborar hipótesis sobre cómo la queja o los síntomas presentados pueden estar vinculados a la queja, síntomas y otras dificultades de la persona o la familia. La segunda dimensión se plantea como el de la *psicología individual*. Este es el dominio de la gran parte de las psicoterapias de corte individual. Las aportaciones del psicoanálisis, así como de las psicoterapias de corte conductual, cognitivo, humanista, interpersonal, narrativo, entre muchas otras, son fuentes que pueden ayudar a entender la subjetividad o los procesos internos de la persona.

La tercera dimensión es la *transaccional,* que se nutre de los acercamientos sistémicos y familiares, muchos de los cuales se fundamentan en nociones de poder interpersonal. Desde esta dimensión se consideran las fronteras, la jerarquía, los triángulos, las reglas, las alineaciones o alianzas estratégicas, la retro-alimentación, entre muchos otros conceptos que sirven para la formulación sistémica. La cuarta dimensión se denomina como la *ética relacional.* Esta dimensión es el aporte principal de la psicoterapia contextual. La noción de ética no pretende establecer posiciones moralistas o criterios de lo que se considera bien o mal. Aquí lo que se busca es la consideración de un balance justo entre las personas. Por justicia o equidad relacional no se pretende un posicionamiento rígido de contar quién da o quién recibe qué cosa. Lo que sí se pretende es considerar a largo plazo ese balance cambiante entre los miembros de una familia donde los intereses de todos se tomen en cuenta. El criterio aquí es uno multilateral, es decir, se considera a cada miembro de la familia y sus intereses (Boszormenyi-Nagy & Ulrich, 1981). Esta terapia se centra en el desarrollo de la confianza y pretende incluir a todas las personas disponibles con el fin de elaborar una estrategia preventiva que beneficie tanto a las generaciones actuales como a las futuras. La terapia contextual utiliza una serie de estrategias y conceptos del contexto relacional (por ejemplo, los legados y su repetición intergeneracional, las lealtades visibles e invisibles, la explotación, la parentificación, entre otros) para entablar diálogos que redunden en relaciones basadas en la confianza. Por limitaciones de espacio no podemos abundar más sobre la terapia contextual. Sin embargo, los trabajos de Ivan Boszormenyi-Nagy ya citados ofrecen mayor información.

La Terapia Cognitiva Conductual (TCC) ha sido ampliamente estudiada y cuenta con un apoyo empírico contundente (Butler, Chapman, Forman, & Beck, 2006; Hofmann, Asnaani, Vonk, Sawyer, & Fang, 2012; Hollon & Ponniah, 2010; Mychailyszyn, Brodman, Read & Kendall, 2012). La TCC que empleamos se basa en un modelo desarrollado por Muñoz y Miranda (1986) el cual se ha encontrado efectivo con poblaciones adultas (Muñoz et al., 1995). Esta TCC se basa en los aportes de varios investigadores como el tratamiento cognitivo y de actividades placenteras de Lewinsohn y colegas (1984), el tratamiento cognitivo de Beck y colaboradores (1979) y el de la terapia racional-emotiva de Albert Ellis (1962). La TCC se basa en la tesis de que los pensamientos, los sentimientos y las acciones están interconectados. Para trabajar con los sentimientos de depresión, este modelo identifica los pensamientos y acciones que pueden influir en dichos sentimientos. Se parte de un modelo colaborativo donde el cliente asume un rol activo para identificar metas, pensamientos, realizar prácticas y monitorear su ejecución. En la terapia se provee un marco de apoyo donde el terapeuta trabaja en equipo para empoderar a la persona a examinar sus pensamientos, identificar acciones y explorar formas alternas de pensar y comportarse. Debido a que en este volumen se encuentran tres capítulos con bastante información sobre el TCC (Duarté-Vélez & Torres, 2013; Santana-Mariño et al., 2013; Toro-Alfonso, 2013), limitamos la cobertura de este tema para privilegiar el aspecto de la terapia familiar.

La terapia familiar cuenta con una sólida base empírica. Varios estudios meta-analíticos documentan la efectividad de varios acercamientos sistémicos con distintas condiciones (Shadish & Baldwin, 2003, 2005) y poblaciones (Baldwin, Christian, Berkeljon, Shadish, & Bean, 2012; Courturier, Kimber, & Szatman, 2013). En un meta-análisis de 30 ensayos clínicos, la terapia familiar sistémica conductual fue superior al grupo control (Shadish & Baldwin, 2005) y en otro estudio posterior, donde se evaluaron 20 meta-análisis de tratamientos de parejas y familias, los resultados apoyaron la eficacia del tratamiento matrimonial y familiar. Dicha terapia logró resultados clínicamente significativos para un 40 a 50% de las personas tratadas. Por otro lado, con la terapia de familia contextual (TFC), a nuestro entender, sólo se ha realizado un ensayo clínico y ese fue con pacientes adultos en tratamiento para el abuso de sustancias (Bernal et al., 1987). Dicho estudio evaluó la eficacia de 10 sesiones de TFC en comparación con 10 sesiones de una intervención psico-educativa. En total, 82 familias fueron asignadas al azar a cada condición y evaluadas antes, durante y después del tratamiento. Los resultados indicaron que ambos tratamientos produjeron beneficios en las medidas de resultados y la TFC demostró mayores beneficios en las medidas de abuso de sustancias y en las de funcionamiento familiar en comparación con el tratamiento psico-educativo.

El objetivo de este capítulo es presentar el curso del tratamiento donde se parte de la terapia de familia contextual (Boszormenyi-Nagy & Krasner, 1986) y se incorpora la terapia cognitiva conductual. Otro objetivo es examinar los resultados del tratamiento en sus distintas fases y los logros alcanzados tanto en la queja inicial presentada (los síntomas de depresión) como en los patrones relacionales con sus hijas. También queremos destacar que este tratamiento se da en un escenario de adiestramiento de terapeutas y hacia ese fin, se utilizan una serie de recursos para examinar el proceso de la terapia, que es parte integral de la supervisión. Esto incluye grabaciones en audio y video, supervisión en vivo, comunicación directa con los terapeutas por medio de mensajes de texto y la incorporación de miembros de la familia por "Skype" o videoconferencia.

PRESENTACIÓN DEL CASO

Este caso fue referido a nuestro equipo de práctica clínica porque la cliente estaba solicitando explícitamente una terapia cognitiva conductual. Después de 10 meses de TCC para una depresión mayor severa, el tratamiento se vio interrumpido por una huelga universitaria. Un año después, en una llamada de seguimiento, la cliente solicita ayuda nuevamente y entonces se evalúa y comienza a trabajar con los asuntos concernientes a la relación con sus hijas y otros familiares.

Marea es una mujer artesana de 60 años con tres hijas adultas y un nieto. La mayor es Atenas, le sigue Rocío y Emiliana. Su nieto es Rústico, hijo de Atenas.

Marea llega a consulta refiriendo que la mayor parte de su vida había estado deprimida, incluso, poniendo nombre y apellido a su depresión. Manifestó que el motivo de su eterna depresión era el maltrato intenso que había recibido a lo largo de su vida. El primero y el peor de todos, por parte de su difunto esposo, y ahora, encargándose de perpetuarlo, el de sus hijas. Narró su trayectoria de hospitalizaciones por diversos intentos suicidas y contó como llegaba a consulta a tratar una nueva forma de terapia (de la que había escuchado) a ver si le funcionaba. Recibía tratamiento psiquiátrico y psicológico desde hacía muchos años, pero ni los médicos ni el uso de fármacos habían sido consistentes. Al momento de recibirla en terapia tomaba Xanax® y Paxil®.

De las primeras sesiones con Marea se desprende que se desempeñó por muchos años como secretaria de una oficina de arquitectos, que disfrutaba mucho lo que hacía y que era exitosa. Manifestó que no dejó de trabajar porque quería, más bien, que por su depresión la despidieron del trabajo así como de la vida. Sentía que todos la habían rechazado; los hombres, sus jefes y su familia. De un matrimonio de 10 años, refirió haber sido maltratada sexual y psicológicamente.

Su primera hija, Atenas, resultó de una relación corta con un extranjero de la marina mercante a quien conoce en una salida al Viejo San Juan y que veía en sus breves visitas a la isla. Luego de unos cuantos meses descubre que está embarazada y al darle la noticia éste le pide un aborto. Marea indica que ella

CYBELLE M. LÓPEZ-VALENTÍN Y GUILLERMO BERNAL

deseaba un hijo, y que a pesar de las circunstancias lo tendría, contra viento y *"Marea"*, con hombre o sin hombre a su lado. No pasa mucho tiempo para que el padre saliera del panorama por completo y se diera una que otra comunicación por carta. En pocos años Marea conoce a su ex esposo, con quien permanece 10 años y procrean sus otras dos hijas, Rocío y Emiliana. Estas hijas también nacen porque Marea se interpone y decide tenerlas pues su esposo le pidió las abortara ya que no quería hijos. Este es el hombre a quien Marea adjudica mayormente su depresión. Narró que esta fue una relación caracterizada por mucho maltrato psicológico y sexual, pues la obligaba a tener sexo, ignorando que Marea experimentaba fuertes dolores y molestias. También la insultaba, la perseguía y desacreditaba logrando en una ocasión que el tribunal removiera las niñas del cuidado de Marea. Allí indicó encontrarse por muchos años, soportando y sufriendo mientras su salud emocional seguía deteriorando, y así, atentando contra su vida. Marea logra el divorcio, pero desafortunadamente allí no quedó su sufrimiento, como decía ella, "el daño ya estaba hecho". Luego de varios años, el padre de sus dos hijas menores muere de un infarto, incidente que describe como la vida cobrándole todo el mal que le había hecho. Sin embargo, Marea expresó que su historia la perseguía y que sus hijas seguían perpetuando el maltrato hacia ella faltándole el respeto y en una ocasión, agrediéndola físicamente. Sentía que todos a lo largo de su vida la habían pisoteado, que había tomado malas decisiones y por último, guardaba un fuerte resentimiento de que sus hijas no agradecieran que las había tenido desafiando a los hombres y reclamando su derecho a ser madre.

A nivel sintomático, Marea experimentaba episodios severos de tristeza en donde se encerraba, pasaba días sin salir de su casa, sin hablar con nadie, permaneciendo en posición fetal en su cama, tal y como se refería ella a este estado: "irse 10/7" o en otras palabras, caer rendida. En adición a esto, experimentaba ataques de pánico y miedos intensos a enfrentar a la gente, lo que le dificultaba grandemente su labor de artesana. Marea había desarrollado su talento para la artesanía luego de quedarse sin trabajo. Y como lo había tratado todo y nada le funcionó, escuchó de la TCC y antes de volver a "tirar la toalla" decidió darse otra oportunidad. Así es como Marea llega a terapia y es vista por este equipo de trabajo.

EVALUACIÓN INICIAL

En el equipo de trabajo, nos planteamos el diagnóstico diferencial utilizando los cinco ejes del DSM-IV (APA, 1994). A continuación se presenta la formulación diagnóstica basada en dichos ejes:

Ejes	Diagnósticos
Eje I	396.3 Depresión mayor recurrente (primario)
	300.21 Cuadro de pánico con agorafobia (secundario)
Eje II	Diferido
Eje III	Ninguna
Eje IV	Desempleo, problemas económicos, conflictos con la hija mayor
Eje V	GAF 50 (Al inicio del Tx)

Las puntuaciones de Marea al Inventario de Depresión de Beck y la Lista de Cotejo de Síntomas fluctuaron a través del curso del tratamiento. La siguiente gráfica ilustra dichas fluctuaciones en los momentos en que se tomaron las medidas.

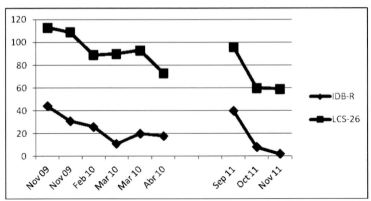

Gráfica 3.1. Puntuaciones en el IDB-R y la LCS-36 en el tratamiento, separados por un año.

FORMULACIÓN DEL CASO Y TRATAMIENTO

La dimensión individual – Terapia Cognitiva Conductual

La depresión de Marea es conceptuada reconociendo que para que la misma tenga lugar, deben haber confluido tanto los eventos estresantes como la vulnerabilidad cognitiva del cliente. El planteamiento teórico cognitivo afirma que los estados disfuncionales como la depresión, la ansiedad y la ira son frecuentemente exacerbados o mantenidos por pensamientos distorsionados. Beck (2000) propuso que todas las perturbaciones psicológicas tienen en común una distorsión del pensamiento que influye en el estado de ánimo y en la conducta de las personas. El modelo cognitivo conductual propone una manera de pensar y organizar la problemática del cliente en un conjunto conceptualmente integrado de datos. Priorizar lo cognitivo es ubicarse en un lugar desde donde se van a observar los problemas, es potenciar una movilización para poder seguir trabajando y encaminados hacia otras metas.

Marea confrontaba problemas a distintos niveles y una parte importante del modelo cognitivo conductual está relacionado con identificar, planear y alcanzar metas. El terapeuta ayuda al cliente a identificar objetivos y avanzar gradualmente hacia ellos. Marea identificó como problemático las peleas y discusiones constantes que tenía con sus hijas, especialmente la mayor. También quería poder salir de su casa, y no permanecer encerrada por semanas sin motivación ni entusiasmo. Por otro lado, quería ser más asertiva, atreverse a decir lo que sentía y enfrentar a la gente. Indicó querer disfrutarse la vida, aprovechar los años que le quedaran y liberarse de muchos miedos que la aguantaban: miedos a la gente, a salir de su casa, a confrontar a los demás y sobre todo, miedo a sus propios pensamientos de muerte como alternativa a su sufrimiento.

El primer paso con Marea consistió en identificar los pensamientos que tenía respecto a las cosas que le habían sucedido: ¿Qué le pasaba por la mente cuando se sentía triste y frustrada?, ¿Qué le pasaba por la mente cuando experimentaba los fuertes miedos?, ¿Cuáles eran esos pensamientos que le impedían levantarse de la cama y salir de su casa? Comenzamos a explicarle a Marea de la importancia de identificar los pensamientos que no la ayudaban y a estar lista para confrontarlos y sustituirlos por otros más positivos y realistas. El papel del terapeuta con un enfoque cognitivo-conductual es ayudar al cliente a reconocer sus estilos idiosincráticos de pensamiento y modificarlos mediante la aplicación de la evidencia y la lógica. Se busca entender el papel que juegan los esquemas de pensamiento y la relación de los pensamientos automáticos o controlados con las distorsiones cognoscitivas, las emociones y la conducta motora (Beck et al., 1979). Marea pensaba que con su historial de sufrimiento se le haría imposible ser feliz porque el daño "ya estaba hecho". El modelo no considera al cliente como un ser pasivo que se limita a obedecer las indicaciones del terapeuta, por el contrario, asume una participación activa y responsable frente a sus cambios (Riso, 2006). El cliente debe aprender cómo se originaron y desarrollaron sus esquemas negativos, qué los dispara y los mantiene, cómo se auto perpetúan y de qué manera deben controlarse y/o modificarse. Marea descubrió las distintas formas que había desarrollado para sabotearse y mantener el *status quo*. El maltrato recibido, ella lo continuaba auto infligiendo. Se castigaba y aislaba sin permitirse experiencias gratificantes. Marea pensaba que había fracasado en todo y que algo tendría ella para que las cosas le hubiesen ido tan mal. Pensaba que era una mujer débil y demasiado vulnerable. Sin embargo no todo en la vida de Marea había sido un fracaso pero de esto ella no se percataba. Mucho menos había sido una mujer débil e incapaz, empezando con que decidió traer sus hijas al mundo interponiéndose a los hombres y sin apoyo alguno. El tema de los intentos suicidas siempre había sido un tabú. En el momento en que Marea se fue sintiendo preparada para hablarlo, se indagó sobre ellos y se revelaron los fuertes sentimientos de vergüenza y culpa que la atormentaban (algunos intentos habían sido frente a sus hijas). Marea no se sentía capaz de transformar su presente y futuro con un pasado tan turbulento. Había perdido toda la confianza en ella y en la idea de poder relacionarse bien con sus hijas. Se ayudó a Marea a identificar todos los pensamientos pesimistas y distorsionados que había ido desarrollando a partir de sus experiencias y se recogieron impresiones sobre el origen de sus formas de pensar y afrontar los problemas. Marea pudo identificar similitudes en la historia de su madre y la de ella, viéndola como una mujer deprimida y resignada la mayor parte de su vida. Se apoyó a Marea a sustituir pensamientos de culpa por responsabilidad, poniendo en perspectiva lo que le había sucedido, lo que había podido aprender y cómo podría utilizar su experiencia para ayudar a sus hijas a no perpetuarla. Entendiendo por qué en aquel momento respondió de la manera que lo hizo y aceptando que aunque no podemos cambiar el pasado, sí podía verlo de una manera más justa para ella. No había nada malo en sentirse vulnerable en ocasiones, eso no la hacía una mujer débil e incapaz. Sus "crisis" no eran un retroceso, eran una manifestación de todo lo que no había resuelto. También se apoyó a que luego de entender sus experiencias y re-interpretarlas podía plantearse un nuevo futuro habiendo sanado y soltado los lastres que la aguantaban. Nos dice Young (1994) que la inclusión del pasado es fundamental para lograr la modificación cognoscitiva en tanto permite que el cliente se apropie de su caso, lo internalice y pueda comprender a cabalidad los factores que intervinieron en la conformación de su problema. Se identificó junto a Marea la gran cantidad de fortalezas que poseía y las cualidades que a pesar de haber "tocado fondo" la mantenían de pie (cosa que ella anulaba y que pasaban totalmente desapercibidas). Otro aspecto importante fue el de comenzar a desarrollar un plan de actividades que la ayudaran a movilizarse, a establecerse metas y a recompensarse por sus logros (por pequeños que fueran). Por ejemplo, cada visita a la terapeuta se reconocía como un logro pues implicaba que saliera de su casa, se vistiera, se preparara y llegara hasta la clínica. Marea identificó actividades en las que se involucraría para distraerse, tales como hacer Yoga, caminar, ir a la playa, trabajar en sus piezas, renovar la casa, ver películas, salir a bailar, leer, entre otras. Para trabajar con la asertividad, se realizó "role-play" (Yardley-Matwiejczuk, 1997) con la terapeuta de manera que practicara estrategias de comunicación más efectiva y de cómo enfrentar a la gente.

Por otro lado, se adiestró a Marea a sustituir respuestas de ansiedad por unas de relajación (Wolpe, 1990) y a aproximarse paulatinamente a las situaciones que temía, como estar rodeada de mucha gente y participar de ferias en las que pudiera vender sus artesanías. Un elemento central de esta etapa del tratamiento fue preparar a Marea para enfrentar las "crisis" o recaídas, entendiendo que no cesarían de la noche a la mañana, pero que sí podría hacerle frente de manera diferente. Cabe mencionar que con Marea se logró establecer una alianza terapéutica fuerte desde el inicio, lo que permitió apertura y fluidez en los asuntos abordados.

El tratamiento de Marea se focalizó en la identificación y corrección sistemática de aquellas estructuras informacionales, cognitivo/afectivas, así como indagar sobre aquellos aspectos relacionados con su filosofía de vida, sus valores, sus esquemas motivacionales y su sistema general de creencias. Marea tenía un fuerte amor por la cultura puertorriqueña por lo que se le apoyó a continuar volcando ese amor en su arte. Sentía una conexión espiritual con los amaneceres, metáfora que se utilizó para representar la manera en la que ella resurgía de su depresión y que aunque caía y se escondía, volvía a aparecer.

Marea comenzó a ver su depresión de manera distinta y a entender su historia desde otra óptica. Se fue alejando del estigma; un sello que había cargado por muchos años, de la "loca que intentaba matarse", por el de una mujer que a pesar de los problemas, había reclamado sus derechos con valentía, haciendo lo que pensó adecuado de acuerdo a sus circunstancias. Comenzó a ver a otra mujer, que aunque colapsó, no se dio por vencida. Logró otra manera de pensar sobre estos asuntos. Se apoyó a Marea a tener consistencia en el uso de los medicamentos, viéndolo como un recurso que la ayudaría en el trabajo terapéutico y de los que quizás podría prescindir en algún momento. No respaldamos el salir corriendo al hospital con cada crisis. Ahora no había que intentar matarse ni internarse, ahora podíamos hablar de los problemas y el pasado sin tabús. La disminución de las ideas irracionales y el reemplazo por pensamientos más racionales, permite que las personas sean capaces de aumentar su nivel de felicidad y sentido de bienestar (Thompson & Rudolph, 2000). Para averiguar esos esquemas de conversación interior fue necesario examinar los problemas actuales y su posible origen. En este punto, luego de aproximadamente 10 meses de TCC, Marea comenzaba a experimentar paz y deseos de vivir.

Junto a Marea se estableció un trabajo organizado en fases dónde se atenderían distintos aspectos a medida que avanzáramos y continuara desarrollando más control y confianza en sí misma. En un orden establecido por ella, luego de adelantar en el trabajo individual, se incorporarían al proceso sus hijas para poder atender la relación. Para esto, se utilizó la técnica de la silla vacía (Greenberg, 2011) en dónde ella ensayó cómo hablaría con sus hijas de temas difíciles.

Marea se mantuvo casi un año en esta terapia que se interrumpió por un conflicto huelgario en la Universidad de Puerto Rico. Se dio seguimiento vía telefónica y se logró concertar una cita de cierre. A comienzos del próximo semestre, habiendo transcurrido unos 3 meses, se llamó a Marea para saber cómo se encontraba y para indicarle que ya se habían retomado labores luego de finalizar la huelga. Desafortunadamente la terapeuta había concluido todas sus prácticas clínicas pero se le dio la alternativa de continuar el aspecto familiar con otros terapeutas. Marea indicó encontrarse bien y prefirió esperar a que la terapeuta tuviera disponibilidad nuevamente durante su internado. Tan pronto la primera autora comenzó su internado en agosto de 2011, se hizo otro seguimiento y se coordinó una cita para que asistiera junto a su hija y su nieto, y se da comienzo a lo que será un proceso familiar que se extenderá por alrededor de un año.

Dimensión Transaccional - Marea, sus hijas y nieto

El trabajo con Marea y su familia se dio en una serie de fases al igual que con el trabajo a nivel individual. Quienes primero se incorporan al proceso son su hija mayor, Atenas y su hijo Rústico (nieto de Marea). Más adelante y de forma paulatina, se integra Rocío, la del medio, y al final Emiliana, la menor.

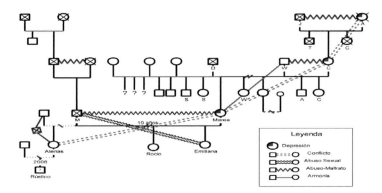

Figura 3.1. Genograma Familiar

Históricamente, la relación de Marea con su hija mayor había sido de las más conflictivas hasta llegar a la agresión física. El cuadro se complicaba ya que al momento de llegar a terapia estaban conviviendo y la relación se había tornado insoportable para ambas. Para recibir a Atenas y a Rústico al proceso terapéutico se determinó en supervisión la integración de un co-terapeuta. Esto, con el propósito de balancear el enfoque y tener una perspectiva nueva, sin la información del historial familiar que ya poseía la terapeuta. El impacto que esperábamos tuviera era el de marcar una nueva etapa en el tratamiento, habiendo un terapeuta nuevo para Marea de la misma manera que su hija y nieto serían nuevos para el equipo. Los terapeutas actuaron como consultores, donde cada uno de los miembros debía sentirse responsable de sus propios esfuerzos de cambio. La idea era que fueran adquiriendo un mejor manejo de sus emociones en sus relaciones y que informaran de sus luchas y avances en las sesiones siguientes.

Comenzamos las primeras entrevistas permitiendo que cada una expresara su perspectiva del problema, fomentando un clima de escucha, sin juicios ni culpas y desde una óptica multilateral (Boszormenyi-Nagy & Ulrich, 1981). Se identificaron algunos de los hechos ambientales y de los estresores que representaban mayor fuente de conflicto y "crisis" familiar. La familia atravesaba por una condición económica precaria y en ocasiones Marea no podía pagar las cosas a tiempo. Recientemente la hija mayor y su nieto habían ido a vivir con ella, por Atenas quedarse desempleada. La convivencia era sumamente conflictiva, teniendo discusiones y altercados frecuentes por diversas razones. Desde la perspectiva de Marea, ella sentía que se habían apoderado de su casa y que no la respetaban. Marea se quejaba de que Atenas la invalidaba frente al nieto como "loca" y la amenazaba con que no cayera en crisis frente al niño. Atenas no quería que su hijo estuviera expuesto a las crisis de Marea, de la misma manera que ella las había tenido que sufrir. A Rústico se le pidió que compartiera cómo él veía la situación en el hogar a lo que respondió que su mamá y abuela siempre estaban peleando. Como la vena artística corría en la familia, Rústico recibió con entusiasmo unos papeles y crayolas para que dibujara mientras hablábamos con su familia. Al final de cada sesión veríamos sus obras y las comentaríamos. No era de sorprender que luego de la primera sesión, dibujara un rostro llorando representando cómo se sentían su abuela y su mamá. A Rústico se le adjudica una función muy importante dentro del proceso. Rústico era quién traía a su familia a terapia para que estuvieran bien y se pudieran llevar mejor. Esto se le reconoció de manera explícita dándole las gracias por traer a su madre y a su abuela para recibir ayuda y diciéndole que ya no tenía que preocuparse tanto por ellas porque nosotros las ayudaríamos. Más adelante en el proceso, Rústico saldría de la sala y acompañaría al supervisor mientras observaban a su familia.

Desde este punto, se comienza a trazar junto a Marea y Atenas el origen de sus encontronazos y la función de las peleas; las pautas interaccionales subyacentes y a ayudarlas a cobrar conciencia de sus modos de relacionarse y responder a las acciones de la otra. Para evaluar junto a ellas las peleas, se pidió que llevaran un registro de las mismas anotando qué sucedía antes, durante y después de cada encontronazo. Con esto descubrimos muchas pautas relacionales y modos de comunicarse. Llamando la atención que mientras más Atenas le reclamaba y peleaba a Marea, más ella se retiraba y se encerraba en sí misma.

Dimensión ética-relacional

Enseñarlas acerca de los conceptos del sistema que operaban en su relación y dentro de su familia fue fundamental en esta etapa. Esto no significó tratar de convencerlas de hacer las cosas de manera diferente inmediatamente, no sin antes entender de dónde provenían sus modos de responder y el resentimiento subyacente. Se dio oportunidad de que cada una hablara de cómo había sido su experiencia. Marea, hablarle a su hija de lo que había sido su depresión y Atenas hablarle a su madre de lo que había sido para ella vivir con una madre deprimida. Marea le contó a Atenas los pormenores desde que conoció al padre, lo que había hecho por tenerla y del maltrato que recibió, del que no supo salir. De la misma forma Atenas le contó a Marea la manera en que ella como niña y adolescente sufría al verla mal. Luego de escuchar las vivencias de cada una, se da paso a establecer una serie de reclamos. ¿Qué se merecía la hija de la madre? ¿Qué se merecía la madre de la hija? ¿Qué se merecía cada una y no recibieron? Se fueron identificando las cosas que se resentían mutuamente y que no permitían una buena relación entre ellas. Este proceso remite al tema de la justicia y la confianza (Boszormenyi-Nagy & Krasner, 1986) de la terapia contextual desde la cual se conceptualiza este caso. Se parte de que hubo limitaciones, de que para lo que no se recibió ya no hay marcha atrás, pero se abre la posibilidad de que se puede construir un diálogo en otros términos. Ambas partes debían poder ver el problema desde las distintas perspectivas, tanto desde la depresión de Marea y desde la experiencia de Atenas de haber conocido a su madre en depresión. Debían tener la oportunidad de exigirse y hablar de lo que necesitaban y no recibieron.

Esto encaminó un trabajo prospectivo enfatizando en qué cosas Atenas le podía pedir ahora a su madre y cómo ella podía responder a ello. El objetivo era construir una relación basada en la confianza, otra noción central de la terapia familiar contextual. La confianza se desarrolla a base de las experiencias; que la vida será razonablemente justa y que las contribuciones de uno serán reconocidas y reciprocadas en algún momento (Boszormenyi-Nagy & Krasner 1986). Marea resentía que sus hijas no habían agradecido el que las había traído al mundo a pesar de que sus padres le pidieron abortarlas. Se quejaba de que la habían maltratado y no la habían sabido apoyar y entender en lo que era su depresión. Por otro lado, Atenas resentía haber tenido que asumir un rol de madre con sus hermanas y no haber tenido a la suya en condiciones de darle la atención y el cariño que necesitaba. Una vez identificados estos reclamos, se comienza a establecer lo que necesitaba la una de la otra hoy día. Marea y Atenas sólo veían lo problemático de su relación, sin embargo, se apoyó a que pusieran en perspectiva las formas que tenían de ayudarse sin darse cuenta. Esto implicó entender la función de sus repetidas peleas como única forma conocida de demostrarse amor. A Marea le venía bien la compañía de Atenas y su nieto, y la actitud confrontativa de Atenas era su forma de activar a su madre y sacudirla de su estado deprimido. Atenas hacía cosas que le enfadaban para que sacara fuerzas aunque fuera para pelear. Por otro lado, Atenas no veía el amor que le demostraba su madre al acogerla en su casa y prestarle el carro para que hiciera sus gestiones. También cuidaba a su nieto Rústico para que ella pudiera estudiar de noche. Por tanto, Marea y Atenas comienzan a poder ver las cosas de otra manera, entendiendo los sentimientos subyacentes en sus peleas mediante un diálogo constructivo. También fueron conociendo la historia vivida desde la perspectiva de la otra y así desarrollar más sensibilidad. Se apoyó en buscar y emplear formas más saludables de ayudarse y de pelear sin hacerse daño. Se fue construyendo un plan concreto de cómo comenzar a relacionarse de manera diferente, cómo ayudarse y de validar lo que habían estado haciendo hasta al momento.

Luego de varias sesiones en las que se trabaja la relación de Marea y Atenas, se integra Rocío, la hija del medio y posteriormente Emiliana. El plan de tratamiento se repasó y adecuó con la llegada de cada hija al proceso. Entre las metas terapéuticas estaba asistir a la familia a lograr una mayor diferenciación, culparse menos, atacarse menos y asumir responsabilidad.

Con la llegada de Rocío, hacemos recapitulación de lo que había estado sucediendo en terapia y damos oportunidad de que exprese la situación de la familia desde su óptica. Rocío manifestó que acostumbraba mantenerse al margen de todo y que tenía una mejor relación con Marea que la de su hermana mayor. Rocío dijo conocer a una madre deprimida de toda la vida aunque sin entender bien el por qué. Al igual que Atenas, recordó que los problemas en la familia siempre fueron atribuidos a la depresión de Marea. Dijo tener muchas áreas "grises" de su niñez que le gustaría conocer, como por ejemplo, el incidente en el que fueron removidas del hogar para vivir sólo con su padre, las hospitalizaciones de Marea, entre muchas otras cosas. Para comenzar a revelar esta información, Marea habla de un "maletín negro" que guardaba documentos y que le ayudaría a contar esas historias, tabú para la familia. Se les pide entonces que traigan a sesión el maletín negro.

Rocío, al igual que se hizo con su hermana mayor, debía poder dialogar con su madre de las experiencias vividas y tener la oportunidad de hacerle reclamos. Marea contó a Rocío de sus luchas con su padre y de cómo había tenido que interponerse hasta para que ellas nacieran. Habló del maltrato psicológico y sexual que soportó por muchos años, donde fue invalidada, desmoralizada, aislada de su familia, tildada de loca, mientras su salud y estabilidad emocional seguía deteriorándose. De los temas más sensitivos que Marea nunca compartió con sus hijas fue el de sus sospechas de que el padre cometía actos lascivos con Emiliana, la hija menor. Sin embargo, en el momento que se atrevió a señalarlo, nadie le creyó pues recientemente salía de una hospitalización. Marea dijo no saber cómo salir, pues el padre amenazaba con quitarles a sus hijas. Se indagó sobre el incidente en el que las hijas fueron removidas del cuidado de Marea por un tiempo. Precisamente, Marea reclama al padre, una vez separados, el que una de las niñas tuviera acceso a un material pornográfico en su computadora. Aparentemente el padre logró tergiversar la información y consigue una orden para que removieran a las niñas. Marea contó que era un panorama muy complicado, pues ante los ojos de los demás siempre fue la "loca" y no tuvo apoyo. Incluso, su madre siempre fomentó que se quedará en la relación y no se divorciara ya que era mejor tener a un hombre a su lado. Marea explicó a sus hijas que en momentos de desesperación y frustración como estos, fue cuando atentó contra su vida.

Sus hijas estuvieron allí, de niñas y adolescentes, sin entender por qué pasaban muchas cosas, simplemente sintiendo la ausencia de su madre cada vez que era ingresada al hospital. Para Marea era importante que sus hijas entendieran por lo que había atravesado y que pudieran comenzar a verla más allá de su depresión y sus crisis, de la misma manera que para las hijas era importante comunicarle lo que necesitaban de ella y no recibieron. Marea se sentía sumamente culpable por el sufrimiento y confusión que causó a sus hijas, el verlas mal y des-estable, por no estar siempre en condiciones de atenderlas, brindarles afecto y estar con ellas. En unos momentos muy emotivos, Marea tuvo la oportunidad de disculparse con sus hijas de la misma forma que sus hijas se disculparon con Marea por haberla atacado y presionado sin valorar lo que había luchado por ellas. Un elemento central de este diálogo fue el de que se nos hace muy difícil dar lo que no recibimos, aspecto esencial a esta conceptualización. Partimos de que las cosas que a Marea se le hizo difícil dar a sus hijas, ella tampoco las recibió en su hogar. El objetivo no es exonerar de responsabilidad a nadie, más bien, es hacer que la familia reconozca la importancia del legado que se recibe y que pasamos a la próxima generación (Boszormenyi-Nagy & Krasner, 1986). Este reconocimiento permite entender las pautas generacionales e identificar todo aquello que no se quiere reproducir. Específicamente, aquello que se podía prevenir que sucediera con Rústico. Así que, el propósito de este diálogo entre Marea y sus hijas, además de perdonarse y establecer las formas de compensarse hoy día, era identificar las cosas que no le resultaron a Marea y, que a lo mejor, ella podía evitar que sus hijas tuvieran que sufrir. En otras palabras, la idea era elaborar juntos un diseño preventivo para todas, incluyendo las próximas generaciones.

Para continuar con el proceso, era esencial incorporar a la hija menor de Marea para que el trabajo siguiera prosperando aún más. Emiliana no había estado presente por motivos de que estudiaba fuera de PR. Sin embargo, discutimos cómo superar ese obstáculo y decidimos plantearle la alternativa de integrarla via "Skype" o videoconferencia. Emiliana estuvo dispuesta a participar, a pesar de la distancia, por lo que se coordinó su participación vía Skype. Durante la primera sesión con Emiliana, son las hermanas y la madre las que le hacen el resumen de lo acontecido, de la importancia de que ella también participara. Así que, invitan a que Emiliana les hable de su experiencia y su perspectiva de los problemas. Emiliana describió tener una buena relación con Marea pero que al igual que sus hermanas, muchas cosas nunca le quedaron claras. Indicó que se ocupaba de sus cosas y así era que lidiaba con la situación, mientras más distancia mejor. Al igual que con sus otras dos hijas, durante las próximas sesiones, Marea le cuenta la experiencia de los maltratos y lo mucho que había sufrido. También reconoce las cosas que no le pudo dar y le pide perdón por eso. Emiliana también comienza a ver otra parte de su madre y reconoce las cosas en las que ella contribuyó al problema. Se establecen medios en los que concretamente se pueden demostrar amor hoy día muy a pesar de lo que no se dio en el pasado, como visitas, llamadas, encuentros más frecuentes, etc..

Otro aspecto fundamental, una vez todas las hijas presentes, fue el permitir que hablaran de su relación como hermanas y de cómo juntas habían manejado la depresión de su madre. Esto da paso a que se den una serie de reclamos entre ellas en dónde Atenas expresa que a ella le había tocado manejar la mayor parte de las "crisis" de su madre y que sus hermanas se habían mantenido distantes. Se discuten maneras concretas en que sus hermanas podían involucrarse más y dar a Atenas un "descanso".

Luego de varias sesiones a través de "Skype", Emiliana se incorpora físicamente al espacio terapéutico pues estaría en Puerto Rico por unos meses. A partir de aquí se organiza el trabajo de manera que se pudieran cubrir todos los aspectos pendientes aprovechando la presencia de todas. Cabe mencionar que con cada sesión concertada, a Marea y a sus hijas se les apreciaba más tranquilas, contentas y "livianas", como si fueran dejando un gran peso atrás. Esta información fue confirmada por ellas y así se reflejaba en los instrumentos administrados.

De aquí en adelante, el genograma multigeneracional fue una herramienta esencial para entender la complejidad de toda la información que se había discutido (McGoldrick, 2011). Durante este proceso se fomentó el uso de cartas, llamadas telefónicas, visitas e investigación sobre las generaciones anteriores para obtener una perspectiva sistémica más amplia de los procesos emocionales de su familia y de suma importancia, un sentido de su propia herencia en estos patrones. El genograma familiar permitió identificar las pautas generacionales del sistema nuclear de esta familia y el extendido. Con esto, los terapeutas junto a la familia pudieron evaluar: fuentes de conflicto, patrones de regulación, cercanía y distancia entre todos, alianzas, cómo la depresión y la ansiedad se había abordado y el grado de adaptabilidad a los cambios. Desde el inicio, se alentó a todas a ver más allá de su experiencia y juicio subjetivo, involucrando a todas en el proceso para llegar a un plan de acción en el que todas estuvieran de acuerdo y comprometidas. La familia mediante los diálogos constructivos y el análisis del genograma logró verse como parte de un sistema mayor para el que se buscaron alternativas constructivas y el cambio de roles habituales que habían ocupado. Esto no sólo permitió ver en lo que podían contribuir a un legado positivo y visible en relación a su madre, también resaltó las cualidades positivas que Marea había pasado a sus hijas como las de ser luchadoras, tener un espíritu libre y ser valientes.

El término "coaching" o consultor describe el trabajo que los terapeutas se encargaron de ofrecer durante esta fase del tratamiento que consistió en desarrollar una mayor diferenciación de la familia de origen (Bowen, 1974). Como se mencionó anteriormente, partimos de que a Marea le tenían que haber pasado cosas muy similares con su madre. Por lo tanto, se le hacía muy difícil dar a sus hijas lo que nunca recibió. Marea y sus hijas vieron que su historia se parecía a la de su madre, una mujer sufrida, en relaciones de pareja conflictivas y de poca disponibilidad afectiva. Más aún, vieron cómo en la familia se repetían patrones de abuso y maltrato y que muchas mujeres en la familia habían sufrido depresión. La creación de este lente multigeneracional permitió ver cómo los patrones relacionales del pasado de la familia se repetían en el sistema actual. Por tanto, ¿cómo lograr ese distanciamiento de la familia de origen sin sentirse desleal o culpable? Ese es uno de los mayores retos y que también remite al aspecto de las lealtades invisibles (Boszormenyi-Nagy & Spark, 1973). Se hizo énfasis en las maneras en que se podía ser leal a los padres sin hacerse daño y sin repetir los mismos errores. Debían entender el costo para ellas y para Rústico de perpetuarlos.

Al finalizar este largo y retante proceso, se recapituló con ellas lo que habían podido aprender y dónde se encontraba cada una. La familia coincidió con que tenían una madre diferente a la que conocieron por muchos años y que cada una, en su carácter individual, había experimentado un cambio. El trabajo realizado permitió entender un pasado y proyectarse hacia un futuro, compensando hoy día lo que no se habían podido dar antes. Marea le pidió a sus hijas consideración, respeto y comunicación más frecuente, de la misma forma que ella se comprometió a darles paz, cariño y atenciones a Rústico que a ellas no había podido ofrecer. La relación de esta madre artesana con sus hijas se construyó nuevamente a base de la confianza y el respeto por lo vivido. Ahora se dialogaba en otros términos y Marea planificaba seguir viendo amaneceres. Así que, aunque los retos continuarían, sabrían encararlos de una manera más constructiva; unidas y "contra viento y Marea".

CONSIDERACIONES FINALES

Nuestro objetivo era presentar un caso desde la óptica de un acercamiento integrador, en donde la TFC se incorpora a la TCC. El caso presentado fue de un cuadro de depresión mayor con múltiples hospitalizaciones y conflictos familiares. Como muestran las puntaciones en el IDB-R y la LCS-36, los síntomas de depresión fueron disminuyendo y luego del receso forzado por la huelga universitaria se reanuda el tratamiento. La depresión y la ansiedad volvieron a elevarse pero disminuyeron rápidamente.

Este fue un caso donde participaron dos co-terapeutas en la fase de la terapia familiar y donde las sesiones fueron grabadas en audio y en video. El espacio nos traiciona y ese importante aspecto del adiestramiento, la supervisión y la co-terapia tendrá que esperar para otro momento. Sin embargo, las grabaciones, la supervisión en vivo mediante el espejo unidireccional y mediante "Facetime" y la integración de un co-terapeuta, fueron esenciales. El recurso tecnológico "Skype" que permitió incorporar a la hermana residiendo fuera de Puerto Rico a las sesiones de familia también fue muy beneficioso.

La teoría de cambio de la TFC incorpora pero trasciende las nociones de cambio de la psicología individual y la de los sistemas cibernéticos de familia. Las nociones individuales de cambio se basan en acercamientos como los conductuales o psicoanalíticos que se fundamentan en satisfacer necesidades utilizando conceptos individuales como el principio del placer o el refuerzo positivo. Desde esta perspectiva, el cambio está únicamente en o dentro de la persona. También, el contrato terapéutico es exclusivamente individual y el éxito se define en términos de satisfacer las necesidades del cliente identificado. Desde la óptica individual, el cambio es visto en términos de aprendizaje de nuevos patrones de conducta o de cambio en la personalidad. El caso presentado comenzó de esta forma atendiendo el pedido del cliente.

Al reanudarse el tratamiento, se pasó a utilizar nociones de cambio basadas en la perspectiva sistémica familiar (e.g., Haley, 1987; Minuchin, 1974). Por lo tanto, los conceptos de las pautas interaccionales, la estructura familiar, y la comunicación se convirtieron en el idioma del cambio. Esta dimensión también se utilizó como recurso para trabajar con Marea y sus hijas tan pronto se comienzan a examinar las interacciones y las pautas de comunicación entre ellas (Watzlawick, Beavin, & Jackson, 1967).

La pregunta fundamental en la TFC es ¿quién se beneficia del cambio? y ¿quién es el o la que más se beneficia en particular? El valor implícito de la TCF es uno participativo en el que todos los miembros de la familia se involucran en contribuir a un cambio que es el más deseado y del que todos se benefician. De hecho, en vez de utilizar conceptos de cura (que implica un modelo médico) con énfasis en la patología, la preferencia es considerar conceptos de liberación que remiten a un proceso político (Bernal, 1991; Boszormenyi-Nagy & Spark, 1973). El contrato terapéutico del la TFC es uno colectivo y no individual. Por tanto, se intentó buscar el beneficio de todos los miembros de esta familia: los presentes y los ausentes incluyendo generaciones previas y las venideras.

En la TFC el cambio es considerado como un proceso multilateral y parte de un diálogo relacional. El cambio se conceptualiza como una progresión dialéctica entre los conflictos de intereses por un lado y por el otro la reflexión conectada a la acción. Cuando las hijas comienzan a reclamarle a su madre, y la madre logra explicarle su situación; cuando Marea reconoce sus limitaciones y habla del maltrato que sufrió ante sus parejas frente a sus hijas, ya se comienzan a forjar relaciones basadas en la confianza. El enfrentar directamente los conflictos de intereses así como las contradicciones en la familia (que implica examinar los méritos y los deberes de las distintas partes, considerando las limitaciones reales) permite dar un paso a entretejer relaciones más justas basada en la confianza.

Precisamente, este es el tipo de diálogo que pretende apoyar la terapia contextual. Dicho diálogo sigue una estructura dialéctica donde la reflexión y la acción están estrechamente vinculadas. La reflexión informa la acción y la acción informa la reflexión (Bernal, 1991). La acción sin una reflexión que considere los elementos del contexto social, familiar, político y económico margina en activismo. De la misma manera, una reflexión carente de un compromiso para la acción y reciprocidad es un análisis vacío e inútil. Por tanto, la dialéctica entre la acción y la reflexión es un aspecto fundamental del cambio relacional e intergeneracional, que es como conceptualizamos este trabajo.

La meta de la TFC es llegar a un diseño preventivo para el beneficio de todas las personas involucradas y entendemos que nos acercamos a ese objetivo en este caso. Por contexto nos referimos al tejido de relaciones donde se privilegia el balance de justicia en las relaciones humanas y se vela por el bienestar de todos los miembros de la familia. Por lo tanto, la consideración de los intereses de todos los miembros de esta familia fue una meta, y de cierta forma el método de esta psicoterapia "corta" a largo plazo.

REFERENCIAS

American Psychiatric Association. (1994). *Diagnostic and statistical manual of mental disorders* (4ta ed.). Washington, DC: Author.

Baldwin, S.A., Christian, S., Berkeljon, A., Shadish, W.R., & Bean, R. (2012). The effects of family therapies for adolescent delinquency and substance abuse: A meta-analysis. *Journal of Marital and Family Therapy, 38*(1), 281-304.

Beck, A.T., Rush, A.J., Shaw, B.F., & Emery, G. (1979). *Cognitive therapy for depression*. New York: Guilford Press.

Beck, A.T. (1992). Cognitive therapy: A 30 year retrospective. In J. Cottraux, P. Legeron & E. Mollard (Eds.), *Annual series of European research in behavior therapy. Which psychotherapies in year 2000?* (pp. 13-28). Lisse, Netherlands: Swets & Zeitlinger.

Beck, J.S. (2000). *Terapia cognitiva*. Barcelona: Gedisa.

Bernal, G., Flores-Ortiz, Y., Sorensen, J.L., Miranda, J.M., Rodríguez, C., Diamond, G., & Álvarez, M. (1987). *Intergenerational family therapy with methadone maintenance patients and family members: Findings of a clinical outcome study.* Ponencia presentada en el 18vo Congreso Anual de la Sociedad de Investigación en Psicoterapia, Ulm, Alemania Occidental, junio de 1987.

Bernal, G., Bonilla, J., & Santiago, I.J. (1995). Confiabilidad interna y validez de construcción lógica de dos instrumentos para medir sintomatología psicológica en una muestra clínica: el Inventario de Depresión de Beck y la Lista de Cotejo de Síntomas-36. *Revista Latinoamericana de Psicología, 27,* 207-229.

Bernal, G., & Flores-Ortiz, Y. (1991). Contextual family therapy with adolescent drug abuses. En T.C. Todd & M. Selekeman (Eds.), *Family therapy approaches with adolescent substance abusers* (pp. 70-92). Boston: Allyn & Bacon.

Boszormenyi-Nagy, I., & Krasner, B. (1986). *Between give and take: A clinical guide to Contextual Therapy.* New York: Brunner/Mazel.

Boszormenyi-Nagy, I., & Spark, G. (1973). *Invisible loyalties :Reciprocity in intergenerational family therapy.* New York: Harper & Row.

Boszormenyi-Nagy, I., Grunebaum, J., & Ulrich, D. (1981). Contextual family therapy. En A. Gurman & D. Kniskern (Eds.) *Handbook of family therapy, Vol 2* (pp. 200-238). New York: Brunner/Mazel.

Bowen, M. (1974). Toward the differentiation of self in one's family of origin. En F. Andres & J. Lorio (Eds.), *Georgetown family symposia, Vol. 1 (1971-72).* Washington, D.C.: Georgetown University Medical Center.

Butler, A. C., Chapman, J. E., Forman, E. M., & Beck, A. T. (2006). The empirical status of cognitive-behavioral therapy: A review of meta-analyses. *Clinical Psychology Review, 26*(1), 17-31.

Couturier, J., Kimber, M., & Szatmari, P. (2013). Efficacy of family-based treatment for adolescents with eating disorders: A systematic review and meta-analysis. *International Journal of Eating Disorders, 46*(1), 3-11.

Duarté-Vélez, Y., Torres-Dávila, P., & Laboy-Hernández, S. (2013) Estudio de caso: Terapia Socio-Cognitiva Conductual para adolescentes luego de una crisis suicida. En A. Martínez Taboas y G. Bernal (Eds.), *Estudios de casos en psicoterapia en Puerto Rico.* San Juan: Publicaciones Puertorriqueñas.

Ellis, A. (1962). *Reason and emotion in psychotherapy.* Secaucus, NJ: Citadel.

Goldfried, M.R. (1995). *From cognitive-behavior therapy to psychotherapy integration: An evolving view.* New York: Springer.

Greenberg, L. S., & Pavio, S. C. (1997). *Working with emotions in psychotherapy.* New York: Guilford Press.

Greenberg, L. S. (2011). *Theories of psychotherapy: Emotion-focused therapy.* Washington, DC: American Psychological Association.

Haley, J. (1987). *Problem-solving therapy* (2nd ed.). San Francisco: Jossey-Bass.

Hollon, S. D., & Ponniah, K. (2010). A review of empirically supported psychological therapies for mood disorders in adults. *Depression and Anxiety, 27*(10), 891-932.

Hofmann, G., Asnaani, A., Vonk, I. J. J., Sawyer, A. T., & Fang, A. (2012). The efficacy of cognitive behavioral therapy: A review of meta-analyses. *Cognitive Therapy and Research, 36*(5), 427-440.

Lewinsohn, P. M., Steinmetz, J. L., Antonuccio, D., & Teri, L. (1984/1985). Group therapy for depression: The Coping with Depression course. *International Journal of Mental Health, 13*(3-4), 8-33.

Liddle, H. A., Rodríguez, R. A., Dakof, G. A., Kanzki, E., & Marvel, F. A. (2005). Multidimensional family therapy: A science-based treatment for adolescent drug abuse. In J. Lebow (Ed.), *Handbook of clinical family therapy* (pp. 128-163). New York: Wiley.

Martínez-Taboas, A. (2007). Acercamiento integrador a la psicoterapia. En G. Bernal y A. Martínez-Taboas (Eds.), *Teoría y práctica de la psicoterapia en Puerto Rico* (pp. 129-149). San Juan: Publicaciones Puertorriqueñas.

Martínez-Taboas, A. (2013). El padre que no aprendió a perder. En A. Martínez-Taboas y G. Bernal (Eds.), *Estudios de casos en psicoterapia en Puerto Rico* (pp 19-30). San Juan: Publicaciones Puertorriqueñas.

McGoldrick, M. (2011). *The genogram journey: Reconnecting with your family.* New York: Norton.

Minuchin, S. (1974). *Families & family therapy.* Oxford, England: Harvard University Press.

Mychailyszyn, M. P., Brodman, D. M., Read, K. L., & Kendall, P. C. (2012). Cognitive-behavioral school-based interventions for anxious and depressed youth: A meta-analysis of outcomes. *Clinical psychology: Science and practice, 19*(2), 129-153.

Nichols, W. (2001). Integrative family therapy. *Journal of Psychotherapy Integration, 11(2)*, 289-312.

Prochaska, J. O., & DiClemente, C. C. (2002). The trans-theoretical approach. En J. Lebow (Ed.), *Comprehensive handbook of psychotherapy:* Vol. 4 (pp. 165-184). New York: Wiley.

Riso, W. (2006). *Terapia cognitiva: Fundamentos teóricos y conceptualización del caso clínico.* Bogotá: Grupo Editorial Norma.

Rosselló, J., & Bernal, G. (2008). *Manuales de tratamiento para la terapia cognitiva-conductual de la depresión en adolescentes puertorriqueños.* San Juan, PR: IPSI, extraido de: http://ipsi.uprrp. edu/pdf/manuales_tara/individual_participante_esp.pdf

Santana-Mariño, J., Bernal, G., Soltero, E., Gómez, K., Morales, J., Rodríguez, L., & Coronado, M. (2013). Terapia Cognitiva Conductual más Hipnosis en una paciente con cáncer de mama. En A. Martínez-Taboas y G. Bernal (Eds.), *Estudios de casos en psicoterapia en Puerto Rico* (pp 96-111). San Juan: Publicaciones Puertorriqueñas.

Shadish, W. R., & Baldwin, S. A. (2003). Meta-analysis of MFT interventions. *Journal of Marital and Family Therapy, 29*(4), 547-570.

Shadish, W. R., & Baldwin, S. A. (2005). Effects of behavioral marital therapy: A meta-analysis of randomized controlled trials. *Journal of Consulting and Clinical Psychology, 73*(1), 6-14.

Shapiro, D. A., Barkham, M., Reynolds, S., Hardy, G., & Stiles, W. B. (1992). Prescriptive and exploratory psychotherapies: Toward an integration based on the assimilation model. *Journal of Psychotherapy Integration, 2*(4), 253-272.

Thompson, C. L., & Rudolph, L. B. (2000). *Counseling children* (5ta ed.). Belmont, CA: Wadsworth.

Toro-Alfonso, J. (2013). Lo cortés no quita lo valiente: El des(cubrimiento) de la homosexualidad en un joven puertorriqueño, un caso de la clínica. En A. Martínez-Taboas y G. Bernal (Eds.), *Estudios de casos en psicoterapia en Puerto Rico* (pp X-X). San Juan: Publicaciones Puertorriqueñas.

Wolpe, J. (1990). *Practice of behavior therapy* (4ta ed.). Nueva York: Pergamon Press.

Yardley-Matwiejczuk, K. (1997). *Role play: Theory and practice.* Thousand Oaks, CA: Sage Publications.

Young, J. E. (1994). *Cognitive therapy for personality disorders: A schema-focused approach.* Sarasota, FL: Professional Resource Press.

Capítulo 4

APLICACIÓN DE UN ENFOQUE INTEGRADOR EN PSICOTERAPIA

VIVIAN RODRÍGUEZ DEL TORO

FUNDAMENTO TEÓRICO Y EMPÍRICO

La psicoterapia y consejería integradora es un proceso basado en la   selección de los mejores conceptos, métodos y técnicas de varias teorías y sistemas para articular modelos teóricos más completos y derivar tratamientos más eficientes. Autores como Corey (2001) y Martínez Taboas (2005) entre otros, plantean que desde los años 80 la psicoterapia se ha movido aceleradamente hacia la integración y el eclecticismo debido, entre otras causas, a la amplia diversidad de modelos especializados existentes y a las limitaciones inherentes al uso de una sola teoría que sea relevante para atender la diversidad de la clientela y de problemas. Además, Martínez Taboas analiza el peligro del prejuicio confirmatorio en que pueden caer muchos clínicos puristas que se adhieren a una sola teoría y no examinan otras opciones teóricas. Concurro con esta postura y la de otros favorecedores del movimiento integrador en la psicoterapia (MIP) como Prochaska y Norcross (2010) quienes consideran que la integración terapéutica propicia el mayor beneficio de los/as participantes, al salirse de las limitaciones conceptuales y estrategias que provee una sola escuela o teoría psicológica y poder aplicar otras perspectivas y métodos que atiendan sus necesidades particulares.

Es necesario destacar que la vertiente integradora que esta servidora utiliza es la del eclecticismo técnico. Esta vertiente plantea fundamentalmente que, no todas las terapias son igual de efectivas y que se pueden aplicar diversas técnicas de intervención de forma sistemática, independientemente de las teorías que les dieron base. Cabe aclarar que esto no implica un eclecticismo al azar ni una selección indiscriminada de técnicas. Se trata de un proceso sistemático, resultado de la evaluación de los diferentes niveles y áreas de funcionamiento de cada participante, los factores y variables particulares y el contexto terapéutico, que incluye el formato o estrategia. Otro aspecto esencial que se considera en el eclecticismo técnico, es la relación terapeuta- participante que permite en forma clara y colaborativa establecer las metas y objetivos del proceso terapéutico.

Base teórica

Los modelos integrados en la aplicación terapéutica del caso que se presenta a continuación son: Terapia Feminista (Brown, 2010; Corey, 2001), Terapia Cognitiva Conductual (Corey, 2001; DiCaprio, 1989; Prochaska & Norcross, 2010; Reyes, 2005) y Terapia Centrada en la Persona (Corey, 2001; DiCaprio, 1989; Rogers, 1986).

La Terapia Feminista (TF) ha sufrido muchas transformaciones desde sus comienzos en los movimientos sociales de los años 60. Su foco central continúa, según Brown (2010), siendo la atención y el análisis de las dinámicas personales e interpersonales del poder, dentro y fuera de la terapia. Además, la TF coloca la psicoterapia en el contexto sociopolítico amplio en el que se construye el género y el poder. Según Corey (2001) los terapeutas feministas esencialmente comparten las siguientes premisas: (1) el género es un eje central en la práctica psicoterapéutica; (2) la comprensión de los problemas de los/as participantes requiere que el/la terapeuta adopte una perspectiva sociocultural; y (3) el empoderamiento de la persona y los cambios sociales son metas cruciales de la terapia.

La Terapia Centrada en la Persona (TCP) desarrollada por Carl Rogers (1986; Corey, 2001) está basada en los conceptos del enfoque Humanista que tiene una visión positiva del ser humano y de su capacidad para superarse, si tiene las condiciones apropiadas que promuevan el crecimiento. Es un enfoque experiencial y orientado en la relación. Una meta esencial en toda terapia, es ayudar a la persona a ser totalmente funcional. Para Rogers, esto requiere primero confrontar las máscaras que la persona utiliza como resultado de la socialización y que lo han llevado a perder contacto con su verdadero yo.

La Terapia Cognitiva Conductual (TCC) (Corey, 2001; Prochaska & Norcross, 2010; Reyes, 2005) es un modelo de intervención diverso que tiene muchos exponentes destacados que contribuyeron a su desarrollo. A pesar de su diversidad, estos enfoques comparten ciertos postulados fundamentales, como;

(1) la disfunción y los malestares psicológicos son mayormente resultado de disturbios en los procesos cognitivos; (2) relación colaborativa entre participante y terapeuta; (3) foco en cambiar las cogniciones para producir cambios en las emociones y la conducta; (4) intervención mayormente breve y psicoeducativa, enfocada en situaciones específicas del presente.

Apoyo de la investigación

En general, el cuerpo de investigación en psicoterapia evidencia la selección de los tratamientos eclécticos. Por ejemplo, una investigación citada por Martínez Taboas (2005) con 40 prominentes psicólogos para auscultar las tendencias para el siglo 21, reveló el *eclecticismo técnico* como la segunda vertiente más prominente. Según Prochaska y Norcross (2010) una ventaja del eclecticismo es la gran cantidad de investigación empírica que evidencia su efectividad en la psicoterapia, particularmente con ciertos tipos de desórdenes y de participantes. Además, los terapeutas eclécticos fueron de los primeros en proponer las prácticas basadas en la evidencia.

En torno a la efectividad de la Terapia Feminista (TF) varios estudios de Worell y colaboradores (en Brown, 2010) han demostrado su consistencia interna como una intervención específica y su efectividad en comparación con terapias que no son sensibles al género. Otros investigadores, como Norcross, Lambert Chandler y colaboradores (en Brown, 2010) se enfocaron en que el apoderamiento y la calidad de la relación terapeuta-participante son variables que contribuyen a la efectividad del tratamiento.

Por su parte, Rogers ha sido considerado uno de los padres de la investigación en psicoterapia, particularmente sobre el proceso terapéutico. Según Prochaska y Norcross, (2010) el ímpetu e importancia que la TCP le dio a la investigación es tan importante como sus contribuciones teóricas. Además, sostienen que, existe evidencia empírica que demuestra que las características de empatía, aceptación positiva y genuinidad del terapeuta son facilitadoras para casi todas las personas y circunstancias. Por ejemplo, citan una amplia revisión de literatura de Orlinsky y Howard (1995), quienes concluyen que entre 50-80 por ciento de los resultados estudiados demuestran que estas dimensiones están consistentemente relacionadas con los logros de los/as participantes. Por su parte, la efectividad de las TCC está ampliamente documentada. Hay más de 400 estudios controlados con terapias cognitivas, entre ellos múltiples Meta Análisis (Prochaska & Norcross, 2010) que evidencian la efectividad de estas terapias con diversas poblaciones y condiciones específicas, en comparación con otras terapias.

PRESENTACIÓN DEL CASO

Presentación del problema

Síntomas y motivo de la consulta

Pilar es una mujer panameña de 52 años, casada por segunda vez que solicita consulta voluntariamente por problemas en su matrimonio. Indicó sentirse angustiada, nerviosa, con sentimientos ambivalentes y deprimida (insomnio, llanto, pérdida de interés, concentración) hace varios meses, desde que descubrió que su esposo le ha estado siendo consistentemente infiel. En este momento, ella busca ayuda para manejar sus sentimientos de pérdida, coraje, tristeza, culpa e inseguridad ante la ruptura de su matrimonio de 21 años. La pareja está en proceso de divorcio por infidelidad.

Historial relevante

Pilar es la quinta de siete hermanos (3 varones y cuatro mujeres) de una familia tradicional intacta de clase media de Panamá. Su padre era el proveedor y su madre ama de casa. Pilar y sus hermanas estudiaron en un colegio de monjas, hasta la muerte de su papá, cuando ella tenía catorce años. El padre murió súbitamente de un ataque cardiaco, aparentemente exacerbado por el alcoholismo. Pilar lo describe como serio, de carácter más bien pasivo y callado, no muy afectuoso aunque buen padre, responsable con su familia y trabajo, pero que consumía alcohol diariamente. Su madre era una mujer de carácter fuerte, dominante, luchadora, honesta y poco afectuosa, que llevaba las riendas del hogar con mano firme y disciplina recia. Con frecuencia, ambos padres consumían alcohol y utilizaban el castigo físico para disciplinarlos. Al quedar viuda, la madre desarrolló también la condición de alcoholismo, por lo que Pilar asumió muchas de las responsabilidades del hogar y del cuidado de sus hermanos menores y de su mamá.

De sus expresiones se desprende que, su crianza estuvo enmarcada por ideas y creencias tradicionales sobre los roles de género de los hombres y las mujeres. Su madre continuamente les decía "las mujeres no son nada sin un hombre al lado; las mujeres tienen que complacer a sus esposos y son las responsables de evitar que estos salgan a la calle a buscar lo que no encuentran en el hogar; la función principal es ser esposas y madres; las mujeres que saben mucho son amenazantes para los esposos, por lo que deben ser calladas, sumisas, serias, cariñosas, recatadas, honestas y responsables, además seductoras y complacientes sexualmente". Les enfatizaba, que una buena esposa debe acompañar a su esposo en todo, incluyendo a beber alcohol, si él se lo requería. Sobre los hombres, les decía que como son de la calle, algunos tienen "debilidades por las faldas", por lo que no debían cuestionarle sus actividades fuera del hogar, ni exigirles realizar tareas domésticas. Estas ideas eran sustentadas en el colegio católico donde estudió, en su familia extendida y la comunidad en general. Pilar se describe como inteligente y estudiosa, por lo que le decían "estofona y come libros". Su sueño era conseguir una beca para salir a estudiar, viajar y tener libertad e independencia. No obstante, completó estudios universitarios en Panamá y se empleó en una empresa privada. Contrajo matrimonio a los 23 años con el primer novio formal que le propuso matrimonio, más bien "presionada por los comentarios de que se iba a quedar solterona; cumplir con las expectativas sociales y para salir del hogar familiar ", pero reconoce que no estaba enamorada y que su prioridad no era el matrimonio. De esa relación, nació su único hijo. A los siete años se divorciaron porque Pilar se cansó de llevar casi toda la carga económica y emocional, ya que su exesposo era un hombre "irresponsable e inmaduro".

Poco tiempo después, conoció a Rafael, ingeniero divorciado con dos hijos, de quien dice que se enamoró perdidamente porque era educado, caballeroso, atractivo, la trataba con mucho detalle y constantemente la halagaba por su atractivo, independencia, fortaleza e inteligencia. Según ella, Rafael la hizo creer que la respetaba personal y profesionalmente, que sería una buena figura de padre para su hijo y que era confiable y constante. Además, como era muy emprendedor y tenía altas metas de superación profesional, pensó que por fin tendría una verdadera familia con un futuro prometedor. Sin embargo, reconoce que demostró ser celoso y posesivo, por lo que trató de romper la relación varias veces, pero "me acosaba tanto y se mostraba tan sufrido que me hacía sentir culpable hasta que nos reconciliábamos". Luego añade, "al año nos casamos y desde la primera noche Rafael cambió conmigo, se convirtió en otra persona que yo no conocía, me dijo que no esperara depender de él y me las arreglara yo misma, asumiendo mis responsabilidades". Debido al trabajo de Rafael, se trasladaron a Estados Unidos y posteriormente a Colombia y Venezuela, antes de mudarse a Puerto Rico. Desde que salieron de Panamá, Pilar dejó de trabajar, convirtiéndose en ama de casa y madre a tiempo completo. Con mucha emoción narró que, las infidelidades de Rafael comenzaron desde que salieron de su país para él ocupar posiciones ejecutivas y ella asumir el rol de "consorte". Además, durante los primeros diez años de matrimonio trataron infructuosamente de tener hijos hasta que ella se dio por vencida, luego de múltiples intentos, utilizando diversos procedimientos médicos y tecnología asistida. Pilar describe este periodo de su vida como una etapa muy solitaria, triste y de frustración, porque Rafael no la apoyó ni acompañó durante los procedimientos, algunos muy dolorosos y sólo "cumplía con lo mínimo requerido para lograr el embarazo". Ella entiende que "deseaba tener un hijo para complacerlo, ser la esposa ideal y tener la familia perfecta que describen los cuentos de hadas". Con el tiempo se sentía ambivalente e infeliz, a pesar de tener lujos y comodidades con las que nunca soñó.

De su relación íntima, indicó que aunque Rafael la enseñó a sentirse mujer y a conocer verdaderamente el placer y la sexualidad, también era muy exigente y egoísta. Con nostalgia, evocaba las buenas experiencias, actividades e intereses que compartieron, aunque admite que al pasar los años compartían cada vez menos. Por ejemplo, frecuentemente viajaba sola, exhortada por Rafael a visitar su familia con la promesa de encontrarse allá, pero luego "con la excusa del trabajo" cancelaba su viaje o sólo iba un par de días. Las relaciones íntimas se fueron convirtiendo en "algo mecánico" que realizaban como para cumplir un deber y para complacerlo, ya que él comenzó a tener disfunción eréctil. Pilar lo justificaba, debido al consumo frecuente de alcohol, pero Rafael la responsabilizaba del problema sexual por lo que indicó haberse sentido como una prostituta que solo tenía relaciones por obligación y para satisfacerlo.

Por otro lado, Pilar continuó estudiando hasta cursar estudios doctorales, lo que según ella era su mayor aliciente, dándole un sentido de identidad perdido en su rol tradicional de mujer. Además, ella tuvo a cargo la crianza de sus dos hijastros varones, ya que Rafael obtuvo la custodia de estos. Con voz entrecortada relató que esa obligación era casi exclusiva de ella y le dolía mucho recordar que por dedicarse tanto a complacer a esos niños y a la familia de Rafael, que los visitaba frecuentemente, "muchas veces siento que desatendí y dejé a un lado a mi hijo por quedar bien con él y lo peor es que él nunca lo trató igual que a los suyos". Por ejemplo, expresó "cuando había discusiones entre los niños, el mío era siempre el culpable o el que tenía que ceder y yo lo permití para evitar que Rafael se molestara y mantener la paz familiar". Del traslado a Puerto Rico comentó que, fue un proceso triste y difícil porque implicó dejar amistades, estudios doctorales, estar más lejos de su hijo y familia de origen, así como reajustarse a otra cultura. En fin, estar más sola ya que los hijos estaban fuera del hogar y Rafael se involucró más en su nueva posición ejecutiva, llegando tarde a la casa y consumiendo alcohol diariamente. Al llegar en la noche, esperaba que ella le tuviese la cena y lo recibiera cariñosamente, sin quejarse, porque "no le faltaba nada". Mientras tanto, cada día ella lo sentía más distante y huraño, justificando que su conducta respondía al estrés del trabajo y a las fallas de ella. En resumen, Rafael la culpaba por no tenerlo contento. Pilar admite que estuvo deprimida y aislada por un tiempo, hasta que poco a poco se fue adaptando a la vida en Puerto Rico Esto es, esforzándose cada vez más por complacer a Rafael, pensando que la que estaba mal era ella, hasta que cansada de sentirse sola y desvalorada, decidió continuar sus estudios para completar el doctorado en educación. Según ella, su reingreso a la universidad le dio un nuevo sentido y motivación a su vida, permitiéndole volcar su energía en este proyecto. Por su parte, aunque Rafael decía apoyarla, seguía criticándola por todo, incluyendo que "no tenía tiempo para compartir con él por estar siempre ocupada estudiando".

Pilar también reconoció que sufrió violencia de parte de Rafael. Según ella, era solo **violencia emocional y verbal** (infidelidades, rechazo, celos, humillaciones, ignorarla; gritos, palabras soeces) pero en la terapia identificamos **violencia**

psicológica (control del dinero, amenazas de abandono, criticarla a ella y su familia, culparla por los problemas; minimizar y burlarse de sus sentimientos), **violencia física** (romper y tirar objetos de ella, halarle el pelo, empujarla, apretarla fuertemente, romperle la ropa encima) y hasta incidentes de **violencia sexual** (forzarla al sexo contra su voluntad). Como resultado de la ruptura matrimonial, la familia de Rafael rompió toda relación y vínculo con Pilar, a pesar de los intentos de ella para preservarla. Esta pérdida ha sido muy dolorosa para ella, ya que indicó quererlos como a su familia, especialmente al suegro, a quien "consideraba como un padre" y a los hijos de Rafael que cuidó como suyos.

Evaluación del caso

Diagnóstico diferencial

Ejes	Diagnóstico
Eje I	296.31 – Depresión mayor, recurrente leve
Eje II	V 71.09 – Ningún diagnóstico
Eje III	Ninguna condición de salud
Eje IV	V 62.89 – Fase de vida (divorcio)
Eje V	GAF = 72 (inicial) 88 (al concluir terapia)

CONCEPTUACIÓN DEL CASO

Modelos teóricos utilizados

Para conceptualizar e intervenir con Pilar se utilizó un enfoque integrador de la vertiente del eclecticismo técnico, aplicando conceptos y técnicas de la Terapia Feminista (TF), Terapia Cognitiva Conductual (TCC) y Terapia Centrada en la Persona (TCP) de Carl Rogers.

Explicación del caso según los modelos utilizados

Pilar es una mujer de 52 años que se presenta con una sintomatología de depresión y ansiedad, asociada a la reciente ruptura de su segundo matrimonio de 21 años, como resultado de las infidelidades de su pareja y del patrón de maltrato emocional y violencia de género, al que ha sido expuesta durante muchos años. En ambas relaciones de pareja, Pilar asumió el rol de cuidadora emocional de sus parejas y de esposa y madre sacrificada, repitiendo el patrón aprendido de su familia de origen, donde desde temprana edad, se vio en el "deber de proteger y cuidar" a su madre viuda, refugiada en el alcohol y a sus hermanos menores, a costa de sus propios deseos y necesidades (Albite Vélez & Valle Ferrer, 2003; Coria, 2001; Castro, 2004). La visión de género tradicional que aprendió Pilar de su familia de origen y de las instituciones sociales durante su desarrollo, está enmarcada en los estereotipos tradicionales de lo que constituye ser hombre y ser mujer y por consiguiente los roles asignados a cada uno en las relaciones de pareja. Por lo que Pilar se esmeraba en ser la "esposa perfecta" (sumisa, complaciente y abnegada) que le enseñaron debía ser para lograr el cuento de hadas (se casaron y fueron felices para siempre). En resumen, los mensajes y el modelaje aprendido son que, la meta principal de las mujeres es el matrimonio y su responsabilidad primaria es preservar la unión familiar a toda costa. Precisamente, una de sus frecuentes quejas y cuestionamientos en terapia es que se sintió engañada. Pilar lo expresaba así: "pero si yo siempre hice lo que me dijeron que debía hacer, ¿por qué no lo logré, en que fallé? Evidentemente, Pilar se culpa por el fracaso matrimonial, por el rechazo de Rafael y de su familia y más aún, por la pérdida de los sueños y proyectos que enmarcan "el cuento de hadas". Esto lo explican feministas como Castro (2004) y Coria (2001) como una forma de sobrevaloración del amor y de las relaciones de pareja que conduce a las mujeres a comportamientos que las hacen vulnerables al maltrato y la autoculpa. Además, otros enfatizan (Ballou & Hill, 2008; Brown, 2010; Corey, 2001, Hart, 2008; Nutt, 2005; Prochaska & Norcross, 2010) que las expectativas de los roles sociales de género influencian la identidad personal y la personalidad adulta, ya que las políticas de género están inmersas en el tejido social.

En la situación de Pilar se manifiesta también, una disparidad en el poder que ejercían ambos cónyuges. Las raíces de este desbalance, se enmarcan en la ideología familiar patriarcal (Brown, 2010; González Armenteros, 2003), la construcción social o ideología de la maternidad y en las visiones y estereotipos tradicionales del género, aprendidos en un contexto cultural e histórico particular (Albite Vélez & Valle Ferrer, 2003; Castro, 2004). El patriarcado es una organización social en la que la autoridad la ejerce el hombre, como jefe y dueño del patrimonio familiar, que incluye la esposa, los hijos y los bienes (Gamba, 2008). En términos generales, es un orden de poder y un modo de dominación, cuyo paradigma es la supremacía del varón y de lo masculino, sobre las mujeres y lo femenino, como si se tratara de un orden natural. Más aún, para Nutt (2005) y otras autoras como Hare-Mustin, y como Bograd (en Brown, 2010) el patriarcado puede ser identificado como una variable causal del malestar psicológico de las mujeres y los hombres. Añaden Albite Veléz y Valle Ferrer (2003) que los estudios de género han documentado ampliamente que "la relación de poder desigual es una constante histórica y cultural entre los sexos" (p.118). Por consiguiente, Pilar ocupaba una posición subordinada a su esposo, al que amaba y temía al mismo tiempo; esforzándose cada vez más por merecer su amor; perdiendo cada vez más su voz e identidad en el cumplimiento cabal de los roles de esposa y madre sumisa y complaciente; justificando por largo tiempo las infidelidades como "debilidades masculinas" y asumiendo un comportamiento servil, en una confusión de sentimientos e ideas mitificadas e irracionales sobre el amor y la sexualidad En sus propias palabras "me sentía mendingándole amor". En resumen, por cumplir con los dictados de la cultura, Pilar dejó a un lado sus propias ambiciones para apoyar las de su esposo y preservar la armonía, sintiéndose cada vez más utilizada y menospreciada (Castro, 2004; Coria, 2001; Nutt, 2005). Una metáfora que ilustra lo anterior y que Pilar utilizaba frecuentemente durante la terapia era la de sentir que Rafael la "cogía, usaba y soltaba como a un trapo que se usa para limpiar y luego se vuelve a colgar hasta la próxima vez que se necesita".

En torno a los problemas en la sexualidad, Castro (2004) enfatiza que en el psiquismo femenino las mujeres tienden a unir el deseo sexual con los sentimientos amorosos. Como resultado de las frustraciones y los desengaños amorosos y la represión de la hostilidad (por no ser un comportamiento femenino aceptado) las mujeres tienden a inhibir el deseo y el placer sexual. Además, por la autoexigencia de "no perturbar a sus compañeros", comúnmente aceptan pasivamente las disfunciones sexuales de estos lo que a su vez es la causa principal de las condiciones sexuales femeninas. Por otro lado, un cúmulo de investigaciones (Chesler, 2005; Logan, Walker, Jordan, & Leukefeld, 2006; Rodríguez Del Toro, 2007; Walker, 2009; Weitzman, 2000) confirman que la violencia de pareja íntima está relacionada con el ejercicio del poder y el control de los hombres sobre las mujeres, sustentado por ideologías y creencias sociales del género perpetuadas por políticas e instituciones sociales opresoras y carentes de equidad.

Aplicando los postulados de la TCC, Pilar manifiesta muchos sentimientos ambivalentes y de culpa hacia Rafael, sustentados por ideas y creencias irracionales de los "debes", "tienes" y "deberías" adquiridos de su crianza. Estos pensamientos son la base de como ella interpreta su situación y se autoevalúa, resultando en malestar emocional, como síntomas de tristeza, desesperanza, temores y culpa (Corey; 2001; Prochaska & Norcross, 2010; Reyes, 2005). Entre sus ideas irracionales estaba la de creer que quizás ella propició y facilitó el fracaso de la relación por haberle dedicado tanto tiempo y esfuerzo a sus estudios descuidando sus roles de esposa y madre. Estas ideas contrastaban con la evidencia de la sobrecarga que asumió atendiendo las necesidades físicas, domésticas y emocionales de todos los miembros de su familia, incluyendo a su familia política, durante sus frecuentes y prolongadas visitas, dejando a un lado sus necesidades personales.

A base de la TCP (Corey, 2001, Rogers, 1986) Pilar manifiesta una pérdida progresiva de su identidad y verdadero yo, como resultado de vivir esforzándose en cumplir cabalmente el rol de mujer y esposa socialmente asignado. Con el pasar del tiempo, los sueños y anhelos más profundos de Pilar, así como sus características distintivas de personalidad (inteligencia, asertividad, autonomía) quedaron ocultas tras la máscara social del "matrimonio perfecto". Detrás de esa máscara, vivía una mujer insatisfecha, menospreciada, con sentimientos de minusvalía y de fracaso, al no poder cumplir cabalmente las interminables exigencias, reclamos y expectativas de su amo y señor (Rafael). En resumen, la voz de Pilar se fue apagando, perdiéndose el valor de sus experiencias y de su talento, con el consecuente efecto emocional de depresión y ansiedad.

Teoría de cambio

Las bases que fortalecen el eclecticismo integrador parten del convencimiento de que los terapeutas integradores combinan los mejores ingredientes (técnicas) para lograr los cambios más efectivos, de acuerdo con las circunstancias particulares, el contexto y las características de cada participante (Prochaska & Norcross, 2010). Primeramente, la alianza terapéutica como facilitadora del cambio trasciende enfoques y teorías particulares. Segundo, en el tratamiento de la depresión existen bases empíricas que apoyan el eclecticismo técnico, ya que requiere enfocarse en el perfil multimodal de los/as participantes; y tercero, se ha evidenciado que es viable y efectivo seleccionar ciertas terapias para condiciones y participantes particulares (Martínez-Taboas, 2005).

TRATAMIENTO Y SEGUIMIENTO DEL CASO

Objetivos y plan de tratamiento

Establecer una relación terapéutica basada en mutualidad y respeto.

1. Crear conciencia de cómo las ideas, creencias y valores asociados al género que adquirió de su familia e instituciones socializadoras han impacto su vida y sus relaciones de pareja.

2. Analizar el poder diferencial entre los hombres y las mujeres, presente en la ideología patriarcal y las visiones tradicionales de la maternidad, que le permita comprender la violencia y el abuso de poder que ha vivido.

3. Lograr reestructuración cognitiva mediante la incorporación de ideas igualitarias y no estereotipadas de los géneros.

4. Lograr empoderamiento personal mediante comportamientos y acciones propias que la liberen de las formas de opresión y ataduras del pasado.

5. Lograr que Pilar pueda valorarse, reconociendo sus fortalezas, habilidades y experiencias y rescatando su voz y autonomía personal en todas las áreas de su vida.

El tratamiento de Pilar consistió de sesiones semanales de una hora por los primeros seis meses y posteriormente, bimensuales, con la excepción de algunas sesiones solicitadas por la participante para atender alguna situación inesperada. En total se realizaron 48 sesiones hasta el logro de los objetivos originales trazados. Luego, por el interés expreso de la participante y su motivación de continuar su proceso de apoderamiento y crecimiento personal, se acordaron más sesiones bimensuales .

Proceso del tratamiento vinculado a los objetivos

El tratamiento realizado puede considerarse en tres etapas. En primer lugar, consciente de la importancia de liberar a Pilar de la opresión de relaciones desbalanceadas y desiguales, mi rol principal como terapeuta fue promover y mantener una relación terapéutica igualitaria y de respeto, sin jerarquía entre ambas (Corey, 2001; Gentile et.,al, 2008; Hart, 2008; Tabol & Walker, 2008). Esta tarea se facilitó, ya que desde el inicio se logró muy buena empatía que propició convertirme en su apoyo incondicional y en un modelo positivo para ella (objetivo 1). Además, desde el inicio ambas asumimos un rol activo en determinar las metas y participar en el proceso, especialmente la parte didáctica sobre las ideas y creencias de género. Trabajamos intensamente cuestionando, confrontando y disputando las visiones e ideas adquiridas sobre el rol de las mujeres y los hombres. Esto se acompañó con una buena dosis de escuchar atentamente y validar los sentimientos de tristeza, frustración y desesperanza que ocuparon gran parte de la primera etapa del proceso terapéutico con Pilar. En la medida en que ella fue sintiéndose libre de expresar sus ideas y experiencias, sin que esto implicara ser juzgada o rechazada, fue logrando mayor contacto con el coraje guardado hacia Rafael y eventualmente hacia su madre. Por ejemplo, cada vez que ella narraba un incidente junto a Rafael, como: (1) que él planeara que su familia viniera de visita sin consultarla previamente sobre su disponibilidad para atenderlos; (2) convencerla de irse sola a visitar la familia en Panamá con la promesa de llegar a reunirse con ella para finalmente cancelar su viaje por "razones de trabajo", mientras la realidad es que estaba compartiendo con otras mujeres -la terapeuta la exhortaba a identificar los sentimientos que esto le evocaba y las ideas y creencias subyacentes. Esta estrategia propiciaba que Pilar se remontara a su crianza, experiencias y relaciones pasadas, en especial con su madre, en las cuales se sintió igualmente manipulada y complaciente en busca de aprobación y afecto. Cabe indicar, que al inicio de este proceso, Pilar luchaba por justificar el comportamiento autoritario, dominante, poco afectuoso y la tendencia al rechazo que aún recibe de parte de su mamá, cuando no cumple fielmente sus exigencias o expectativas. Para ella, hablar así de su madre implicaba una traición y ser "una mala hija". El manejo de este asunto requirió mucha validación de sentimientos y técnicas de apoyo, para facilitar que se liberara de la culpa y pudiera evaluar con objetividad a su madre, así como a Rafael. Otro tema que se trabajó con mucha intensidad en el proceso de reconocer las ideas y creencias estereotipadas y sexistas del género, fueron las memorias asociadas a sus sueños de juventud. Estos recuerdos le causaban mucha tristeza y nostalgia, así como coraje consigo misma, por haberse "dejado engañar", especialmente por Rafael. También, le generaban muchas ambivalencias al rememorar las experiencias positivas junto a él, así como los sueños fracasados. La terapeuta la estimuló a expresar el coraje y a redirigirlo fuera de sí misma, reconociendo las distintas formas de opresión que vivió y las raíces sociales, culturales y religiosas que enmarcaban sus ideas y creencias sobre el género (Albite Vélez & Valle Ferrer, 2003; Brown, 2010; Castro, 2004; Gentile et al., 2008; Nutt, 2005; Prochaska & Norcross, 2010; Shapiro & Santa, 2005; Suyemoto & Kim, 2005). Añaden Schmeizer y Motherwell (2005) que muchas feministas han argumentado que las mujeres tienen dificultad para manejar y expresar coraje por la constante censura e inhibición a que han sido sometidas durante la socialización. Esta supresión del coraje se asocia con mantenerlas subordinadas y pasivas cumpliendo el rol "femenino ideal". Más aún, la supresión del coraje y la adaptación a los roles tradicionales del género está asociado a múltiples quejas somáticas y condiciones psicoemocionales (Castro, 2004; Chesler, 2005; Prochaska & Norcross, 2010; Rodríguez Del Toro, 2007) entre ellas la depresión y la ansiedad en las mujeres.

Durante esta etapa de intervención, se exhortó a Pilar a utilizar la escritura para exorcizar recuerdos, memorias y sentimientos. Esta estrategia se hizo fácil, ya que indicó que por años escribió diarios. Aproveché para solicitarle que los trajera a la terapia, lo que resultó muy útil para conectarla con diferentes etapas, experiencias y sentimientos. Estas técnicas facilitaron que fuera relacionándose con su identidad perdida y ganando mayor *insight* en torno a su relación con Rafael, lo que propició que fuera liberándose de la culpa y pudiera evaluar con mayor objetividad el comportamiento abusivo y maltratante de este. El foco de este proceso iba dirigido a los objetivos 2, 3 y 4 del plan de tratamiento, para que mediante la incorporación de un nuevo sistema de creencias, y el reconocimiento de las múltiples esferas de influencia y poder que operaban en su vida, Pilar se fuera liberando de los síntomas debilitantes que motivaron la consulta psicológica.

La segunda etapa del proceso psicoterapéutico con Pilar, involucró trabajar más intensamente con los objetivos 5 y 6. Como gran parte de la autoestima femenina está basada en la creación y mantenimiento de relaciones interpersonales, especialmente de pareja, y en la creencia de que los atributos físicos son más importante que el carácter o los logros (Brown, 2010; Prochaska & Norcross, 2010), liberarse de estas ideas sentó las bases para que la participante incorporara comportamientos y tomara decisiones libres que fomentaran su proceso de apoderamiento. La terapeuta se enfocó en facilitar que Pilar trazara planes para su nueva vida como mujer soltera, profesional y autónoma. En la medida en que la participante fue rescatando su identidad y validando sus fortalezas y sus experiencias, pudo plantear los primeros cambios. Lo primero que hizo fue enfocarse en completar la disertación para obtener el grado doctoral. Cabe mencionar que esta actividad la realizó consecutivamente con su proceso legal de divorcio. Este último evento, a pesar de acarrearle, como era de esperarse, muchos sentimientos de tristeza, pérdida y ansiedad, fue a la vez el primer gran logro de Pilar en su apoderamiento, por la forma en que lo realizó. Esto es, Pilar se asesoró para seleccionar una reconocida abogada que la llevó a obtener todos los derechos y beneficios económicos que le correspondían. Más importante aún, se sintió reivindicada frente a Rafael, quien por primera vez no pudo manipularla ni a ella ni a la abogada para salir favorecido. Tanto la obtención de su divorcio, como el grado doctoral marcaron una nueva etapa en la vida de Pilar durante los primeros 6 meses en terapia, lo que generó un aumento de su autoestima, reducción de síntomas depresivos y marcaron el camino hacia su empoderamiento. La próxima decisión de Pilar fue comprarse una vivienda propia y mudarse lejos del sector en que vivió con Rafael. Esta tarea la ejecutó con igual determinación y eficiencia, logrando su cometido en un par de meses y aprovechando el incentivo económico del gobierno para la compra de propiedades. Este nuevo logro la hizo sentirse poderosa y feliz. Finalmente, durante la tercera etapa se trabajó en reforzar su auto valoración y minimizaran su autocrítica, enfocándola en sus fortalezas y logros, para tomar nuevas decisiones que reforzaran su identidad rescatada. Por ejemplo, regresó fielmente a su rutina de ejercitarse, se matriculó en clases de salsa y se enfocó en su desarrollo profesional. En torno a esto, se atrevió a reclamar asertivamente respeto profesional y sus derechos laborales, lo que redundó en un nuevo contrato profesional.

Por otro lado, en el proceso terapéutico enfrentamos varias dificultades que provocaron algunas recaídas. Una de ellas era su tendencia a autocriticarse por su dificultad para organizar, recoger y deshacerse de papeles, materiales y objetos que arrastraba consigo por muchos años. Esta situación Pilar la asociaba con las quejas de Rafael y la crítica a su "desorganización" que él utilizaba para desviar la atención de los verdaderos problemas en la relación. Las técnicas utilizadas para esto fueron de la TCC, confrontando las ideas y creencias irracionales y los "debes y tienes" autoimpuestos. Además, se incorporó el análisis del poder diferencial en su relación, el abuso de poder y violencia de Rafael, que le provocaba sentimientos de desvalidez, rechazo y depresión, al no poder cumplir con sus exigencias y expectativas. Otra situación que la hacía decaer emocionalmente y que se evidenciaba con tristeza y culpa, eran sucesos relacionados con una de sus hermanas y con su mamá. Pilar se quejaba de que una hermana la manipulaba para obtener beneficios, y ella, para evitar rechazo y aislamiento familiar, asumía un rol pasivo y aplacador. Estos frecuentes sucesos se conectaron con las experiencias con su madre quien utiliza el rechazo y el amor condicionado para manipular a los hijos.

Evaluación de los resultados y seguimiento

Queja y síntomas iniciales

La evaluación se realizó mediante un proceso participativo entre la terapeuta y la participante. Se discutieron los objetivos y logros alcanzados en varios momentos del proceso terapéutico para determinar el curso a seguir. La queja principal que Pilar trajo a la consulta de necesitar ayuda para enfrentar la ruptura de su matrimonio, así como los síntomas de depresión y ansiedad que manifestaba inicialmente, fueron desapareciendo a medida que fue creando conciencia de las visiones y creencias tradicionales de género aprendidas socialmente. El desarrollo de esta nueva conciencia, consecutivamente con la eliminación de ideas irracionales enmarcadas en los debes, tienes y deberías, del rol sexual de género que Pilar asumía en su relación de pareja y familiar, le permitió liberarse del sentido de culpa y de fracaso que provocaban los síntomas depresivos y la ansiedad. Como resultado, Pilar fue tomando control de su vida, tomando decisiones y realizando acciones elegidas por ella que aportaron a su proceso de empoderamiento personal en varias áreas (personal, familiar y profesional).

Áreas *de fortalezas y debilidades*

El proceso de evaluación psicológica reveló muchas fortalezas de Pilar que se utilizaron para el trabajo terapéutico de apoderamiento. Entre estas: alto compromiso terapéutico; buena salud y hábitos; capacidad intelectual y preparación académica; capacidad de introspección; apoyo de su hijo y miembros de familia extendida; independencia económica; buena apariencia; facilidad de expresión y de contacto con sus emociones; empleo y posibilidades de crecimiento profesional; compromiso social; cualidades relacionales (empatía; generosidad y sensibilidad). Por otro lado, se identificaron las siguientes debilidades : (1) tendencia a autocriticarse; (2) enfocarse en los fracasos y asumirlos como incapacidad o debilidad personal; y (3) sentirse responsable de intervenir en conflictos en su familia de origen, asumiendo un rol de mediadora y aplacadora.

Retos y áreas de crecimiento

Todo proceso de intervención conlleva retos para el profesional de ayuda. En el caso de Pilar, mi mayor reto consistió en mantener en mente una perspectiva múltiple, tanto en términos teóricos como en la aplicación. Esto es, atender la naturaleza relacional del problema como la causa principal de su estado emocional, mientras enfocaba el contexto más amplio (la dimensión sociocultural) en la que se interceptan el género, la clase social y la etnicidad de la participante. Esto requirió mantener un balance entre la intervención de sus procesos cognitivos (reestructuración) el análisis de experiencias del desarrollo particulares (familia de origen) y las experiencias en la relación de pareja, con el trabajo más amplio educativo de concienciación de las estructuras y procesos sociales. La meta era que Pilar pudiera comprender sus problemas en un contexto más amplio, liberándose de opresiones y ataduras más allá del vínculo de pareja. En resumen, promover la recuperación de su verdadera identidad y el apoderamiento liberándose de los sentimientos de fracaso y derrumbe asociados a la ruptura del vínculo matrimonial.

Seguimiento

Durante las sesiones de seguimiento, se evidenció crecimiento en su autovaloración , mayor independencia, autonomía personal y separación emocional de su familia de origen y exesposo. Por ejemplo, realizó un viaje de estudios al extranjero con un grupo de personas desconocidas. En una visita familiar, se mantuvo distante de varios incidentes, evitando mediar en el conflicto, sin sentirse culpable o responsable.

IMPLICACIONES Y CONCLUSIONES

Todo proceso terapéutico tiene el potencial de crecimiento para ambas partes por ser dinámico. Más aún, si se sostiene sobre las bases de un contexto colaborativo e igualitario de mutualidad y respeto que minimice el poder diferencial del terapeuta. Este caso no fue la excepción. La evaluación amplia de las fortalezas, los problemas y el trasfondo sociocultural de la participante que realizamos al inicio, sentó las bases para una alianza terapéutica positiva. Las fortalezas y atributos de Pilar y su genuina motivación con su proceso de terapia y continuo desarrollo personal provocaron en esta servidora un mayor sentido de compromiso con los principios de equidad y justicia que deben prevalecer en el contexto terapéutico como modelo de relaciones igualitarias y de respeto.

Por otro lado, debo reconocer que el proceso de evaluar y seleccionar los enfoques y técnicas que mejor pareen con el perfil de un participante es una tarea muy seria y retante para los que se acogen a la vertiente integradora del eclecticismo. Este reto puede desalentar a algunos, especialmente a los colegas más novatos. Sin embargo, la evidencia empírica que sigue apoyando la efectividad de esta vertiente, en especial para ciertas condiciones (depresión, ansiedad) y participantes debe ser el estímulo y la motivación principal para su aplicación en la psicoterapia.

REFERENCIAS

Albite Vélez, L. & Valle Ferrer, D. (2003). La ideología de la maternidad en la subjetividad femenin; Mecanismos de opresión y violencia doméstica. En L. M. Martínez Ramos & M. Tamargo López (Eds). *Género, sociedad y cultura* (110-133). Colombia: Publicaciones Gaviota.

Ballou, M. & Hill, M. (2008). The context of therapy: theory. En M. Ballou, M. Hill & C. West (Eds.). *Feminist therapy theory and practice* (pp. 1-8). New York: Springer.

Brown, L. S. (2010). *Feminist therapy.* Washington, D.C: APA.

Castro, I. (2004). *La pareja actual: Transición y cambios.* Buenos Aires: Lugar Editorial.

Chesler, P. (2005). *Women and madness.* N.Y: Palgrave MaCMillan.

Coria, C. (2001). *El Amor no es como nos contaron...ni como lo inventamos.* Buenos Aires: Paidós.

Corey, G. (2001). *Theory and practice of counseling and psychotherapy* (6th Ed.). CA: Wadsworth.

Dicaprio, N.S. (1989). *Teorías de la personalidad.* México: McGraw –Hill

Gamba, S.B. (2008). *Diccionario de Estudios de Género y Feminismos (1era Ed.)* Buenos Aires: Editorial Biblos.

Gentile, L., Kisher, S., Suvak, J. & West, C. (2008). The practice of psychotherapy: Theory. En M. Ballou, M. Hill & C. West (Eds.), *Feminist therapy theory and practice* (pp. 67-86). New York: Springer.

González Armenteros, J. (2003). Construcción, cuestionamiento y deconstrucción del concepto masculinidad. En L. M. Martínez Ramos & M. Tamargo López (Eds). *Género, sociedad y cultura* (43-63). Colombia: Publicaciones Gaviota.

Hart, M.M. (2008). The context of therapy: Application. En M. Ballou, M. Hill & C. West (Eds.). *Feminist therapy theory and practice* (pp. 9-37). New York: Springer.

Logan, T.K.; Walker, R., Jordan, C. E. & Leukefeld, C. G. (2006). *Women and victimization.* Washington, D.C: American Psychological Association.

Martínez -Taboas, A. (2005). Acercamiento integrador a la psicoterapia. En G. Bernal & A. Martínez-Taboas (Eds.), *Teoría y práctica de la psicoterapia en Puerto Rico* (129-149). San Juan, P.R: Publicaciones Puertorriqueñas.

Nutt, R. L. (2005). Feminist and contextual work. En M. Harway (Ed.), *Handbook of couples therapy* (228-249). New York: John Wiley & Sons.

Orlinsky, D. & Howard, K. (1995). *Comprehensive textbook of psychotherapy.* London & New York: Oxford University Press.

Prochaska, J.O. & Norcross, J.C. (2010). *Systems of psychotherapy; A Transtheoretical analysis.* California: Brooks/Cole.

Reyes, M. L. (2005). Acercamiento cognitivo conductual a la psicoterapia. En G. Bernal & A. Martínez-Taboas (Eds.), *Teoría y práctica de la psicoterapia en Puerto Rico* (66-76). San Juan, P.R: Publicaciones Puertorriqueñas.

Rodríguez-Del Toro, V. (2007). Género, estigma y salud mental de las mujeres. En N. Varas Díaz & F. Cintrón Bou (Eds.), *Estigma y salud en Puerto Rico: Consecuencias detrimentales de los alterno* (245-269). San Juan, P.R: Publicaciones Puertorriqueñas.

Rogers, C. (1986). Carl Rogers on the development of the person centered approach, *Person Centered Review, 1,* 257-259.

Schmeizer, G. & Motherwell, L. (2005). Women, psychotherapy and the experience of play. En M. Pravder-Mirkin, K. L. Suyemoto & B. F. Okun (Eds.), *Psychotherapy with women. Exploring diverse contexts and identities* (257-279). N.Y: Guilford Press.

Shapiro, E. R. & Santa, E. (2005). Love (in at Least) Two cultures: Dilemmas of intimacy, gender, and generation in practice with inmigrant families. En M. Pravder-Mirkin, K. L. Suyemoto & B. F. Okun (Eds.), *Psychotherapy with women. Exploring diverse contexts and identities* (135-155). New York: Guilford Press.

Suyemoto, K. L. & Kim, G. S. (2005). Journeys through diverse terrains: Multiple identities and social contexts in individual therapy. En M. Pravder-Mirkin, K. L. Suyemoto & B. F. Okun (Eds.), *Psychotherapy with women. Exploring diverse contexts and identities* (9-41). New York: Guilford Press.

Tabol, C. & Walker, G. (2008). The practice of psychotherapy: Application. En M. Ballou, M. Hill & C. West (Eds.), *Feminist therapy theory and practice* (87-108). New York: Springer.

Walker, L. E. A. (2009). *The battered women syndrome.* N.Y. : Springer.

Weitzman, S. (200). *Not to people like us. Hidden abuse in upscale marriages.* N.Y.: Basic Books.

III. COGNITIVAS CONDUCTUALES Y DIALÉCTICA Y DE CONSCIENCIA PLENA

ESTUDIO DE CASO: TERAPIA SOCIOCOGNITIVA CONDUCTUAL PARA ADOLESCENTES LUEGO DE UNA CRISIS SUICIDA

YOVANSKA DUARTÉ VÉLEZ, PALOMA TORRES DÁVILA Y SAMARIZ LABOY HERNÁNDEZ

El suicidio es la culminación de la combinación de un sinnúmero de complejas problemáticas en distintas áreas a nivel individual, familiar y social. Es la tercera causa de muerte para latinos/as entre las edades de 10 a 24 años en Estados Unidos y entre las edades de 15 a 29 años en hombres en Puerto Rico (Departamento de Salud de Puerto Rico, 2010). Un promedio de 9 adolescentes (15 – 19 años), se quitan la vida anualmente en Puerto Rico, siendo los varones los más afectados en una proporción general estimada de 8 varones por cada mujer (Departamento de Salud de Puerto Rico, 2010).

Un predictor significativo de comportamiento suicida es el comportamiento suicida previo (Lewinsohn, Rohde, Seeley, & Baldwin, 2001; Reinherz, Tanner, Berger, Beardslee, & Fitzmaurice, 2006). En Puerto Rico, para el 2005, aproximadamente de un 11% a 12.8% de los/as adolescentes en escuela intermedia y superior reportaron intentos suicidas durante un año escolar (Centers for Disease Control and Prevention, 2011). Para ese mismo año, una encuesta realizada en escuelas del Área Metropolitana evidenció que 9% de los/ as adolescentes (n= 233) encuestados/as reportaron un nivel alto de ideación suicida al momento de ser evaluados/as y 16% reportaron haber incurrido en conductas de autoagresión o suicidas durante los últimos seis meses (Duarté-Vélez, 2007). En ambas encuestas, las adolescentes reportaron mayor frecuencia de pensamientos e intentos suicidas que los adolescentes. En muestras con adolescentes que reciben servicios clínicos para condiciones de salud mental y emocional, la frecuencia de ideación e intentos suicidas asciende a un 38% (Jones, Ramírez, Davies, Canino, & Goodwin, 2008).

Este proyecto fue subvencionado por la propuesta 1-YIG-xxxx-00047-1208-0609 de la American Foundation for Suicide Prevention otorgada a Yovanska Duarté-Vélez. El contenido es exclusivamente responsabilidad de las autoras y no necesariamente representa el punto de vista oficial de la American Foundation for Suicide Prevention.

El comportamiento suicida en la adolescencia se ha relacionado a otras conductas de riesgo y a un pobre funcionamiento en la vida adulta (Beautrais, 2000; 2003; Reinherz et al., 2006). A pesar de la alta frecuencia del comportamiento suicida y las consecuencias dolorosas en las personas afectadas, familiares y amistades, es un fenómeno que ha recibido atención limitada dentro de la investigación clínica (Macgowan, 2004; Miller, Rathus, & Linehan, 2007b; Spirito, Esposito-Smythers, Wolff, & Uhl, 2011). Algunos grupos de investigadores/as se han dado a la tarea de desarrollar tratamientos y evaluar de manera empírica su impacto en esta población con algunos resultados positivos (Brent et al., 2009; Esposito-Smythers, Spirito, Hunt, Kahler, & Monti, 2011; Miller, Rathus, & Linehan, 2007a; Spirito et al., 2011; Stanley, 2009). Sin embargo, hasta el momento no conocemos ningún tratamiento que haya sido desarrollado para la población de adolescentes latinos/as dentro los Estados Unidos y sus territorios. Además, son muy pocas las intervenciones desarrolladas considerando el aspecto cultural y la etapa de desarrollo en la que se encuentran los/as adolescentes dentro de la cultura occidental (Daniel & Goldston, 2009; Duarté-Vélez & Bernal, 2008; Goldston et al., 2008).

Múltiples investigaciones han evidenciado el rol central de la familia (familismo) dentro de la cultura latina, por lo que el equilibrio y bienestar o el desorden de la familia se relaciona altamente con la salud mental de sus miembros. Por ejemplo, existe evidencia de una fuerte conexión entre variables familiares, tales como disfunción familiar, crítica de parte de los/as cuidadores/as, pobre comunicación en la familia y síntomas depresivos e ideación suicida en adolescentes latinos/as (Bernal, Cumba-Aviles, & Sáez-Santiago, 2006; Duarté-Vélez, Lorenzo-Luaces, & Roselló, 2012; Garcia, Skay, Sieving, Naughton, & Bearinger, 2008; Rosselló, Duarté-Vélez, Gema-Zuluaga, & Bernal, 2008).

La población de adolescentes con comportamiento suicida es una difícil de tratar por múltiples razones. En algunas investigaciones estos son identificados/as con una peor prognosis, con mayor probabilidad de no terminar el tratamiento, y con mayores disfunciones al ser comparados con sus pares con disturbios emocionales, pero sin comportamiento suicida (Barbe, Bridge, Birmaher, Kolko, & Brent, 2004; Reid, 2009;

Rosselló, Duarté-Vélez, Bernal, & Zualaga, 2011; Rotheram-Borus, Piacentini, & Van Rossem, 1999). A nivel familiar y social, se han descrito dificultades relacionadas al acceso a servicios, como transportación y problemas económicos, enfermedades crónicas en otros miembros de la familia, trastornos de salud mental en los/as cuidadores/as que a su vez dificultan el compromiso de estos con el tratamiento, caos en la organización familiar, entre otras situaciones que inciden sobre la capacidad de cumplir con un plan de tratamiento.

Los modelos teóricos que han resultado más favorables para lograr cambios en el comportamiento suicida de esta población son aquellos estructurados y dirigidos a la formación de destrezas (Miller et al., 2007b; Spirito, & Sindelar-Manning, 2011). Algunos estudios con un enfoque cognitivo-conductual reportan resultados positivos con adolescentes norteamericanos (Esposito-Smythers, 2006; Miller et al., 2007a; Spirito et al., 2011) . En Puerto Rico, se evaluó el impacto de un modelo de intervención de terapia cognitiva conductual (TCC) para adolescentes con depresión en la disminución de ideas suicidas en aquellos/as que las presentaban al comienzo del tratamiento (Rosselló, Duarté-Vélez, Bernal, & Zualaga, 2011). Este análisis secundario de una investigación mayor mostró que en general, hubo una disminución significativa en ideas suicidas al final del tratamiento. Sin embargo, la severidad de las ideas suicidas y de desesperanza al inicio del tratamiento jugó un rol significativo en la respuesta al tratamiento en términos de ideación suicida en la evaluación final.

MODELO TEÓRICO

El enfoque teórico que guió esta investigación fue una combinación de un modelo ecológico con una perspectiva cognitiva conductual de vulnerabilidad al comportamiento suicida que llamamos *sociocognitivo conductual* (Ayyash, 2002; Dieserud, Roysamb, Ekeberg, & Kraft, 2001; Duarté-Vélez, 2007). Desde esta perspectiva se reconoce la influencia de la sociedad, la comunidad y las relaciones, en particular la familia, en interacción con los pensamientos, los sentimientos y las acciones de la persona sobre el bienestar general y la conducta suicida. El análisis de cada una de estas áreas en relación a las otras permite entender el origen, el curso y el mantenimiento de la conducta suicida.

A nivel social, en el macrosistema están las leyes, costumbres y creencias que repercuten en la visión de mundo y filosofía de vida de las personas. En este nivel también se encuentran las estructuras sociales y recursos de un país que enmarcan a su vez el contexto de cada comunidad y familia. A nivel microsocial se encuentra la familia y el contexto inmediato de esta (escuela, vecindario, comunidad religiosa, deportiva, entre otras) en el cual él o la adolescente es un elemento de un sistema organizado con sus propias normas y patrones de comportamiento. Algunos factores de riesgo socioambientales son la escasez de redes de apoyo o de recursos, la pobre comunicación y disturbios severos en el sistema familiar, una mala ubicación del/la adolescente en el sistema escolar, la falta de recursos o servicios de baja calidad en el sistema educativo, así como en el sistema de salud (en particular de salud mental). A nivel individual, el/la adolescente desarrolla unos factores de vulnerabilidad (factores de riesgos internos) que se van formando desde su infancia como respuesta al tipo de interacción con su ambiente. Estos factores de vulnerabilidad se distinguen por esquemas de pensamientos no saludables en combinación con pobres destrezas de afrontamiento. Una vez desarrollados, estos factores están presentes todo el tiempo, pero se activan ante eventos de vida negativos o estresantes, que a su vez, activan otros factores de vulnerabilidad próxima como el afecto negativo (que son pensamientos y sentimientos negativos de mayor severidad) que pueden formar parte de cualquier tipo de disturbio emocional. En resumen, estos factores de vulnerabilidad interaccionan con los factores de riesgo socioambientales dentro de un contexto sociocultural particular para desencadenar nuevos niveles de vulnerabilidad próxima. Este modelo conceptual es cónsono con el modelo propuesto por Zayas y colaboradores (2005), para entender el comportamiento suicida de las adolescentes latinas en Estados Unidos (Zayas & Pilat, 2008).

La Terapia Socio Cognitiva Conductual (TSCC) es el primer tratamiento ambulatorio diseñado específicamente para adolescentes latinos/as que hayan sido hospitalizados por comportamiento suicida. Con el auspicio de la *American Foundation for Suicide Prevention* [1YIGxxxx-00047, Duarte-Velez, PI] y con en el apoyo del Instituto de Investigación Psicológica (IPsi), se llevó a cabo un estudio piloto de dos fases con el objetivo de desarrollar este tratamiento. Basado en el modelo de etapas de desarrollo de tratamientos clínicos discutido por Rounsaville y colaboradores (2001), este tratamiento se encuentra en su etapa inicial en la cual hay una población específica identificada, una formulación teórica clara que conlleva un modelo de cambio y unas guías manualizadas establecidas.

MODELO DE CAMBIO

El objetivo principal del tratamiento consiste en reducir o eliminar el comportamiento suicida en el presente y en el futuro. Se espera lograr esto impactando dos componentes: a el/la adolescente y al sistema familiar que lo/a incluye. A nivel individual: mediante el aprendizaje de *destrezas de manejo* más saludables que faciliten cambios positivos en pensamientos, emociones y acciones; y en segundo lugar, mediante el apoyo a la integración de una identidad saludable. Se espera provocar un espacio en el cual el/la adolescente pueda conocerse más a sí mismo/a y estar más seguro/a de sus metas personales y de vida. A nivel familiar, el tratamiento se enfoca en tratar de mejorar el funcionamiento familiar, específicamente en lograr un mejor manejo de las crisis y en propiciar interacciones y estilos de comunicación más saludables entre sus miembros. Por último, se intenta provocar un mayor *apoyo* de parte de los/as cuidadores/as hacia el desarrollo del/la adolescente como persona. La hipótesis de trabajo es que, impactando estas dos áreas (adolescente y familia), en una futura crisis podrán tener un mejor manejo de la/s situación/es estresante/s que, en el peor de los casos culmine en la búsqueda temprana de ayuda psicológica. De igual forma, si se alcanza una mejor atmósfera familiar, la familia disminuiría su influencia como una fuente de estrés en sí misma y se movería a ser un espacio de mayor apoyo (factor protector).

La posibilidad de cambio es un asunto complejo que a su vez depende de muchos factores (Curry et al., 2006). A nivel individual, estudios empíricos sustentan que la severidad en síntomas, y la motivación y actitud hacia la terapia influyen en la prognosis (May et al., 2007). Según Prochaska (1999) los procesos de cambio se desarrollan a través del tiempo e implican transcurrir por seis fases: precontemplación, contemplación, preparación, acción, mantenimiento y finalización. La temporalidad de cada fase depende de la persona y puede durar desde meses hasta años.

La fase de precontemplación es característica de personas descritas como resistentes al tratamiento. Las personas no están motivadas o interesadas en cambiar debido a la falta de conciencia sobre la consecuencia de sus actos, o están desmoralizadas por intentos previos fallidos. Sin embargo, eventos ambientales o de desarrollo pueden motivar a un progreso hacia la fase de contemplación, donde las personas comienzan a ponderar los beneficios y costos de un cambio e intentan tomar acción en un tiempo cercano.

Cuando las personas han tomado alguna acción significativa en el año previo e intentan tomar acciones en el futuro inmediato, se considera que pasaron a una fase de preparación. Prochaska (1999), sostiene que estas personas son las mejores reclutas para tratamientos breves orientados a la acción. Una vez comenzado el tratamiento, las personas que han realizado modificaciones observables en su conducta, más allá de la mera aceptación de su problema, se encuentran en una fase de acción. Los resultados no dependen necesariamente de la duración de la terapia, educación o experiencia de la terapeuta, sino de la disposición de la persona al cambio (Prochaska, 1999). Por lo tanto, es importante evaluar en cada proceso de terapia tanto la oferta de tratamiento, como la disposición y las características personales de cada participante (el/la adolescente y cada miembro de su familia).

Las personas que atraviesan por la fase de acción y confiadamente trabajan para impedir una recaída, pasan entonces a lo que Prochaska define como una fase de mantenimiento. Las personas que no están bien preparadas pueden recaer fácilmente en momentos de crisis emocional. Los/as adolescentes con comportamiento suicida tienden a estar en mayor riesgo de recaídas durante el primer año posterior a su hospitalización (Spirito, Valeri, Boergers, & Donaldson, 2003). Cuando las personas tienen confianza que no retornarán a antiguas pautas de acción para afrontar una crisis emocional se considera que entraron en la etapa de finalización, o plena recuperación. En este tratamiento, la meta es introducir a el/la adolescente y a su familia hasta la fase de acción mediante la adquisición y prácticas de destrezas de manejo en momentos de crisis. Posteriormente, según la necesidad y disponibilidad, se espera brindar un seguimiento breve que los/as conduzca a la fase de mantenimiento.

ASPECTOS DE LA ETAPA DE DESARROLLO

La adolescencia es una etapa caracterizada por cambios biológicos, psicológicos y sociales en el cual la persona va explorando y consolidando su identidad autónoma (Bosma & Koops, 2004). Según Duarté-Vélez y Bernal (2008), las características psicológicas y biológicas de la persona, en combinación con las experiencias y elementos socioculturales y ambientales, contribuyen al desarrollo de su identidad. A esto se suman las visiones, legados y expectativas de una identidad cultural colectiva (Dana, 1998). Durante la adolescencia, las relaciones con los pares se vuelven más significativas, mientras que, la relación con los cuidadores primarios se mantiene simétrica. El/la adolecente experimenta diferentes formas de relacionarse y definirse, así como de presentarse a otras personas. Este proceso conlleva una mayor independencia en torno a la toma de decisiones y compromisos con otros (Bosma & Koops, 2004). Sin embargo, este proceso de vida puede ocasionar serios conflictos, en particular si la identidad y valores de este/a adolescente no se conforman con los valores, normas e identidad de la familia (Duarté-Vélez, Bernal, & Bonilla, 2010). El reto para los/as cuidadores/as es propiciar un ambiente que permita el auto-conocimiento, la autogestión y seguridad en sí mismos/as con la orientación y límites adecuados.

MÉTODO

La primera fase del proyecto consistió en adaptar un manual de Terapia Cognitiva Conductual (TCC) (http://ipsi.wildapricot. org/recursos) que resultó eficaz con adolescentes latinos/as con depresión (Rosselló & Bernal, 1999; Rosselló, Bernal, & Rivera-Medina, 2008). Según estudios empíricos y la literatura relevante en el área, se integró una perspectiva ecológica para incorporar aspectos sociales, de familia, de género y de desarrollo. También, se utilizó un manual de terapia cognitiva conductual utilizado en un ensayo clínico con adolescentes norteamericanos que presentaban comportamiento suicida y abuso de substancias; y en el que encontraron resultados positivos en reducir el comportamiento suicida, el uso de substancias y el uso de servicios de emergencia y cuidado intensivo (Esposito-Smythers, Spirito, Hunt, Kahler, & Monti, 2011). De este manual se incorporó un módulo de regulación afectiva y las sesiones para el manejo de uso de substancias.

También, se añadieron componentes psicoeducativos sobre factores de riesgo para comportamiento suicida y sesiones enfocadas en el componente familiar, tales como, destrezas de crianza, manejo de crisis, negociación y comunicación a nivel familiar. Una vez completado el protocolo de tratamiento, fue revisado por expertos/as en el área y se incorporó su retroalimentación.

La segunda fase consistió en la implementación del manual de tratamiento. Los/as participantes fueron 11 adolescentes (13-17años) admitidos/as por comportamiento suicida a la Unidad Psiquiátrica Hospitalaria de Adolescentes del Hospital Regional de Bayamón (UPHA) y sus familiares más cercanos. Los/as posibles participantes eran identificados/as por la manejadora de casos de UPHA y una de las asistentes de investigación. Antes del alta se orientaba a la familia sobre esta opción de tratamiento. Si estaban interesados, se coordinaba una reunión para discutir la investigación y el consentimiento informado. Los criterios de inclusión consistían en ser un/a adolescente de 13-17 años, haber sido admitido/a en la sala de emergencia por comportamiento suicida, y dado de alta para tratamiento ambulatorio. Por último, tener un/a cuidador/a dispuesto/a a participar. Se excluían participantes a base de los siguientes criterios: CI de 70 o menos; condición médica severa o situación social (como estar detenido en un centro de delincuencia juvenil) que imposibilitara adherencia al tratamiento; estar recibiendo psicoterapia (excluyendo servicios psiquiátricos); buscar tratamiento psicológico por orden del sistema judicial; cumplir con los criterios diagnósticos para Trastorno Pervasivo del Desarrollo, Psicosis o Abuso de Sustancias; haber sido víctima de un abuso sexual no reportado o manejado; e impedimento visual o auditivo. El protocolo de esta investigación fue aprobado por el Comité de Sujetos Humanos de la Universidad de Puerto Rico, Recinto de Río Piedras (CIPSHI #0809-092).

Esta fase tuvo como objetivo continuar con el desarrollo del protocolo de tratamiento basado en la experiencia clínica en la interacción con los/as participantes, la observación de su progreso y la retroalimentación de estos/as durante el proceso de tratamiento. Para cada caso se realizaron evaluaciones antes, durante y después del tratamiento. Estas consistieron en entrevistas y cuestionarios sobre síntomas, eventos, comportamiento suicida y ambiente familiar. El *Suicide Ideation*

Questionnarie Junior (SIQ-JR) se utilizó para evaluar severidad en la ideación suicida y el *Children Depression Inventory* (CDI) para evaluar sintomatología depresiva (Kovacs, 1992; Reynolds, 1988). Mensualmente, la terapeuta recogía su apreciación sobre el funcionamiento general del/la adolescente a través del *Children Global Assessment System* (C-GAS). Las medidas de proceso incluyeron notas de progreso, evaluación de satisfacción de las sesiones realizadas por los/as participantes y medidas de alianza terapéutica. Además, se transcribieron algunas sesiones para analizar su contenido. A continuación presentaremos el primer caso de una serie de estudios de casos sistemáticos con el fin de evaluar la viabilidad de este tratamiento y discutir las implicaciones que tuvo en el refinamiento de su protocolo.

PROTOCOLO DE TRATAMIENTO

La propuesta inicial del protocolo de tratamiento era de cinco módulos, con tres sesiones individuales aproximadas y una de familia para cada uno. El tratamiento comienza de manera fija con el módulo *Manejando la crisis suicida,* originalmente de 6 sesiones. La primera sesión es una de familia en la que se exploran los eventos que precipitaron la crisis suicida desde la perspectiva de cada miembro de la familia; se introducía el modelo teórico; las reglas del tratamiento; y se trabajaba un plan familiar de emergencias. La segunda sesión, conocida como *Identidad*, era individual. En esta, se exploraba la disposición del/la adolescente a la terapia, cómo define quién es, e identificar factores individuales que influyeran sobre la crisis suicida. En la tercera sesión, se trabajaba el *Análisis en cadena,* donde se evaluaba en detalle los eventos, pensamientos y emociones que se fueron desencadenando hasta llevar a la crisis suicida, y se creaba un plan individual de emergencia. En la cuarta sesión, se planteaba el método *Solución*, en el que se trabajaba con el proceso de toma de decisiones. El primer módulo culminaba con una sesión para los/as cuidadores/as en las que se discutían destrezas de crianza, seguido por una sesión de familia en la que se trabaja la toma de decisiones a nivel familiar. El orden de los próximos módulos, *Regulando Mis Emociones, Pensamientos, Interacción Social y Actividades*, era escogido por el/la adolescente de acuerdo con sus necesidades y preferencias, asistido/a por la terapeuta.

La fase activa del tratamiento termina cuando se han completado todos los módulos que se entiende son clínicamente importantes para el/la adolescente y su familia o al completar seis meses de tratamiento. Durante esta fase se mantienen citas regulares semanales o bisemanales de acuerdo con la disponibilidad de la familia. Luego de esta fase se evalúa formalmente al/la participante y se procede a una fase de seguimiento donde se refuerza lo aprendido en la primera fase, en citas más espaciadas, dependiendo de la necesidad de cada familia.

CASO: LIZA

Liza es una joven de 15 años que vivía en un área urbana con su madre, padre y hermano menor de 13 años . Su padre estaba recién pensionado por incapacidad y su madre trabajaba en un puesto administrativo. La familia atravesaba serias dificultades económicas. Al momento de la crisis, los padres de Liza recién se habían reconciliado luego de una separación de varios años. Durante esos años, la joven, su hermano y su mamá vivían en un mismo cuarto en la casa de un familiar. Liza describió este proceso como uno difícil y de mucho conflicto familiar. El padre padecía de problemas graves de salud que lo llevaron a una reciente hospitalización por más de un mes. Además, había sido diagnosticado con un trastorno psiquiátrico y recibía tratamiento para el mismo. La familia se encontraba manejando estas complicaciones de salud en adición a la anemia crónica del hijo menor. Liza recibió tratamiento psicológico y psiquiátrico en el pasado, pero cesaron debido a la escasez de recursos económicos.

Liza fue internada por segunda vez en UPHA a raíz de un intento suicida de letalidad moderada. A principios del mismo año, había sido internada por ideación suicida. Al darle de alta del hospital le dieron un diagnóstico de Trastorno de Bipolaridad No Especificado. Antes de comenzar el tratamiento, se le realizó una evaluación comprensiva que incluyó una entrevista diagnóstica estructurada (Diagnostic Interview Schedule for Children-DISC-IV). Liza cumplió con los criterios diagnósticos para Depresión Mayor. La impresión diagnóstica diferencial final se resume en: Eje I: Trastorno de Depresión Mayor Recurrente sin Rasgos Psicóticos (296.33); Eje II: Sin diagnóstico (V71.09); Eje III: Asma bronquial; Eje IV: Grupo primario, ambiente social, educativo y económico; y Eje V: 52 (funcionamiento variable con dificultades esporádicas o síntomas en algunas áreas sociales; disturbios podrían ser evidentes en algunos ambientes, pero no otros).

Conceptualización clínica

Desde una perspectiva sociocognitiva conductual la crisis suicida de Liza sugiere que ella estaba vulnerable ante unos factores socioambientales negativos. Algunos de estos factores estresantes a nivel socioambiental identificados por Liza fueron discusiones frecuentes en el hogar, particularmente con su padre, problemas económicos, problemas académicos, ruptura con su novio, y rechazo de sus pares. A menudo Liza estaba en conflicto con la crianza patriarcal conservadora de su hogar y muerte de un familiar cercano. Bajo este contexto, se tenían altas expectativas de Liza según los roles tradicionales de género, asunto que esta percibía como injusto. Por ejemplo, Liza tenía que permanecer en el hogar luego de ir a la escuela, darle prioridad a los deberes académicos y a las tareas domésticas, como la limpieza del hogar y cocinar, y tenía menos privilegios que su hermano menor en cuanto a salidas y encuentro con amistades. De acuerdo con su etapa de desarrollo, Liza se encontraba en búsqueda de mayor autonomía, tanto física como de construcción de su identidad. Los esquemas que Liza iba construyendo respecto a su identidad como fémina, a menudo entraban en conflicto con las creencias de género que matizaban su crianza y entorno familiar.

La entrevista inicial reveló los siguientes factores de vulnerabilidad lejana: un pobre autoconcepto, pensamientos disfuncionales (filtro mental y categorización) y pobres destrezas de manejo (comunicación agresiva, impulsividad y un historial de comportamiento suicida). Debido a esta vulnerabilidad general, se conceptualiza que los estresores más recientes activaron nuevos niveles de vulnerabilidad próxima manifestada en sus sentimientos de tristeza, coraje, frustración, abrumamiento y desesperanza, típicos de un cuadro diagnóstico de depresión mayor. Un problema escolar-familiar fue el disparador para que Liza viera el acto de suicidio como el único método para solucionar sus problemas.

Fase activa del tratamiento

Liza completó tres módulos, para un total de 24 sesiones (13 individual y 11 familia o diadas), como parte de la fase activa del tratamiento en el siguiente orden: (1) Crisis; (2) Interacción Social, enfocado en la comunicación familiar; y (3) Pensamientos.

Módulo de Crisis

El primer módulo del tratamiento de Liza consistió de 6 sesiones. En la primera sesión, en la cual se explora la crisis suicida desde la perspectiva de cada miembro de la familia, el relato de Liza reveló que su intento suicida se debió a problemas en su entorno social y familiar, que en combinación con su vulnerabilidad general, precipitaron una crisis en la escuela que no pudo manejar: "Pues le estaba diciendo a mami que ya yo no podía más na'…yo llevaba un tiempo, que ya yo me sentía que tenía mucho, mucho peso encima. La escuela, las cosas de la casa, tareas, yo, socialmente con las amistades… Pues me tomé unas pastillas que mami tenía en, en la cartera…". Sus padres estuvieron de acuerdo con su relato y añadieron que la notaron irritable, llorosa, aislada y que no comía un tiempo antes de la crisis. A pesar de haber escuchado todos los estresores que contribuyeron a la crisis de Liza, a los padres se les hizo difícil reconocer su contribución al problema, enfatizando solamente el diagnóstico bipolar de Liza y las amistades que ella tenía como responsables del problema. Su padre incluso señaló "No era la misma muchacha que antes. Empezaron las complicaciones y no era fácil comunicarse con ella… por su temperamento. Estábamos bien todos tranquilos… y cuando volvía… está rebelde… Ahí mayormente era el cambio en comportamiento… ya uno sabía, ¡algo está pasando porque esto no es normal!" Sin embargo, mostraron compromiso inicial en cuanto a traer a Liza a sus sesiones. Por último, se enfatizó el uso de las Medidas de Seguridad como respuesta a las señales de alerta que la familia logró identificar.

Posteriormente, se utilizó la estrategia de *Análisis en Cadena* de manera individual con la joven para puntualizar cómo se desencadenaron los eventos, pensamientos y sentimientos hasta llegar al intento suicida. Liza resaltó sentimientos de coraje, frustración y de sentirse abrumada. Pensamientos negativos relacionados fueron: "no seré suficiente", "no sirvo en lo que estoy haciendo", "me siento como un cero a la izquierda" y "es mejor quitarse la vida que estar con tantos problemas".

Las otras sesiones se utilizaron para conocer más sobre Liza, cómo entendía la etapa de la adolescencia y trabajar los retos a los que se enfrentaba. Liza describió la adolescencia como una etapa difícil debido a: dificultades académicas y en la escuela; el balance entre su familia, amistades y pareja; y las presiones que sentía por tener que definir metas profesionales. Entre sus fortalezas señaló que era independiente, amigable y honesta. También se exploraron metas que deseaba alcanzar al final del tratamiento. Liza indicó que deseaba trabajar con sus relaciones familiares, definir sus metas académicas y profesionales y sentirse mejor en cuanto a sus síntomas depresivos. Por último, se trabajó con el método de *SOLUCIÓN* para ayudarle a tomar mejores decisiones en situaciones problemáticas. Liza identificó "Peleas en casa" como el problema a solucionar. Se generaron diversas opciones, evaluaron los pro y contra de cada una y se buscó una alternativa realista que les beneficiara a todos en la familia. Liza optó por una alternativa aportada por la terapeuta que ella no había considerado: utilizar una sesión de familia para expresarse y negociar opciones que le favorecieran a todos por igual. Liza acogió positivamente esta solución.

Ya se había identificado una meta a nivel individual y familiar sobre mejorar la comunicación familiar, por lo que se procedió a trabajar con estas destrezas. Uno de los patrones de comunicación identificado se distinguía por un ciclo de interacción negativa en el cual había agresividad progresiva de ambas partes (cuidadores y adolescente), particularmente con papá. La joven comenzaba expresando su punto de vista y reclamando justicia, lo que su padre identificaba como "malas crianzas" e imponía su autoridad alzando la voz. Liza respondía alzando su voz también, lo que continuaba sucesivamente hasta culminar en gritos, puertas tiradas, insultos y la joven huyendo a su habitación.

Cerrando el primer módulo de *Crisis*, la terapeuta se reunió con la madre y el padre de Liza para discutir destrezas de crianza. El objetivo de esta sesión es ayudar a los/as cuidadores a identificar dificultades en la crianza y áreas a mejorar. Ambos indicaron sentirse cansados respecto al ánimo, comportamiento y falta de comunicación de la adolescente. Al explorar sus estilos de crianza, resaltaron la falta de reglas y consecuencias claras, además de diferencias en la crianza por género, entre ella y su hermano. Ante esto se les presentó diferentes destrezas de crianza saludables y se les exhortó a practicarlas durante la semana.

Finalmente, se cerró el primer módulo con Liza, repasando el modelo teórico y enfatizando la influencia que tenía sobre su problemática el aspecto social de las creencias y costumbres en cuanto a las diferencias de género. Ya que ella identificó su dinámica familiar como una de sus mayores dificultades, la terapeuta le preguntó cuál entendía era el mayor problema en su familia. Liza expresó, "No hay comunicación. Ellos dicen que sí, pero no lo hay". Se acordó entonces que según sus necesidades, el próximo módulo sería el de Interacción Social enfocado en la comunicación familiar.

Módulo de interacciones sociales y comunicación familiar

En el transcurso de 10 sesiones, individuales y familiares, se trabajó el tema de relaciones interpersonales entre pares y en la familia. En sesiones individuales, Liza pudo evaluar cómo las relaciones afectaban su estado de ánimo y sus pensamientos. Los esfuerzos se concentraron en evaluar las relaciones y fomentar aquellas que fueran positivas y de apoyo. Se presentó además el método de *SOLUCIÓN* como una herramienta útil y sencilla para tomar decisiones respecto a discusiones en la familia y para resolver problemas relacionados con la escuela. También se orientó a la familia sobre distintos tipos de comunicación familiar y se discutió su estilo de comunicación agresiva. En unas sesiones a solas entre Liza y su padre, estos identificaron el respeto, confianza y comunicación como las áreas de mayor dificultad en su relación. La terapeuta enfatizó el deber de cada parte en lograr estos aspectos. Las sesiones siguientes se enfocaron en fomentar una interacción positiva entre los miembros de la familia. Propiciar un espacio para practicar una comunicación asertiva y efectiva al transmitir sus preocupaciones y pedidos entre ellos fue de suma importancia. La familia pudo identificar aspectos positivos, problemas principales y llegar a acuerdos para trabajarlos. Un ejemplo, era el desbalance en la distribución de tareas en el hogar recayendo en su mayoría sobre las mujeres, principalmente la madre. Todos estuvieron de acuerdo en redistribuir algunas de las tareas del hogar e hicieron una agenda semanal.

Por último, se llevó a cabo una sesión de familia donde se retomaron las metas familiares y todos acordaron compartir más como familia y lograr mayor comprensión aunque no estuvieran de acuerdo. En general, la familia expresó estar satisfecha y haber logrado pasar más tiempo como familia. Sin embargo, durante el proceso el padre expresó en varias ocasiones no creer que pudieran cambiar. La joven señaló que las sesiones le permitieron hablar de sus dificultades y llegar a acuerdos favorables. Sin embargo, los acuerdos familiares se mantuvieron por poco tiempo.

Módulo de pensamientos

Acto seguido,   Liza comenzó a sentirse desalentada porque a pesar de los esfuerzos y progreso logrado en terapia, su familia no parecía presentar un cambio significativo en su manera de relacionarse. Dijo que su papá, "está trancao'" y "Nadie me está apoyando", "Yo doy el máximo y no veo nada de nadie", por lo que expresó ya no tener interés en continuar con el tratamiento. Reconociendo la dificultad de otros miembros familiares para cambiar, la terapeuta le recomendó a Liza comenzar a trabajar con sus pensamientos de manera que se fortaleciera ante las situaciones en las que ella no tenía control de cambiar. Utilizando el método de SOLUCION, auscultaron los pro y contra de descontinuar el tratamiento. Liza identificó algunas ganancias en continuar y acordó terminar este último módulo que fue administrado en cinco sesiones.

Discutieron los distintos tipos de pensamientos disfuncionales utilizando ejemplos de sus situaciones familiares, particularmente con su papá. Liza identificó haber utilizado el filtro mental; leer la mente y etiquetarse, entre otros. Para ilustrar cómo el etiquetarse afecta negativamente su progreso en terapia, discutieron cómo el definirse como bipolar podría no ayudarla a mejorar en la medida que limitaba sus posibilidades de acción y pensamiento al conformarse con ese diagnóstico para explicar y mantener su comportamiento. En la próxima y última sesión, Liza indicó haber utilizado el método de SOLUCIÓN en su mente para trabajar con las peleas con sus padres. Además, discutieron cómo ella pudo ver el lado positivo de ciertas situaciones.

En el cierre del proceso de tratamiento, se retomó el Análisis en Cadena de su última crisis suicida con el objetivo de que Liza pudiera visualizar cómo reaccionaría ahora ante una situación similar. Liza indicó que no volvería a atentar contra su vida porque se convenció que esto "no resuelve nada". Además, pudo flexibilizar unos pensamientos negativos iniciales, por ejemplo, en cuanto "Trato de dar el máximo y no lo ven", ahora piensa, "Ven las dos, las negativas y las buenas." También se retomó el patrón de interacción negativa con su madre y padre, y se retó a la adolescente a tratar de romper este ciclo al cambiar su estilo de comunicación de agresivo a asertivo. Entre las actividades de cierre, se trabajó su proyección hacia al futuro en el cual Liza se visualizó alcanzando sus metas personales y profesionales. La terapeuta enfatizó la importancia de estar consciente de que en el presente está construyendo su futuro. Liza pudo además señalar cosas positivas de sí misma: sus talentos, sentimientos, personalidad, manera de ver las cosas y manera de tratar la gente. Respecto al tratamiento indicó sentirse, "Bien, me motiva más". Resumió su aprendizaje del proceso al decir, "La vida es sólo una y hay que vivirla agradecida, con amor, felicidad y tristeza porque la vida no es color de rosa y como tiene sus altas, tiene sus bajas. De los errores, aprendemos". En esta frase se resumen algunas de las ideas más importantes que se trabajaron a través de la reestructuración cognitiva.

Con esto culminó la fase activa del tratamiento de Liza que se cubrió en un total de 21 sesiones en el transcurso de 6 meses. El momento de cierre fue acordado entre la adolescente y la terapeuta. A pesar de que la terapeuta entendía que Liza podía beneficiarse de otros módulos, la joven percibía que ya estaba lista para terminar. Liza entendía que había hecho los cambios que podía (etapa de acción) y estaba lista para la fase de mantenimiento. Su evaluación final reveló una remisión parcial de su diagnóstico de Depresión Mayor, disminución de ideas de muerte, mejoría en su autoestima y un nivel de funcionamiento elevado a 75 (Ver tabla 1). La madre y el padre reconocieron que el tratamiento ayudó a Liza a estar más tranquila y estable emocionalmente. Sin embargo, era notable que la familia sólo se había acercado momentáneamente a las metas que se habían propuesto en terapia. La recomendación final de la terapeuta fue referirlos a terapia de familia para que pudieran trabajar los asuntos familiares inconclusos. También les alertó sobre posibles recaídas, señales de alerta y medidas de seguridad a seguir en futuras crisis. Se acordaron citas mensuales de seguimiento con la joven.

Fase de seguimiento

Durante las primeras dos citas de seguimiento, Liza todavía se mostraba estable emocionalmente y manejando adecuadamente sus situaciones de vida sin indicios de ideación suicida, a pesar de que continuaba enfrentando una relación difícil con su papá. Estas sesiones se utilizaron para enseñarle a Liza ejercicios de relajación y visualización no cubiertos durante el tratamiento. Durante este periodo, Liza alcanzó un funcionamiento de 85 (buen funcionamiento, síntomas mínimos o ausentes, preocupaciones de la vida diaria) en la escala del C-GAS según la terapeuta. Luego de dos meses, y haberse ausentado a una cita de seguimiento, Liza le comunica a su madre la necesidad de volver a psicoterapia. En esta ocasión, vuelve a mostrar un cuadro de depresión mayor con ideas suicidas esporádicas de "qué pasaría si me quitara la vida", las que combatió con sus propios pensamientos "no resuelvo nada con eso". Los estresores principales fueron dificultades con su mejor amiga y la relación con su papá. La queja inicial de que su padre no le presta importancia a ella y sí a su hermano continuó representando una fuente de gran frustración para Liza. Las siguientes sesiones estuvieron dirigidas a reforzar la destreza de aprender a diferenciar entre lo que necesitamos aceptar y lo que podemos cambiar y en destrezas de comunicación en la interacción con su padre.

Durante los meses siguientes, Liza indicó que la situación familiar empeoró, "la casa está fuera de control". La salud física y emocional del padre continuó en decadencia. Las críticas aumentaron y la interacción entre los miembros de la familia era cada vez más hostil. De igual forma, la relación matrimonial de los padres estaba seriamente afectada. A pesar de los esfuerzos a nivel individual por fortalecer a la joven en cómo afrontar estas problemáticas de la manera más saludable posible, el ánimo general de Liza era de tristeza. Sin embargo, Liza disfrutaba de salir con su novio y su madre y conversar con alguna buena amiga. A pesar de la situación tan estresante que vivía Liza, hasta la última evaluación, no había considerado el quitarse la vida como una alternativa para solucionar sus problemas. En la última reunión con ambos cuidadores, mamá y papá, la intervención fue dirigida a tratar de que entendieran la seriedad del estado crítico y vulnerable de su familia. La recomendación fue nuevamente referirlos a terapia de familia y se les orientó sobre distintas alternativas.

CONCLUSIÓN

La TSCC permitió beneficios sustanciales, si consideramos que Liza tuvo dos hospitalizaciones durante un mismo año antes de esta intervención. Por lo tanto, a pesar de que Liza vuelve a presentar un cuadro de depresión mayor con ideas suicidas esporádicas, el hecho de pedirle a su madre regresar a psicoterapia y no intentar suicidarse representa una buena destreza de manejo y un logro significativo. De igual forma, representa una ganancia que no haya utilizado la sala de emergencia, ni que haya tenido que ser hospitalizada. Sin embargo, su pensamiento suicida más severo luego de terminar el tratamiento, "qué pasaría si me quitara la vida", era en respuesta a peleas en la familia y su ánimo iba en decaída. Por lo tanto, es factible pensar que si no se atiende la situación familiar, un nuevo intento suicida podría ser cuestión de tiempo.

Este caso ejemplifica lo difícil que puede ser mantener logros en la población adolescente cuando el ambiente familiar no es favorable. Los/as adolescentes por su etapa de desarrollo no tienen la opción de moverse de sus hogares por lo que están expuestos a la presión constante y directa de sus cuidadores/as. ¿Cuánto se necesita lograr a nivel individual para mantener una buena salud mental y emocional en un contexto estresante que desvalida los logros personales? ¿Cuánto se requiere de ambas partes (cuidadores y adolescente) para lograr una mejoría sustancial y significativa? Estas continúan siendo preguntas clínicas y empíricas que merecen mayor investigación.

IMPLICACIONES DE ESTE CASO SOBRE EL PROTOCOLO DE TRATAMIENTO

Este caso pone en evidencia la necesidad de estructurar sesiones específicamente dirigidas hacia identificar patrones de interacción y comunicación familiar e incorporar temprano en el tratamiento las destrezas de comunicación. También ilustra la intensidad de tratamiento que puede necesitar un/a adolescente luego de un intento suicida; la importancia de proveer un espacio tanto para el/la adolescente como para su familia; y la urgencia de moverse de una visión individualista donde el problema "reside" en el/la adolescente a una visión más ecológica. Esta visión permite no sólo que la familia asuma y entienda las dificultades en su sistema familiar, sino también reconocer los asuntos que de igual forma les han afectado a ellos en su contexto. A raíz de los resultados de este caso, se hicieron arreglos al protocolo de tratamiento que todavía se encuentran en proceso de evaluación. Los cambios principales fueron reestructurar el módulo de crisis (el primero y fijo para todos), incorporando dentro del mismo una introducción a la perspectiva cognitiva y una sesión sobre destrezas de comunicación. También se introdujo el aspecto cognitivo de manera integrada al inicio de cada módulo.

TABLA 5.1

Resumen de cambios en sintomatología en pre y postratamiento y seguimiento a los nueve y doce meses luego de haber comenzado el tratamiento

CDI				*SIQ-JR				C-GAS			
0	6	9	12	0	6	9	12	0	6	9	12
13	14	8	13	15	13	13	15	52	75	85	70

Nota: CDI=Children's Depression Inventory (X 10.26, DT 7.75; alcance 0-22); SIQ-JR=Suicidal Ideation Questionnaire Junior (X 12.55, DT 15.83; alcance 0-90); C-GAS=Children Global Assessment System. CDI y SIQ-JR mayor puntuación mayor severidad. C-GAS mayor puntuación mejor funcionamiento. *Reactivos que se puntúan en algún momento, el valor menor que puede otorgarse posteriormente es de 1 "He tenido este pensamiento antes, pero no en el último mes". Este instrumento consta de 15 reactivos.

REFERENCIAS

Ayyash, H. (2002). Adolescent suicide: An ecological approach. *Psychology in the Schools, 39*(4), 459-475.

Barbe, R. P., Bridge, J., Birmaher, B., Kolko, D., & Brent, D. (2004). Suicidality and its relationship to treatment outcome in depressed adolescents. *Suicide and Life-Threatening Behavior, 34*(1), 44-55.

Beautrais, A. (2000). Risk factors for suicide and attempted suicide among young people. *Australian and New Zealand Journal of Psychiatry, 34,* 420-436.

Beautrais, A. (2003). Life Course Factors Associated With Suicidal Behaviors in Young People. *American Behavioral Scientist, 46,* 1137-1156. doi: 10.1177/0002764202250657

Bernal, G., Cumba-Aviles, E., & Sáez-Santiago, E. (2006). Cultural and relational processes in depressed Latino adolescents En S. Beach, M. Wamboldt, N. Kaslow, R. Heyman, M. First, W. Underwood & D. Reiss (Eds.), *Relational Processes and DSM-IV: Neuroscience, Assessment, Prevention, and Intervention* (pp. 211-224). Washington D.C.: American Psychiatric Publishing Inc.

Bosma, H. A., & Koops, W. (2004). Social cognition in adolescence: A tribute to Sandy (A. E.) Jackson (1937 – 2003). *European Journal of Developmental Psychology, 1*(4), 281-288.

Brent, D. A., Greenhill, L. L., Compton, S., Emslie, G., Wells, K., Walkup, J. T. (2009). The Treatment of Adolescent Suicide Attempters (TASA): Predictors of Suicidal Events in an Open Treatment Trial. *Journal of the American Academy of Child and Adolescent Psychiatry, 48,* 987-996.

Centers for Disease Control and Prevention. (2011). *High School Youth Risk Behavior Survey Data.* Retrieved February 4, 2011, from http://apps.nccd.cdc.gov/youthonline

Curry, J., Rohde, P., Simons, A., Silva, S., Vitiello, B., Kratochvil, C. (2006). Predictors and moderators of acute outcome in the Treatment for Adolescents with Depression Study (TADS). *Journal of the American Academy of Child & Adolescent Psychiatry, 45,* 1427-1439.doi: 10.1097/01.chi.0000240838.78984.e200004583-200612000-00005 [pii]

Dana, R. H. (1998). Why is it so difficult to provide quality care for multicultural populations? *Understanding cultural identity in intervention and assessment* (pp. 15-34). Thousand Oaks: Sage.

Daniel, S. S., & Goldston, D. B. (2009). Interventions for suicidal youth: a review of the literature and developmental considerations. *Suicide and Life-Threatening Behavior, 39,* 252-268. doi: 10.1521/ suli.2009.39.3.25210.1521/suli.2009.39.3.252 [pii]

Departamento de Salud de Puerto Rico. (2010). Nuevas estadísticas de mortalidad, 2000-208. San Juan, Puerto Rico: Retrieved from http://www.salud.gov.pr/Datos/EstadisticasVitales/Informe%20 Anual/Nuevas%20Estadisticas%20de%20Mortalidad.pdf.

Dieserud, G., Roysamb, E., Ekeberg, O., & Kraft, P. (2001). Toward an integrative model of suicide attempt: A cognitive psychological approach. *Suicide and Life-Threatening Behavior, 31*(2), 153-168.

Duarté-Vélez, Y. (2007). *A socio-cognitive vulnerability model for suicide ideation in Puerto Rican adolescents.* Unpublished Doctoral Dissertation. University of Puerto Rico, Río Piedras.

Duarté-Vélez, Y., & Bernal, G. (2008). Suicide risk in Latino and Latina adolescents. In F. Leong & M. Leach (Eds.), *Suicide among racial and ethnic groups: Theory, research and practice* (pp. 81-115). New York, New York: Routledge Taylor & Francis Group.

Duarté-Vélez, Y., Bernal, G., & Bonilla, K. (2010). Culturally adapted Cognitive-Behavior Therapy: Integrating sexual, spiritual, and family identities in an evidence-based treatment of a depressed Latino adolescent. *Journal of Clinical Psychology - In Session, 66,* 895-906.

Duarté-Vélez, Y., Lorenzo-Luaces, L., & Roselló, J. . (2012). Ideación suicida: Síntomas depresivos, pensamientos disfuncionales, auto-concepto y estrategias de manejo en adolescentes puertorriqueños/as (Suicide ideation: Depressive symptoms, dysfunctional thoughts, self-concept, and coping in Puerto Rican adolescents). *Revista Puertorriqueña de Psicología, 23,* 1-17.

Esposito-Smythers, C., Spirito, A., Hunt, J., Kahler, C., & Monti, P. (2011). Treatment of co-occurring substance abuse and suicidality among adolescents: a randomized trial. *Journal of Consulting and Clinical Psychology, 79*(6), 728-739.

Esposito-Smythers, C., Spirito, A., Hunt, J., Kahler, C., & Monti, P. (2011). Treatment of Co-Ocurring Substance Abuse and Suicidality Among Adolescents: A Randomized Clinical Trial. *Journal of Consulting & Clinical Psychology, 79*(6), 728-739.

Esposito-Smythers, C., Spirito, A., Uth, A., & LaChance, H. (2006). Cognitive behavioral treatment for suicidal alcohol abusing adolescents: Development and pilot testing. *American Journal on Addictions, 15*(1), 126-130.

Garcia, C., Skay, C., Sieving, R., Naughton, S., & Bearinger, L. H. (2008). Family and Racial Factors Associated With Suicide and Emotional Distress Among Latino Students. *Journal of School Health, 78(9),* 487-495.

Goldston, D. B., Molock, S. D., Whitbeck, L. B., Murakami, J. L., Zayas, L. H., & Hall, G. C. N. (2008). Cultural considerations in adolescent suicide prevention and psychosocial treatment. *American Psychologist, 63*(1), 14-31.

Jones, J., Ramirez, R. R., Davies, M., Canino, G., & Goodwin, R. D. (2008). Suicidal behaviors among adolescents in Puerto Rico: Rates and correlates in clinical and community samples. *Journal of Clinical Child and Adolescent Psychology, 37(2),* 448-455. doi: Doi 10.1080/15374410801955789

Kovacs, M. (1992). *Children's Depression Inventory (CDI) Manual.* New York, New York: Multi-Health Systems, Inc.

Lewinsohn, P. M., Rohde, P., Seeley, J. R., & Baldwin, C. L. (2001). Gender differences in suicide attempts from adolescence to young adulthood. *Journal of American Academy Child and Adolescent Psychiatry, 40*(4), 427-434.

Macgowan, M. J. (2004). Psychosocial treatment of youth suicide: A systematic review of the research. *Research on Social Work Practice*, 14, 147-162. doi: Doi 10.1177/1049731503257889

May, D. E., Kratochvil, C. J., Puumala, S. E., Silva, S. G., Rezac, A. J., Hallin, M. J. (2007). A manual-based intervention to address clinical crises and retain patients in the Treatment of Adolescents With Depression Study (TADS). *Journal of American Academy of Child and Adolescent Psychiatry*, *46*, 573-581. doi: 10.1097/chi.0b 013e3180323342S0890-8567(09)61716-0 [pii]

Miller, A. L., Rathus, J. H., & Linehan, M. M. (2007a). *Dialectical Behavior Therapy with Suicidal Adolescents*. New York: The Guilford Press.

Miller, A. L., Rathus, J. H., & Linehan, M. M. (2007b). What do we know about effective treatments for suicidal adolescents? En A. L. Miller, J. H. Rathus & M. M. Linehan (Eds.), *Dialectical Behavior Therapy with Suicidal Adolescents*. New York: The Guilford Press.

Prochaska, J. O. (1999). How do people change, and how can we change to help many more people? En M. A. Hubble, B. L. Duncan & S. D. Miller (Eds.), *The heart and soul of change: What works in therapy* (pp. 227-255). Washington, DC: American Psychological Association.

Reid, W. H. (2009). Prognosis after suicide attempt: standard of care and the consequences of not meeting it. *Journal of Psychiatric Practice*, *15*(2), 141-144.

Reinherz, H. Z., Tanner, J. L., Berger, S. R., Beardslee, W. R., & Fitzmaurice, G. M. (2006). Adolescent suicidal ideation as predictive of psychopathology, suicidal behavior, and compromised functioning at age 30. *American Journal of Psychiatry*, *163*(7), 1226-1232.

Reynolds, W. (1988). *Suicidal Ideation Questionnaire: Professional Manual*. FL: Psychological Assessment Resources.

Rossello, J., & Bernal, G. (1999). The efficacy of cognitive-behavioral and interpersonal treatments for depression in Puerto Rican adolescents. *Journal of Consulting and Clinical Psychology*, *67*(5), 734-745.

Rosselló, J., Bernal, G., & Rivera-Medina, C. (2008). Individual and group CBT and IPT for Puerto Rican adolescents with depressive symptoms. *Cultural Diversity and Ethnic Minority Psychology*, *14*(3), 234-245.

Rosselló, J., Duarté-Vélez, Y., Gema-Zuluaga, M., & Bernal, G. (2008). Características de adolescentes con depresión e ideación suicida en una muestra clínica. *Ciencias de la Conducta*, *23*(1), 55-86.

Rosselló, J., Duarté-Vélez, Y., Bernal, G., & Zualaga, M. . (2011). Ideación suicida y respuesta a la terapia cognitiva conductual en adolescentes puertorriqueños/as con depresión mayor. *Interamerican Journal of Psychology*, 45(3), 321-330.

Rotheram-Borus M.J., Piacentini J., & Van Rossem R. (1999). Treatment adherence among Latina female adolescent suicide attempters. *Suicide and Life-Threatening Behavior, 29,* 319-331.

Rounsaville, B. J., Carroll, K. M., & Onken, L. S. (2001). A stage model of behavioral therapies research: Getting started and moving on from stage I. *Clinical Psychology-Science and Practice, 8*(2), 133-142.

Spirito, A., Esposito-Smythers, C., Wolff, J., & Uhl, K. (2011). Cognitive-behavioral therapy for adolescent depression and suicidality. *Child and Adolescent Psychiatric Clinics of North America, 20,* 192-204. doi: 10.1016/j.chc.2011.01.012

Spirito, A., H. , & Sindelar-Manning, e. a. (2011). Individual and family motivational interventions for alcohol-positive adolescents treated in an emergency department: results of a randomized clinical trial. A*rchives of Pediatrics and Adolescent Medicine, 165*(3*),* 269-274.

Spirito, A., Valeri, S., Boergers, J., & Donaldson, D. (2003). Predictors of continued suicidal behavior in adolescents following a suicide attempt. *Journal of Clinical Child and Adolescent Psychology, 32*(2), 284-289.

Stanley, B., Brown, G., Brent, D., Wells, K., Poling, K., Curry, J., Kennard, B. D., Wagner, A., Cwik, M., Klomek, A.B., Goldstein, T.,Vitiello, B., Barnett, S., Daniel, S., & Hughes, J. (2009). Cognitive behavior therapy for suicide prevention (CBT-SP):Treatment model, feasibility and acceptability. *Journal of the American Academy of Child and Adolescent Psychiatry, 48,* 1005-1013. doi: 10.1097/ CHI.0b013e3181b5dbfe

Zayas, L. H., Lester, R. J., Cabassa, L. J., & Fortuna, L. R. (2005). Why do so many Latina teens attempt suicide? A conceptual model for research. *American Journal of Orthopsychiatry, 75,* 275-287. doi: 2005-03636-010 [pii]10.1037/0002-9432.75.2.275

Zayas, L. H., & Pilat, A. M. (2008). Suicidal behavior in Latinas: Explanatory cultural factors and implications for intervention. *Suicide and Life-Threatening Behavior,* 38(3), 334-342. doi: 10.1521/suli.2008.38.3.334 10.1521/suli.2008.38.3.334 [pii]

Capítulo 6

EL CORREDOR ELITE Y SUS OBSTÁCULOS

JESSIKA TALAVERA-VALENTÍN

FUNDAMENTO TEÓRICO Y EMPÍRICO

El siguiente caso trata de un hombre, corredor elite, que luego de ser atropellado por un auto, sufre varias lesiones corporales y jamás vuelve a correr. Como consecuencia comienza a presentar síntomas de estrés postraumático y depresión. El corredor elite completa éxitosamente su tratamiento basado en la terapia de Exposición Prolongada (EP) para manejar los síntomas de estrés postraumático. Sin embargo, un año después del tratamiento, regresa a terapia buscando ayuda para manejar sus síntomas de depresión. En esta ocasión, sus síntomas son exacerbados por pensamientos recurrentes relacionados a su discapacidad física, ya que "la vida ha sido injusta" y "no volverá a ser el mismo". El corredor elite expresa: "ya no siento los ataques de pánicos, no tengo pesadillas, ni *flashbacks*, pero todavía no puedo superar el que no pueda volver a correr; el tener que caminar con un bastón toda mi vida, y el dolor que todavía siento en mis piernas y espalda. En las noches siento calambres y entumecimiento en las dos piernas". "Mírame jamás volveré a ser el mismo".

Para atender las necesidades presentadas por el corredor elite, se utiliza un modelo integracionista conocido como la Terapia de Aceptación y Compromiso (ACT, por sus siglas en inglés). Este modelo es destacado como el más completo de la tercera ola o generación de las terapias de la conducta (Hayes, 2004). Los orígenes filosóficos de ACT se basan en el contextualismo funcional, la teoría del lenguaje humano y de la cognición conocida como la Teoría del Marco Relacional (TMR) (Hayes & Smith, 2005; Hayes, Barnes-Holme, & Roche, 2001; Zettle, 2007). La TMR explica cómo los seres humanos aprenden el lenguaje a partir de sus interacciones con el medio ambiente. El contextualismo funcional es una extensión, y a su vez, una interpretación funcional del conductismo radical de Skinner, el cual enfatiza la importancia de predecir e influenciar los eventos psicológicos, tales como pensamientos, sentimientos y conductas centrándose en variables manipulables de su contexto (Hayes et al., 2001; Torneke, 2010).

Según Hayes y Smith (2005) la premisa básica de la TMR, es que el comportamiento humano está regido en gran medida a través de las redes de relaciones mutuas llamadas marcos relacionales. Estas relaciones forman el núcleo del lenguaje humano y cognitivo, permitiéndonos aprender sobre los eventos, sin la necesidad de experimentarlos de manera directa. Hayes y Smith nos ofrecen el siguiente ejemplo: un gato no tocará una estufa caliente dos veces, ya que con tan sólo tocarla una vez, sabrá lo que le sucederá al tocarla. Un niño pequeño no necesitará necesariamente tocar una estufa caliente para saber lo que le sucede, ya que sus padres verbalmente le enseñarán que si toca la estufa caliente se puede quemar. En el diario vivir aprendemos muchas cosas a través del lenguaje, pero en términos de nuestra vida interior, las reglas verbales pueden restringir nuestras vidas de manera fundamental. Esto se debe a que existen unas experiencias de vida que no se pueden controlar a través del lenguaje. Por ejemplo, el estar enamorado de una persona, es algo que no podemos controlar, ya que es parte de nuestra experiencia interna. Nosotros sí podemos tomar una decisión sobre qué hacer con estas emociones, pero el enamorarnos de alguien es algo que internamente se da o no se da.

La TMR explica el rol que juega el lenguaje en el sufrimiento humano. Hayes y Smith indican que el dolor humano es universal, por lo que cualquier intento por liberarse del mismo, genera mayor sufrimiento. Todos los seres humanos experimentan dolor emocional, la pérdida de un ser querido, las emociones de tristeza, vergüenza, ansiedad y miedo. Todos cargamos con memorias que nos resultan dolorosas, embarazosas, humillantes y vergonzosas. Tanto los humanos como los animales experimentan el dolor, sin embargo el ser humano se encuentra en una posición especial, ya que tiene la capacidad del lenguaje. Diariamente, estamos solucionando problemas; cuando algo no nos gusta, podemos encontrar la manera de cambiarlo y tomamos acción para hacerlo. Por ejemplo, si no te gusta el color de una pared, entonces puedes decidir cambiar el color y pintarla del color que gustes. Así también sucede cuando nosotros experimentamos dolor emocional, ya que buscamos la manera de solucionarlo y deshacernos del mismo. Esto sucede porque estamos utilizando el proceso lingüístico y cognitivo para resolver nuestras experiencias internas. Sin embargo, las estrategias que nos funcionan para resolver el mundo externo, resultan contraproducentes cuando las usamos para resolver nuestro mundo interno ya que,   nos fusionamos con nuestros pensamientos, argumentando y creyéndole a nuestra mente (Luoma, Hayes, & Walser, 2007). Esto nos lleva a experimentar una inflexibilidad psicológica ante un evento interno y como consecuencia nos mantenemos estancados en el sufrimiento.

La terapia de ACT es considerada un modelo transdiagnóstico, ya que ha demostrado ser beneficiosa para una amplia gama de poblaciones y diagnósticos. Tanto la división número 12 de la Asociación de Psicología Americana (APA), como la Administración de Servicios de Salud Mental y Abuso de Sustancia (SAMHSA) reconocen esta terapia como una efectiva para el tratamiento de un sinnúmero de diagnósticos y problemas multiculturales. Y es reconocida como una psicoterapia basada en la evidencia para el tratamiento de la depresión. Numerosas revisiones de literatura y metanálisis han documentando que ACT es una intervención prometedora para trastornos de depresión y ansiedad, trastornos alimentarios, trastorno obsesivo compulsivo, dolor crónico, abuso de sustancia, enfermedad mental crónica y diabetes (Abramowitz, Lackey, & Wheaton, 2009; Baer, Fischer, & Huss, 2005; Batten & Hayes, 2005; Gregg et al., 2007; Hayes, Bach, & Boyd, 2010; Hayes, Orsillo, & Roemer, 2010; Hayes et al., 1999; Luciano et al., 2001). Esta terapia ha resultado ser más efectiva que diversos grupos de comparación que incluyen: lista de espera, condiciones placebo y terapias cognitivo conductuales (Arch & Craske, 2008; Barraca, 2011; Forman et al., 2007; Hayes et al., 2011; Zettle, Rains, & Hayes, 2011). En la actualidad existen una variedad de investigaciones, libros y protocolos de ACT. La misma está siendo bien acogida por muchos clínicos en los Estados Unidos, Europa y Australia, ya que ha demostrado ser efectiva en diversas culturas y poblaciones. Además, se ha demostrado empíricamente que ayuda a prevenir la quemazón o el agotamiento en el terapeuta (Hayes, 2005; Hayes et al., 2004).

A pesar de que en Puerto Rico existen muy pocos terapeutas adiestrados y con las competencias necesarias para ofrecer ACT, su uso pudiera ser muy beneficioso para la población puertorriqueña. Terapeutas puertorriqueños quienes actualmente se encuentran ofreciendo la terapia, han observado que sus clientes son más adherentes al tratamiento, mostrando cambios y mejoría significativa en los síntomas, en su funcionamiento global y la calidad de vida. Esto pudiera deberse a que las técnicas e intervenciones utilizadas en ACT (e.g. ejercicios experienciales, atención plena, metáforas, paradojas, fortalecimiento del Yo como contexto y el uso de los valores para promover el cambio) son similares con intervenciones que han demostrado ser efectivas en nuestra cultura (i.e. intervenciones holísticas y experienciales, empoderamiento, cuentos, dichos y espiritualidad) (Cane, 2000; Comas-Díaz, 2006; Comas- Díaz & Duncan, 1985).

PRESENTACIÓN DEL CASO

Manuel es un hombre de 36 años de edad, puertorriqueño, casado desde hace 12 años, sin hijos, católico, con un bachillerato en finanzas y posee un negocio estable.

Después de un año de haber terminado el tratamiento de Exposición Prolongada (EP), Manuel regresa a terapia buscando ayuda para manejar sus síntomas de depresión, los cuales han aumentado desde que los médicos le indicaron que la condición de radiculopatía y de artralgia de rodilla ha progresado y empeorado. Él refiere ya no "tengo las pesadillas, ni aquellos ataques de pánico y puedo cruzar la carretera como aprendí la otra vez, pero todavía continuo lidiando con lo del accidente, los dolores en el cuerpo continúan y todavía no puedo aceptar que esto me haya pasado a mí, todo el mundo me dice que tengo que aceptarlo, pero como voy a aceptarlo sí es doloroso, lo peor es que desde que los médicos me dijeron que la condición está peor, volví a echarle la culpa al que me atropelló y luego comienzo a culparme porque no debí haber cruzado. Siento que me quitaron un talento porque yo era un corredor maratonista elite y alguien me lo arrebató, llevo diez años sin ser quien yo era".

Inicialmente, en el año 2010, Manuel vino a consulta referido por un psiquiatra, ya que a pesar de los medicamentos, continuaba experimentando pesadillas, *flashbacks*, hipervigilancia, malestar al cruzar la calle, temor al sentir que un carro se acerca y al escuchar las bocinas, evitación a conversaciones, actividades y situaciones que le recordaban el trauma. Asimismo reportó algunos síntomas de depresión, tales como sentirse triste o vacío la mayor parte del tiempo, pérdida de energía y sentimientos de inutilidad y culpabilidad. Manuel informó que los medicamentos le estaban ayudando a dormir, a sentirse calmado, menos irritable y ansioso. Mencionó nunca haber experimentado ideación suicida u homicida, ya que es "un hombre de fe" y por tanto "respeta la vida". En aquel momento, Manuel indicó que deseaba trabajar principalmente con los síntomas de estrés postraumático, ya que estos síntomas le estaban afectando en su trabajo. Él completó el tratamiento de 12 sesiones de terapia de EP exitosamente. En los ejercicios de exposición imaginaria, Manuel reportó una disminución significativa en la escala de Unidades Subjetivas de Ansiedad, ya que comenzaron en 100 (sesión 3) y terminaron en 45 (sesión 12). También mostró una disminución en las pesadillas, *flashbacks*, evitación, hipervigilancia, ataques de pánico, ansiedad y tristeza. Al finalizar el tratamiento, Manuel reportó sentirse complacido con el tratamiento, sobretodo porque ya podía cruzar la calle y manejar su ansiedad cuando escuchaba una bocina o un carro se acercaba. Sin embargo, es importante recalcar que, a pesar de que Manuel pudo procesar el evento traumático y mostró una disminución significativa en los síntomas de estrés postraumático y depresión, él no pudo aceptar que este evento "tan doloroso" le haya tenido que ocurrir, ni logró perdonarse así mismo, ni al conductor. En ese momento, Manuel indicó que entendía que podía sobrellevar esa parte, ya que lo importante *era no* tener "las pesadillas, ni ese susto al cruzar la calle".

No obstante, un año después del tratamiento regresa a terapia a buscar ayuda nuevamente, ya que desde que los médicos le han indicado que sus condiciones médicas continúan progresando, ha comenzado a sentir mucha frustración, a pensar en el evento traumático, a sentirse culpable y a culpar al conductor del accidente. Esto lo ha llevado a aislarse otra vez, y a sentir que su "vida no será jamás la misma". Él menciona "ya no tengo pesadillas, pero me he dado cuenta que yo vivo una pesadilla", "quien puede ser feliz así", "esto es muy injusto".

Manuel se crió en una familia de clase media, junto a sus padres y es el mayor de cuatro hermanos. El describe su niñez y adolescencia como tranquila y feliz, siempre rodeado de amistades y familiares. Estudió en escuelas privadas y siempre obtuvo buenas notas y completó sus cuatro años de bachillerato exitosamente. En su juventud fue una persona muy activa en el deporte y ganó varias medallas en maratones. Niega historial de abuso de sustancias, trauma en la niñez, hospitalizaciones psiquiátricas e historial familiar de alguna condición de salud mental. Según Manuel, su vida comenzó "a ser una pesadilla" a sus 26 años, cuando él se encontraba entrenando para participar en un maratón. Él describe que una mañana, como todos los días, salió a practicar a las 5:30am, cuando los rayos del sol comenzaban a salir. En la distancia, observó un carro y decidió cruzar la carretera cuando de repente sintió el impacto del automóvil, que lo elevó sobre el vehículo, cayendo en el pavimento, vio sus dos piernas rotas y lo próximo que recuerda es cuando abre los ojos y está en el hospital. A partir de ese suceso, jamás pudo volver a correr, ya que necesita la ayuda de un bastón para poder caminar; como consecuencia se distancia de sus amistades y familiares.

A pesar de su condición física y médica, Manuel es un hombre trabajador que se levanta diariamente a las 6:00am para atender su negocio, recibe gran apoyo de su esposa quien lo ayuda a vestirse y a levantarse de la cama, cuando este se "tranca", tiene calambres o amanece con las piernas entumecidas. Él menciona "de hecho mi esposa tomó unos cursos de masaje para ayudarme". Manuel es un hombre que posee muchas fortalezas, es un hombre muy trabajador, proactivo con sus condiciones médicas, motivado a mejorar, espiritual con mucha fe, inteligente, disfruta leer (e.g. la Biblia, ciencia ficción y libros de autoayuda), escuchar música clásica y hacer ejercicios de relajación. Siempre y cuando no sienta dolor físico, ni sienta tristeza, ni frustración, hace al menos 30 minutos de ejercicios en bicicleta estacionaria.

Diagnóstico diferencial utilizando el DSM-IV-TR

Ejes	Diagnósticos
Eje I	Trastorno Depresivo Mayor, episodio único, grave, sin síntomas psicóticos
	Trastorno por Estrés Postraumático
Eje II	Diferido
Eje III	Artralgia de rodilla y de hombros
	Apnea del sueño, de tipo central
	Radiculopatía lumbar
	Síndrome del disco intervertebral
	Tendinitis
Eje IV	Problemas maritales
Eje V	GAF: 55 (al momento de la evaluación inicial)

Para explorar e incluir las preferencias, valores y creencias de Manuel en el tratamiento, se utiliza el modelo explicativo de la enfermedad, del antropólogo y psiquiatra Arthur Kleinman (1980). A través de la teoría de los modelos explicativos, la antropología de la salud intenta poner de manifiesto la diferencia entre la perspectiva de los profesionales de la salud y la perspectiva del paciente. Para lograr esto, el modelo sugiere preguntas de la investigación cualitativa: (a) ¿Cómo usted le llama a su problema?; (b) ¿Por qué cree usted que la enfermedad o el problema han ocurrido?; (c) ¿Cómo cree que la enfermedad debe ser atendida?; (d) ¿Cómo quieres que se te ayude?; y (e) ¿Quién debe participar en la toma de decisiones?, entre otras. Estas preguntas nos ayudan a entender mejor a nuestros clientes y a sus familiares, sus creencias, su contexto, visión de mundo, formas de conocimiento y narrativa del problema.

Utilizando este modelo de preguntas, Manuel expresa que entiende su problema se debe a que le resulta "difícil tener que aceptar que el accidente me haya cambiado y que mi vida jamás será la misma". Indica que le gustaría dejar de sentirse culpable, disfrutar de la vida, mejorar su autoestima y la relación con su esposa. Asimismo verbaliza "me siento estancado en el accidente, quiero vivir, quiero sentirme mejor con lo que me pasó". Él menciona que le gustaría poder integrar a su esposa durante este proceso, ya que ella es su mayor apoyo, a pesar de que en ocasiones es difícil para ella entender su situación. Añade que le gustaría incluir en la terapia técnicas de relajación (ya que le ayudan a sentirse calmado), el uso de mensajes positivos y tener literatura sobre su condición. Manuel refiere que para él es sumamente importante que el psicólogo pueda "en verdad ponerse en mi lugar porque no es fácil estar así", "los médicos me dicen que tengo que aprender a vivir con el dolor y con mis condiciones, pero ¿cómo se hace?", "es fácil decirlo cuando uno no lo está viviendo".

Seguido de estas expresiones, la terapeuta le refleja a Manuel, el sufrimiento interno que ha llevado durante años, en el cual se siente frustrado y estancado como consecuencia del accidente. Asimismo, le afirma sus fortalezas de querer seguir hacia adelante, su valor por la familia y la relación de pareja. Le menciona cómo ACT puede trabajar con su dificultad acorde con sus expectativas. Por ejemplo, la terapeuta le explica cómo en ACT, tanto al terapeuta como al cliente se les percibe como dos personas que están lidiando diariamente con las experiencias que la vida les ofrece. Al finalizar la evaluación inicial, se acuerda con Manuel ofrecerle psicoeducación acerca de los síntomas de depresión y de la terapia (ACT).

Durante la sesión, Manuel aparenta estar triste y en ocasiones se nota ansioso, habla sobre sus preocupaciones relacionadas con las condiciones médicas y dialoga sobre todas las estrategias que ha realizado para sentirse mejor (e.g. tomar medicamentos, estudiar la Biblia, leer libros de autoayuda, hacer técnicas de relajación, escuchar música clásica o sacra y quedarse más tiempo en la cama descansando). En varias ocasiones trae su historia sobre el accidente, ofrece varias razones del porqué se siente estancado, preguntando a la terapeuta qué más puede hacer para sentirse mejor. Se muestra muy respetuoso y se disculpa con la terapeuta por hablar mucho o mostrar sus sentimientos frente a ella.

CONCEPTUACIÓN DEL CASO

Modelo teórico y teoría de cambio. Según discutido al principio de este capítulo, ACT se basa en la teoría del marco relacional (TMR), ya que ACT busca minimizar la manera en que el lenguaje contribuye a la rigidez psicológica y al sufrimiento humano. Asimismo busca aumentar la flexibilidad psicológica y fortalecer los valores de la vida. En este sentido, ACT propone un modelo de psicopatología y un modelo de intervenciones que promueven la flexibilidad psicológica.

El modelo general de ACT de la psicopatología puede ser ilustrado en la forma de un hexágono, donde cada uno de sus puntos corresponden a uno de los seis procesos que contribuyen al sufrimiento humano (Hayes, Strosahl & Wilson, 2012). Estos 6 procesos son: (1) dominio del pasado y el futuro conceptualizado; (2) evitación experiencial; (3) fusión cognitiva; (4) apego al Yo conceptualizado; (5) inacción, impulsividad y evitación persistente; y (6) ausencia de valores. Según Hayes y Smith (2005) estos procesos están interconectados de manera que la fusión al pensamiento y la evitación experiencial están presentes al Yo conceptualizado, el cual nos impide vivir el presente y nos aleja de nuestros valores. Es en la interacción de estos seis procesos, lo que lleva a un ser humano a la inflexibilidad psicológica y como consecuencia viene el sufrimiento y la psicopatología.

La evitación experiencial se refiere al fenómeno que se produce cuando una persona *no* está dispuesta a permanecer en contacto con determinadas experiencias privadas (i.e. pensamientos, emociones, sensaciones o memorias) y toma las medidas que sean necesarias para modificar la forma o la frecuencia de estos eventos, aun cuando esto pudiera ocasionarle algún daño psicológico (e.g. usar cocaína para escapar del dolor emocional). La fusión cognitiva se refiere a la tendencia de los seres humanos a quedar atrapados en el contenido (i.e. lenguaje) de lo que están pensando (i.e. palabras, gestos, pensamientos, señales e imágenes), llevándolos así a experimentar malestar emocional. El dominio del pasado y del futuro conceptualizado surge cuando un ser humano se mantiene por mucho tiempo en la evitación experiencial y en la fusión cognitiva, ya que experimenta pensamientos rumiantes que continuamente lo llevan al pasado o al futuro, en lugar de vivir en el presente que es donde realmente se produce su vida (Hayes & Smith, 2005).

En el otro lado del hexágono, tenemos el apego al Yo conceptualizado, que no es otra cosa que esa historia que tenemos sobre nosotros mismos. Estas historias describen lo que nos gusta, lo que hemos hecho, de donde creemos que vienen nuestros problemas y lo que nos funciona para solucionarlos. Por lo general, estas historias pudieran tener muchos elementos que son ciertos, sin embargo las soluciones reales a nuestros problemas necesariamente no existen dentro de nuestra historia. Asociada a la fusión, evitación, al Yo conceptualizado y dificultad de vivir en el presente, se encuentra la inhabilidad del ser humano para comportarse de forma efectiva con la elección de sus valores. Lo anterior pudiera llevar a una persona a una reacción de evitación rígida o de impulsividad que se manifiesta en la inacción de moverse en una dirección en su vida. (Luoma et al., 2007).

Figura 3.1. Modelo ACT: Psicopatología y Proceso Terapéutico (Obtenido de Luoma et al., 2007, pp. 12 y 20).

Para trabajar con cada uno de los 6 problemas fundamentales que acabamos de describir, ACT promueve el aumentar la flexibilidad psicológica, a través de seis procesos básicos, estos son: (1) vivir el presente; (2) aceptación; (3) de-fusión cognitiva; (4) Yo como contexto; (5) valores; y (6) compromiso con la acción. Así pues, el objetivo principal de ACT es eliminar la rigidez psicológica a través de estos seis procesos básicos que fomentan la flexibilidad psicológica.

En ACT el cambio se logra a través de los valores, ayudando al cliente a *aceptar* los eventos internos (i.e. pensamientos, emociones, sensaciones, imágenes y memorias), y a mantener un *compromiso* conductual que refleje los valores del mismo. Mientras que los modelos cognitivos conductuales buscan hacer el cambio a través de la restructuración cognitiva, aumentar las actividades placenteras y regular el estado de ánimo, ACT busca realizar el cambio a través de la aceptación, la elección y la acción.

Podemos decir que ACT está diseñada para ayudar al cliente a "retener y moverse". Retener la experiencia, cualquiera que fuese, y moverse hacia adelante en la vida (Hayes, 1994). En este sentido, *no* vamos a cambiar, ni evitar las experiencias de vida que no podemos controlar (e.g. divorcios, traumas, pérdidas), sino que vamos a experimentar esa experiencia como una más en nuestras vidas, utilizando nuestros valores (propósito de vida) para movernos hacia adelante, hacia otras experiencias que la vida nos tiene preparada. Después de todo, "cuando el sufrimiento toca a tu puerta y tú le dices que no hay silla para él, él te dice no te preocupes porque yo he traído mi propia silla" (Chinua Achebe, 1967). Por ejemplo, una persona puede estar sintiéndose triste por el proceso de divorcio (experiencia).

Sin embargo, acepta que la tristeza es una emoción que está sintiendo hacia la experiencia del divorcio, pero aún con esas emociones decide continuar caminando en la vida, siguiendo su propósito (valores).

En este sentido, ACT *no* busca disminuir síntomas, sino más bien busca dirección y un cambio en la filosofía de nuestras vidas. Para lograr un sentido de dirección, tenemos que definir y clarificar nuestros valores, dejando a un lado nuestros problemas cotidianos, y permitiéndonos echar un vistazo a las cosas que realmente tienen sentido en nuestras vidas, en busca de nuevas posibilidades que dignifiquen nuestras luchas y nos guíen a la acción constructiva (Luoma et al., 2007). A juzgar por Luciano y Valdivia (2006) la postura del terapeuta en ACT es contactar la experiencia de malestar y lograr la flexibilidad psicológica. Se utilizan un sinnúmero de estrategias y técnicas, tales como: exposición a los eventos privados, ejercicios de distanciamiento, experienciales, atención plena, uso de metáforas y paradojas, compromiso conductual y desliteralización o desactivación de las funciones verbales (ver los pensamientos tal como son y no como lo que dicen que son). El terapeuta utiliza estas técnicas y realiza tantos ejercicios como sean necesarios para tratar de normalizar el malestar que pueda surgir durante la sesión, ayudando al cliente a estar en contacto con la experiencia, sin rescatarlo de los momentos difíciles.

Conceptuación del caso. En este caso podemos observar cómo Manuel se ha redefinido y ha internalizado un nuevo ser (Yo) a través de la definición que se ha dado así mismo a partir del accidente. De igual modo, vemos como esta definición ha restringido su vida, jugando así, un rol trascendental en su dolor interno que, lo lleva al sufrimiento, invirtiendo mucha energía por liberarse de ese sufrimiento; buscando a través del lenguaje cambiar y negar su realidad de lo ocurrido en el accidente. Para Manuel, este evento le arrebató uno de sus más preciados talentos; el ser un corredor elite. Es por este motivo que, Manuel evita aceptar este evento interno, tal y como es, y *no* como su mente le dicta que fue. Debido a que no ha podido aceptar esta pérdida, su Yo se ha aferrado a esta historia (Apego al Yo conceptualizado), con el fin de buscarle un sentido. La pieza central de esta historia ha sido que le arrebataron su talento y con el pasar de los años, esta experiencia está definiendo su Yo. Es decir, que el evento traumático forma parte de su identidad. Como consecuencia, esta historia ha estado operando en su mente como un mecanismo que le impide concentrarse en su trabajo, la familia y la relación pareja. Es por esto que Manuel, a pesar de haber procesado el trauma en EP y mostrar una disminución en los síntomas de Estrés Postraumático, continúa estancado en el intento de lidiar con las memorias, pensamientos y emociones relacionadas al trauma.

Manuel está muy apegado a su historia de vida donde él cree y piensa que esta es la causa de todos sus problemas y por consiguiente, no puede disfrutar de su vida y vivir el momento. Ciertamente, su historia de vida le ha ocasionado ciertas limitaciones, tales como tener que caminar con la ayuda de un bastón, lidiar con los calambres, el dolor en las piernas y en la espalda. Sin embargo, las soluciones reales a sus problemas no se encuentran en su historia. Tanto sus condiciones médicas como sus memorias traumáticas, lo mantienen estancado pensando en el pasado y preocupado por el futuro, impidiéndole así poder disfrutar de las experiencias diarias que la vida le presenta.

Manuel se siente atrapado en esta historia, enredado con pensamientos evaluativos, tales como "yo soy el culpable por haber cruzado", "él es el culpable (refiriéndose al conductor) por todo lo que yo he tenido que pasar", "jamás volveré a ser el mismo". Constantemente tiene pensamientos rumiantes de autoevaluación en busca de razones y justificaciones para sus síntomas de depresión. Por ejemplo, Manuel en varias ocasiones verbaliza "cómo voy aceptarlo si es doloroso", "esto es muy injusto, quién puede ser feliz así" "es que me quitaron mi talento", "nadie entiende lo difícil que es". Esto lo mantiene estancado en la vida y se ve manifestado en su inhabilidad para definir y vivir según sus valores y de continuar en una dirección en su vida.

TRATAMIENTO Y SEGUIMIENTO DEL CASO

Objetivos y plan de tratamiento. Tomando como base la conceptuación del caso, las preferencias de Manuel y el peritaje clínico de la terapeuta, se proponen las siguientes metas:

1. Fomentar la *aceptación* de los eventos internos (i.e. pensamientos, emociones, sensaciones, imágenes y memorias), promoviendo el contacto con la experiencia de los eventos que le producen malestar psicológico.

2. Ayudar a desarrollar conciencia de cómo el control emocional lo mantiene estancado, principalmente cuando controla sus emociones y pensamientos relacionados al trauma, su autoimagen, sentimientos de culpa, frustración, tristeza e impotencia.

3. Ayudar a dilucidar la historia de Manuel y ponerlo en contacto con la representación arbitraria de las relaciones causales dentro de la historia (dar razones).

4. Detectar aquellos recuerdos, sensaciones, pensamientos y emociones que lo llevan hacia el pasado o el futuro y enseñarle por medio de los ejercicios de atención plena a cómo regresar al presente (el ahora).

5. Ayudar a Manuel a distinguir el apego del Yo definido por su experiencia de trauma, a través de las concepciones evaluativas que él tiene acerca de sí mismo.

6. Facilitar la flexibilidad cognitiva del Yo como contexto, clarificando sus valores e identificando metas que le permitan vivir una vida según sus valores y lo anime a hacer y mantener un compromiso de actuar, aun en presencia de barreras (e.g. miedo al fracaso, memorias traumáticas, condiciones médicas, sentimientos de tristeza, culpa y dar razones).

Proceso del tratamiento vinculado a los objetivos. El tratamiento de Manuel fue de 12 sesiones individuales de 60 minutos cada una. Solamente la primera sesión fue de 90 minutos, ya que se realizó la evaluación inicial y la administración de protocolos. A continuación se divide cada una de las sesiones, con un resumen corto de los tópicos y metáforas discutidos en las mismas. Es importante señalar que las intervenciones y metáforas utilizadas en este caso fueron obtenidas de los manuales de Hayes y Smith (2005), Luoma et al. (2007), y Zettle (2007).

Sesión 1: Durante esta sesión, se realiza la entrevista clínica, se dialoga sobre qué ha pasado con Manuel desde que culminó el tratamiento de EP y sobre qué lo trae nuevamente a terapia. Se auscultan detalladamente sus preocupaciones actuales y curso de sus condiciones de salud mental. De esta intervención, y utilizando el modelo Explicativo de Kleinman, se identifican las metas terapéuticas y se elige el modelo de ACT para lograrlas. Así pues, se realiza una introducción al modelo de ACT y a la luz de este modelo, se explora la experiencia de Manuel con la depresión, particularmente prestando atención a los intentos que él ha realizado para manejar la misma. Se administra el Inventario de Depresión de Beck; en este inventario Manuel obtiene una puntuación total de 37, el cual sugiere una depresión severa.

Sesion 2: Se realiza una introducción a la "desesperanza creativa", se define como el proceso de asistir al paciente a estar en contacto con todos los esfuerzos que ha estado realizando con el fin de eliminar, o arreglar su experiencia interna. Se idenfican los costos del control experiencial y se dialoga sobre el concepto de determinación para actuar (*willingness*, en inglés) como alternativa al control experiencial. Manuel comienza a experimentar el aquí y el ahora, a través de los ejercicios de atención plena. Para lograr en esa sesión la identificación del costo del control experiencial ha tenido en su vida se utilizan las metáforas: *"bizcocho de chocolate" y "el jeep amarillo"*.

Sesión 3: Manuel experimenta la "desesperanza creativa" a través de intervenciones que le hacen contactar el costo de sus intentos de controlar las experiencias internas. Dándose cuenta de que, el control es el problema, y no la solución. A través del listado de desesperanza creativa y las metáforas de *"el jeep amarillo", "el hombre en el hoyo", "chinese finger cuff" (por su nombre en inglés) y "arena movediza",* Manuel cae en cuenta que *no* es que él este equivocado, sino la estrategia que está utilizando. Los mensajes que recibe Manuel son: "tú no estás mal, sino atrapado"; "tú no estás desesperado, sino tu estrategia"; "el control es el problema y no la solución, por tanto qué sucedería si dejarás de luchar".

Sesión 4: Durante esta sesión, Manuel aprende cómo el lenguaje impacta en la manera en cómo percibimos nuestra experiencia de vida. Se le enseña cómo el lenguaje genera muchas reglas de lo que debe ser X o Y cosa y cómo esto gobierna de manera desadaptativa la conducta de una persona ante un contexto determinado. Es decir, que desde que nosotros somos niños se nos condiciona a través del lenguaje, cómo nos debemos sentir ante los eventos de la vida. Es este condicionamiento el que muchas veces nos lleva al sufrimiento. Los ejercicios que se utilizan para trabajar con el control son: *"la regla del 95% vs 5%", "¿Qué son los números?", "Enamorarse" y "Sentirse feliz ahora".*

Sesiones 5-6: En estas dos sesiones, se ayuda a Manuel a detectar las propiedades ocultas del lenguaje, enseñándole a tomar los eventos privados por lo que son y *no* por lo que dicen que son. Los mensajes que recibe Manuel son: "tu mente no es tu amiga, es tu enemiga", "quién es el responsable, tú o tu mente", "en quién vas a confiar: en tu mente o en tu experiencia" y "qué es más importante: tener razón o ser efectivo". Las intervenciones utilizadas son ejercicios de etiquetar, repetir y agradecer los pensamientos, *"tu mente no es tu amiga", "limón, limón, limón"* y el ejercicio experiencial de *"fisicalización"*,

Sesiones 7-8: A través de la atención plena se amplifica la habilidad del contactar con el presente, haciendo distinción entre el Yo conceptualizado y el Yo como contexto. Es decir que Manuel aprende a distinguir entre los hechos del evento traumático y la evaluación e identificación que ha hecho de si mismo a través de este evento. Los mensajes son: "tú *no* eres tus pensamientos, emociones y recuerdos", "los contenidos de tu conciencia son mayores que tú", y "tú eres mucho más que el evento traumático, que tus memorias, tus pensamientos y emociones". Las intervenciones que se utilizan son: *"ejercicio del ser el observador de tu Yo", "el Yo como objeto de análisis", "volver a contar tu propia historia"*, y el ejercicio experiencial *"Yo no soy eso"*.

Sesiones 9-11: Durante estas sesiones, se continúa promoviendo la atención plena y se trabaja con la identificación de los valores y el compromiso con la acción. Se clarifican los valores en los diferentes ámbitos de la vida de Manuel (e.g. familia, relaciones íntimas, amistades, trabajo y espiritualidad), y se elige cuáles de estos valores son los más importantes en la vida de Manuel. Se le explica cómo los valores nos dan dirección, propósito y significado, mientras que las metas son objetivos que se pueden planificar y por tanto nos llevan hacia la dirección deseada. Igualmente, se promueve el compromiso con la acción, haciendo énfasis en el crecimiento personal y *no* en el alcanzar los objetivos. Durante estas sesiones se realizaron las siguientes intervenciones: ejercicios de "atención plena", los ejercicios *de "asistir a tu propio funeral", "hacer que las metas ocurran a través de la acción"* y la metáfora del *"jardín"*.

Sesión 12: Durante esta sesión, se realiza un ejercicio de atención plena, se procesa las reacciones hacia la terminación y se hace un resumen de las posibles barreras para actuar en la vida (e.g. fusión con el pensamiento, evaluación de la experiencia, evitación a la experiencia y dar razones). También se resume la importancia de los valores como dirección en nuestras vidas, y se utilizan las metáforas del *"pantano"* y *"los pasajeros en la guagua"*. De igual manera, se dialoga sobre cómo será su vida luego de la terapia. Para esta discusión, se utiliza la metáfora del *"invitado no deseado a la fiesta"*.

Al finalizar el tratamiento, Manuel completa el Inventario de Depresión de Beck, en el cual obtiene una puntación de 15, indicando una depresión leve. Si lo comparamos con las puntuaciones obtenidas en las sesión 1 (Beck= 37) y en la sesión 6 (Beck= 26), Manuel muestra una disminución marcada en los síntomas de depresión. Manuel reporta sentirse complacido con el tratamiento y haber alcanzado las metas del mismo. Él expresa "yo aprendí aquí que en vez de yo estar peleando con los malos pensamientos y con todo esto que se me viene a la mente, ya yo sé que yo tengo que lidiar con eso. Seguir mi vida normal. No puedo sacar eso de mi vida totalmente, porque eso va a estar ahí, pero ahora sé que puedo vivir con eso una vida feliz". Al preguntarle sobre las metas del tratamiento, Manuel verbaliza "tú sabes a mi EP me enseñó a que puedo cruzar la calle, sin miedo porque EP enseña a que hagas las cosas porque nada malo va a pasar. O sea, que pierdas el miedo porque eso ya pasó. En vez de uno coger pánico, pues hay que enfrentarlo y ya. Esto lo de ACT es algo como que diferente para mí. Ahora yo sé que tengo algo que me arrastra, tú sabes todas estas cosas que me pasan, que yo me levanto en las mañanas con el dolor este y lo mismo y lo mismo. Esto me ha ayudado a levantarme de la cama y seguir pa'lante". "Esto me ayudó a saber que sí, eso fue un monstruo, está ahí, pero lo puedo sacar del medio y vivir mi vida, tu sabes con el problema éste, pero seguir mi vida, feliz y contento, disfrutar con mi familia, con lo que yo hago, lo que me gusta, el deporte, pues que yo tengo que seguir viviendo".

Seis meses después del tratamiento, Manuel asiste a una sesión de seguimiento (conocido en inglés como *booster session*), para dialogar, reflexionar y repasar los conceptos discutidos durante ACT, así como para evaluar su progreso. Durante esta sesión él obtiene una puntuación de 17 en el inventario de Beck, sugiriendo una depresión leve. Manuel menciona que ha podido continuar moviéndose en la vida a través de sus propósitos en la vida, como es "vivir feliz junto a mi esposa". Indica "a pesar de que es difícil vivir con las condiciones médicas, sé que esto no tiene porque controlar mi vida, puedo seguir", "me siento en paz y tranquilo", "yo soy mucho más que mis recuerdos", "no te digo que a veces me frustro, pero me levanto de la cama, me voy para el trabajo o me pongo hacer algo con mi esposa y luego se me quita". "Sabes algo que siempre me ayuda es la metáfora del invitado no deseado a la fiesta, uno tiene que vivir la fiesta de la vida y a veces no nos queda más remedio que aceptar en la fiesta a esa personas que no queremos ver. Hay que decidirse por disfrutar las otras cosas que hay en la fiesta, porque si no uno deja de vivir y disfrutarse la vida. Eso me ayudado a echar pa'lante".

Se entiende que los resultados obtenidos en la terapia, se deben en gran medida a las fortalezas que Manuel posee, ya que es muy disciplinado. Él asistió semanalmente a todas sus sesiones, realizó todas las asignaciones y practicó diariamente los ejercicios de atención plena. Manuel es una persona muy inteligente, quien tiene la capacidad de profundizar, siempre se muestra motivado y recibe el apoyo de su esposa. Su sentido de espiritualidad le proporciona de por sí una guía, propósito, esperanza y apoyo emocional.

No obstante, Manuel presenta un sinnúmero de condiciones médicas y uso de medicamentos para el dolor, los cuales impactan grandemente en su diagnóstico de depresión. Cabe mencionar que la historia del evento traumático ha definido la identidad de Manuel por más de 10 años. Por tanto, lograr la separación del contenido de la experiencia interna fue un desafío para ambos; particularmente dentro del modelo de ACT, donde se evita argumentar con el cliente, para evitar más fusión cognitiva. Siendo así un reto tanto para el terapeuta como para Manuel, utilizar múltiples ejercicios experienciales, metáforas y atención plena para lograr la separación del Yo.

La sesión 6, en especial el ejercicio de "fisicalización" (Hayes & Smith, 2005, p. 137), fue clave para lograr esta separación del Yo con el evento traumático. El propósito de este ejercicio es ayudar al paciente a ponerse en contacto con el dolor que le causa X experiencia interna. La idea es que, la persona pueda poner fuera de sí mismo el dolor interno y darle forma, tamaño, color, peso, velocidad, textura y volumen, sin juzgar, ni evaluar la situación, sólo observar el dolor interno. Durante este ejercicio, Manuel logró no sólo ponerse en contacto con el dolor, sino que pudo soltar el evento. Al finalizar este ejercicio, él expresó "quédate con ese monstruo no lo quiero para atrás, esa cosa no me hace bien". Luego de esta sesión, Manuel demuestra disminución en los síntomas de depresión y ansiedad. Exterioriza un cambio en la percepción de sí mismo, mencionando: "ahora me doy cuenta que mi vida es mucho más que esto que me pasó, me siento feliz, en paz, por fin me siento liberado".

IMPLICACIONES Y CONCLUSIONES

Este capítulo nos ofrece una panorámica sobre la Terapia de Aceptación ACT, por sus siglas en inglés. Es posible observar a través del caso y la revisión teórica presentada, cómo las personas nos redefinimos a través de un evento (en este caso traumático), y cómo definimos nuestra vida. Como resultado a lo anterior, ocurre la rigidez psicológica que tiene un rol trascendental en la restricción de nuestra vida interna, y en el impacto negativo de nuestros valores. Estos procesos requieren de una gran inversión de energía; y se busca a través del lenguaje, cambiar y negar la realidad, en el intento de liberarse del sufrimiento.

Por lo antes mencionado, ACT es muy útil para aquellos clientes que tienden a dar razones para sus emociones y sentimientos y para aquellos que tienden a responsabilizar a los demás de lo que les sucede en la vida. Es decir, para personas con tendencia a utilizar un locus de control externo. Es importante destacar el contraste de ambos modelos terapéuticos en el caso expuesto. Manuel a través del tratamiento con la terapia EP (modelo cognitivo-conductual) logró presentar una disminución significativa en sus síntomas de Estrés Postraumático. Sin embargo, la experiencia traumática continuaba definiendo su Yo y lo mantenía apegado a su historia; proceso que fue trabajado a través del modelo terapéutico ACT.

En conclusión, unos de los fines educativos más importantes de este capítulo es lograr exponer la importancia de la utilización de las terapias basadas en la evidencia como parte del proceso terapéutico, particularmente las terapias conductuales conocidas como de la tercera ola o generación. Los modelos terapéuticos discutidos en este capítulo, ACT y EP, son terapias con intervenciones psicológicas de base empírica. Por lo anterior, es importante tomar en consideración las características particulares de cada caso y emplear el juicio clínico para adaptar dichas terapias a la necesidad de cada cliente. En este caso. ACT utiliza la aceptación y el atención plena para promover la aceptación y compromiso al cambio en comportamiento, aumentando así la flexibilidad y adaptación psicológica del cliente ante la realidad de su vida.

AGRADECIMIENTO

Se agradece a la Dra. Karlya Alejandro por los comentarios ofrecidos sobre este capítulo, y las recomendaciones sobre la traducción del inglés al español de algunos de los términos de la terapia ACT.

REFERENCIAS

Achebe, C. (1967). *Arrow of God.* New York: The John Day Company.

Abramowitz, J. S., Lackey, G. R., & Wheaton, M. G. (2009). Obsessive–compulsive symptoms: The contribution of obsessional beliefs and experiential avoidance. *Journal of Anxiety Disorders, 23*, 160–166.

Arch, J. J., & Craske, M. G. (2008). Acceptance and commitment therapy and cognitive behavioral therapy for anxiety disorders: Different treatments, similar mechanisms? *Clinical Psychology: Science & Practice, 5,* 263-279.

Baer, R. A., Fischer, S., & Huss, D. B. (2005). Mindfulness and acceptance in the treatment of disordered eating. *Journal of Rational-Emotive & Cognitive-Behavior Therapy, 23(4),* 281-299.

Barraca, J. (2011). ¿Aceptación o control mental? Terapias de aceptación y mindfulness frente a las técnicas cognitivo-conductuales para la eliminación de pensamientos intrusos. *Análisis y Modificación de Conducta, 37,* 155-156.

Batten, S. V., & Hayes, S. C. (2005). Acceptance and Commitment Therapy in the treatment of comorbid substance abuse and post-traumatic stress disorder: A case study. *Clinical Case Studies, 4(3),* 246-262.

Cane, P. (2000). *Trauma, healing, and transformation awakening a new heart with body mind spirit practices.* Watsonville, CA: Capacitar Inc.

Comas- Díaz, L. (2006). Latino healing: The integration of ethnic psychology into psychotherapy. *Psychotherapy: Theory, Research, Practice, Training, 43 (4),* 436-453.

Comas-Díaz, L. & Duncan, J.W. (1985). The cultural context: A factor in assertiveness training with mainland Puerto Rican women. *Psychology of Women Quarterly, 9,* 463-475.

Forman, E. M., Herbert, J. D., Moitra, E., Yeomans, P. D., & Geller, P. A. (2007). A randomized controlled effectiveness trial of acceptance and commitment therapy and cognitive therapy for anxiety and depression. *Behavior Modification, 31*(6), 772-799.

Gregg, J. A., Callaghan, G. M., Hayes, S. C., & Glenn-Lawson, J. L. (2007). Improving diabetes self-management through acceptance, mindfulness, and values: A randomized controlled trial. *Journal of Consulting and Clinical Psychology, 75*(2), 336-343.

Hayes, S. C. (1994). Content, context, and the types of psychological acceptance. En S. C. Hayes, N. S. Jacobson, V. M. Follette, & M. J. Dougher (Eds.), *Acceptance and change: Content and context in psychotherapy* (pp. 13-32). Reno, NV: Context Press.

Hayes, S. C. (2004). Acceptance and commitment therapy, relational frame theory, and the third wave of behavior therapy. *Behavior Therapy, 35,* 639-665.

Hayes, S. C. (2005, Julio 5). About acceptance and commitment therapy. *Association for Contextual Behavioral Science.* Obtenido el 30 de octubre de 2012, en: http://contextualpsychology.org/

Hayes, S. C., & Smith, S. (2005). *Get out of your mind and into your life: The new Acceptance and Commitment Therapy.* Oakland, CA: New Harbinger.

Hayes, L. L., Bach, P. A., & Boyd, C. P. (2010). Psychological treatment for adolescent depression: Perspectives on the past, present, and future. *Behaviour Change, 27(1),* 1-18.

Hayes, S. C., Barnes-Holmes, D., & Roche, B. (Eds.). (2001). *Relational frame theory: A post-Skinnerian account of human language and cognition.* New York: Plenum Press.

Hayes, S. A., Orsillo, S. M., & Roemer, L. (2010). Changes in proposed mechanisms of action in an acceptance-based behavior therapy for generalized anxiety disorder. *Behaviour Research and Therapy, 48,* 238-245.

Hayes, S.C., Strosahl, K., & Wilson, K.G. (2012). *Acceptance and commitment therapy: The process and practice of mindful change.* New York: Guilford Press.

Hayes, S.C., Villatte, M., Levin, M. & Hildebrandt, M. (2011). Open, aware, and active: Contextual approaches as an emerging trend in the behavioral and cognitive therapies. *Annual Review of Clinical Psychology, 7,* 141-168.

Hayes, S. C., Bissett, R., Korn, Z., Zettle, R. D., Rosenfarb, I., Cooper, L., & Grundt, A. (1999). The impact of acceptance versus control rationales on pain tolerance. *The Psychological Record, 49*(1), 33-47.

Hayes, S. C., Bissett, R., Roget, N., Padilla, M., Kohlenberg, B. S., Fisher, G., Masuda, A., Pistorello, J., Rye, A. K., Berry, K., & Niccolls, R. (2004). The impact of acceptance and commitment training and multicultural training on the stigmatizing attitudes and professional burnout of substance abuse counselors. *Behavior Therapy, 35*, 821-835.

Kleinman, A. (1960). *Patients and healers in the context of culture: An exploration of the borderland between anthropology, medicine, and psychiatry.* Berkeley & Los Angeles: University of California Press.

Luciano, M.C. & Valdivia, M.S. (2006). La terapia de aceptación y compromiso (ACT): Fundamentos, características y evidencia. *Papeles del Psicólogo 27(2),* 79-91.

Luciano, M. C., Visdómine, J. C., Gutiérrez, O., & Montesinos, F. (2001). Terapia de Aceptación y Compromiso (ACT) y dolor crónico. *Análisis y Modificación de Conducta, 27(113),* 473-501.

Luoma, J. B., Hayes, S. C., & Walser, R. D. (2007). *Learning ACT: An acceptance & commitment therapy skills-training manual for therapists.* Oakland, CA: New Harbinger & Reno, NV: Context Press.

Torneke, N. (2010). *Learning RFT: An introduction to relational frame theory and its clinical applications.* Oakland, CA: New Harbinger Publications, Inc.

Zettle, R. (2007). *ACT for Depression: A clinician's guide to using acceptance & commitment therapy in treating depression.* Oakland, CA: New Harbinger

Zettle, R. D., Rains, J. C., & Hayes, S. C. (2011). Processes of change in Acceptance and Commitment Therapy and Cognitive Therapy for depression: A mediational reanalysis of Zettle and Rains (1989). *Behavior Modification, 35(3),* 265 -283.

Capítulo 7

TERAPIA COGNITIVA CONDUCTUAL MÁS HIPNOSIS EN UNA PACIENTE CON CÁNCER DE MAMA

JULIO SANTANA MARIÑO, GUILLERMO BERNAL,
EDMEE SOLTERO, KEISHALEE GÓMEZ, JENNIFER MORALES,
LYDIA RODRIGUEZ Y MARIANNA CORONADO

El cáncer constituye una de las condiciones más serias que enfrenta el sector de la salud pública en países desarrollados, particularmente en los Estados Unidos de América (EUA), donde actualmente una de cada cuatro muertes se debe a esa enfermedad (Jemal et al., 2009). El Centro Nacional de Cáncer de ese país estimó que en el 2009 se diagnosticaron 192,370 mujeres con cáncer de mama y aproximadamente 40,170 morirían por esta condición (Jemal et al., 2009; National Cancer Institute, 2009). En Puerto Rico, el cáncer de mama es el tipo de cáncer más diagnosticado en las mujeres y representa el 33.0% de todos los tipos de cáncer diagnosticados en las mujeres durante el periodo de 1999-2003. Este cáncer representa el 17.8% de todas las muertes por cáncer en las mujeres durante el periodo de 2000 al 2004 en Puerto Rico (Registro Central de Cáncer de Puerto Rico, 2009).

La intervención psicológica para tratar la depresión, ansiedad y fatiga en pacientes mujeres que reciben quimioterapia es un tema que ha sido abordado en múltiples investigaciones en Estados Unidos y otros países. En Puerto Rico este no es el caso. Sin embargo, son pocas las experiencias donde se combinan la Terapia Cognitiva Conductual (TCC) y la Hipnosis para tratar los problemas emocionales de las mujeres con cáncer de mama en el curso de su tratamiento. Varios autores destacan la importancia de desarrollar intervenciones psicosociales en el curso del tratamiento de cáncer (Bellver et al., 2009). Estudiar la viabilidad de un programa multimodal integrando la TCC y la Hipnosis puede aportar evidencia empírica sobre estrategias eficaces y viables para atender problemas emocionales en las pacientes de cáncer.

El objetivo de este capítulo es presentar la adaptación de la Terapia Cognitiva Conductual más Hipnosis (TCCH) en el caso de una mujer puertorriqueña que, participó en un estudio de viabilidad para el manejo psicológico de los efectos secundarios de la quimioterapia. En primer lugar, se presenta una breve descripción del modelo de intervención utilizado (TCCH), seguida de una revisión de los aspectos teóricos de los tratamientos psicológicos con pacientes de cáncer. Finalmente, presentar el caso que es de nuestro interés, enfocado en su historial clínico, descripción sociodemográfica, curso del tratamiento, evaluación y resultados de la intervención.

ADAPTACIÓN DEL TCCH

Se adaptó y desarrolló una intervención corta de seis sesiones de TCCH para pacientes de cáncer de mama, utilizando como modelo el manual de TCC para tratar depresión en adolescentes puertorriqueños/as adaptado por Rosselló y Bernal (2008) y el manual de TCCH para tratar efectos secundarios de la radioterapia en pacientes con cáncer de mama desarrollado por Schnur y colaboradores (2009).

El Manual de TCCH fue diseñado para intervenir de manera individual y su contenido se dividió en dos partes. La primera parte (sesiones 1-3) trata los temas cognitivos, se explica el modelo de evento de activación, creencia, afecto consecuente, disrupción del pensamiento irracional y efecto, ABCDE, por sus siglas en inglés) enfocado en pensamientos, emociones y actividad física relacionada con efectos psicológicos del diagnóstico y el curso del tratamiento. Además, se discuten las experiencias del diagnóstico y efectos psicológicos comunes de la trayectoria del cáncer. Se enseña a las participantes a identificar los pensamientos disfuncionales. Se discute y modela el debate de los pensamientos y la transformación por otros pensamientos más efectivos. La segunda parte (sesiones 4-6), utiliza estrategias de activación conductual y trata la relación entre las acciones, estado de ánimo y el control de efectos secundarios. También se modela y orienta la planificación, ejecución de actividades placenteras, se trabaja la importancia de la red de apoyo social y estrategias de comunicación asertiva para conformar la red y mantenerla activa. En la última sesión se evalúa y resume los efectos de las sesiones en la modificación de pensamientos, acciones y estado de ánimo con respecto al curso de tratamiento de cáncer. Se discuten las contingencias como reforzadores naturales de las acciones saludables o de las conductas de enfermedad. Finalmente, se trabaja la importancia de las metas como estrategias para movilizar esfuerzos y motivaciones a corto, a mediano y largo plazo.

Aunque existen múltiples formas para definir los procesos y técnicas hipnóticas, a la participante se le ofreció la definición de la American Psychological Association (1994) que plantea que la hipnosis es un procedimiento mediante el cual un profesional de la salud sugiere cambios en los pensamientos, emociones y comportamiento de las personas a través de diferentes métodos de inducción. Las técnicas de hipnosis se emplearon al final de cada sesión, se desarrollaron utilizando un lenguaje sencillo que favorecía la comprensión del proceso hipnótico; se realizó en la primera sesión un proceso de desmitificación de la hipnosis, aclarando dudas y preocupaciones basadas en los mitos creados por el cine y la televisión y ofreciéndole información clara y veraz sustentada en las investigaciones y la experiencia clínica. En el caso que describimos, se utilizó un método de inducción basado en relajación, y se combinaron sugestiones directas e indirectas en todas las sesiones. Las visualizaciones y metáforas se ajustaron a los propósitos de los asuntos tratados en la Terapia Cognitiva Conductual (el lugar especial, el álbum fotográfico, proyección al futuro en actividades agradables, proyección al futuro con red de apoyo, lugar especial con metas realizadas). Se emplearon sugestiones focalizadas en la disminución de síntomas de ansiedad, fatiga, depresión y de dolor, en este caso en particular. Al finalizar la sesión el terapeuta entregó un CD con una sesión de hipnosis grabada para que la paciente la escuchara en su casa. El componente de Hipnosis de esta intervención fue guiado por la teoría de la expectativa del rol y una inducción hipnótica adaptada del manual Schnur y colaboradores (Kirsch, 1985; Schnur, 2009).

TCC + HIPNOSIS

La combinación de TCC con hipnosis tiene antecedentes en el tratamiento de desórdenes alimentarios. Levitt (1993) reportó que en seis estudios con personas obesas que recibieron TCCH, y compararon los resultados con pacientes que sólo recibieron TCC, resultó que la pérdida de peso fue mayor en el grupo de TCCH. Esta diferencia se incrementó a lo largo del periodo de seguimiento. Un metanálisis desarrollado por Kirsch, Montgomery y Sapirstein (1995) constituye el estudio de referencia que documenta que los resultados de la Terapia

Cognitiva Conductual son mayores cuando incorporan la hipnosis como uno de sus componentes. Tomando como muestra 18 estudios de TCC que incorporaron la hipnosis, Kirsh y colaboradores (1995) encontraron que un 70% de los casos que recibieron TCCH, disminuyeron su sintomatología en comparación con los pacientes que recibieron TCC sin hipnosis. Recientemente Schnur y colaboradores (2009) realizaron un ensayo clínico utilizando el paquete multimodal TCCH y demostraron que esta combinación es eficaz para disminuir el afecto negativo y aumentar el afecto positivo en mujeres con cáncer de mama bajo tratamiento de radioterapia. Sin embargo, no existe información sobre la eficacia de un enfoque multimodal TCCH para estos mismos fines en pacientes que reciben quimioterapia. Informes recientes sobre los mecanismos de cambio de las terapias psicológicas aplicadas a pacientes con cáncer, destacaron la importancia de desarrollar enfoques multicomponentes para las intervenciones psicológicas en pacientes con cáncer. Los autores de estas investigaciones sugirieron que seleccionar los componentes con evidencia de eficacia para disminuir el malestar psicológico en pacientes con cáncer puede incrementar la eficiencia y el tamaño del efecto de las intervenciones (Andersen, Shelby, y Golden-Kreutz, 2007).

El modelo de integración TCC más Hipnosis, cumple el propósito de complementar la eficacia de ambos procedimientos en el tratamiento de los efectos secundarios psicológicos de la quimioterapia en pacientes con cáncer de mama. El TCC sienta las bases psico-educativas para identificar y transformar pensamientos que repercuten en la percepción de malestar, tristeza, ansiedad, fatiga y de este modo mejorar el estado de ánimo en el presente y garantizar la mejoría emocional a largo plazo. La hipnosis por su parte, a través de la comunicación por imágenes y la focalización de la atención puede acelerar el proceso de restructuración cognitiva, aumentar la motivación por el tratamiento y favorecer al manejo de los síntomas a corto plazo (Yapko, 2010).

Ambas estrategias utilizan procedimientos diferentes que se unen en función de los objetivos terapéuticos, prevenir el aumento del malestar psicológico y fomentar el bienestar psicológico. La hipnosis aporta al TCC un aumento en la motivación por el tratamiento y de las expectativas positivas sobre la recuperación. Potencia la focalización de la atención, agiliza los procesos de restructuración cognitiva y aumenta la sensación de autocontrol (Yapko, 2010).

INSTRUMENTOS

Para evaluar los síntomas de depresión, malestar psicológico y fatiga se usó el Inventario de Depresión de Beck (IDB) (Beck, Steer, y Garbin, 1988; Bernal, Bonilla, y Santiago, 1995), la Lista de Cotejo de Síntomas (LCS-36) (Bernal et al., 1995) y la subescala de fatiga del Perfil de Estados de Ánimo (POMS) (Curran, Andrykowski, & Studts, 1995), respectivamente. Estas tres medidas se utilizaron, semanalmente, durante el período de intervención. Se desarrolló una escala para evaluar satisfacción y aceptabilidad y esta se utilizó en tres momentos: después de la segunda, la cuarta y la sexta, y última semana de la intervención. Se realizó una entrevista semiestructurada integrada por 10 preguntas abiertas para profundizar las respuestas de escala de satisfacción y aceptabilidad. Al finalizar la intervención, se completó la Escala de Sugestionabilidad de Barber (ESB) (Barber, 1965; Guzmán-Hosta, Martínez-Taboas, & Rodríguez-Gómez, 2007).

HISTORIAL CLÍNICO DEL CASO

Este caso que se presenta a continuación es uno de tres de la muestra total de un estudio donde se evaluó la viabilidad de un tratamiento que combinó componentes de la Terapia Cognitiva Conductual y de Hipnosis para manejar síntomas de depresión, ansiedad y fatiga en mujeres puertorriqueñas con cáncer de mama en el curso de su tratamiento. Se eligió el caso de Estrella por cumplir los criterios de inclusión establecidos y por los retos que implicó para la paciente cumplir con el tratamiento y los beneficios reportados al final de la intervención. Los criterios de inclusión fueron los siguientes: 1) que la persona tuviera diagnóstico de cáncer de mama en etapas I, II o III; 2) que su edad al momento del tratamiento estuviera entre los 35 a 65 años de edad; y 3) que tuviera indicación de tratamiento con quimioterapia adyuvante. Debían también obtener al momento del cernimiento una puntuación mínima 20 ó más en el IDB, y 72 ó más en el LCS- 36.

Estrella es una maestra de 63 años de edad, casada, y tiene dos hijos y reside en un pueblo del sur de Puerto Rico. Completó estudios graduados, está actualmente desempleada y su ingreso mensual es de $2,500. Fue diagnosticada con cáncer de mama en estadío I, el 13 de diciembre de 2011. Tiene historial familiar previo; una prima materna diagnosticada con cáncer de mama y una tía paterna diagnosticada con cáncer de colon. Además de su condición de cáncer de mama, manifiesta que padece de migraña, osteopenia, nódulos y problemas en las glándulas tiroides. Estrella fue intervenida una segunda ocasión para extraer tejido neoplásico de su mama izquierda. Al momento del estudio, no recibía ningún tratamiento de salud mental, pero reconoció haber recibido tratamiento psicológico en algún momento de su vida.

Estrella estuvo acompañada durante el cernimiento por su esposo, y mantuvo indicadores clínicos de depresión desde el cernimiento hasta la segunda sesión de TCCH. En el cernimiento, las puntuaciones del IDB (20) indicaban niveles moderados de depresión. Fue aceptada para participar en el proyecto TCCH y completó ocho semanas de evaluaciones que constituyeron la línea base. En ese período mostró síntomas de ansiedad, tristeza, desesperanza, abandono, aislamiento y pérdida de apetito. En ningún momento expresó deseos de quitarse la vida. En la segunda semana de evaluación tuvo un evento estresante, cuando fue notificada de que debía ser reintervenida de su mama izquierda. Este proceso fue más complicado porque no hubo consenso entre los oncólogos sobre la necesidad de esta segunda operación. Además, Estrella refirió problemas matrimoniales, agudizados ahora por demandas económicas y de tiempo, que implicaron los múltiples exámenes diagnósticos y los diferentes tratamientos. Manifestó preocupación por la situación de su hijo mayor, quién sufrió un accidente que le provocó severa discapacidad física, problemas económicos y laborales. Su hijo menor tuvo una recaída de una condición de salud mental grave y requirió hospitalización involuntaria.

Estrella reporta que a pesar de haber sido muy exitosa en su vida profesional los diferentes problemas con su esposo e hijos le han frustrado proyectos y aspiraciones personales. Y que justamente, cuando pensó ser más independiente y hacer cambios en su vida, el diagnóstico de cáncer la hizo sentir muy triste y abrumada, expresando que esta condición puso su vida en pausa. Refiere que aceptó participar del TCCH para buscar una alternativa que le ayudara a bregar con su estado de ánimo y los efectos del tratamiento. *"Mi meta, la principal es que me ayude a salir de este proceso de la mejor forma posible". , "Mi meta es que yo pueda internalizar que en este momento lo importante soy yo".*

El diagnóstico de Estrella utilizando los cinco ejes del DSM-IV se presenta a continuación:

Ejes	Diagnósticos
Eje I	Trastorno depresivo mayor
Eje II	No aplica
Eje III	Cáncer de mama, Diabetes tipo II, Hipertiroidismo
Eje IV	Problemas con el grupo primario de apoyo
Eje V	GAF 60

CONCEPUTALIZACIÓN CLÍNICA

Estrella nos presentó esquemas y pensamientos disfuncionales relacionados con el diagnóstico de su condición, el tratamiento de quimioterapia y las consecuencias emocionales, físicas y sociales del curso del tratamiento. La participante estuvo vinculada a situaciones familiares como problemas graves de salud física y mental de sus hijos y dificultades con su pareja exacerbada por las implicaciones de la condición. De modo que, el foco de la intervención estuvo dirigido a que Estrella identificara y comprendiera el efecto negativo de sus creencias disfuncionales sobre su estado de ánimo (síntomas de ansiedad, depresión, fatiga) y a su vez, aprendiera a debatir tales creencias y sustituirlas por otras que les resultaran más efectivas. Los componentes cognitivos y conductuales del TCCH sirvieron para que Estrella aprendiera nuevas formas de pensar y desarrollara comportamientos saludables para amortiguar los efectos emocionales y físicos de la quimioterapia Las técnicas de hipnosis crearon un contexto de relación más relajado y le permitió mayor concentración y absorción en sus pensamientos. Resultando un catalizador en la transformación de sus pensamientos y aumentando el sentido de autoeficacia sobre los efectos secundarios. La hipnosis ayudó a modificar la expectativa sobre la respuesta emocional negativa esperada y por ende, la percepción de los efectos secundarios de la quimioterapia. La integración de los múltiples componentes del TCCH actúa de manera sinérgica, lo que parece aumentar la eficacia de esta intervención para atender diversos problemas o síntomas, también relacionados.

TRATAMIENTO Y SEGUIMIENTO DEL CASO

Estrella recibió la totalidad de sesiones previstas en el manual de intervención. Tuvo asistencia perfecta a las sesiones de tratamiento y demostró interés y compromiso con cada uno de los acuerdos y asignaciones características de la terapia cognitiva conductual. Como se reseñó en el manual de TCCH, el foco de las tres primeras sesiones de intervención fueron las creencias, pensamientos disfuncionales relacionados con la experiencia del diagnóstico y el tratamiento de cáncer. En las restantes, se trabajó la importancia del apoyo social, las relaciones interpersonales, y las actividades placenteras como aspectos claves para modificar el estado de ánimo, y afrontar de maneras saludables las múltiples situaciones difíciles que implica el diagnóstico y tratamiento del cáncer de mama. Las sesiones de hipnosis se adjuntaron al TCC no como técnica de relajación, sino como un componente terapéutico con objetivos específicos para modificar expectativas de respuestas ante los efectos secundarios de la quimioterapia, para fortalecer autoeficacia y facilitar reestructuración cognitiva.

Al iniciar la intervención de TCCH, Estrella informó niveles de depresión moderados según los criterios del IDB. En las dos primeras sesiones de TCCH identificó varios eventos estresantes: realización de procedimiento médico necesario para recibir la quimioterapia (el puerto), revelación de estatus de su condición, agravamiento de condición psiquiátrica de un hijo. En la tercera sesión, la hospitalización de su hijo resultó uno de los momentos más estresantes para Estrella y requirió una reunión de 30 minutos con ella y su esposo, previo al inicio de la sesión. Las tres primeras sesiones estuvieron marcadas por pensamientos disfuncionales relacionados con el estigma del diagnóstico ("si se lo digo a mi estilista se entera todo el mundo", "ella va a sentir pena por mi".) y problemas familiares ("voy estar desamparada, siempre me he sentido sola", "si viene la policía se lo van a llevar a la fuerza, le va a pasar algo").

En las sesiones cuatro y cinco la paciente mantuvo control sobre los síntomas a pesar de varios eventos estresantes relacionados con efectos secundarios de la quimioterapia y expresiones despectivas de parte de su hijo y haber recibido su primera sesión de quimioterapia. En ambas sesiones, se trabajó con Estrella cómo debatir y modificar pensamientos catastrofistas ("esto es terrible, no lo puedo soportar", "él nunca ha podido terminar nada"). En la quinta sesión, se mostró animada, refirió que tomó el control de su vida porque pudo manejar una discusión con su hijo. También expresó que estuvo muy tranquila durante la sesión de quimioterapia. En la sexta sesión, Estrella describe diferentes actividades que había logrado hacer y menciona que había vuelto a guiar, salir con sus hermanas y que estaba disfrutando las actividades que había planificado. Explicó que las sesiones de TCCH le habían ayudado mucho a resolver los conflictos con sus hijos y darle prioridad a sus intereses, "las sesiones me han ayudado analizar mi vida, cosa que antes no hacía".

El componente de hipnosis fue asumido como parte integral de la intervención. En ninguna ocasión manifestó molestia, rechazo, o incomodidad con este procedimiento. En diferentes momentos de la intervención refirió que la hipnosis la ayudaba a relajarse mucho. Estrella respondió muy bien a las sugestiones. Las sugerencias de relajación, visualización y disociación fueron muy efectivas a juzgar por sus comentarios: "Me relajé, el lado izquierdo era el que me dolía, ahora no me molesta". En la sesión cuatro dijo lo siguiente: "Me sentí relajada, tranquila. Hoy me sentí flotando; escuchaba, pero estaba flotando". "Empecé a desatar los nudos". Esta frase está relacionada con la metáfora del nudo usada en las sesiones de hipnosis.

Estrella aprendió a utilizar muy efectivamente las técnicas de hipnosis incorporándolas como estrategia primaria para lidiar con situaciones estresantes. Desde la tercera sesión refirió que cuando discutía con el hijo, esposo, o recibía una mala noticia se sentaba y decía: "hipnosis, burbuja y de este modo controlaba el estrés o el malestar". En ningún momento durante las sesiones expresó malestar físico o emocional por participar de las sesiones de hipnosis (por ejemplo: relajación, sugestión, visualización) en el consultorio o por escuchar la sesión del CD.

EVALUACIÓN Y RESULTADOS

El efecto en Estrella de los estresores durante la línea base y al inicio del TCCH se reflejó en el aumento de la sintomatología psicológica (ver Figura 7.1). A partir de la segunda sesión de TCCH hubo un descenso sostenido de los síntomas de ansiedad, depresión y fatiga hasta el final del tratamiento. Esta mejoría en la sintomatología se pudo observar a través de los instrumentos de evaluación y de la observación clínica. La Figura 1 registra los cambios en sintomatología de Estrella. La línea entrecortada representa las puntuaciones obtenidas antes de la intervención y en el seguimiento. La línea continua representa las puntuaciones obtenidas durante la intervención.

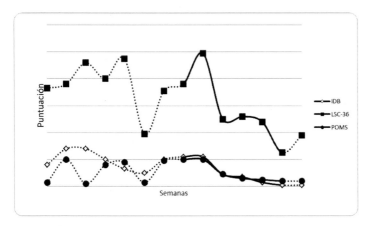

Figura 7.1. Síntomas de ansiedad, depresión y fatiga.

Síntomas de depresión

Como se puede observar en la Figura 7.1, la línea base de Estrella incluye nueve puntos de evaluación desde T1 a T9. Los puntos de evaluación durante el TCCH se identifican desde T9 hasta T13. En la medida inicial (T1) después del reclutamiento mantuvo niveles de depresión leve según los criterios del IDB (16). En los puntos T2 y T3 se registraron las puntuaciones más elevadas de síntomas de depresión (28).

Por tres semanas continuas (T4, T5, T6) se registró un descenso en este indicador y nuevamente se elevaron las puntuaciones de síntomas de depresión (T7, T8) en los registros correspondientes a la línea base. Es evidente, en la Figura 7.2, que a partir de la segunda semana de la intervención (T9) se observa un descenso de los síntomas de depresión por cuatro semanas continuas (T10, T11, T12, 13). En la evaluación de seguimiento a dos semanas de finalizar la intervención, se mantuvieron muy bajos los síntomas de depresión, pero con un ligero aumento con respecto a la última evaluación del tratamiento. Las puntuaciones promedio del IDB durante la intervención de TCCH representan una disminución en los síntomas de depresión cercana al 60% al compararse con las puntuaciones obtenidas durante la línea base. A nivel cuantitativo, es un cambio notable. A nivel clínico, significa que de un nivel de depresión moderada pasó a no tener depresión durante la intervención.

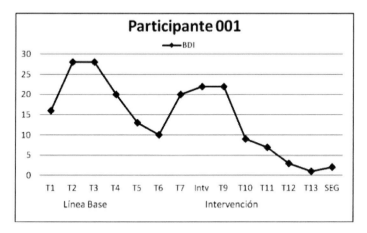

Figura 7.2. Síntomas de depresión durante la línea base, el TCCH y seguimiento.

Síntomas de ansiedad

En cuanto a síntomas de ansiedad, Estrella informó niveles de ansiedad leve en el cernimiento LCS (92). Como se puede observar en la Figura 7.3 la línea base incluye nueve puntos de evaluación desde T1 a T9. Los puntos de evaluación durante la TCCH se identifican desde T9 hasta T13. La inspección visual de la Figura 7.3 nos muestra una tendencia creciente de las puntuaciones de línea base (T2, T3, T5) en la sintomatología de ansiedad medida a través del LSC-36 (99, 80, 95, 92). Luego, se observa un descenso marcado de la ansiedad (T6) y otra vez se elevan ligeramente las mediciones de este indicador en las últimas tres (3) semanas de la línea base (T7, T8, T9). De manera similar al comportamiento de los síntomas de depresión, los síntomas de ansiedad en Estrella disminuyeron por cuatro semanas continuas durante la intervención con TCCH (T9, T10, T11, T12, T13). En el seguimiento (SEG), a dos semanas de culminar la intervención, se puede observar en la Figura 7.3 un ascenso de la sintomatología. El promedio de la línea base de ocho (8) semanas de evaluación en el LCS-36 se mantuvo en niveles no sintomatológicos, pero durante la intervención de TCCH el promedio de las puntuaciones fue menor que el promedio de la línea base, lo que representó una disminución de 28% de la sintomatología. Es una reducción pequeña a nivel cuantitativo, pero a nivel clínico constituye un cambio importante toda vez que mantuvo controlada la ansiedad en niveles subclínicos.

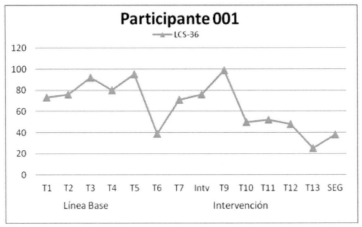

Figura 7.3. Síntomas de ansiedad durante la línea base, el TCCH y seguimiento.

Síntomas de fatiga

Los síntomas de fatiga se manifiestan antes de la quimioterapia y se pueden acentuar durante el tratamiento. Como se puede observar en la Figura 7.4, la línea base de Estrella incluye nueve puntos de evaluación desde T1 a T9. Los puntos de evaluación durante la intervención de TCCH se identifican desde T9 hasta T13. Durante la línea base la inspección visual de la Figura 7.4 permite ver un comportamiento irregular de los síntomas de fatiga medidos por la subescala de Fatiga del POMS. Las puntuaciones bajas se registran solo en tres mediciones de la línea base (T1, T3 y T6), predominando niveles elevados de fatiga en seis puntos de evaluación de la línea base (T2, T4, T5, T7, T8, T9). Consistentemente esta participante a partir de la intervención de TCCH registró un descenso de los síntomas de fatiga por cuatro semanas continuas (T10, T11, T12, 13). En el seguimiento (SEG), a dos semanas de la intervención, se mantuvieron muy bajos los síntomas de fatiga. El promedio de puntuaciones registradas durante la TCCH, fue menor que las observadas en la línea base, representado una disminución de los síntomas de fatiga de un 31% (véase Tabla 2).

Aunque es en los síntomas de depresión donde se refleja un cambio notable, es consistentemente menor el promedio de los síntomas durante la intervención al compararse con la línea base. También es consistente observar la disminución de sintomatología después de la segunda sesión de TCCH.

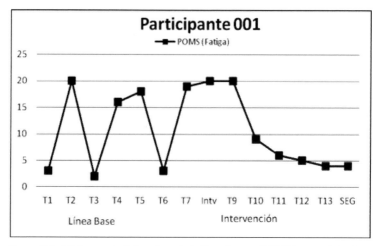

Figura 7.4. Síntomas de fatiga durante la línea base, el TCCH y seguimiento.

Satisfacción y aceptabilidad de la intervención

Estrella respondió el cuestionario de satisfacción y aceptabilidad en tres momentos durante la intervención: al concluir la segunda, la cuarta y la sexta sesión de TCCH. Estrella obtuvo un promedio de 41 puntos que se ubica en el rango más alto de la escala (50). Estas puntuaciones indican que la participante aceptó y estuvo satisfecha con los obtjetivos y componentes del TCCH. En ningún momento señaló que el TCCH empeoró su situación. Al responder una pregunta abierta del cuestionario expresó estar satisfecha, e indicó que no cambiaría nada.

A continuación se describen las respuestas a la entrevista semiestructurada que se realizó al completar el último cuestionario de satisfacción y aceptabilidad. En esta entrevista se le pidió que abundara sobre cómo le ayudó el TCCH, qué situaciones o problemas le ayudó a controlar, qué parte del TCHH le había gustado más y cuál no. También se exploró la opinión sobre el terapeuta, el manual de TCCH de la participante y las condiciones físicas del local donde se llevó a cabo la intervención. Sus respuestas de sobre varios aspectos de la intervención fueron muy positivas.

Estrella indicó que el TCCH le ayudó con los síntomas de depresión y la ansiedad y que el tratamiento de hipnosis fue algo nuevo para ella. Sugirió que sustituyera la palabra hipnosis en el manual. Señaló que no le agregaría nada al manual de la participante y que el terapeuta fue muy sensible: "habló con mi hijo y mi esposo". Expresó que le gustó el lugar donde se realizaron las sesiones y que las sesiones deberían aumentar.

Cuando se le preguntó a la participante sobre qué síntomas o problemas le ayudó a manejar la terapia, esta refirió en primer lugar síntomas físicos y luego los síntomas emocionales: "el malestar que me da, fatiga, me ayuda a manejar el cansancio... los sentimientos de tristeza, me acuerdo de la terapia de hipnosis y la hago y me siento mejor".

Aunque Estrella fue una participante que se expresaba con facilidad, cuando se exploró sobre lo que le había gustado de las sesiones fue muy escueta y dijo lo siguiente: "Me gustó que podía ventilar mis sentimientos con el terapista, podía hablar sobre lo que estaba pasando".

También refirió que le gustó la hipnosis y que estuvo muy satisfecha con las sesiones: "Lo que más me gustó es que me sentía descansada, durante la terapia de hipnosis me sentía descansada".

Al ser interrogada sobre el momento en que más le ayudó la terapia la participante refirió el momento de recibir la quimioterapia y mencionó que usa el manual en las terapias:

> "Cuando fui a tomar la primera quimioterapia, recordé todo lo que había hablado en la sesión de hipnosis y eso me ayuda en el momento de tomar las terapias. Y digo hipnosis, burbuja y me desconecto, nada me molesta y me siento bien. Ya estoy terminando la roja y las enfermeras me dicen que no saben cómo estoy tan bien, que eso tumba a la gente, pero yo les digo que recibí un tratamiento para eso...Durante todo este proceso (quimioterapia) yo leo el manual y me ayuda durante todas las terapias, siempre lo tengo presente".

Estrella refirió que el momento para recibir esta terapia debería ser después del diagnóstico y durante la quimioterapia. También expresó que el manual para ella fue fácil de entender y lo dejaría como está: "para mí está muy bien".

Estrella refirió buena opinión sobre el desempeño del terapeuta y señaló lo siguiente:

"Excelente, incluso con el terapeuta, él recordaba conversaciones que habíamos tenido en la primera o segunda terapia, eso me sorprendía porque lo recordaba aunque fuera la tercera terapia, lo recordaba y me lo recordaba a mí. O sea que si pude ver que él tenía interés en mi, en mi caso".

Finalmente, Estrella se expresó de manera favorable sobre las condiciones del consultorio:

"Para mí estuvo bien y le agradezco al hospital que cedió ese lugar para que yo pudiera recibir esa ayuda. Quizás después lo organicen mejor, pero en ese momento que estaba empezando, pues creo que hay que agradecerle al hospital porque hizo los arreglos para dejarnos el espacio, que tú sabes que es difícil…Tenía aire, el asiento, no nos interrumpían, las condiciones estuvieron bien".

Respuesta ante la sugestión

Un aspecto relevante del caso de Estrella es el uso de la Escala de Sugestionabilidad de Barber adaptada en Puerto Rico (Guzmán-Hosta et al., 2007). Es la primera vez que se mide la respuesta a la sugestión a pacientes de cáncer en Puerto Rico que recibieron Hipnosis clínica como parte de un tratamiento psicológico. Pese a la controversia sobre la utilidad en la práctica clínica de este indicador, a nivel investigativo es robusta la literatura que lo considera como un moderador de la efectividad de la hipnosis. En este estudio se midió la respuesta a la sugestión en la última sesión y Estrella obtuvo calificaciones 6 puntos en la escala subjetiva y objetiva de la ESB, lo que representa alto nivel de sugestionabilidad o habilidad para responder a la sugestión (Guzmán-Hosta et al., 2007). Los resultados de alta sugestionabilidad en una población con promedio de edad cercano a los 60 años contradicen resultados que sugieren respuestas elevadas a la sugestión fundamentalmente en personas jóvenes. Este hallazgo tiene particular importancia si tomamos en cuenta que en Puerto Rico las mujeres entre 45 y 65 años de edad constituyen la población de mayor incidencia de cáncer de mama. Por lo que una alta sugestionabilidad nos sugiere que la hipnosis puede ser un tratamiento adecuado para pacientes de cáncer mama. Es una responsabilidad ética en psicoterapia utilizar procedimientos basados en evidencia y el uso de esta escala de sugestionabilidad contribuye a desarrollar evidencia sobre la sugestionabilidad en muestras clínicas puertorriqueñas.

Cambios de comportamientos

Los cambios de comportamiento pueden ser considerados un indicador clínico de mejoría de la sintomatología (Andersen, 2009). Estrella, mantuvo indicadores de depresión durante toda la línea base y había abandonado algunas actividades de interés, al concluir la intervención manifestó cambios importantes en su vida cotidiana. Ella refirió que volvió a conducir su vehículo, reincorporarse a la actividad laboral junto a sus hermanas y planificó volver a viajar. Según refiere, también modificó la manera de relacionarse con sus hijos, dejó de tratarlos con lástima y asumió ser más firme y darle prioridad a sus necesidades de vida y de salud. Otro cambio notable en Estrella fue la actitud hacia el cáncer y sus tratamientos. Al inicio de la investigación se refirió al cáncer con expresiones catastrofistas ("esto es horroroso", "insoportable"). Sin embargo, al finalizar el TCCH lo asumió como una condición que la afectó pero podía sobrevivir.

El cambio de pensamientos sobre el cáncer sugiere que una intervención breve de seis sesiones puede disminuir de manera importante pensamientos catastrofistas y creencias negativas sobre el curso del tratamiento de cáncer. Al parecer, modificar esquemas de pensamientos disfuncionales e incorporar pensamientos más efectivos sobre el curso de su tratamiento de cáncer ayudado por procesos hipnóticos de relajación, de absorción mental y modificar las expectativas de respuestas ante la quimioterapia contribuyeron a disminuir y prevenir efectos emocionales durante el tratamiento de cáncer. Los resultados de este trabajo incrementan la evidencia de la eficacia del TCCH en pacientes de cáncer, sin embargo se requerirán estudios más amplios para confirmar qué componentes de esta intervención de TCCH son responsables de los efectos clínicos encontrados. No obstante, partiendo de la revisión de la literatura y de la experiencia clínica podemos especular que la combinación de TCC con hipnosis hace que estos cambios ocurran más rápidamente (Kirsch et al., 1995; Montgomery et al., 2010; Montgomery et al., 2009; Yapko, 2010).

IMPLICACIONES PARA LA PRÁCTICA CLÍNICA

Los resultados de este caso proporcionan evidencia preliminar de que es viable y aceptable una intervención que combina Terapia Cognitiva Conductual más hipnosis, para tratar síntomas de depresión, ansiedad y fatiga en mujeres puertorriqueñas con cáncer de mama. Aún cuando se trata de una investigación exploratoria es posible concluir que la TCCH tiene el potencial de reducir la sintomatología de ansiedad, depresión y fatiga en estas pacientes. Además, permite prevenir el aumento de esta sintomatología en el curso del tratamiento del cáncer. Estos resultados son consistentes con lo reportado en la literatura sobre el uso del TCC y de la hipnosis en el curso del tratamiento de cáncer (Kirsch et al., 1995; Rehse & Pukrop, 2003; Schnur, David, Kangas et al., 2009; Tatrow & Montgomery, 2006; Yapko, 2010). Dichos resultados constituyen la primera experiencia de integración sistemática de la TCC y la Hipnosis para tratar efectos secundarios de la quimioterapia en pacientes de cáncer de mama en Puerto Rico.

Las intervenciones apoyadas en un manual son un criterio importante para el desarrollo e innovación de tratamientos. De modo, que la falta de intervenciones psicológicas protocolizadas adaptados a nuestros países latinos fue y continua siendo un reto para el desarrollo de tratamientos basados en evidencia (Santana Mariño, Bernal, Rodríguez, Gómez, & Morales, 2012). El desarrollo de manual de TCCH implicó integrar módulos y componentes de un manual adaptado en Puerto Rico y de otro desarrollado en Estados Unidos. Es importante destacar que se trabajó con el manual como una guía y tratamos de evitar en lo posible confundir el manual con la terapia. Sin duda otro reto de las intervenciones manualizadas. A pesar de ser un documento en revisión, constituye un punto de partida para otros profesionales que decidan replicar o desarrollar nuevos tratamientos psicológicos en pacientes diagnosticados con cáncer de mama.

REFERENCIAS

Andersen, B. L., Shelby, R. A., & Golden-Kreutz, D. M. (2007). RCT of a psychological intervention for patients with cancer: Mechanisms of change. *Journal of Consulting and Clinical Psychology, 75*(6), 927-938.

Andersen, L. (2009). *Effectiveness of cognitive-behavioral therapy on the reduction of depression in people infected with HIV/ AIDS in* Doctoral Dissertation, Hofstra University, South Africa Recuperado de http://gateway.proquest.com/openurl%3furl_ ver=Z39.88-2004%26res_dat=xri:pqdiss%26rft_val_fmt=info:ofi/ fmt:kev:mtx:dissertation%26rft_dat=xri:pqdiss:3358328

APA. (1994). Hypnosis: A definition. Psycological hypnosis. *Bulletin of Division 30, 13.*

Barber, T. X. (1965). Measuring "hypnotic-like" suggestibility with and without "hypnotic induction"; psychometric properties norms, and variables influencing response to the Barber Suggestibility Scale (BSS) Monograph Supplement 3-V16. [doi: 10.2466/ pr0.1965.16.3.809]. *Psychological Reports, 16,* 809-844. doi: 10.2466/pr0.1965.16.3.809

Beck, A. T., Steer, R. A., & Garbin, M. G. (1988). Psychometric properties of the Beck Depression Inventory: Twenty-five years of evaluation. *Clinical Psychology Review, 8*(1), 77-100.

Bellver, A., Sánchez-Cánova, J., Santaballa, A., Munárriz, B., Pérez-Fidalgo, J. A., & Montalar, J. (2009). Mujeres con cáncer de mama: Evaluación del afecto positivo y negativo y valoración de un programa de intervención psicológica en el ámbito hospitalario. *Psiconcología, 6*(1), 139-154.

Bernal, G., Bonilla, J., & Santiago, I. (1995). Confiabilidad y validez de construcción lógica de dos instrumentos para medir sintomatología psicológica en una muestra clínica: El Inventario de Depresión de Beck y la lista de cotejo de síntomas-36. *Revista Latinoamericana de Psicología, 27,* 207-229.

Curran, L., Andrykowski, M. A., & Studts, J. L. (1995). Short form of the profile of mood states (POMS-SF): Psychometric information. [doi:10.1037/1040-3590.7.1.80]. *Psychological Assessment, 7,* 80-83. doi: 10.1037/1040-3590.7.1.80

Guzmán-Hosta, L., Martínez-Taboas, M., & Rodríguez-Gómez, J. (2007). A spanish version of the Barber Suggestibility Scale for the Puerto Rican population. *International Journal of Clinical and Experimental Hypnosis, 55,* 59-66. doi: 10.1080/00207140600995869

Jemal, A., Siegel, R., Ward, E., Hao, Y., Xu, J., & Thun, M. J. (2009). Cancer statistics, 2009. *Cancer Journal for Clinicians, 59*(4), 225-249. doi: caac.20006 [pii] 10.3322/caac.20006

Kirsch, I., Montgomery, G., & Sapirstein, G. (1995). Hypnosis as an adjunct to cognitive-behavioral psychotherapy: A meta-analysis. *Journal of Consulting and Clinical Psychology, 63*(2), 214-220.

Levitt, E. E. (1993). Hypnosis in the treatment of obesity. En J. W. Rhue, S. J. Lynn & I. Kirsch (Eds.), *Handbook of clinical hypnosis* (pp. 533-554). Washington, DC: American Psychological Association.

Montgomery, G. H., Hallquist, M. N., Schnur, J. B., David, D., Silverstein, J. H., & Bovbjerg, D. H. (2010). Mediators of a brief hypnosis intervention to control side effects in breast surgery patients: response expectancies and emotional distress. *Journal of Consulting and Clinical Psychology, 78*(1), 80-88.

Montgomery, G. H., Kangas, M., David, D., Hallquist, M. N., Green, S., Bovbjerg, D. H., et al. (2009). Fatigue during breast cancer radiotherapy: an initial randomized study of cognitive-behavioral therapy plus hypnosis. *Health Psychology, 28*(3), 317-322.

National Cancer Institute. (2009). Cancer trends progress report - 2009-2010 Update, from http://www.cancer.gov/cancertopics/types/breast/

Registro Central de Cáncer de Puerto Rico. (2009). El cáncer de mama en Puerto Rico. Datos Estadísticos.

Rehse, B., & Pukrop, R. (2003). Effects of psychosocial interventions on quality of life in adult cancer patients: meta analysis of 37 published controlled outcome studies. *Patient Education and Counseling, 50*, 179-186. doi: S0738399102001490 [pii]

Rosselló, J., & Bernal, G. (2008). Manuales de tratamiento para la terapia cognitiva-conductual de la depresión en adolescentes puertorriqueños. Recuperado de http://ipsi.uprrp.edu/recursos.html.

Santana Mariño, J., Bernal, G., Rodríguez, L., Gómez, K., & Morales, J. (2012). Asuntos conceptuales, metodológicos y éticos de la hipnosis como terapia psicológica adjunta al tratamiento del cáncer de mama // Conceptual, methodological and ethical issues of hypnosis as psychological therapy attached to breast cancer treatment. *Salud & Sociedad, 3*(2). Retrieved from http://www.saludysociedad.cl/index.php/main/article/view/89

Schnur, J., David, D., & Montgomery, G. H. (2009). *CBTH:interventionist training manual*. New York.

Schnur, J. B., David, D., Kangas, M., Green, S., Bovbjerg, D. H., & Montgomery, G. H. (2009). A randomized trial of a cognitive-behavioral therapy and hypnosis intervention on positive and negative affect during breast cancer radiotherapy. *Journal of Clinical Psychology, 65*, 443-455. doi: 10.1002/jclp.20559

Tatrow, K., & Montgomery, G. H. (2006). Cognitive behavioral therapy techniques for distress and pain in breast cancer patients: A meta-analysis. *Journal of Behavioral Medicine, 29*, 17-27. doi: 10.1007/s10865-005-9036-1

Yapko, M. D. (2010). Hypnotically catalyzing experiential learning across treatments for depression: actions can speak louder than moods. *International Journal of Clinical and Experimental Hypnosis, 58*, 186-201. doi: 919495491 [pii]10.1080/00207140903523228

LA PASIÓN SOBRE LA RAZÓN: FORMULACIÓN DE CASO CLÍNICO EN LA TERAPIA DIALÉCTICA CONDUCTUAL PARA EL TRASTORNO DE PERSONALIDAD LIMÍTROFE

DOMINGO J. MARQUÉS-REYES

"Quisiera ir al punto naciente
de aquella ofensiva
que hundió con un cuño impotente
tanta iniciativa.
Quisiera ir allí con las cruces
del tiempo perdido
y hacer un camino de luces,
sin odio ni olvido".

Silvio Rodríguez, Segunda Cita

Este capítulo describe cómo la Terapia Dialéctica Conductual (mejor conocida por sus siglas en inglés DBT) utiliza una formulación de caso guiada por la teoría para planificar el plan de tratamiento y la toma de decisiones clínicas. Al formular el caso podemos establecer una serie de hipótesis sobre las causas de las dificultades de una persona; nos ayuda a traducir los protocolos de tratamiento generales y poder individualizarlos. En el caso del manejo en DBT el plan de tratamiento no es uno estático, sino activo en el que vamos a movernos en la dirección correcta en el momento correcto.

Conocer la dirección en que nos moveremos se hace más complejo cuando una persona presenta una serie de problemas serios que se manifiestan con cronicidad. En estos casos la literatura y las consultas con colegas no son suficientes para obtener una direccionalidad que nos haga sentir confiados/as. Las personas que viven con el Trastorno de Personalidad Limítrofe (TPL) pueden presentar conductas que llevan a crisis recurrentes y que hacen que el/la terapeuta se sienta que maneja una intervención en crisis sesión a sesión. Por estas razones, el DBT debe ser activo (Koerner, 2012) ya que estos pacientes presentan una desregulación emocional incisiva. La teoría biosocial de Linehan (1993a), que expondremos en la próxima sección, explica cómo esta desregulación puede llevar a las conductas mencionadas anteriormente y hacen que el caso sea uno de manejo complejo.

FUNDAMENTO TEÓRICO Y EMPÍRICO

Linehan (1993a) introdujo una teoría biosocial de desregulación emocional para explicar la etiología del TPL. Desde entonces, el DBT se ha adaptado para trabajarse con otras poblaciones, pero la teoría se ha mantenido intacta. La misma propone que la desregulación emocional incisiva proviene de una combinación de una vulnerabilidad biológica y ambientes sociales invalidantes. La desregulación emocional es la inhabilidad, a pesar de nuestros esfuerzos, de lograr controlar impulsos, acciones, y experiencias emocionales. La desregulación emocional incisiva ocurre cuando esta inhabilidad para regular emociones ocurre a través de una amplia gama de emociones, problemas, y contextos situacionales (Linehan, Bohus, & Lynch, 2007). Estas dificultades con la desregulación emocional llevan a conductas mal adaptativas como el abusar de sustancias, robar, purga, conductas sexuales de alto riesgo, autolesiones no suicidas (ALNS) como cortarse, pegarse, quemarse entre otras (Marqués, Kelly, & Liquet, 2011). Estas conductas tienen la función de regular las emociones o son un intento fallido de regulación. La regulación emocional es definida por Gross (1998, p. 275) como "el proceso por el cual el individuo influencia qué emociones tiene, cuándo las tienen, y cómo las expresa". El DBT pretende atender dicha vulnerabilidad emocional y traer cambios al ambiente invalidante. Veamos en detalle ambas influencias en la etiología del TPL.

VULNERABILIDAD BIOLÓGICA Y SU IMPACTO CONDUCTUAL

Entre otras explicaciones, Linehan (1993a) propuso la teoría biosocial para el TPL en la cual concluyó que los individuos que desarrollan TPL están rodeados por un ambiente invalidante en el cual la comunicación de las experiencias emocionales son erróneas, inapropiadas y con respuestas extremas de los demás. Según Linehan (1993a) como variables que promueven el desarrollo del TPL se encuentran las predisposiciones biológicas que llevan a la desregulación emocional, por lo que individuos con TPL desarrollan una vulnerabilidad emocional que resulta en: marcada sensibilidad a estímulos emocionales, experimentar emociones de manera extremadamente intensa y regreso lento a la línea base emocional. Linehan también propuso que esta desregulación emocional resulta en el desarrollo de una desregulación conductual y cognitiva (conductas que son difíciles de controlar y afectan el funcionamiento del individuo) ya que estas conductas proveen al individuo una manera de desviar la atención del estado emocional displicente. Por otro lado, autores sugieren que personas que viven con TPL pueden tener una percepción alterada sobre las expresiones faciales de los demás y se muestran hípervigilantes ante gestos de otros/as (Wells, Beevers, Robinson, & Ellis, 2010).

El impacto de la desregulación emocional es tal, que lleva a estos/as pacientes a tener dificultad en regular la mayoría de las áreas de su vida. Casi todo lo que hacemos y quiénes somos depende de la estabilidad de nuestro ánimo y de tener una regulación emocional adecuada. Las personas que presentan desregulación emocional o utilizan destrezas inefectivas para regular las emociones, como la evitación o supresión emocional, son más propensos a experimentar mayor reactividad emocional y otros tipos de psicopatología (Shenk & Fruzzetti, 2011).

AMBIENTE INVALIDANTE Y SUS CONSECUENCIAS

En el desarrollo emocional adaptativo, los cuidadores responden al niño/a de manera tal que, le ofrecen destrezas para identificar las relaciones entre señales ambientales, emociones, y la expresión socialmente aceptable mientras debilita el vínculo con la expresión social mal adaptativa. Nuestros cuidadores deben emitir respuestas que refuercen y validen lo que es efectivo de nuestras respuestas mientras que invaliden lo que no es adaptativo o apropiado. Las respuestas validantes promueven el aprendizaje de destrezas para regular las emociones debido a que facilitan una mayor revelación de los estados emocionales lo cual hace más fácil experimentar una emoción y por consecuencia, su expresión y regulación (Fruzzetti & Shenk, 2008). La literatura indica que las relaciones interpersonales que incluyen un nivel mayor de respuestas validantes son asociadas con niveles más bajos de desregulación emocional y mayor adherencia al tratamiento psicológico (Shenk & Fruzzetti, 2004).

Por otro lado, si el ambiente es uno que presenta cuidadores que de manera consistente y persistente fallan en reconocer la emoción primaria y su expresión adecuada, tendríamos entonces la invalidación incisiva (Koerner, 2012). Esta invalidación ocurre si en nuestro ambiente, en la mayoría de las veces, se denominan nuestras respuestas como incorrectas, exageradas, o patológicas. Además, nuestros intereses o gustos pueden ser denominados como ridículos, nuestra necesidad de cariño o atención minimizada, nuestras necesidades biológicas cuestionadas, los estímulos que nos resultan difíciles ignorados, entre otros. Nuestra cultura es muy propensa a este tipo de ambiente, nuestro refranero popular está lleno de frases que ejemplifican estas actitudes (ej. "Los niños no lloran", "Los niños hablan cuando las gallinas mean", "Calma piojo que el peine llega", "Fulano es como un puente roto", "Como quiera que te pongas tienes que llorar", "Dios sabe lo que hace"). Además, es típico que hasta se ponga en duda o se le reste validez a las necesidades biológicas (ej. Cómo vas a tener sed, hambre, que ir al baño, si acabas de ir o comer, etc.).

Eventualmente, lo que sucede es que, la persona aprende a inhibir las conductas invalidadas y a evitar expresar cualquier necesidad clara de afecto y hasta en ocasiones la experiencia privada de necesitarla. En los ambientes invalidantes se condiciona a la persona a temerle a la invalidación por lo que se eliminan las respuestas asociadas a la misma. Nos convertimos en seres altamente sensibles al dolor que trae la invalidación, por lo que no sólo evitamos toda interacción que pueda desencadenar en que otros nos invaliden. Además también podemos presentar dicha sensibilidad hacia nuestras propias respuestas, válidas o no, que puedan llevar a que el otro le invalide. Es decir, la persona sólo evita, ya no evalúa la validez de su respuesta.

La combinación de un ambiente invalidante con la vulnerabilidad bilógica de la desregulación emocional lleva a que se desarrollen patrones conductuales comunes dento del TPL en un esfuerzo por resolver los dilemas asociados a la desregulación emocional incisiva y al ambiente invalidante. Por ejemplo, una pauta conductual es el desarrollar Auto lesiones no suicidas (ALNS) donde la persona que vive con TPL se autoagrede sin intención de suicidarse (ej. Cortarse, quemarse, golpearse). Dichas conductas alivian la emoción intensa.

DILEMAS DIALÉCTICOS

El resultado del manejo constante de la desregulación emocional con un ambiente invalidante deja al paciente en un dilema entre controlar y dejar fluir la expresión y experiencia emocional. Linehan (1993a) le llamó a estos patrones "dilemas dialécticos" debido a que la idea esencial de la dialéctica es que cualquier postura contiene su propia antítesis o postura opuesta. La persona que vive con TPL va a fracasar en su esfuerzo por regular emociones y se va a autoinvalidar (ej. "Eres loca", "No seas llorona", "No exageres") lo que les lleva a aumentar su esfuerzo en autorregularse para evitar la invalidación externa. La dialéctica se compone de una tesis negada por una antítesis y resuelta por una síntesis. Esto nos propone que una idea, conducta o manera de pensar (tesis) tendrá su opuesto (antítesis), lo que a su vez formará una tensión que, al ser resuelta, será la síntesis. La perspectiva recalca que las partes de un todo sólo son relevantes a medida que se relacionan para formar el todo, cada parte individual no tiene significado o relevancia (Linehan & Sayrs, 2001).

Entre los dilemas dialécticos de Linehan (1993a) se encuentran la *Vulnerabilidad Emocional y la Auto-Invalidación*, la *Pasividad Activa y la Competencia Aparente*, y la *Crisis Inexorable y el Luto Inhibido*. En el primer dilema, se presenta la vulnerabilidad emocional que es una extrema sensibilidad a los estímulos emocionales. Esta es la persona que tiene reacciones emocionales fuertes y persistentes inclusive a situaciones simples. Las personas emocionalmente vulnerables tienen dificultades con cosas tales como, la modulación de la expresión facial, la acción agresiva y preocupaciones obsesivas. En el otro extremo del polo dialéctico se encuentra la autoinvalidación. La autoinvalidación implica descontar las experiencias emocionales, conceptuando a los demás como un reflejo exacto de la realidad y la sobresimplificación de los problemas y sus soluciones. La combinación de estas dos características conduce a simplificar los problemas y el logro de objetivos; y a la vergüenza extrema, la autocrítica, y el castigo cuando los objetivos no se cumplen.

En el segundo dilema, se presenta la pasividad activa que es la tendencia a enfocarse en los problemas con desesperanza. En situaciones de estrés extremo, una persona va a exigir que el medio ambiente y las personas del entorno resuelvan sus problemas. La Competencia Aparente, por otra parte, es la capacidad de manejar muchos problemas de la vida cotidiana con habilidad. A menudo, las personas con TPL son asertivas, capaces de controlar sus respuestas emocionales y tienen éxito haciendo frente a los problemas. Estas competencias, sin embargo, son extremadamente inconsistentes y dependientes de las circunstancias. El dilema de la pasividad activa y competencia aparente deja al individuo sintiéndose desamparado y desesperanzado con necesidades imprevisibles de ayuda y el miedo a quedarse solo/a y fracasar.

En el tercer dilema, se presenta la crisis inexorable en la que situaciones repetitivas de estrés y la incapacidad para recuperarse completamente de una antes de que ocurra otra trae como consecuencia conductas impulsivas; como intentos suicidas, autolesiones no suicidas, abusar del alcohol, gastar dinero, y otras conductas impulsivas. El duelo inhibido es la tendencia a evitar reacciones emocionales dolorosas. La crisis constante conduce al trauma y a emociones dolorosas, que el individuo intenta desesperadamente evitar.

Los tres patrones conductuales descritos anteriormente son producto del desarrollo de una combinación de la invalidación social y la vulnerabilidad biológica. Es normal que todos desarrollemos ciertas respuestas habituales, y un poco problemáticas, pero estos tres patrones de los dilemas dialécticos crean un caos. La vida diaria y la misma psicoterapia ofrecen un sinfín de estímulos para disparar reacciones asociados a la lucha del paciente entre la desregulación y la sobre-regulación.

EL TRATAMIENTO DEL DBT PARA LA DESREGULACIÓN EMOCIONAL

El DBT combina estrategias de cambio, aceptación, y dialécticas y una estructura que guía el ambiente de tratamiento y sirve para priorizar las metas y objetivos dependiendo de la manifestación del TPL en la persona.

Las estrategias dialécticas de Linehan (1993a) incluyen estrategias de cambio y estrategias de validación. El DBT impulsa el cambio con estrategias que entrelazan principios del conductismo y protocolos de la terapia cognitiva conductual y otras estrategias que sean compatibles teóricamente para tratar la desregulación emocional. La más importante es el análisis conductual en cadena (un tipo de análisis funcional de la conducta) en la que se identifican variables que controlan instancias específicas de problemas identificados. La formulación y conceptuación del caso proviene de esos análisis en cadena. Los planes de tratamiento manejan lo que debe cambiar en esas cadenas para que la persona no lleve acabo esa conducta problemática (ej. cortarse). Las estrategias de cambio también incluyen una serie de técnicas para obtener y mantener compromiso y aumentar la motivación del cliente (ej. abogado del diablo, pros y contras, extender). El dominio del conductismo es un requisito para el terapeuta en DBT.

De otra parte, la validación enfatiza en la aceptación. La validación en DBT proviene de la terapia centrada en el cliente y se adapta en DBT para modificar la tendencia de los modelos cognitivo-conductuales a cambiar a la persona en respuesta a la pobre ejecución del paciente. Dicha evaluación hace que las intervenciones tradicionales de la terapia cognitivo-conductual sean intolerables para las personas que viven con TPL. Por lo tanto, las estrategias de validación son medulares. El DBT define la validación como empatía más la comunicación de que la perspectiva de la persona es válida de algún modo (Linehan, 1997). Con la empatía, el terapeuta entiende adecuadamente el mundo desde la perspectiva del cliente; con la validación además se le comunica al cliente que su perspectiva tiene sentido. Linehan (1997) plantea que hay seis niveles de validación y debemos intentar validar hasta el último nivel y saber no sólo cuándo sino qué validar y qué no.

El DBT cuenta con evidencia empírica que sugiere que aumenta la capacidad funcional de pacientes TPL. El primer estudio controlado de Linehan y colaboradores (Linehan et al., 1991) consistió en comparar el DBT con el tratamiento que usualmente se recibe en la comunidad (*Treatment as Usual*, en inglés). Los resultados demostraron que el DBT ofrecía una disminución en ALNS, hospitalizaciones, uso de salas de emergencias, y coraje. Además, es un tratamiento con mayor costo efectividad. Desde la publicación de este estudio controlado se han hecho varios más que arrojan resultados similares (Lindebom, Chapman,& Linehan, 2007; Linehan, Heard, & Armstrong,,1993; Linehan, Tutek, Heard et al.,1994; Linehan, Schmidt, Dimeff et al.,1999).

PRESENTACIÓN DEL CASO

Andrea (nombre ficticio) es una fémina de 36 años de edad que fue referida al programa DBT por su pasada psicóloga que le diagnosticó con el TPL. Presenta un historial de ALNS: se corta, se pega, y presenta atracones y purga. Dicha desregulación conductual responde a sus emociones intensas, las que verbaliza diciendo: "me corto para tener un alivio de coraje, no para matarme, los doctores no entienden eso". Además, se ha intentado suicidar con sobredosis de medicamentos recetados en dos ocasiones y ha tenido siete hospitalizaciones previas, y mostraba una labilidad afectiva desde la adolescencia. Presentaba tristeza profunda, anhedonia, pensamientos de minusvalía y muerte, preocupación constante, y ataques de pánico. La manifestación de su TPL presentaba desregulación emocional, sensación de vacío, evitación, ALNS, miedo al abandono real o imaginario, ambiente invalidante, conducta suicida, y fobia emocional. La fobia emocional es cuando en TPL, los pacientes evitan los estimulos por miedo a la desregulación emocional que les provoca. Además, presentaba rasgos de personalidad evitativa y dependiente. Llegó a sesión con compromiso para la primera etapa y con buena introspección. Verbalización: "Leí sobre la Terapia Dialéctica y que funciona para TPL. Quiero tratarla para resolver mi situación y no ir tanto al hospital ni tomar medicamentos".

De su historial se desprende que, es divorciada y que tiene una hija de seis años. Convive con su hija, y desde hace dos años, con su pareja actual . Posee una maestría en arquitectura y se encuentra trabajando a medio tiempo en una firma de diseño arquitectónico. Andrea tiene un hermano mayor (41), una hermana mayor (39), y una menor (34). Todos sus hermanos residen en EEUU. Creció en una familia católica de clase media-alta de San Juan y estudió en colegio privado. Sus estudios graduados los hizo en la ciudad de Filadelfia antes de regresar a Puerto Rico. Su fuente de apoyo social lo son su pareja y sus padres que residen cerca y le ayudan económicamente y en el cuido de su hija. El patrón de relación con sus padres presenta un ambiente invalidante en el que su padre la invalida minimizando y resolviendo sus situaciones, lo que la lleva a la desregulación emocional.

Por otro lado, su madre también presentaba intensidad emocional y la mayoría de sus intervenciones eran invalidantes. Las mismas incluyen juicios constantes sobre su pareja, trato con fragilidad, el arreglo personal de Andrea, y sus destrezas y decisiones en la crianza de su hija. En cuanto a sus relaciones de pareja, Andrea presenta un patrón de apego y de miedo al abandono que provocan los dilemas dialécticos como la

Pasividad Activa en la que cuando tiene diferencias con su pareja no le confronta ni le pide asertivamente cambios, sino que entra en su ciclo de cortarse para aliviar el coraje y luego provoca emociones secundarias intensas como vergüenza y culpa que alivia a su vez con atracones y purga. Su funcionamiento laboral disminuyó paulatinamente debido a los esquemas de minusvalía y el miedo intenso a no ejecutar como de costumbre. Andrea comenzó a experimentar ataques de pánico, lo que le llevó a presentar ausentismo y tardanzas, hasta llegar al punto en que dejó su trabajo. Para manejar su miedo y ansiedad, y regular sus emocines y evitar ataques de pánico, recurrió a un ciclo de atracones y purga.

El tratamiento psicológico de Andrea comenzó a los 13 años para manejar sus autolesiones no suicidas y desregulación emocional. Había sido diagnosticada con Bipolaridad Tipo I, Ansiedad Generalizada, y Depresión Mayor Severa. Andrea refiere haber tenido dificultad al presentar un patrón de idealización y devaluación de sus pasados terapeutas y psiquiatras. Verbalización: "Usualmente empiezo bien, pero cuando le hablan a mi familia a mis espaldas o no me entienden al cortarme y me mandan para el hospital pienso que no quieren bregar conmigo, entonces dejo de confiar. No les digo cuando estoy suicida".

Incluso, Andrea conceptúa el cortarse como parte de su identidad. Verbalización: "No controlo mis emociones, pero sí controlo cuándo me corto, me gusta mantenerlo bajo control". Algo que añade es que, para mantenerse en control revisa lugares para identificar con qué se puede cortar: *"escaneo con qué me puedo cortar y eso me calma cuando llego a un sitio… aquí escogí tu Bonsai de alambre".* Al momento de la evaluación inicial tomaba Paxil (40mg), Ativan (.5), Abilify (.5), y Ambien recetadas por su psiquiatra. Andrea no presenta hábitos de sustancias controladas ni de alcohol y mantenía un nivel de actividad sedentario al momento de su evaluación inicial.

Su diagnóstico según el *Diagnostic and statistical manual of mental disorders* (4th ed., text rev.) (American Psychiatric Association, 2000):

Ejes	Diagnósticos
Eje I	Trastorno de Depresión Mayor, Severa, Recurrente
Eje II	Trastorno de Personalidad Limítrofe
	Rasgos de Personalidad Evitativa
	Rasgos de Personalidad Dependiente
	Uso Frecuente de la Idealización/Devaluación
Eje III	Reflujo
Eje IV	V62.2 Problemas Laborales
	V61.10 Problemas de Pareja
Eje V	55

CONCEPTUACIÓN DEL CASO

La conceptuación de caso en el DBT tiene a la base teórica como su piedra angular para determinar el tratamiento. Para algunos clientes, el gran número de problemas graves (a veces mortales) que debe abordar la terapia hace que sea difícil para los/as terapeutas el establecer y mantener un enfoque principal de tratamiento. Por ejemplo, es difícil decidir qué tratar en primer lugar cuando el cliente tiene numerosos problemas como Andrea (ataques de pánico, ALNS, está deprimida, atracones y purga, vuelve repetidamente a una relación de abuso, no hace uso de la consulta telefónica en un comienzo, utiliza las hospitalizaciones para escapar emociones, y es crónicamente suicida). Plantearnos la preocupación más urgente que presente el cliente como meta terapéutica puede resultar en una intervención en crisis diferente en cada sesión. La terapia puede sentirse como una estación de bomberos, apenas evitando mayores desastres cada vez que se extingue un fuego, con una sensación de movimiento hacia adelante, pero sin lograr un progreso significativo. Con clientes que tienen múltiples problemas graves, la gestión de crisis y la reducción provisional de problemas agudos puede dominar la terapia en la medida en que el tratamiento eficiente y eficaz se vuelve improbable.

Las decisiones de tratamiento se complican aún más porque los clientes como Andrea, con un comportamiento crónico de

ALNS y sensibilidad emocional extrema a menudo actúan de manera que generan angustia en sus terapeutas. Por ejemplo, a pesar de la experiencia o la formación, puede ser una lucha manejar las reacciones emocionales de un cliente cuando presenta Competencia Aparente en una sesión, y varias horas más tarde, necesita consulta telefónica por conducta suicida recurrente y rechazan la ayuda que se ofrece y exigen ayudas que no se les puede dar. Inclusive, cuando el terapeuta está en el camino correcto, el progreso puede ser lento y esporádico. Todos estos factores pueden inducir al terapeuta a cometer errores, incluidos los cambios prematuros en el plan de tratamiento. En DBT, una solución parcial a este problema es usar una formulación de caso basada en la teoría en la toma de las decisiones de tratamiento.

Dicha complejidad como enfoque lleva a que el DBT mantenga cinco funciones importantes: (a) mejorar la motivación para el cambio conductual y trabajar hacia el desarrollo de una calidad de vida aceptable; (b) aumentar las capacidades conductuales, particularmente en las destrezas necesarias para poder regular las emociones, pero también en las áreas de destrezas interpersonales, de plena conciencia, de tolerancia a la angustia, y de automanejo general; (c) asegurarse que las destrezas adquiridas se generalicen al ambiente natural de la persona; (d) estructurar el ambiente para que refuerce las conductas funcionales y que castigue o extinga las disfuncionales; y (e) aumentar las destrezas y la motivación del terapeuta DBT que trata pacientes TPL (Lindebom, Chapman, Linehan, 2007). El DBT se estructura de manera tal que se pueda atender cada una de estas funciones. El DBT en su manera estándar consiste de terapia individual, terapia grupal de adiestramiento en destrezas, asistencia y consulta telefónica, y un grupo de consulta; así como cualquier otro tratamiento auxiliar necesario (psiquiatra, nutricionista, etc.). Esta estructura se usa porque casos como el de Andrea no responden al tratamiento usual pues este parte de la premisa de que el cliente tiene destrezas accesibles de control cognitivo y conductual. Esta premisa resulta invalidante para personas como Andrea pues sus emociones no se controlan con "poner de su parte".

En el caso de Andrea vemos la interacción de una vulnerabilidad biológica a presentar una desregulación emocional (Verbalización: "no controlo mis miedos ni mis corajes... aparecen sin razón ni sentido".) con un ambiente invalidante (Verbalización: "mi madre no aprueba mi pareja ni mi vestimenta... me dicen que exagero que tengo que controlarme, que debo madurar y no cortarme... que lo hago por llamar la atención...".), que con el tiempo, crea y mantiene patrones de comportamiento limítrofes. En el lado biológico, Andrea está predispuesta a tener (1) una alta sensibilidad a los estímulos emocionales (es decir, reacciones inmediatas y permitir umbral para la aparición de la reacción emocional), por ejemplo el cortarse e intentar suicidarse por la posibilidad de que sus padres se vayan de viaje por unos días y tema el abandono; (2) una alta reactividad (es decir, la experiencia y expresión intensa de la emoción y la desregulación cognitiva que va junto con la alta excitación), por ejemplo el encerrarse en un armario por la intensidad del coraje que tiene por una conversación con su pareja relacionada a quién le toca lavar los platos; y (3) un lento regreso a la línea base emocional (es decir, reacciones de larga duración que contribuyen a la alta sensibilidad al estímulo emocional siguiente), por ejemplo, el permanecer varias semanas con coraje con su madre por un comentario invalidante típico que le haya hecho.

A su vez, la transacción con un entorno social determinado invalidante puede crear o exacerbar esta vulnerabilidad biológica con la que vive Andrea. En un entorno óptimo de validación, Andrea sería vista como relevante y significativa, se validarían sus respuestas, y se invalidarían las no eficaces. El ambiente invalidante en que creció Andrea, sin embargo, no logró confirmar, corroborar o verificar sus experiencias y no le enseñó qué respuestas son o no eficaces para alcanzar las metas que ella se propone. Su familia le comunica que sus respuestas a eventos (en particular las respuestas emocionales) son incorrectas, inapropiadas, y patológicas, o no le toman en serio. Su padre tiende a simplificar la solución de problemas o se los resuelve, por lo que el medio ambiente no enseña a Andrea a tolerar la angustia o formar metas y expectativas realistas. Al castigar la comunicación de experiencias negativas y sólo en respuesta a manifestaciones emocionales negativas cuando se intensificó, el medio ambiente enseñó a Andrea a oscilar entre la inhibición emocional y comunicación emocional extrema. Es decir, Andrea recibía atención cuando presentaba conductas disfuncionales como el autodaño o cuando no expresaba emociones a otros y luchaba con la intensidad de las mismas.

Con el tiempo, Andrea aprendió a invalidar sus propias experiencias y buscar en el entorno social inmediato las claves sobre cómo se siente y piensa. La principal consecuencia del ambiente invalidante es castigar (o no reforzar adecuadamente) la conducta iniciada por Andrea. El resultado es que toda iniciativa que tiene Andrea para solucionar problemas, ella misma la autoinvalida pues ha llegado al punto de conceptuarse como dañada, manifestando estigma internalizado (Verbalización: "estoy loca... me van a quitar a mi hija pues no puedo bregar... no sé ser normal").

El énfasis en el balance dialéctico del DBT traerá un ambiente de terapia validante que cree al mismo tiempo un ambiente de cambio, eliminando poco a poco los dilemas dialécticos de Andrea y a su vez generalizando la conducta presentada en terapia a su ambiente.

TRATAMIENTO Y SEGUIMIENTO DEL CASO

El pilar de la primera etapa es el tratamiento; cuyo curso, incluyendo el trabajo más relevante y pertinente, lo determina la severidad de la conducta disfuncional del cliente. En esta etapa, (Linehan, 1993a) toman prioridad aquellos problemas con los que se trabajará en un punto particular del proceso terapéutico, una vez se tome en cuenta la amenaza que representa para la calidad de vida del cliente. La primera etapa de tratamiento para todos los clientes de DBT, es la de pretratamiento, seguido por una serie de 1 a 4 etapas. La cantidad de etapas posteriores (1-4) depende del nivel de disfunción del comportamiento del cliente cuando comienza el tratamiento.

PRETRATAMIENTO: OBJETIVOS Y MÉTODOS Y MANEJAR POSIBLES BARRERAS QUE INTERFIEREN CON EL TRATAMIENTO

Durante el pretratamiento, tanto el terapeuta como el cliente llegan a un acuerdo respecto a los objetivos, el compromiso mutuo para con el tratamiento y las conductas con las que se comenzará a trabajar. De entrada, el esfuerzo que demostró Andrea buscando información sobre nuestro programa con otros profesionales, el buscar información sobre el diagnóstico y el tratamiento, y su actitud en la sesión inicial demuestran un nivel de compromiso . La meta principal en la etapa pretratamiento fue evaluar las metas de Andrea, incluyendo: su deseo de detener su conducta suicida y otras autolesiones intencionales, detener su desregulación con la comida, y su disposición para aprender métodos alternos para manejar emociones intensas.

Las conductas que interfieren con el tratamiento que presentó Andrea en esta etapa fueron la conducta de crisis suicida, las ALNS, y la ideación y expresión verbal suicida. Andrea había tenido intentos suicidas durante el pasado año y hospitalizaciones. En el DBT se quieren evitar las hospitalizaciones pues el paciente se aleja del tratamiento. En esta etapa descubrimos que los intentos suicidas de Andrea eran mayormente utilizando sus medicamentos recetados. La peligrosidad de esta conducta es que es un medio accesible, por lo que procedimos a obtener la colaboración de ella y su pareja para controlarlos cuando estuviera con ideación. Utilizando las técnicas de compromiso de *foot in the door* y *door in the face*, así como la de extender, se obtuvo un compromiso de Andrea para no cometer suicidio entre sesiones y poco a poco se fue aumentando el tiempo. La técnica de pie en la puerta (*foot in the door*, en inglés) consiste en solicitar un compromiso mínimo y fácil de acceder para generar apertura y luego proceder a obtener compromiso en áreas de mayor resistencia. En la de puerta en la cara (*door in the face*, en inglés) se le solicita algo exagerado y no razonable para que el paciente se niegue, pero considere discutir y hasta acceder puntos que requieran menor compromiso aunque son el objetivo real del terapeuta. La técnica de extender consiste en generar una posible historia del efecto e impacto de sus decisiones en su futuro y en su entorno para ayudar al paciente a conectar con las consecuencias y mejorar su juicio. En el pretratamiento, una vez que el terapeuta comprometió a Andrea, fue de suma importancia "engancharla" con el proceso terapéutico. Se logró un compromiso de permanecer en terapia al menos seis meses y de participar del adiestramiento en destrezas grupales. En un inicio, Andrea no utilizaba la consulta y asistencia telefónica debido a que no quería "molestar tu tiempo con tu familia" (verbalización). Hubo que utilizar estrategias de compromiso para aumentar dicha conducta.

Etapas 2-4 del Tratamiento

El resto de las etapas del tratamiento se enfocaron en manejar las conductas de ALNS y en la adquisición de destrezas para evitar las crisis emocionales. Se hizo uso de la Tarjeta Diaria que registra las emociones diariamente y se identifican deseos y acciones asociadas a las ALNS, conducta suicidas y las destrezas utilizadas. Andrea tuvo un buen ajuste al grupo de destrezas y una buena comprensión de las mismas. La capacidad intelectual de Andrea le ayudó para comprender el DBT hasta en los niveles de los dilemas dialécticos que ella presentaba. Las etapas dos a la cuatro se enfocaron en lo siguiente:

Etapa 2: en esta se hizo hincapié en las respuestas de fobia emocional y en las experiencias emocionales que resultaron traumatizantes y le llevaban a una conducta evitativa como ser asertiva con su pareja y familia, más temerle a ejercer su profesión. El objetivo fue conseguir que Andrea saliera de la incesante desesperación emocional. Se hizo uso del análisis en cadena de la conducta para identificar vulnerabilidades y traer soluciones alternas.

Etapa 3: se resumió lo aprendido hasta el momento, se reforzó su autoestima con ánimo, se proveyó un sentido de conexión permanente, y trabajamos para resolver los problemas de la vida: cómo comenzar su propia oficina, volver a estudiar, hacer ejercicio físico (la generalización de destrezas como ABC PLEASE). Además, se ofreció adiestramiento en destrezas de validación a sus padres para reducir el impacto del ambiente invalidante. Dicha reducción, combinada con un aumento en la capacidad de regular emociones que llevó a una eliminación de las ALNS y de los intentos suicidas acercaron a Andrea a una vida que vale la pena vivir.

Etapa 4 (Koerner & Linehan, 1997): enfocó en los sentimientos de "vacío" que experimentó Andrea, incluso luego de solucionar los problemas esenciales de la vida. La tarea consistió en renunciar a la lucha usual y participar plenamente del momento presente (destrezas de plena conciencia) sin juzgar con la meta final de liberarse de ese sentimiento que hace necesario que la realidad sea diferente de lo que es en ese momento.

Las etapas de la terapia se presentaron linealmente. Sin embargo, el progreso no fue lineal y las etapas se superpusieron. Entre las etapas uno y dos hubo ALNS y un intento suicida que llevaron a dos hospitalizaciones completas y dos parciales. La transición de la fase uno a la fase dos fue conflictiva en general, y Andrea vaciló (adelante/atrás) entre las dos etapas durante bastante tiempo. La etapa tres no sólo coincidió con la fase dos, sino que a veces se retomaron los mismos temas de ALNS, atracones, e ideación suicida, desde un punto de vista diferente. La etapa cuatro es para Andrea una tarea permanente la cual requiere del reconocimiento y la aceptación y con la cual vive hasta el día de hoy. En el momento del cierre terapéutico Andrea mostró miedo a recaídas pues no se sentía preparada, por lo que regresó brevemente a los comportamientos que demostró durante la etapa uno. La diferencia fue clara en la capacidad de Andrea de identificar por sí sola sus vulnerabilidades y las destrezas necesarias para manejar sus emociones y evitar crisis. La diferencia a la inestabilidad conductual que presentó en la etapa uno así como la rapidez en la regulación emocional definió las diferencias entre etapas. Para ayudar con el proceso de pérdida tanto del terapeuta como de Andrea, en el grupo de consulta se recomendó que Andrea participara en la orientación de otros/as pacientes del programa que llegaban nuevos/as. Andrea participó exponiendo su experiencia con pacientes en los dos programas de DBT en los que participaba su terapeuta. A través de cada fase de la terapia, la conceptuación del caso se organizó alrededor de la conducta disfuncional. Para esto se utiliza el análisis en cadena y de solución. Un ejemplo de un análisis en cadena se ve en la Figura 1 y uno asociado al análisis de solución en la Figura 2. La meta del análisis en cadena era que Andrea pudiera ver los factores que disparaban las emociones y servían de precursores para las ALNS. El análisis de solución se llevó a cabo muchas veces en la consulta telefónica en la que se obtuvo compromiso de Andrea de comunicarse antes de hacerse daño para poder intervenir con aplicación de las destrezas.

Uno de los grandes retos enfrentados fueron la novedad del tratamiento en Puerto Rico y el hecho de que el caso fue evolucionando junto con el desarrollo inicial del programa DBT. Se utilizaron los materiales del manual DBT de Linehan (1993b) traducidos para los estudios pilotos de adaptación del

DBT para puertorriqueños de Marqués y Kelly (2011). Además, la cultura clínica en la isla carece del conocimiento general de diferenciación entre las ALNS y la conducta suicida por lo que hubo hospitalizaciones innecesarias que interfirieron con el tratamiento. Así también, nuestra cultura requiere un énfasis mayor en la aceptación de las emociones como normales debido al fuerte impacto de la visión religiosa que articula emociones como envidia y odio como pecados. El DBT en su módulo de regulación de emociones como aparece en el manual sólo menciona la enseñanza de que las emociones son normales. Sin embargo, ha requerido adaptación a nuestra cultura con el uso de metáforas y énfasis en la conducta y no en la emoción como problemática.

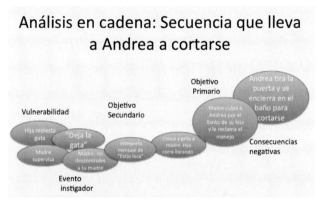

Figura 8.1. Análisis en Cadena

Figura 8.2. Análisis de Solución

IMPLICACIONES Y CONCLUSIONES.

Tratar pacientes que presentan ALNS y conducta suicida recurrente requiere un equipo de trabajo que ayude al terapeuta a manejar la quemazón que pueden producir los mismos y el DBT ofrece los componentes para atender dichos dilemas. El tratamiento es uno complejo que requiere mucha organización para que todos los componentes funcionen al mismo tiempo. En el caso de Andrea, hubo un cambio significativo en su vida al haber aumentado sus capacidades de regular sus emociones, y hacer de su ambiente uno validante. Andrea no ha vuelto a cortarse, ni ha regresado al hospital, aumentó su efectividad interpersonal y su funcionamiento laboral. Aún así, Andrea continúa aplicando destrezas, identificando vulnerabilidades, reconociendo emociones, evitando estímulos negativos; es decir, usando destrezas para que su vida valga la pena.

Actualmente, en Puerto Rico contamos con dos programas de DBT que son adherentes al modelo y cumplen con sus criterios de tener los cuatro componentes del tratamiento. Es evidente que necesitamos crear más programas y aumentar la investigación del DBT y el TPL para cubrir la necesidad que tenemos en la Isla de manejar conductas suicidas adecuadamente y proteger a los/as pacientes de los/as profesionales de la salud quemados/as por el gran reto que presenta esta población. Para terminar, citamos la perspectiva de Andrea sobre que es vivir con TPL y su visión luego de completar el tratamiento DBT. Lo explica mucho mejor que nosotros:

> "Vivir con Borderline es vivir como tú, pero quizás con el botón del volumen un chin descontrolado, por lo que a veces es muy alto y otras, muy bajito. Busco tu misma paz interior, un balance que llene mi vida al igual que la tuya. Sólo que en mi caso, la cuerda floja es entre el sentir demasiado y el quedar vacía de emociones.
> Vivir con BPD es reconocer que no soy mis emociones, esa bola que arrasa, amenazando con llevarse todo, dejándome tirada a un lado desnuda, usada, vacía. Es luchar a diario por regular esas emociones para poder vivir" (Andrea, 2011).

REFERENCIAS

American Psychiatric Association. (2000). *Diagnostic and statistical manual of mental disorders* (4th ed., text rev.). Washington, DC: Author.

Fruzzetti, A. E., & Shenk, C. (2008). Fostering validating responses in families. *Social Work in Mental Health, 6*, 215-227.

Gross, J. J. (1998). The emerging field of emotion regulation: An integrative review. *Review of General Psychology, 2*, 271-299.

Kelly, K., & Marqués, D. (2011). *Developing a Cultural and Linguistic Adaptation of DBT for Spanish Speaking Populations.* Oral Presentation at the Strategic Planning Meeting for BPD Treatment Research, University of Washington, Seattle, WA, Sept. 24-25, 2011.

Koerner, K., & Linehan, M. (1997). Case conceptualization in dialectical behavioral therapy for borderline personality disorder. En T.D. Eells (Ed.), *Handbook of psychotherapy case formulation* (pp. 340-367). New York: Guilford Press.

Koerner, K. (2012). *Doing dialectical behavioral therapy.* New York: Guildford.

Lindenboim, N., Chapman, A., Linehan, M. (2007) Borderline Personality Disorder. In N. Kazantzis & L'Abate (Eds.) *Handbook of homework assignments in psychotherapy: Research, practice, and prevention.* New Jersey: Springer.

Linehan, M.M., Armstrong, H.E., & Suárez, A., Allmon, D., & Heard, H.L. (1991). Cognitive-behavioral treatment of chronically parasuicidal borderline patients. *Archives of General Psychiatry, 48*, 1060-1064.

Linehan, M. (1993a). *Cognitive-behavioral treatment of borderline personality disorder.* NY: Guilford Press.

Linehan, M. (1993b). *Skills training manual for treating borderline personality disorder.* NY: Guilford Press.

Linehan, M. (1997). Validation and psychotherapy. En A. Bohart & L. Greenberg (Eds.), *Empathy reconsidered: New directions in psychotherapy* (pp. 353-392). Washington, DC: American Psychological Association.

Linehan, M., & Sayrs, J. (2001). *Dialectical strategies in psychotherapy.* Obtenido de http://wikispaces.net/file/view/Sayrs-Dialectics.pdf

Linehan, M., Bohus, M.,& Lynch, T.R. (2007). Dialectical behavior therapy for pervasive emotion dysregulation. En J. Gross (Ed.), *Handbook of emotion regulation.* Guilford: New York.

Marqués, D., Kelly, K.,& Liquet, M. (2011). *Behavioral disregulation in a sample of Puerto Ricans living with BPD.* Oral Presentation at the 58th annual convention of the APPR. Río Grande, PR, November 2011.

Shenk, C., & Fruzzetti, A. (2004). *The role of parental validating and invalidating behaviors on adolescent emotion regulation.* Paper presented at the The 38th Annual Convention of the Association for Advancement of Behavior Therapy, New Orleans, LA.

Wells, T., Beevers, C., Robinson, A., & Ellis, A. (2010). Gaze behavior predicts memory bias for angry facial expressions in stable dysphoria. *Emotion, 10*(6), 894-902.

Capítulo 9

LA TERAPIA DE ACEPTACIÓN Y COMPROMISO (ACT): ESTUDIO DE CASO EN PUERTO RICO

YARÍ L. COLÓN TORRES

La Terapia de Aceptación y Compromiso (en adelante ACT) (Hayes, Strohsal, & Wilson, 1999) se inserta en lo que se ha denominado la "tercera ola" de las terapias cognitivo-conductuales. En este análisis propuesto por Hayes (2004) el conductismo clásico pertenece a la primera ola y la terapia cognitiva a la segunda ola, considerándose a ambos, predecesores de esta llamada tercera ola de las terapias cognitivo conductuales. En esta nueva camada, además de ACT, se incluyen terapias como la *Dialectical Behavioral Therapy* (DBT), *Mindfulness-Based Cognitive Therapy* (MBCT), y *Mindfulness-Based Stress Reduction* (MBSR).

ACT se distingue por ser una intervención terapéutica basada en principios teóricos y empíricos que pone énfasis en la toma de acciones efectivas. Establece que estas acciones son guiadas por valores (compromisos), y requieren la presencia plena del/a participante en el *aquí y ahora* (aceptación). Su raíz filosófica es el *contextualismo funcional*, una filosofía pragmática que tiene como meta entender la predicción y la influencia de eventos. El contextualismo funcional conceptúa los eventos psicológicos como acciones continuas internas del organismo que se definen de acuerdo con su relación al contexto histórico y situacional particular (Hayes, Louma, Bond, Masuda, & Lillis, 2006). Postula además que, para lograr la comprensión e influencia de una conducta específica es fundamental entender la función que esta cumple. Complementa la visión filosófica del contextualismo funcional, la teoría del *marco relacional*. Esta teoría propone un entendimiento del comportamiento humano mediante una descripción funcional de la estructura del conocimiento verbal. Hayes (2006) plantea que el ACT esta fundamentado en un contextualismo funcional y en una teoría relacional. Las premisas y las estrategias del ACT las subyacen los supuestos filosóficos y teóricos. Por ejemplo este modelo hace énfasis en la funcionalidad, así como en el análisis de la causalidad. El trabajo terapéutico se focaliza en en los eventos sobre los cuales se pueden impactar y de esta manera se pretende tomar consciencia sobre el contexto. Desde el punto de vista contextual, las cogniciones y las emociones de por sí no causan otras acciones a no ser que las mismas estén moduladas por el contexto (Hayes, 2006).

Es importante subrayar que ACT es una intervención que no se enfoca en técnicas terapéuticas predeterminadas. El énfasis reside en obtener de la persona lo que se ha denominado *flexibilidad psicológica*, la cual se define como: "la habilidad para conectar con el momento presente de forma plena como seres humanos conscientes y para cambiar o persistir en las conductas que sirven para alcanzar aquellos fines que la persona valora" (Biglan, Hayes, & Pistorello, 2008, p. 142). Desde esta perspectiva, el dolor y el sufrimiento humano es universal y cualquier intento de liberarse de esos síntomas genera mayor sufrimiento. Cuando se experimenta sufrimiento la persona se "*fusiona*" con sus pensamientos, tomando su contenido como verdades absolutas, provocando la inflexibilidad psicológica. Estos intentos de liberarse de experiencias internas incómodas se denominan *evitación experiencial*[1]. Barraca (2007) ha definido la *evitación experiencial* como "un fenómeno que ocurre cuando una persona no desea permanecer en contacto con una experiencia privada y toma medidas para alterar la forma o la frecuencia de estas experiencias o el contexto que la elicita" (p. 764).

Los siguientes postulados caracterizan a ACT: tiene como meta obtener mayor flexibilidad psicológica (no persigue la reducción de síntomas); promueve la habilidad de contactar el momento presente concientemente; busca que la persona haga contacto experiencial con eventos privados que usualmente evade, sin involucramiento excesivo del lenguaje y control, mientras obtiene destrezas en cambiar o persistir en comportamientos afines a sus valores. Este enfoque terapéutico propone seis procesos medulares que se ilustran en la imagen del *hexaflex* (Hayes et al., 2006) y que serán definidos en el caso estudiado: a) de-fusión; b) aceptación; c) contacto con el momento presente; d) yo como contexto; e) valores; y f) la acción comprometida.

---

[1] La literatura en español ha traducido de esta forma, del inglés, el concepto *experiential avoidance,* sin embargo, dentro del contexto cultural puertorriqueño el término *evasión experiencial* podría ser considerado.

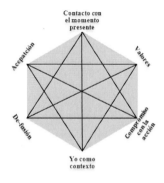

Figura 9.1. El Hexaflex según la Terapia ACT

EVIDENCIA EMPÍRICA

ACT cuenta con una creciente base científica con más de 49 estudios de resultados publicados (Woidneck, Pratt, Gundy, Nelson, & Twohig, 2012). Forman, Herbert, Moitra, Yeomans y Geller (2007) llevaron a cabo un ensayo clínico controlado, en el que compararon a ACT con la Terapia Cognitiva tradicional. En este estudio se encontró que ACT es tan efectivo como la Terapia Cognitiva tradicional. En las guías de tratamientos basados en evidencia de la *American Psychological Association* (APA), ACT está identificada entre las intervenciones en las que existe evidencia robusta por su efectividad con el tratamiento de dolor crónico y con evidencia moderada para el tratamiento de la depresión (Society of Clinical Psychology, 2013) ACT ha demostrado ser eficaz con un sinnúmero de condiciones psicológicas entre ellas, la ansiedad, la depresión, el abuso de sustancias y problemas de parejas (Hayes et al., 2006; Powers, Vörde Sive Vörding, & Emmelkamp, 2009).

VÍNCULO ENTRE LA TEORÍA, LA INVESTIGACIÓN Y LA REALIDAD SOCIAL Y CULTURAL DE PUERTO RICO

La discusión académica y profesional sobre la adaptación cultural de ACT se encuentra en una etapa incipiente (Colón, Berríos, Navas, & Abreu, 2012). Steven Hayes y colaboradores sugieren que cambios superficiales probablemente ayuden a que esta terapia mejore su efectividad. En el momento de este escrito no existen estudios sistemáticos de los procesos de adaptación cultural de esta terapia. Sin embargo, los proponentes de ACT sostienen que la evitación experiencial forma parte de diversos desórdenes psicológicos (Luciano & Sonsoles Valdivia, 2006; Patron-Espinosa, 2010) y por ende, en diversas poblaciones Algunas críticas que se han formulado sobre ACT argumentan que algunas de las propuestas de ACT podrían no ser cónsonas con aspectos culturales de poblaciones específicas. Por ejemplo, Hall, Hong, Zane y Meyer (2011), examinan teóricamente la relevancia de ACT con poblaciones asiáticas y proponen puntos de convergencia y divergencia entre ACT y valores culturales asiático-americanos. La respuesta a esta crítica, la ofrecen Hayes, Muto y Masuda (2012) en otro artículo en el que no descartan la importancia de la adaptación cultural pero señalan la dificultad de medir científicamente estas adaptaciones.

A pesar de que ACT es una intervención que se ha implantado e investigado internacionalmente en países como Estados Unidos, El Reino Unido, Finlandia, India, España, Sur África y Canadá, no es hasta recientemente que profesionales clínicos han comenzado a implantarla en Puerto Rico. Esta autora ha promovido en diferentes foros académicos y profesionales la importancia de la adaptación cultural de ACT para la población puertorriqueña. Se presupone que algunos/as profesionales en la Isla realizan ciertas adaptaciones en sus escenarios clínicos, pero como se sostuvo antes, hasta la fecha de este escrito, no hay estudios que informen sobre procesos de adaptación sistemática y científica. La autora junto a otras colegas presentó un afiche en la Décima Conferencia Internacional de la *Association for Contextual Behavioral Science* en el que se describe la adaptación cultural de ACT para un grupo de personas con fibromialgia (Colón et al., 2012) utilizando el modelo de validez ecológica desarrollado por Bernal, Bonilla y Bellido (1995). En el caso que se presenta en la próxima sección se ilustran las adaptaciones culturales realizadas por la terapeuta pues ciertamente la cultura fue un elemento crucial en el tratamiento.

PRESENTACIÓN DEL CASO

Isaac es un hombre de 63 años, con múltiples condiciones médicas, casado, retirado que vive con su esposa. Acudió a la consulta referido por su médico primario debido a síntomas de depresión. Su médico primario le ofreció medicamentos psicotrópicos, los cuales rehusó, pero accedió a ver a un/a psicólogo. Al momento de la consulta Isaac expresó: "tengo miedo que no me voy a poder cuidar y mis condiciones de salud van a aumentar". Aunque Isaac llevaba experimentando un ánimo deprimido desde hacía tres años, informó un aumento de síntomas desde su retiro hacía cuatro meses y el "deterioro de la salud" de su esposa sobreviviente de cáncer. En la entrevista inicial, Isaac dijo haber estado experimentando los siguientes síntomas: ánimo deprimido, dificultad para dormir, pérdida de interés, sentimientos de culpa y problemas de concentración. También compartió pensamientos de preocupación asociados con su salud y la de su esposa. A nivel funcional, Isaac expresó tener dificultad con su adherencia al tratamiento de diabetes y dificultad en realizar actividades placenteras. A pesar de todo esto, Isaac llevaba a cabo sus actividades diarias.

Isaac, veterano del servicio militar, padece de otras condiciones crónicas además de la diabetes. Entre ellas, una condición de la piel (dermatitis atópica) vinculada a su servicio militar, que le causaba mucho malestar. Aparte del servicio militar, Isaac trabajó por treinta años como civil, y residió por varios años en Estados Unidos. Fue también músico, aunque llevaba varios años sin tocar su instrumento, dijo tener una muy buena relación con su esposa, y no tenían hijos. Expresó que le entusiasmaba haberse retirado.

Contexto

La clínica que visitó Isaac es una clínica centrada en cuidado primario, dentro de un escenario hospitalario donde también se ofrece atención secundaria y terciaria. En esta clínica, el objetivo es aumentar el funcionamiento del individuo a través de modelos terapéuticos de corta duración basados en la evidencia científica. Al momento de la entrevista inicial, Isaac mantenía un nivel de funcionamiento alto y fue diagnosticado provisionalmente de la siguiente manera:

Ejes	Diagnóstico
Eje I	Trastorno de ajuste con ansiedad y deprepresión
Eje II	No diagnóstico
Eje III	N/A
Eje IV	N/A
Eje V	78

En el Eje I fue descartando un diagnóstico de depresión mayor. Su presentación clínica no ameritó un diagnóstico en los ejes dos, tres o cuatro. En el eje cinco se le adjudicó un 78 debido a su alta funcionalidad. Durante las primeras sesiones, se estableció *rapport*, y se acordaron metas inmediatas tales como aumentar la adherencia al régimen de diabetes (ej. aumento de ejercicio). Isaac logró prontamente, aumentar el tiempo de caminar y restableció un régimen de alimentación saludable. Simultáneamente, se continuó la evaluación de su condición y se obtuvo su consentimiento para comenzar un protocolo de terapia de ACT para la depresión.

Tratamiento

El lugar de tratamiento desarrolló un protocolo de ACT para la depresión (Walser, Chartier, & Sears, 2011). El propósito del mismo es proveer a los y las pacientes de este escenario clínico diferentes tratamientos basados en evidencia. Este protocolo consiste de doce sesiones individuales con una guía en inglés para el terapeuta y asignaciones para el paciente. Aunque la terapia ACT no es una terapia manualizada, existen varios protocolos que guían la misma. La agenda del lugar de tratamiento es certificar a varios de sus profesionales en esta terapia. Como parte de este proceso de certificación, se requiere que las sesiones sean grabadas pues se trabaja bajo el modelo de consultoría en donde hay un consultor/a que, semanalmente escucha las grabaciones y supervisa la implantación correcta de la terapia. Una barrera mayor con la implantación de esta terapia en este escenario, es que requiere que las terapias sean en inglés para que el consultor /a pueda entender las sesiones. El escenario de tratamiento es parte de una red de salud física y mental del gobierno de los Estados Unidos, localizado en Puerto Rico, cuya población es mayoritariamente hispanoparlante. Sin embargo, en ese momento no contaba con un consultor/a bilingüe en español e inglés. *A prima fase* esta barrera podría interpretarse como una de carácter administrativo, pero una mirada más amplia la inserta en el contexto socio-político de Puerto Rico, un territorio no incorporado de EE.UU. Las destrezas de Isaac como persona bilingüe junto con la presentación de síntomas de depresión lo cualificaron para recibir esta terapia. No obstante, el idioma ocupó un rol central en la terapia que se discutirá más adelante.

Rol de la cultura

Aunque Isaac era bilingüe, su idioma predominante era el español. Isaac, exmilitar puertorriqueño presentó una visión de mundo cónsona con sus múltiples roles en la sociedad (hombre; puertorriqueño y militar). Algunos de los valores representados y predominantes en el discurso de Isaac eran: el respeto, la obediencia (particularmente seguir instrucciones), y su fe católica. Por consiguiente, Isaac, a pesar de sus síntomas, se mantuvo trabajando, utilizando el control y la distracción como método principal del manejo de emociones. Al retirarse, Isaac sintió una sensación de pérdida y su preocupación y malestar psicológico por sus condiciones médicas se convirtieron en el foco principal de su vida. Isaac se sentía preocupado por su habilidad de contribuir a la sociedad, pues "ya no soy el mismo". Esto está vinculado al rol de proveedor, elemento clave en la construcción de la masculinidad en la cultura puertorriqueña. Isaac también presentaba una demostración de afecto limitada. Durante la sesión Isaac se esforzaba por controlar su afecto.

Issac describió su problema inicial como tristeza y frustración porque "las cosas no son como las planifiqué". Compartió su preocupación por su habilidad de manejar adecuadamente sus condiciones crónicas y por su deterioro. También, verbalizó frustración con el manejo de sus condiciones, la recaída de su esposa y como esto impidió su habilidad de disfrutar su retiro como quería. Mencionó además que, luego del retiro no sentía su utilidad en la sociedad. Al preguntarle a Isaac cómo manejó estas emociones hasta la fecha, él identificó el tratar de no pensar, la oración, ver televisión, dormir, aislarse, salir a caminar como manera de sentirse mejor. Isaac identificó varias metas iniciales tales como, disminuir la depresión, comenzar a participar en actividades placenteras y aumentar el mejor manejo de sus condiciones médicas.

La autora de este escrito, utiliza en su supervisión con los/as interno/as de Psicología y en la implantación del protocolo la hoja diseñada por Lillis y Luoma, (2005) y citada en Walser, Chartier, y Sears (2011) para la conceptualización de casos de ACT. Esta hoja ha sido adaptada por varios autores y demostró ser útil en la formulación de este caso.

La reformulación del problema según ACT es que el paciente estaba utilizando múltiples estrategias de evitación para alejarse de pensamientos (ej. "ya no soy útil") y sentir emociones dolorosas (ej. tristeza). Al recurrir a muchas de estas estrategias, disminuye su habilidad de disfrutar la vida que él desea tener. Por ejemplo, cuando Isaac se levanta y se siente triste, como manera de no sentir esa tristeza opta por aislarse de su esposa, no sigue su rutina de ejercicios, opta por ver televisión o se acuesta a dormir. El paciente, mientras experimenta sentimientos de depresión, se fusiona (engancha) con pensamientos tales como "tengo que arreglar mi depresión", "tengo que controlar mi mente" y "no soy útil". Mas aún, mientras Isaac lleva a cabo la transición a su vida de retirado, su *yo conceptualizado* como empleado está atado a pensamientos de minusvalía demostrando inflexibilidad psicológica y una ausencia de habilidad para flexiblemente "ver" otros caminos de vivir una vida de acuerdo a sus valores.

Una mirada más profunda a la *evitación experiencial* de Isaac nos demuestra que, los pensamientos que Isaac trata de evitar son: "estoy deprimido" "soy inútil" "estoy fuera de control" "ya no soy el mismo", "las cosas no son como yo quiero que sean". Las emociones que trata de evitar son tristeza, coraje, ansiedad y miedo. Isaac también tenía un deseo enorme de evitar todo aquello que provocaba la picazón en su piel y las reacciones internas que esto le causaba.

Cuando se auscultó con Isaac sus "razones" de no permitirse experimentar estos pensamientos o sentimientos, él indicó miedo a perder el control; yo no soy una persona deprimida, no debería tener que vivir de esta manera, quiero vivir una vida normal. Este proceso ayudó a verificar las reglas verbales que gobiernan el comportamiento de Isaac, y que según, ACT imposibilitan la flexibilidad psicológica o la experiencia.

La evitación experiencial se evidenciaba de varias maneras: conductualmente Isaac evitaba su experiencia interna durmiendo, viendo televisión, orando y caminando. Sus estrategias de control cognitivas incluían la distracción y la autoinstrucción (ej. "tengo que controlar mi mente"). Durante nuestras sesiones, los esfuerzos de control emocional o evitación a menudo se reflejaban en su dificultad con los ejercicios de *mindfulness*. Particularmente, los momentos en que Isaac se sentía peor, informaba que su mente estaba en blanco. Cuando hablamos de momentos en que Isaac utilizaba atención plena (*mindfulness*) en su casa, él verbalizaba que utilizaba esta técnica como una manera de "controlar su mente" y con la meta de relajación. A pesar de varias instancias donde repasamos que aunque a veces el *"mindfulness"* podía relajar, este no era el propósito principal.

En el trabajo con Isaac se evidenciaron factores que lo motivaban al cambio, entre ellos, Isaac reconocía que sus estrategias de control solo funcionaban a corto plazo. También, verbalizaba sentirse seguro en la relación terapéutica (esto también se midió a través de un inventario de alianza terapéutica como parte del protocolo).

Teoría del cambio

ACT postula que, en la medida que Isaac transformara su relación con sus experiencias internas y disminuyera los esfuerzos de control interno a través de la aceptación, tendría mayor flexibilidad para experimentar el cambio conductual en pro de la funcionalidad y la transición hacia la vida que él deseaba. En la ilustración (Luoma, Hayes, & Walser, 2007) se muestra, la reformulación del problema de acuerdo a ACT, y cómo los distintos procesos medulares se implantan.

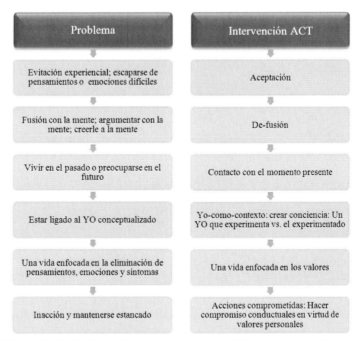

Figura 9.2. Teoría de cambio según la terapia de ACT a base del problema y las intervenciones realizadas.

TRATAMIENTO Y SEGUIMIENTO DEL CASO

Hasta la fecha de este escrito se habían llevado a cabo diez sesiones a lo largo de cinco meses. Varias interrupciones ocurrieron en el tratamiento, debido a varios factores incluyendo enfermedad de ambos, terapeuta y paciente. Como parte del protocolo se utilizaron varias medidas para evaluar al paciente incluyendo, el *Beck Depression Inventory (BDI)* y el *Acceptance and Action Questionaire* (AAQ-2) (Bond, Hayes, Baer, Carpenter, Guenole, Orcutt, Waltz y Zettle, 2011), El BDI se administró en cada sesión y el AAQ-2 se administró al en la primera y cada sesión alterna. Los objetivos del tratamiento consistieron en ayudar a Isaac a relacionarse con su experiencia interna de una manera distinta mientras toma acciones hacia vivir su vida de acuerdo a los valores que la guían. En otras palabras: a) aumentar la aceptación de sus experiencias internas, b) aumentar las acciones efectivas guiadas por sus valores c) aumentar la habilidad para realizar ejercicios de conciencia plena. Para esto, Isaac se comprometió a asistir a aproximadamente doce sesiones enfocadas en los procesos medulares de ACT y a completar asignaciones que incluían la practica diaria de *Mindfulness* y "movidas audaces[2]".

Identificación de valores

Luego del consentimiento informado, se comenzó a trabajar con la identificación de valores del paciente. Mediante varios ejercicios realizados durante la sesión terapéutica y la asignación de otros ejercicios para trabajar por su cuenta, Isaac logró identificar varios aspectos que él valoraba en su vida. En este proceso pudo identificar una discrepancia entre lo que él valoraba y el tiempo que realmente le estaba dedicando a esos renglones de su vida.   Isaac verbalizó que "la depresión", "la desmotivación" y "la frustración" eran barreras para él llevar a cabo las cosas que quería hacer tales como: ser amoroso con su esposa, salir a hacer ejercicios y salir a entretenerse.

Para la segunda sesión se introdujo la práctica de atención plena (*mindfulness)* como parte integral del tratamiento. Siguiendo el protocolo, se acordó con él, que al comienzo de todas las sesiones, se comenzaría con un ejercicio de atención plena. Al ser un concepto relativamente nuevo para

---

[2] Movidas audaces son acciones específicas y determinadas por el paciente cónsonas con un valor.

muchos pacientes, incluyendo a Isaac, se le proveyó un racional explicando que la meditación en el aquí y ahora conocida en inglés como *mindfulness* es una práctica (y no técnica) que ayuda a las personas a relacionarse con sus experiencias internas de una manera distinta. Contrario a intentar eliminar o cambiar las experiencias internas, la práctica de *mindfulness* ayuda a aceptarlas tal cual son, con compasión y sin juicio como parte de la experiencia humana. También, se discutió que la práctica de *mindfulness* puede facilitar el encontrar paz con recuerdos difíciles, promueve también una perspectiva más amplia de la vida, y un sentido de conexión con los demás que incluye mayor empatía y perdón hacia los demás, y mayor entendimiento de sus experiencias internas mediante medios no verbales (Walser, Chartier, & Sears, 2011).

Desesperanza creativa

Una técnica utilizada en ACT es fomentar lo que se llama la *desesperanza creativa*. Esto requiere ayudar a la persona a entender que la estrategias de control de experiencias internas no han funcionado (desesperanza) y a ampliar su marco de referencia para otras alternativas creativas. En otras palabras, se busca potenciar la motivación para abandonar las estrategias que no han funcionado para moverse a otras estrategias (control vs. aceptación). Varias metáforas sugeridas en el protocolo de ACT se utilizaron en esta sesión como: La metáfora del *campo de hoyos* (Hayes et al., 1999); la metáfora de *las esposas chinas* (Zettle, 2007, pp. 105-106; Hayes et al, 1999; pp 109; y la metáfora de la *arena movediza* (Zettle, 2007, pp. 107-108; Hayes & Strosahl, 2004, p. 283 citado en el protocolo). Interesantemente, las primeras dos metáforas no parecieron tener mucho sentido para Isaac (inclusive nunca había visto las esposas chinas aunque se le enseñó una que tenía la terapeuta) y entonces emergió, una de las primeras adaptaciones al protocolo la cual fue incorporar la metáfora de *la corriente de agua* que es análoga a la metáfora de la arena movediza. Se le preguntó a Isaac si conocía cual era la recomendación si se está nadando en el mar y uno se encuentra atrapado en una corriente de mar. Isaac respondió "pues que no se pelea con la corriente porque uno se cansa y se ahoga, si no que se va con la corriente y eventualmente se llega a la orilla". La metáfora de la arena movediza tiene un postulado similar por lo que se decidió sustituirla inicialmente por la metáfora de la corriente por ser más cercana a la experiencia del paciente, aunque luego se le presentó también. Para facilitar la comprensión de estas metáforas se le explicó a Isaac la misma utilizando la siguiente narración: ¿Qué nos dice la mente si caemos en arena movediza? Pues que hay que salir. Pero lo que pasa es que, mientras más peleamos más nos hundimos y lo que realmente funciona es acostarse en la arena, estar en contacto con la arena para poder mantenerse a flote pues, ¿qué tal si aquello con que estás luchando tanto, amerita otro tipo de respuesta? Con ambas metáforas Isaac discutió cómo sus esfuerzos de controlar sus emociones le habían traído un éxito limitado.

El problema de control (*La evitación experiencial*)

Mediante metáforas, ejemplos y ejercicios vivenciales se discutió cómo los intentos de control verbal son eficaces en controlar la experiecnia externa pero no tan eficaces en controlar la experiencia interna. Una metáfora utilizada fue la regla 95% versus 5% (Hayes & Strosahl, 2004, p. 281 como está citado en protocolo) que explica que 95% del tiempo, para algunas instancias en el mundo externo, el control funciona; si a uno no le gusta un cuarto, puede pintarlo y ponerlo más atractivo, pero para las experiencias "dentro de la piel" (ese 5%), no hay cantidad de pintura que haga que el dolor se vea bien. Por ejemplo, mediante un ejercicio se ilustró, cómo el control verbal produce un efecto paradójico. En este caso, se le pidió que no pensara en su helado favorito (Walser & Westrup, 2007, pp. 69-71 como está citado en el protocolo). Indudablemente, Isaac entre risas confirmó que efectivamente estaba pensando en su helado favorito. También se habló y demostró de cómo el control verbal tampoco ayuda a evocar emociones positivas. De manera jocosa se discutió si él podría bajo una orden salir y enamorarse de la primera persona que viera. A esto, Isaac también respondió jocosamente que no podría. En la sesión terapéutica, Isaac verbalizó su limitado éxito con sus medidas de control y se concluyó esta sesión discutiendo la alternativa al control. Durante esta sesión, Isaac se comprometió a completar, además de sus ejercicios de *mindfulness* diarios, su asignación semanal y su primera movida audaz.

Aceptacion y defusión

En las sesiones subsiguientes se discutió la postura de estar dispuesto a estar presente con pensamiento o emoción sin ningún intento de cambiarlo y la opción de escoger la aceptación como alternativa al control (Walser, Chartier, & Sears, 2011). Walser y colaboradores (2011) explican que la aceptación no se refiera a querer los pensamientos y sentimientos, sino a permitirlos estar presentes sin tratar de cambiarlos. Durante este proceso, la defusión o desliteralización del lenguaje (desactivación de las funciones verbales) fue un eje principal en las sesiones. Mediante varios ejercicios se discutió la función del lenguaje y cómo la persona al estar fusionada con el lenguaje, puede tomar la descripción de sus experiencias internas como verdades absolutas. En la quinta sesión se practicó el ejercicio de *llevar tu mente a pasear* (Hayes et al., 1999, pgp. 162-163 como está citado en el protocolo). En este ejercicio la terapeuta e Isaac tomaron turnos siendo "la mente" y tomaron un paseo por el edificio. Al que tenía el rol de la mente, hacía lo que hacen las mentes: hablar sin parar, evaluando, dando instrucciones, etc. Al que tenía el rol de caminante, le tocaba andar independientemente de lo que la mente le decía. Cuando la terapeuta asumió el papel de la "mente" esta incluyó pensamientos de Isaac identificados en las sesiones anteriores. En ocasiones, Isaac se viraba a argumentar con la mente, en otras hacía lo que la mente decía y en otras hacía otra cosa. Este ejercicio ayudó a Isaac a distanciarse de sus pensamientos, identificar la posibilidad de actuar (caminar) hacia una dirección deseada a pesar de lo que la "mente" estaba diciendo y a evaluar la utilidad de entrar en discusiones con su mente. Durante varias sesiones, Isaac y la terapeuta trabajaron juntos en la tarea de discriminación de separar el pensamiento del pensador. Es decir, se trabajó en reconocer la función del lenguaje en su vida y el impacto de *la fusión* con el lenguaje. Una manera de acentuar este proceso de diferenciación, por ejemplo, era que cuando Isaac verbalizaba "nunca voy a poder hacer la cosas que quiero hacer". La terapeuta le formulaba la siguiente pregunta: ¿eso es lo que te dice tu mente? De esta manera, Isaac comenzó a poder diferenciar entre el pensamiento y el que piensa.

Yo-como- contexto

El ejercicio del yo observador (Zettle, 2007, pp. 151-155; Hayes et al., 1999, pp. 193-195 como está citado en el protocolo) ayudó a Isaac a entender que es el contexto en donde ocurren un flujo de pensamientos y sensaciones, pero éstas no lo definen de manera absoluta. En este ejercicio de ojos cerrados se comenzó por solicitarle a Isaac que recordara una memoria reciente (tan reciente como la de esa mañana) y que se fijara usando todos sus sentidos lo que estaba ocurriendo, incluyendo las sensaciones y los sentimientos. Seguido, se le pidió que se fijara en el que está observando esta memoria. Se fue guiando a Isaac, a moverse a otras memorias más lejanas una por una, apelando al recuerdo de todos sus sentidos. Se le sugirió que recordara una en su rol de empleado. En cada una de estas memorias, una vez capturadas, se le pedía que también se fijara en el que estaba observando esta memoria. Al abrir sus ojos Isaac dijo: "Soy yo, observándome a mí mismo". Este ejercicio ayudó a Isaac a entender que sus pensamientos, memorias y sentimientos no son él, sino que él, como sujeto es el *contexto* donde estas memorias, pensamientos y sensaciones ocurren. La tradicional metáfora del *tablero de ajedrez* (Zettle, 2007, pp. 148-150; Hayes et al., 1999, pp. 190-192) se utilizó también, pero tuvo menos éxito con Isaac. Diversos ejercicios y metáforas se usaron a lo largo de dos sesiones para ayudar a Isaac a conceptualizarse a sí mismo como el "cargador" de estas emociones, sensaciones y pensamientos pero no definirse a sí mismo a partir de ellas.

En la novena sesión terapéutica, Isaac había logrado por medio de sus "movidas audaces" ir a pescar con su familia y al parque con su esposa. Estas actividades son cónsonas con sus valores de recreación y de unión familiar expresados por él en las sesiones de identificación de valores. La terapeuta celebró estos logros y se discutió junto al paciente las posible barreras para lograr otras *movidas audaces*. En esta sesión, Isaac logró reevaluar los aspectos que son importantes en su vida a través del *ejercicio del funeral* (Hayes et al., 1999, pp. 215-217 como citado en el protocolo) y el ejercicio de *¿qué dirían tus lápidas?* (Zettle, 2007, p. 122; Walser & Westrup, 2007, pp.148-50). En ambos ejercicios se le solicitó a Isaac que se imaginara que vivió la vida que él deseaba vivir y que narrara cómo lo describirían aquellos presentes en su funeral y lo que estaría inscrito en su lápida. En este ejercicio se le exhortó a que no describiera, lo que él pensaba que otros dirían, sino lo que él *quisiera* que dijeran de él. Nuevamente, los valores de ser un buen esposo, la unión familiar y la recreación fueron principales en su relato. En la décima sesión Isaac narró que había salido de fin de semana de playa con su familia. Informó que tuvo momentos que la frustración y el disfrute coexistieron. Dijo: "me levanté un día con mucho coraje y fui a caminar". Se celebró, en este caso, la habilidad de Isaac de moverse hacia las cosas valoradas (recreación, salud y familia) a pesar de los pensamientos y sentimientos incómodos. En la sesión Isaac verbalizó orgullo por sus logros. En esta sesión se pudo observar con más claridad la evolución del paciente. Al momento de este escrito, a Isaac le faltaban dos sesiones para terminar su tratamiento de acuerdo con el protocolo de ACT. Las sesiones subsiguientes se centrarán en la continua clarificación de valores, en la acción comprometida y en la terminación del tratamiento.

EVALUACIÓN DEL CASO

Recordemos que la queja inicial de Isaac eran sus sentimientos de frustración, la tristeza, la preocupación asociada a no poder vivir la vida como él la había visualizado en su retiro. También, expresaba preocupaciones por sus condiciones físicas y el deterioro de la salud de su esposa. Isaac experimentaba un ánimo deprimido, dificultad para dormir, pérdida de interés, sentimientos de culpa y problemas de concentración. Luego de 9 sesiones terapéuticas Isaac identificaba que había logrado adelantos en poder vivir la vida que él deseaba, verbalizó tener una relación distinta con sus pensamientos y emociones. Por ejemplo, Isaac relató que durante una intervención médica en la sala de emergencia a la cual él acudió debido a una torcedura de tobillo, fue capaz de observar lo que su mente decía. Esto es un ejemplo de *defusión* aprendido y ensayado en las sesiones terapéuticas. Mostrando así una apertura para considerar los métodos presentados en nuestras sesiones. Sin embargo, a la altura de la novena sesión, Isaac continuaba experimentando ambivalencia, pues continuaba verbalizando su deseo de emplear métodos de evitación experiencial: "si logro controlar mi mente, la voy a pasar bien". A nivel objetivo, con medidas del BDI, Isaac aún informaba síntomas depresivos de moderados a severos. Es importante recordar que los objetivos de ACT no están dirigidos a la disminución de síntomas por lo que una evaluación centrada exclusivamente en la presencia o ausencia de sintomatología no captura necesariamente el impacto de la terapia en la vida integral del paciente (García et. al., 2004). Una observación directa de la puntuaciones crudas obtenidas en el *Acceptance and Action Questionnaire* (AAQ-2), instrumento que debe ser sensible a los cambios que se buscan obtener a través de ACT, muestran fluctuaciones en su *evitación experiencial* a través de las sesiones. Es decir, se observaron cambios entre mayor y menor flexibilidad psicológica en los diferentes momentos que se administró el instrumento. Dado que al momento de este escrito todavía el tratamiento no ha culminado, sería precipitado llegar a conclusiones contundentes con relación a la evolución de Isaac debido al tratamiento. No obstante, Isaac informa haber logrado acciones concretas para moverse hacia el tipo de vida que él desea. Además, expresa satisfacción con la relación terapéutica y se encuentra motivado para continuar con el tratamiento. Consideramos que estas variables subjetivas son de suma importancia en la recuperación del paciente y el éxito de la terapia.

El mayor reto en el tratamiento con Isaac fue conducir la terapia en inglés, segundo idioma para ambos, la terapeuta y el paciente. En ocasiones, se sintió que hablar inglés en la terapia restringió la posibilidad de explorar o entender las experiencias a fondo. Más aún, la grabación de la terapia, de acuerdo con las reglas internalizadas de Isaac, se sentía que el paciente estaba tratando de decir y hacer "lo correcto". Cuando esta actitud fue observada por la terapeuta esta lo abordó en la misma sesión y fue trabajada junto al paciente. La autora lleva trabajando con ACT más de cinco años, sin embargo, es la primera vez que sigue un protocolo que conllevó mucha flexibilidad también de su parte.

IMPLICACIONES Y CONCLUSIONES

El futuro de ACT en Puerto Rico es prometedor, evidenciado en este y otros casos clínicos en los que se utiliza de forma exitosa en varios escenarios clínicos. No obstante, es imperativo probar la efectividad de ACT con la población puertorriqueña siguiendo un procedimiento científico. Como señalamos, existe suficiente información cualitativa que sugiere la efectividad de

ACT en los casos clínicos que se han documentados en Puerto Rico (Colón, Berríos, Navas, & Abreu, 2012). Estimamos que ACT puede ser viable y es el momento preciso para investigar su efectividad con poblaciones puertorriqueñas e implantar maneras sistemáticas para su adaptación cultural. Este proyecto contribuiría a la enseñanza y diseminación de tratamientos efectivos y culturalmente apropiados. Además, aumentaría el acervo de modelos terapéuticos efectivos que contribuyen al bienestar de las personas en la Isla. De esta manera, se estaría apoyando la ampliación de las estrategias terapéuticas al alcance de los y las profesionales puertorriqueños/as.

REFERENCIAS

Barraca, J. (2007). La Terapia de Aceptación y Compromiso (ACT): Fundamentos, aplicación en el contexto clínico y áreas de desarrollo. *Miscelánea Comillas, 65*(127), 761-781.

Bernal, G., Bonilla, J., & Bellido, C. (1995). Ecological validity and cultural sensitivity for outcome research: Issues for the cultural adaptation and development of psychosocial treatments with Hispanics. *Journal of Abnormal Child Psychology, 23,* 67–82.

Biglan, A., Hayes, S. C., & Pistorello, J. (2008). Acceptance and commitment: Implications for prevention science. *Prevention Science*, 9, 139-152.

Bond, F. W., Hayes, S. C., & Baer, R. A., Carpenter, K. C., Guenole, N., Orcutt, H. K., Waltz, T. and Zettle, R. D. (2011). Preliminary psychometric properties of the Acceptance and Action Questionnaire – II: A revised measure of psychological flexibility and acceptance. *Behavior Therapy, 42*(4), 676-688.

Forman, E. M., Herbert, J. D., Moitra, E., Yeomans, P. D., & Geller, P. A. (2007). A randomized controlled effectiveness trial of Acceptance and Commitment Therapy and Cognitive Therapy for anxiety and depression. *Behavior Modification, 31*(6), 772-799.

Hall, G. C. N., Hong, J. J., Zane, N. W. S., & Meyer, O. L. (2011). Culturally competent treatments for Asian Americans: The relevance of mindfulness and acceptance-based psychotherapies. *Clinical Psychology: Science and Practice, 18,* 215–231.

Hayes, S. C. (2004). Acceptance and commitment therapy, relational frame theory, and the third wave of behavior therapy. *Behavior Therapy, 35,* 639-665.

Hayes, S. . (2006). Philosophical Roots. In Association for Contextual Behavioral Science. Recuperado en October, 1, 2012, de http://contextualpsychology.org/philosophical_roots.

Hayes, S. C., Luoma, J. B., Bond, F. W., Masuda, A. & Lillis, J. (2006). Acceptance and commitment therapy: model, processes and outcomes. *Behaviour Research and Therapy, 44*, 1–25.

Hayes, S. C., Muto, T., & Masuda, A. (2011). Seeking cultural competence from the ground up. *Clinical Psychology: Science and Practice, 18*, 232-237

Hayes, S. C., Strosahl, K., & Wilson, K. G. (1999). *Acceptance and commitment therapy: An experiential approach to behavior change.* New York: Guilford Press.

Luciano, M. C., & Valdivia, M. S. (2006). La Terapia de Aceptación y Compromiso (ACT). Fundamentos, caracteristicas y evidencia. *Papeles del Psicólogo, 27*, 79-91.

Luoma, J. B., Hayes, S. C., & Walser, R. D. (2007). *Learning ACT: An acceptance & commitment therapy skills-training manual for therapists.* Oakland, CA: New Harbinger & Reno, NV: Context Press.

Patrón- Espinosa, F. (2010). La evitación experiencial y su medición por medio del AAQ-II *Enseñanza e Investigación en Psicología, 15*(1),5-19.

Powers, M.B., Vörding, M. & Emmelkamp, P.M.G. (2009). Acceptance and commitment therapy: A meta-analytic review. *Psychotherapy and Psychosomatics, 8*, 73-80.

Society of Clinical Psychology. (n.d.). Psychological Treatments. *In Society of Clinical Psychology American Psychological Association Division 12*. Recuperado en October 1, 2013, de http://www.div12. org/PsychologicalTreatments/treatments.html.

Society of Clinical Psychology (2013). *Psychological Treatments.* Recuperado de http://www.psychologicaltreatments.org/ en 20 de agosto.

Sue, S., Zane, N., Nagayama Hall, G., & Berger, L. K. (2009). The case for cultural competency in psychotherapeutic interventions. *Annual Review of Psychology, 60*, 525–548.

Walser, R.D., Chartier, M., & Sears, K. (2011). *Acceptance and commitment therapy for depressed veterans: Therapist manual.* Washington, DC: U.S. Department of Veterans Affairs.

Woidneck, M. R., Pratt, K. M., Gundy, J. M., Nelson, C., & Twohig, M. P. (2012). Exploring cultural competence in acceptance and commitment therapy outcome research. *ProfessionalPsychology: Research and Practice, 43*(3), 227-233.

IV. TERAPIAS PSICODINÁMICA, BASADAS EN EL APEGO, CONSULTORÍA FORENSE BASADA EN EL APEGO

UN ERROR DE CUENTA: EXPERIENCIA CLÍNICA DESDE UNA PERSPECTIVA PSICOANALÍTICA/LACANIANA CON UN CASO CON TRASTORNO DE LA CONDUCTA ALIMENTARIA

MAE LYNN REYES-RODRÍGUEZ

*El primer tiempo de este caso clínico fue presentado en el Foro Lacaniano de Puerto Rico bajo el título En el Cuerpo del Deseo, el 25 de abril de 2003 en San Juan, Puerto Rico. Un agradecimiento especial a la Dra. María de los Ángeles Gómez por su asistencia en la supervisión clínica de este caso durante mi internado clínico en la Universidad de Puerto Rico, Recinto de Río Piedras.

Los trastornos de la conducta alimentaria han sido un reto clínico por su complejidad psíquica y médica poniendo al clínico frente a una encrucijada ética por su fuerte pulsión de muerte. Aunque históricamente, estos trastornos han sido asociados mayormente con mujeres blancas no latinas y de niveles socioeconómicos altos (Smolak & Striegel-Moore, 2001), la realidad es que se han observado casos clínicos a través de diversos grupos raciales/étnicos, en ambos géneros, en todos los niveles socioeconómicos y en diversos grupos de edades (Franko, Thompson-Brenner, Thompson, Boisseau, Davis et al., 2011; Marques, Alegría, Becker, Chen, Fang et al., 2011). Utilizando la nosología esbozada por la Asociación Americana de Psiquiatría, la presencia de síntomas asociados a los trastornos de la conducta alimentaria, específicamente la anorexia y la bulimia nerviosa, han sido documentados en Puerto Rico, por medio de estudios de prevalencia tanto en la población adulta (Santos, 1996) como en la población universitaria (Reyes-Rodríguez, Franko, Matos-Lamourt, Bulik, Von Holle et al., 2010).

En la más recientemente edición del Manual Diagnóstico y Estadístico de los Trastornos Mentales-5ta Edición (APA, 2013) se describen tres trastornos de la conducta alimentaria: la anorexia nerviosa, la bulimia nerviosa y el trastorno por atracón/ ingesta voraz. De acuerdo con el DSM-5, la anorexia nerviosa se caracteriza por un bajo peso, renuencia a mantener un peso corporal igual o por encima del valor mínimo recomendado para la edad y la talla, miedo intenso a ganar peso, y una distorsión de la imagen corporal. La bulimia nerviosa es definida por la presencia de episodios de voracidad en el cual se consume una gran cantidad de comida en un período corto de tiempo (ej. dos horas) y en el que la persona siente que pierde el control de lo que come y cuánto está comiendo. Estos episodios son acompañados por conductas compensatorias para controlar el peso como por ejemplo, la inducción del vómito, uso de diuréticos, ayunos, dietas estrictas y/o ejercicios excesivos. Por otro lado, en el trastorno por atracón, se observan los episodios de voracidad, pero en ausencia de las conductas compensatorias. Este trastorno estuvo bajo investigación durante la vigencia del DSM-IV (APA, 2000), para ser oficialmente incorporado como una categoría diagnóstica dentro de los trastornos de la conducta alimentaria en el DSM-5 (APA, 2013). Así también, se incorporaron otros cambios en los criterios diagnósticos de los trastornos de la anorexia y la bulimia con el propósito de responder a la realidad clínica que se observa en poblaciones de comunidad (Sysko, Roberto, Barnes, Grilo, Attia et al., 2012). Entre los cambios más relevantes se encuentran la eliminación de la amenorrea como un requisito para el diagnóstico de la anorexia nerviosa y la reducción del número de episodios de atracón/ingesta voraz para cumplir con los criterios diagnósticos de la bulimia nerviosa (ej. de dos episodios por semana a un episodio por semana). Con estos cambios se espera que la categoría de los trastornos de la conducta alimentaria no especificados (EDNOS, por sus siglas en inglés) se reduzca significativamente y más personas cualifiquen para el diagnóstico completo de la anorexia o de la bulimia nerviosa.

El trabajo clínico que se discutirá a continuación está conceptualizado y trabajado desde un modelo psicoanalítico/lacaniano, por lo que, el encuadre médico-psiquiátrico aunque está presente de forma sistémica, no será el foco de dirección. Desde una perspectiva psicoanalítica/lacaniana, los trastornos de la conducta alimentaria no son considerados en sí mismos como un trastorno con entidad separada, sino más bien como un síntoma dentro de una estructura histérica o de neurosis obsesivas. Es un síntoma que se dice a través del cuerpo, cuando la palabra queda oculta por la intensidad del dolor o por procesos inconscientes que aún no han sido descubiertos por el sujeto (Baravalle, Jorge, & Vaccarezza,1993). Es entonces, la función del terapeuta el crear un espacio y una relación que le permita al sujeto apalabrar lo que queda oculto a través del síntoma.

El caso que será presentado en este capítulo, formó parte de mi internado clínico durante mi segunda especialización en psicología clínica. El proceso de internado muchas veces se conceptualiza como una experiencia de cierre dentro de un proceso de adiestramiento clínico; sin embargo, soy testigo de que, lejos de ser un proceso de cierre, es una apertura hacia una escucha que no se limita a la palabra dicha, la que no se dice o la que se dice a través del cuerpo, sino también desde dónde se dice. Quiero introducir el caso clínico con una cita de Miller (1998) que, de cierta manera, estuvo guiando mi proceso de escucha:

> "No hay una sola frase, un solo discurso, una sola conversación que no soporte el sello de la posición del sujeto con relación a lo que se dice" (p.24).

PRESENTACIÓN DEL CASO

La joven, la cual será identificada como G, fue referida por una institución psiquiátrica a uno de los centros de servicios psicológicos de la Universidad de Puerto Rico para que recibiera continuidad de tratamiento para la condición que la había llevado a su primera hospitalización. Debido a la fuerte pulsión de muerte, estuvo hospitalizada por un espacio de dos semanas para estabilizar su salud física y monitorizar sus amenazas de suicidio. Durante su estadía hospitalaria, G es diagnosticada con depresión y trastornos de la conducta alimentaria, fluctuando entre la anorexia y la bulimia nerviosa, por lo que el médico recomendó terapia psicológica de forma ambulatoria. En un mes de abril se da el primer encuentro terapéutico con la joven de 16 años y su madre. Durante la entrevista con la madre, ella expresa con angustia que G no quería comer, lo cual la había llevado a un estado de descompensación física que produce su hospitalización. El hospital reporta el caso al Departamento de la Familia ante la sospecha de una posible negligencia y este a su vez obliga a la madre a ingresar a G en un hospital psiquiátrico, el cual recomienda que continúe servicios psicológicos de forma ambulatoria. Luego de una entrevista inicial en presencia de ambas (madre e hija), le pido a la madre tener un espacio aparte con la joven. Lo que se observa y se siente por medio de la escucha, es una joven con mucho coraje, extremadamente delgada, que dice verse gorda y lo único que dice querer es bajar peso y estar más delgada. G vive con su madre y dos hermanas por parte de madre, mayores que ella. Tiene dos hermanos menores por parte de su padre, quien está casado con otra mujer.

La resistencia de G ante un proceso terapéutico era evidente. El compromiso de asistir semanalmente a las sesiones para el proceso de psicoterapia era asumido como una imposición de la madre y del sistema. En adición al espacio terapéutico, G debía de continuar con el seguimiento nutricional, psiquiátrico y médico para el manejo de sus medicamentos y monitorear su estabilidad física y determinar la viabilidad del tratamiento ambulatorio. Sabía que ante mí tenía un reto, una compleja situación clínica, marcada por un reciente pasado de hospitalizaciones, amenazas y violencias de diversas índoles. G había sido sometida a diversas intervenciones y regímenes que trataban de acallar lo que su síntoma podría estar tratando de decir. El uso de medicamentos antidepresivos y ansiolíticos, son comúnmente utilizados para el tratamiento de estos trastornos desde un modelo médico, especialmente si se presentan condiciones comórbidas como la depresión y la ansiedad, teniendo como objetivo principal eliminar los síntomas a la mayor brevedad posible. Sin embargo, desde un modelo psicoanalítico, tratar de eliminar los síntomas con métodos invasivos, puede interferir con el proceso del sujeto de descubrir y apalabrar lo que el inconsciente está queriendo decir a través del síntoma. En este caso en particular, en primera instancia entonces, es la angustia de la madre que surge y opaca la angustia de G. Varias interrogantes surgieron luego de ese primer encuentro con G y su madre y que, de cierta manera, sirvieron de encuadre para la escucha de las sesiones subsiguientes: ¿Qué es lo que media el grito de angustia de la madre? ¿Es la angustia de ver a su hija como "desaparece" o es la ley del Estado que pone en entredicho su posición de madre? ¿Cuál es la demanda de la madre? ¿Cómo toca a la madre los síntomas de su hija? ¿Dónde está la demanda de su hija? Estas y otras interrogantes van abriendo caminos a explorar durante el proceso terapéutico.

CONCEPTUALIZACIÓN CLÍNICA Y TRATAMIENTO

Primer tiempo

En la primera sesión, G aparenta ser traída por el otro y

no tener una demanda, una demanda de ayuda, una demanda condición de posibilidad de un proceso terapéutico. Sin la mediación de una demanda de parte del sujeto las posibilidades de un proceso terapéutico no existen. Sabía que desde dónde yo me posicionara era clave para que G pudiera asumir un proceso terapéutico y sabía que tenía que ser un posicionamiento distinto al que habían jugado los hospitales y la madre. ¿Cuál es entonces ese lugar? El lugar de la escucha, una escucha que trascendiera la escucha de palabras, una escucha que permita al síntoma decir y decirse, una escucha de la angustia, una escucha del sujeto. Abrevaya (1992) señala:

> "Quizás sea difícil de concebir al niño como un sujeto que abriga deseos, sueños e ilusiones propios, cuando éste no tiene representación alguna como sujeto en el cuerpo social. El niño viene a ocupar el lugar de objeto, al cual no se le concibe como interlocutor. Es siempre objeto de la acción de los adultos, de ahí pasa a ser objeto de la educación de los padres y de los maestros, objeto de tratamiento y de estudio del médico, del terapeuta, etc. Así la labor analítica se propone el fin de rescatar el deseo del pequeño, a menudo obstruido y callado, debido a la posición de dependencia que ocupa con respecto a sus padres" (p.65).

Aunque en la primera sesión G pronunció pocas palabras, las mismas encerraban parte de su sufrimiento. "Así debió ser siempre". "Me tuve que enfermar para que ella se acercara a mí, me tuve que enfermar para que se diera **cuenta** que G está ahí". ¿Para qué y para quién o quiénes cuenta G y cómo es que cuenta y da cuenta de ello? Desde la primera sesión y sin que se diera **cuenta,** G estaba apalabrando el motivo de su angustia, que además deja entrever aquello que concierne a su lugar como sujeto y su lugar para el otro: *un error en la cuenta*.

Señala Miller (1998):

> ..."El sujeto en sí mismo, es un error en las cuentas. Cuando las mujeres cuentan los días para no quedar embarazadas y yerran en las cuentas, es entonces cuando un sujeto posible puede aparecer y, si continúa siendo concebido como un error en las cuentas por parte de los padres, eso tendrá consecuencias decisivas" (p.68).

Las subsiguientes sesiones fueron decisivas para que G pudiera asumir su espacio terapéutico y romper el silencio que marcaron las primeras sesiones. Solamente algunas intervenciones por parte de la terapeuta rompían el silencio, para reafirmar lo difícil que era asumir un espacio traído por el otro, y de esta manera ir tendiendo un puente hacia el dolor de G. No es hasta la cuarta sesión en que G comienza hablar sobre la relación con su madre y señala: "Ella no quería tener más hijos, pero cambia de método y queda embarazada". Embarazada de G, un error de cálculo, de cuenta. Cada palabra que G enuncia, se siente marcada por el intenso dolor de contar para la madre como un error. Error que G encarna con todas sus consecuencias; coraje, soledad, abandono, rechazo. Pero cómo no asumir la posición del error, si es desde el único lugar en que cuenta para la madre. "Si le peso, ¿para qué me parió?" G encarna el peso del error de la madre; posición que tiene un costo muy alto, **ser objeto del fantasma de la madre y de las tribulaciones de esta última con la maternidad**. Una madre que solo da cuenta de su hija como error de cuenta. De sus tres hijas, la única que le ha dado problemas ha sido G, con la única que tiene dificultades para comunicarse. Una madre que no le permite salir porque si le pasa algo a G, va a tener que responderle a su padre. Una madre que no la deja sola porque el Departamento de la Familia está investigando y si encuentran que ella es negligente con su hija la "meten presa". ¿De qué estamos hablando?, ¿Qué implicaciones éticas y terapéuticas tiene que G sea el objeto del fantasma de su madre?, ¿Qué relaciones puede tener su deseo de desaparecer, jugado en la lógica anoréxica, con ese lugar de error, de des-hecho en el fantasma de la madre?, ¿Qué es lo que ese síntoma le está ofreciendo como ganancia a G?, ¿Cuál es la responsabilidad de la madre en esto? pero y sobre todo, ¿Cuál es la responsabilidad de G?, ¿Qué es lo que le incumbiría asumir?

Miller (1998) señala:

> "A nivel de la objetividad el sujeto no existe, y es responsabilidad del analista producir, crear, otro nivel propio del sujeto" (p.67).

A medida que transcurrieron los meses, G comenzó a apalabrar algo de ese coraje, algo de su angustia y de su deseo de sentirse amada y querida por su madre. Considerando que el síntoma ocupa el lugar de una palabra no dicha, ¿cómo juega entonces la anorexia en toda esta cadena de significantes del discurso de G? Ante la posición anoréxica, Nieves (2000) señala:

> "Que la posición de recuperación de goce es el correlato de un rechazo con el que se juega como si fuera un deseo,

rechazo de la ignorancia del Otro materno que nada sabe del amor, confundiéndolo con sus cuidados. Exigencia del surgimiento de un punto de falta en el Otro, frente al cual el sujeto propondrá el fantasma de su muerte, de su desaparición como objeto del deseo del Otro" (p.28).

La demanda de G hacia su madre se nos va revelando poco a poco con su paradójica intensidad: por un lado demanda de amor, de re-conocimiento por una madre que la lleva a estar dispuesta a pagar el precio de su desaparición. Desaparición que concierne no solo con su cuerpo sino también con su posición como sujeto. Pero en la medida en que intenta desaparecer, buscando borrar el error de su madre, buscando borrarse como error de su madre, y asumir el lugar que esta le marca como objeto, se deja entrever otra dimensión que el síntoma abre y que pone justamente en entredicho y en error a la madre ante la ley. Su síntoma, de cierta manera, hace un llamado a la ley para que ordene a la madre asumir otro lugar respecto a ella, poniendo entonces la espada de Damocles sobre la cabeza de la madre. "Quiero que le duela el haberme parido"; "Quiero hacer todo lo contrario a lo que ella me dice"; "Ojalá me muera y me maten en la calle". Entre el amor y el odio se encuentra atrapada G en el fantasma mortífero de la madre. "Me tiene tan amarrada". Pero ¿dónde está el amarre? A gritos pide libertad, pero continúa durmiendo en la cama con su madre, imposibilitando que ésta reanude su vida amorosa con otro hombre que no sea su padre. Un padre que había estado ausente hasta el momento de su enfermedad. Por medio de su síntoma, G ha logrado que su padre se ocupe de ella, que se haga presente en la medida de su demanda. Por medio de su síntoma pasea por su fantasía de tener una familia en la que el padre y la madre den cuenta como familia y ella de cuenta como hija del deseo y no como error de cuenta.

¿Qué otras cosas entran en juego en la anorexia y bulimia de G?, ¿Cómo se juega la sexualidad en G? En las últimas sesiones (cercano a los nueve meses), G apalabra el miedo que siente hacia la sexualidad, hacia la maternidad, miedo a ser mujer. ¿Miedo a verse en el espejo de su madre? Una madre con tres hijas de padres diferentes, que ha tenido que asumir la maternidad sola, con todo el **peso** que eso implica. G apalabra el miedo a vivir y a *reproducir* a través de la maternidad el error de cuenta de la madre. Miedo a la sexualidad, a ser mujer que cuente como **objeto** del deseo de otro hombre. ¿Dónde está su deseo? Para que G pueda abrigar y apalabrar su deseo es indispensable que asuma otro posicionamiento, no como objeto del fantasma del Otro. Desde esta posición G queda anulada, tachada, pero también su responsabilidad queda anulada. Es por medio del trabajo terapéutico que G necesita trabajar otras posibilidades en las que ella cuente y pueda dar cuenta de su deseo y hacerse responsable de éste. Esto solo es posible desde el lado de la subjetividad, pasar de ser objeto a ser un sujeto que abrigue deseos y que asuma la responsabilidad de su historia. Pasar del hecho de quejarse de los otros para quejarse de sí misma. Como señala Miller (1998):

> "Siempre tenemos razones para quejarnos de los otros. Es un punto, de hecho muy refinado, esa entrada del sujeto que dice: "No es mi culpa". Inversamente, el acto analítico consiste en implicar al sujeto en aquello de lo que se queja, implicarlo en las cosas de las cuales se queja. Es un error pensar, en el análisis, que el inconsciente sea el responsable de las cosas por las cuales alguien sufre. Si así fuese destituiríamos al sujeto de su responsabilidad" (p.70).

Aunque G fue aumentando de peso paulatinamente a medida que las sesiones progresaban, y las conductas de purga (ej. provocarse el vómito) fueron desapareciendo, eso no marcaba el final del tratamiento. El trastorno de la conducta alimentaria, desde una perspectiva psicoanalítica, no se trata de la fluctuación del peso físico, no se trata del síntoma, sino de la palabra oculta en el síntoma y desde dónde se dice, de la posición que ella ha asumido en su novela familiar. Se trata de la posición que, como sujeto, puede asumir escribiendo su historia sin tener que padecerla únicamente como destino. Aunque para la Asociación Americana de Psiquiatría ya G no cumplía con los criterios diagnósticos de un trastorno de la conducta alimentaria, ya que su peso estaba dentro de unos parámetros normales y las conductas de purga fueron desapareciendo, ella estaba consciente de que todavía había un camino que recorrer. Las personas que rodean a G no entendían por qué seguía visitando a la psicóloga, porque para los efectos ya estaba "curada", sin embargo, recordemos que los síntomas solo son la punta del témpano de hielo, que si no se trabaja en su profundidad, seguirán desplazándose en nuevos síntomas. Fue a través de la escucha que, sin ninguna intención aparente, G fue girando su silla hasta quedar justo del lado de la silla de la terapeuta y pronunciar "ahora me gusta". ¿Qué es lo que te gusta? le pregunté. A lo que G contestó "Estar aquí contigo y hablar". Finalmente G comenzaba a apalabrar algunos de sus deseos y a adueñarse de su espacio terapéutico. Por **nueve meses** acompañé a G en su proceso, fui testigo de su sufrimiento y la acompañé hasta las últimas consecuencias. Nueve meses fue el tiempo que G necesitó para **re-nacer** dentro de un espacio terapéutico donde ella no contara como un error de cuenta. Un espacio donde el deseo de escucha fue creando un lugar de respeto y compasión, que de cierta manera, pudo romper la barrera del silencio, que al inicio del proceso terapéutico marcaba la ausencia de una demanda propia.

G decidió hacer una pausa en su proceso, pausa que pudiera permitir un retorno en el cual no sea traída por el otro, sino por su propia demanda. Estaba cansada de tantos procesos médicos, que impedían vivirse con la normalidad de cualquier adolescente que no tiene mayor compromiso que ir a la escuela y compartir con sus amistades. A pesar de saber que G necesitaba trabajar y sanar muchas emociones y relaciones, ¿quién dice que hay que trabajar todo en un solo tiempo? ¿quién sabe cuál es el tiempo perfecto para sanar las heridas que nos va dejando la vida? Ella sabe que el espacio siempre va a estar ahí, sea conmigo o con otro terapeuta, después de todo, ese es su proceso.

Este acompañamiento no fue fácil de asumir, por la intensidad de su sufrimiento, intensidad del coraje, intensidad de querer desaparecer, de morir. El trabajo clínico requiere asumirse con mucha responsabilidad y ética, con toda la asistencia y formalidad que requiere el caso de parte del terapeuta, de no abandonar al paciente, ni permitir que la angustia que puede despertar en uno, sea motivo para referir.

Segundo tiempo

Varios años pasaron sin saber de G, pero confiando en que el proceso vivido le hubiese permitido transformar su historia. Esa es la esperanza que todo clínico alberga cuando cada proceso llega a su fin no importando las razones que marcan la pausa. Para mi sorpresa, un día recibo la llamada de G con curiosa suspicacia de saber si, la terapeuta que la había acompañado en su proceso de gestación emocional, todavía se recordaba de ella. Sentí que la vida había sido grata conmigo al permitirme vivir la fantasía de saber el destino de aquellos que, alguna vez acompañamos y que luego al seguir sus caminos nos queda la incógnita de saber cómo decidieron re-escribir sus historias.

G ya no era la adolescente que había quedado en mi memoria, sino más bien una joven mujer universitaria que poco a poco trataba de re-escribirse. Luego de una búsqueda intensa logró conseguir mi contacto de la práctica privada. Ambas celebramos los mutuos logros de vernos en caminos paralelos aunque diferentes. La terapeuta, ya no era una interna bajo supervisión dentro de un contexto hospitalario. G había alcanzado cierto nivel de independencia que le permitía guiar por sí misma hasta la oficina y no tener que ser traída por el otro. En este segundo tiempo, no había un referido, ni venía obligada por su madre, por el hospital o por el estado. Era su deseo genuino de sentirse acompañada en otro de los retos que la vida le presentaba. Ya no era necesario de que el síntoma hablara por ella, ya que el primer tiempo le permitió encontrar su voz. El trastorno de la conducta alimentaria que una vez sufrió, ya no estaba en el panorama. En este segundo tiempo quería trabajar una ruptura amorosa y algunas dificultades con su madre. Aunque fue corto este segundo tiempo (solo duró varios meses) por asuntos logísticos, me queda la satisfacción de haber visto una G asumiéndose como un sujeto capaz de enfrentar sus responsabilidades y de querer transformar su historia.

IMPLICACIONES Y CONCLUSIONES

Como he mencionado al inicio, los trastornos de la conducta alimentaria suelen ser muy complejos por su fuerte componente médico. Durante el manejo de este caso clínico, el espacio terapéutico fue dirigido mayormente hacia la escucha, para ofrecerle a G un espacio totalmente diferente del que ocupa el médico, los padres, el estado, que por sus respectivas posiciones tienden a tener unos roles autoritarios. Asumir una posición similar como terapeuta hubiese cerrado la posibilidad de que G encontrara una voz para hablar más allá de sus síntomas. No enfocar el proceso terapéutico en el síntoma mismo, en este caso, la resistencia a alimentarse, el provocarse el vómito, permitió que la paciente tuviera que mirar más allá de su puesta en escena, para mirar lo que la había llevado a su síntoma original, el dolor de verse vivida como un error para su madre. Esta postura, requiere que el terapeuta, responsablemente, delegue en el otro, como el médico, nutricionistas, los padres, entre otros, a que asuman su rol de vigilancia, rol que por sus particulares posiciones están llamados a ejercer. Es relevante mencionar que, desde este modelo teórico no se niega la posible asistencia médica, especialmente en casos donde la salud física queda comprometida. Sin embargo, es importante que reconociendo estos retos, nos preguntemos cuál es el rol que necesitamos asumir como terapeutas y que lejos de acallar el síntoma, proveamos un espacio que permita al síntoma apalabrarse sin los miedos, las censuras y el juicio que pueden ejercer otros posicionamientos.

En adición a la escucha, el proceso terapéutico requiere implicar al sujeto de lo que se queja, como según señala Miller (1998). Si nos quedamos en el nivel de la escucha únicamente, imposibilitamos que el sujeto pueda asumir su subjetividad, con todas las responsabilidades que eso acarrea. En este caso en específico, fue importante proveer un espacio para que G pudiera reflexionar sobre su contribución a la novela familiar de la cual era parte. Es desde esa reflexión que el sujeto puede tener la posibilidad de reescribir su historia y hacerse responsable de esta. Por ejemplo, para G fue importante asumir las consecuencias que sus síntomas acarrearon, como la vigilancia médica, de los padres y del Estado; y aunque disfrutaba de unas ganancias secundarias al tener a sus padres en un cuidado especial hacia ella, también sufría las incomodidades de la constante vigilancia, la independencia restringida y de todas las intervenciones médicas e institucionales. A través del proceso terapéutico y analítico fue posible que G fuera asumiéndose poco a poco, con todos los miedos y resistencias que eso conlleva.

Históricamente, el acercamiento psicoanalítico, fue una de las conceptualizaciones iniciales para abordar los trastornos de la conducta alimentaria, especialmente la anorexia nerviosa (Bruch, 1978). Sin embargo, su vigencia y efectividad ha sido cuestionada por algunos proponentes de acercamientos cognitivo conductual e interpersonales, los cuales han desarrollados tratamientos basados en la evidencia (Wilson, Grilo, & Vitousek, 2007). La efectividad del tratamiento, no puede explorarse partiendo de un fundamento filosófico distinto al que responde el modelo psicoanalítico. Desde este modelo, no hay un manual de tratamiento que dirija el proceso de intervención ya que es, en la misma particularidad de cada caso y al posicionamiento clínico que asumimos como terapeutas, el que el proceso terapéutico va formándose y de-formándose. Solo el tiempo y el espacio de compartir con otros el acompañamiento del cual hemos sido testigos, es que podemos dar cuenta de las transformaciones que brinda la escucha incondicional, a aquel que en algún momento dado se ve imposibilitado de apalabrar sus más profundos dolores y el síntoma se convierte en su única posibilidad. Dos tiempos con G han permitido documentar su proceso de transformación que le permitieron a su síntoma decir y decirse, abriendo así, un espacio hacia la cura.

Agradecida estoy de mis pacientes; los pasados, los presentes y los que están por venir, por darme la oportunidad y el privilegio de acompañarlos en sus dolores más profundos. No hay procesos al azar ni procesos inconscientes que se escapen de las relaciones transferenciales y contratransferenciales. Cada caso es una nueva oportunidad que me da la vida para formarme y transformarme en mejor terapeuta, mejor ser humano y ese es el más preciado regalo que mi profesión me puede brindar.

REFERENCIAS

Abrevaya, E. (1992). *El niño, su sufrimiento y la pobreza.* San Juan, Puerto Rico: Publicaciones Puertorriqueñas, Inc.

American Psychiatry Association. (2000). *Diagnostic and statistical manual of mental disorders* (4th Ed text Revised.). Washington, D.C: APA Press.

American Psychiatry Association. (2013). *Diagnostic and Statistical Manual of Mental Disorders, 5th Edition.* Washington DC: APA Press.

Baravalle, G., Jorge, C. H., & Vaccarezza, L. E. (1993). *Anorexia: Teoría y clínica psicoanalítica* Barcelona, España: Ediciones Paidos Iberica, S.A.

Bruch, H. (1978). *The golden cage: The enigma of anorexia nervosa.* Cambridge, Massachusetts Harvard University Press.

Franko, D. L., Thompson-Brenner, H., Thompson, D. R., Boisseau, C. L., Davis, A., Forbush, K. T., et al. (2011). Racial/ethnic differences in adults in randomized clinical trials of binge eating disorder. *Journal of Consulting and Clinical Psychology, 80,* 186-195.

Marques, L., Alegría, M., Becker, A. E., Chen, C. N., Fang, A., Chosak, A., et al. (2011). Comparative prevalence, correlates of impairment, and service utilization for eating disorders across US ethnic groups: Implications for reducing ethnic disparities in health care access for eating disorders. *International Journal of Eating Disorders, 44*, 412-420.

Miller, J. (1998). *Introducción al método psicoanalítico*. Buenos Aires: Nueva Biblioteca Psicoanalítica, Eolia-Paidós.

Nieves, S. (2000). *Psicoanálisis de la anorexia y la bulimia*. Buenos Aires, Argentina: Tres Haches.

Reyes-Rodriguez, M. L., Franko, D. L., Matos-Lamourt, A., Bulik, C. M., Von Holle, A., Camara-Fuentes, L. R., et al. (2010). Eating disorder symptomatology: prevalence among Latino college freshmen students. *Journal of Clinical Psychology, 66*, 666-679.

Santos, D. (1996). *Prevalencia de bulimia nerviosa en una muestra probabilística de mujeres que residen en áreas pobres en Puerto Rico*. Disertación no publicada, University of Puerto Rico Rio Piedras.

Smolak, L., Stiegel-Moore, R.H. (Ed.). (2001). *Challenging the myth of the golden girl*. En Striegel-Moore, R. H. & Smolak, L. (Eds.), *Eating disorders: Innovative directions in research and practice* (pp.111-132). Washington D.C: American Psychological Association.

Sysko, R., Roberto, C. A., Barnes, R. D., Grilo, C. M., Attia, E., & Walsh, B. T. (2012). Test-retest reliability of the proposed DSM-5 eating disorder diagnostic criteria. *Psychiatry Research, 196*, 302-308.

Wilson, G. T., Grilo, C. M., & Vitousek, K. M. (2007). Psychological treatment of eating disorders. *American Psychologist, 62*, 199-216.

Capítulo 11

LIDIANDO CON LOS AFECTOS

Sylvia Martínez Mejías

El presente escrito recopila un trabajo dirigido a entender y desarrollar estrategias efectivas para lidiar con los efectos de la separación materno-infantil en etapas temprana del desarrollo humano. A través de un estudio de caso se da cuenta del impacto de la separación, las estrategias negativas que puede desarrollar el sujeto y las posibilidades de desarrollar nuevas estrategias que le sean efectivas en situaciones de angustia. El trabajo parte de una conceptualización desde la teoría de vinculación afectiva (Bowlby, 1969; Crittenden, 2008; Crittenden & Ainsworth, 1989; Garhart Mooney, 2010; Levy & Orlans, 1998).

La teoría de vinculación afectiva parte de la premisa de que las relaciones tempranas son formativas en el sujeto humano. De ese modo, el explorar las relaciones afectivas a través de sesiones terapéuticas, plantea la posibilidad de una transformación en los vínculos, y la posibilidad de construir nuevos lazos afectivos. En ese sentido, mediante un proceso terapéutico se pueden desarrollar estrategias más efectivas para lidiar con situaciones conflictivas. Múltiples estudios (Crittenden, 2008; Gómez Muzzio, Muñoz, & Santelices, 2008; Levy & Orlans, 1998; Grossmann, K. Grossmann, & E. Waters, 2006) demuestran que los efectos de la separación temprana son perjudiciales no tan sólo al desarrollo del sujeto, sino al buen funcionamiento de la sociedad. Los mismos resaltan la necesidad de crear modelos teóricos para trabajar con los efectos de la separación temprana.

MARCO TEÓRICO

La perspectiva teórica utilizada como marco conceptual es la teoría de vinculación afectiva, inicialmente desarrollada por John Bowlby (1969) y Mary Ainsworth (1964, 1978) en los años 1950. La misma es una de las construcciones teóricas más sólidas dentro del campo del desarrollo infantil (Sroufe, Egeland, Carlson, & Collins, 2005). Según la teoría, el desarrollo socioemocional de un niño[1] guarda íntima relación con los vínculos que establece con la figura materna. Cabe señalar que, inicialmente los teóricos hacían referencia a la figura materna como cuidadora principal de los hijos e hijas, pero elaboraciones posteriores señalan que esos argumentos respondían al contexto sociohistórico de la segunda guerra mundial en que se postuló la teoría. Actualmente la literatura hace énfasis en cuidadores primarios, sin necesariamente identificar al cuidador por género.

Desde sus inicios, la teoría ha sufrido importantes transformaciones y se ha ido desarrollando a la luz de trabajos más contemporáneos (Oliva Delgado, 2004; Sroufe, Egeland, Carlson, & Collins, 2005; Crittenden & Landini, 2011). A pesar de que la teoría esboza sus postulados en el marco de la etiología, Bowlby (1969) planteó que la conducta instintiva no es una pauta fija de comportamiento que se reproduce siempre de la misma forma ante una determinada estimulación, sino un sistema que se adapta, modificándose a las condiciones ambientales; recordemos la riqueza de la capacidad del sujeto humano para la plasticidad (Bunge, 1985). En ese sentido, tenemos que la conducta del sujeto humano no está determinada por su organismo ni por su condición social. Es en la interacción de estos elementos que surge la complejidad humana. Partiendo de esas nociones entendemos que la teoría de vinculación afectiva provee un marco conceptual que nos permite abordar la complejidad de las relaciones humanas.

La vinculación afectiva se refiere a "cualquier forma de conducta que tiene como resultado el logro o la conservación de la proximidad con otro individuo claramente identificado, al que se considera mejor capacitado para enfrentarse al mundo" (Bowlby, 1989, p. 40). El apego específicamente, se refiere a cualquier conducta que busca de forma inmediata la sobrevivencia del sujeto, ya sea física o emocional. Como supuesto básico se postula que es esencial para el desarrollo socioemocional de un infante el que desarrolle un apego seguro con una figura principal de cuidado. Esta figura es aquella persona que satisfaga tanto las necesidades fisiológicas como las necesidades psicológicas del niño, y también ha de ser una figura que represente estabilidad. La teoría de apego es un

---

[1] En este escrito se utilizará el término niño para referirse tanto al género femenino como al masculino.

intento por explicar tanto la conducta de apego como los apegos duraderos que los niños y los adultos tienen con otras personas a lo largo de la vida.

Examinando la teoría de vinculación afectiva a la luz de sus transformaciones y a la luz del paradigma de la complejidad (Mires, 1996; Morin, 2007), entendemos que la responsabilidad de los vínculos afectivos está asignada a aquella figura que representa para el niño seguridad y estabilidad emocional. Respondiendo a la transformación sociohistórica que le contextualiza, la teoría hace énfasis entonces en las figuras parentales y/o cuidadores primarios como aquellas que desarrollan el apego con el niño. Por tanto, este análisis nos lleva a su vez a postular la posibilidad de reestructurar vínculos familiares, desarrollando unos más saludables con aquellos miembros de la familia o personas que estén disponibles para el niño.

Winnicott (2003) resalta las graves consecuencias que tiene para el desarrollo socioemocional del infante o niño pequeño, el ser privado de su figura parental por un lapso de tiempo prolongado, y afirma que las bases de la salud mental se encuentran en la infancia. Dentro de sus conclusiones, expone la relación existente entre la privación de los niños, al separarlos/as de sus cuidadores, y las manifestaciones de conducta delictiva por parte de estos. De igual modo, otros estudios han evidenciado la relación entre las relaciones de apego y diversos trastornos (Soares & Dias, 2007; Steele & Steele, 2005). Así, la perspectiva que nos brinda sobre el desarrollo socioemocional del sujeto nos permite explicar la conducta disfuncional en niños y adolescentes privados de afecto y estabilidad física y emocional. El poder entender la manifestación de una conducta permite desarrollar estrategias dirigidas a disminuir o eliminarlas.

Entre los postulados teóricos se encuentra el que las relaciones de apego son importantes para el funcionamiento de las personas durante todas las etapas de vida (Crowell & Waters, 2005). La teoría no limita los vínculos a las etapas tempranas, sino que contempla todo el ciclo de vida. Lo que plantea a su vez que, los vínculos no son estáticos sino que se transforman a lo largo de la vida por lo que experiencias tempranas negativas pueden ser transformadas en etapas posteriores.

Un elemento esencial dentro de la teoría es el desarrollo de los esquemas mentales en el sujeto, refiriéndose a las imágenes que el sujeto hace de sí mismo, de los otros y de su medio ambiente, mediante la interrelación de factores ambientales/situacionales y las experiencias previas (Bowlby, 1969; Bretherton, 2005; Crittenden, 2008). A partir de estas imágenes el ser humano va construyendo su mundo y sus interacciones en el mismo. Los esquemas mentales se van transformando a partir de nuevas experiencias e influyen en la calidad de los vínculos. Es así que se explica la posibilidad del ser humano de transformar su historia a partir del desarrollo de nuevos esquemas mentales.

La teoría de apego reconoce el hecho de que el modelo de interacción entre el niño y sus cuidadores primarios, que tiene lugar en un contexto social, tiende a convertirse en una estructura interna, o sea, en un sistema representacional. Los modelos internos de trabajo o representaciones mentales, se construyen en la experiencia de estar con los cuidadores en edades tempranas, a lo largo de la niñez y la adolescencia. Eventualmente el niño puede utilizar las representaciones simbólicas creadas de sus figuras primarias de apego para sentirse seguro aún cuando el cuidador no está físicamente presente. El logro de la creación de modelos internos de trabajo requiere del desarrollo cognoscitivo en términos de la capacidad para el lenguaje y la memoria.

A medida que el desarrollo cognoscitivo aumenta, los modelos internos de trabajo integran nuevas experiencias a las previas, transformando el esquema mental. El niño utiliza estos modelos al tomar decisiones sobre su conducta de apego con una persona en específico. Además, estos modelos se organizan y reorganizan con la experiencia. Es decir que, pueden utilizar las representaciones que han formado de sus experiencias con sus otros significativos para comportarse en otros ambientes teniendo la capacidad de reorganizar esos esquemas de representación con sus nuevas experiencias. Una de las funciones fundamentales de las representaciones mentales o modelos internos de trabajo, es que le permiten al sujeto desarrollar mecanismos de defensa para protegerse de experiencias negativas. Como planteara al inicio del escrito, bajo el modelo de vinculación afectiva se entiende que todo ser humano busca protegerse para sobrevivir. En ese sentido, desarrolla estrategias que serán efectivas o no, en función de la calidad de los procesos de vinculación en etapas primarias.

Por otra parte, los modelos internos de trabajo hacen posible la organización de la experiencia subjetiva, a través del análisis de la información que recibe del mundo exterior. De ese modo, si el niño representa a la figura de apego primaria como una persona que en general responderá a las solicitudes de apoyo y protección, a su vez se juzgará a sí mismo como una persona a quien cualquiera, en especial la figura de apego, le ofrecerá su apoyo, formando así un sentimiento de seguridad que le permitirá afrontarse al mundo con mayor capacidad para adaptarse a los cambios y a las frustraciones de la vida. Además, le permitirá sentirse seguro para explorar el mundo que le rodea.

A través de la literatura se han evidenciado y clasificado tres patrones principales de apego: (1) apego seguro; (2) apego inseguro/ambivalente; y (3) apego inseguro/evasivo. Según Crittenden y Ainsworth (1989), un infante con un apego seguro, al ser separado de su cuidador principal, en circunstancias que no son comunes, activa intensamente una serie de conductas de apego para obtener la proximidad del cuidador. Sin embargo, una vez logra su meta, la ansiedad presente disminuye, mostrándose dispuesto para involucrarse en actividades de exploración. De igual forma, un infante con apego inseguro/ambivalente, al ser separado de su cuidador principal, manifiesta una serie de conductas de apego para obtener la proximidad. Sin embargo, una vez la obtiene y la figura principal de apego responde, se comporta de manera ambivalente, mostrando ira o coraje, haciéndole difícil al cuidador disminuir sus niveles de ansiedad. Al no sentirse seguro de confiar en la figura principal de apego, se comporta de manera vigilante, mostrando señales de ansiedad, no sólo en circunstancias de separación, sino en las pequeñas separaciones de la vida cotidiana. Aunque los infantes identificados con un apego inseguro/evitativo presentan en el hogar los mismos patrones de conducta que aquellos que poseen un patrón de apego inseguro/ambivalente, una vez la tensión y el estrés por la separación se intensifican, manifiestan muy poco interés en la figura principal de apego, evitando el contacto una vez esta figura regresa. Este comportamiento cumple una función de defensa, en tanto no se busca el contacto físico para evitar el rechazo.

Las formas en que se organizan estos patrones de conducta han sido relacionados con la capacidad y habilidad que tiene el cuidador principal para reconocer, interpretar y responder a las señales que envía el infante (Ainsworth, 1979). Este factor, denominado en la literatura como sensibilidad "materna", depende en gran medida de la propia experiencia o historial de apego del cuidador (Slade, 2000). El patrón de apego que un niño presenta con su cuidador principal, está íntimamente asociado a la calidad de la descripción que estos cuidadores puedan realizar de sus propias experiencias de apego (Slade, 2000). Los cuidadores crean una serie de representaciones de sus hijos/as, que tiene base en las fantasías y proyecciones que estos han elaborado a partir de su propia historia de vida. Estas representaciones son un factor determinante para dicha sensibilidad (Slade, 2000).

A pesar de que el apego se manifiesta a través de patrones de conducta específicos, se transforma eventualmente en representaciones internas. Inclusive, modelos teóricos más recientes dentro del campo de la vinculación afectiva no examinan los patrones de apego del sujeto sino más bien, las estrategias que utilizan para lidiar con situaciones de conflicto. Ciertamente, las estrategias surgen en función de los patrones desarrollados a edad temprana (Crittenden, 2008). Regresando a lo planteado con respecto a las representaciones mentales, se plantea que en ellas se entremezclan sentimientos, memorias, deseos, expectativas e intenciones, que sirven como filtro para la recepción e interpretación de la experiencia interpersonal (Main, 2001). Como elaborado previamente, la teoría de apego reconoce que los modelos de interacción entre los niños y sus cuidadores primarios tienden a transformarse eventualmente en un sistema de representaciones mentales. Eventualmente, el niño utiliza estas representaciones simbólicas de sus figuras primarias de apego para sentirse seguro aún cuando estas no estén presentes. Estos modelos son la base para el desarrollo psicosocial del niño (Bacon y Richardson, 2001).

A partir de nuevas experiencias de vida el niño establece nuevas relaciones con otras personas, asimilando estas nuevas experiencias, a los modelos que ha creado en la relación con sus figuras primarias de apego. Esas nuevas relaciones, pueden transformar sus modelos representacionales. El modelo se convierte en uno flexible, en tanto es sensible a la nueva información y al ajuste que se realiza, basado en la información que obtiene a través de las nuevas experiencias. Es importante señalar que, la flexibilidad para lograr dichas transformaciones está relacionado con la calidad de los vínculos primarios, y la seguridad que por consecuencia se experimenta tanto en relación a los demás como a sí mismo (Marrone, 2001).

A partir del desarrollo cognitivo del niño, los modelos tienden a no estar basados exclusivamente en la secuencia de episodios de la experiencia. A estos se le añaden la integración de las expectativas, basadas en la integración y generalización de dicha experiencia. Es decir, no sólo va a ser determinante la experiencia "real" que se haya experimentado, sino además, el modelo "ideal" que se construya de los cuidadores, el mundo y de sí mismo. Estas representaciones mentales o modelos internos de trabajo le permiten al sujeto desarrollar mecanismos de defensa para protegerse de las experiencias negativas.

Las dificultades en el desarrollo de los vínculos no están definidas como procesos patológicos, sino más bien se evalúa cuán exitoso puede ser una persona en proveer una base segura y por ende, estabilidad emocional a otro ser humano. De ahí que, identificar patrones disfuncionales en la calidad de los vínculos afectivos permite la posibilidad de transformar los mismos previniendo que ese patrón se continúe perpetuando entre los miembros de una familia (Muller, Gragtmans, & Baker, 2008). El comportamiento de individuos en familias disfuncionales provee una base para inferir sobre los esquemas mentales que éstos han desarrollado. A su vez, estos esquemas sirven como base para inferir sobre la naturaleza de otras relaciones.

PRESENTACIÓN DEL CASO

María, pseudónimo utilizado para propósitos de salvaguardar la confidencialidad, es una joven de 17 años que cursa cuarto año de escuela superior. Llega a consulta reportando sintomatología como ansiedad, insomnio, y conflicto en las relaciones interpersonales, particularmente con su familia sustituta. Refiere que necesita ayuda porque debe mudarse del hogar en el que reside a otro hogar sustituto.

Al preguntársele con quién vive, comenzó su relato. "Soy del Departamento de la Familia". María relató que su madre biológica tenía "problemas mentales" por lo que fue removida de su hogar a los tres meses de nacida. Desconocía sobre la figura paterna. Desde los tres meses, hasta los dos años de vida, estuvo en un hogar sustituto. La familia sustituta manifestó interés en el proceso de adopción, sin embargo, María indicó que "el Departamento" decidió darle una oportunidad a su madre biológica y negó la adopción regresándola al hogar materno. María permaneció con su madre desde los dos años de vida hasta los nueve años. Durante ese tiempo frecuentaba el hogar de los padres sustitutos que habían manifestado interés en su adopción. María siempre se refirió en sesión a ellos como "mami y papi". De igual modo, reportó que no recordaba muchas experiencias vividas durante ese tiempo con excepción del siguiente recuerdo: "yo gritaba y me agarraba del *car seat* y le pedía que no me dejaran con ella" (refiriéndose a la madre biológica).

A los nueve años, María fue removida nuevamente del hogar materno por negligencia. En ese momento fue ubicada en un hogar para niñas maltratadas. María permaneció en el hogar hasta los 15 años. Durante ese periodo de tiempo, María fue ubicada en una institución escolar a nivel privado, luego de haber asistido a siete escuelas diferentes. Cada vez que era removida de hogares, María tenía que cambiar de escuela. La joven describe su estadía en el hogar como difícil. Narró incidentes en los que: "me portaba mal todo el tiempo", "peleaba con las demás", "no seguía instrucciones", "nadie tenía derecho a mandarme", "soy rebelde", "no pido perdón pues a mí no me han pedido perdón". Posteriormente pasó a lo que el Estado identifica como hogares terapéuticos. Ha permanecido en dos hogares terapéuticos. Del primero se escapó por conflictos con el esposo de la encargada. María informó que el hogar en el que reside iba a cerrar en las próximas semanas porque el gobierno le debía dinero, y la encargada no podía sufragar los gastos de María y las otras jóvenes. Es en ese momento que María llega a consulta. La joven planteaba sin afecto: "no sé dónde voy a vivir". María explicó que esperaba que sus padres sustitutos, con quienes mantenía contacto con cierta frecuencia, quisieran ofrecerle un espacio para vivir. Al hablar sobre esta temática expresó mucho coraje. Expresó que no deseaba solicitarles que la aceptaran en su residencia. Mencionó tener un novio con el que se relaciona cada dos o tres meses porque reside lejos de ella. María recalcó en su relato que deseaba terminar su grado académico pues interesaba solicitar admisión a la universidad. La joven explicó que: "lo único que yo sé, es que quiero estudiar". María termina su primera consulta diciendo: "no me apego a la gente, el cambio es normal para mí", "solo me ayuda mi relación con Dios". María se describió como una joven con creencias religiosas y metas altas en la vida. Una consideración inicial del caso generó múltiples interrogantes con respecto a las continuas rupturas de figuras de apego y de instituciones educativas. ¿Cómo entender su sintomatología desde la falta de seguridad afectiva? ¿Cómo pensar en las fortalezas que le hace presentarse de forma optimista? ¿Qué representaciones mentales ha desarrollado María sobre sí y los demás que la mueven a reaccionar de forma defensiva y a través del coraje? Ciertamente, la teoría de vinculación afectiva es un marco teórico que aporta a entender la complejidad manifestada por esta joven. Por otra parte, desde la perspectiva del DSM IV-TR podríamos describir lo siguiente:

Ejes	Diagnósticos
Eje I	Trastorno de Apego (313.89)
Eje II	Diferido
Eje III	Dolores de cabeza frecuente
Eje IV	Cambio de residencia; Ausencia de figuras de apoyo significativas
Eje V	75

CONCEPTUALIZACIÓN

Un elemento que se desprende del primer relato de María es el gran historial de separaciones y abandono. Desde el marco de vinculación afectiva, sus síntomas responden a estrategias disfuncionales para lidiar con la angustia. De algún modo, la ansiedad y el insomnio la alejan de enfrentarse al dolor de los afectos. La teoría plantea que en función de relaciones tempranas seguras el ser humano desarrolla seguridad emocional para enfrentarse al conflicto. Al momento de consulta, la joven debe enfrentarse a un cambio de residencia, que a su vez, pone en juego su estabilidad escolar, e implica un nuevo abandono. María vuelve a experimentar sentimientos de rechazo e inestabilidad. Su forma de protegerse ante esos sentimientos es mediante el coraje. Inclusive, el afecto presente durante la mayor parte de las sesiones iniciales fue el coraje. La teoría ha esbozado que, antes de que el niño vuelva a experimentar el rechazo, tiende a rechazar, lo que hace María a través del coraje. Durante su niñez, el modo de llamar la atención y hacer que otros reconocieran su existencia era a través de la conducta retante y oposicional. Es interesante examinar los supuestos de la autoridad para entender el síntoma de lo oposicional. La disciplina y estructura, base para el reconocimiento de autoridad, son fundamentales en los procesos de desarrollo. Se tramitan mediante las relaciones humanas. Las reglas y estructura en las relaciones tempranas evidencian sentimientos de protección por parte de los cuidadores. Un proceso de vinculación afectiva que fomente un apego seguro, ciertamente conlleva estructura. María no estableció vínculos afectivos de forma consistente. El rechazo y la ambivalencia a la que fue expuesta generaron en ella inseguridad y por ende, como mecanismo de defensa, María se protege mediante una oposición abierta a reglas y autoridad. Cómo reconocer autoridad cuando no hay figura significativa que guíe consistentemente. Por ejemplo, a nivel institucional se establecen reglas para la convivencia y seguridad de los que se organizan bajo dicha institución. Sin embargo, las reglas no están mediadas por el afecto, sino por el orden que implica la estructura a nivel social. En un hogar de crianza: ¿quién manda?, ¿el cuidador sustituto, el Departamento de la Familia? ¿A quién podía María identificar para posibilitar el seguir instrucciones? En el relato inicial de María, precisamente ella se identifica "del Departamento". Desde el modelo de apego se desprende que, las representaciones mentales que María ha construido de sí misma parten de una agencia, una institución, no de un otro significativo atravesado por el afecto, con quien ella pueda vincularse y a su vez desarrollar nuevos vínculos.

Una vez María intentaba establecer vínculos afectivos, era removida del hogar. Aún considerando que la calidad de los vínculos establecidos no era adecuada. María internalizó que no había otra persona que pudiera satisfacer sus necesidades de forma consistente. María reporta sus experiencias con afecto embotado y continuamente menciona: "yo no necesito de nadie, la gente me ahoga", "no me gusta estar en un mismo sitio por mucho tiempo". Un análisis de su discurso evidencia que su modelo interno de trabajo estaba construido en función de experiencias de maltrato y abandono. Como mecanismo de defensa tendió a protegerse de los continuos cambios y de los conflictos. Levy y Orlans (1998) han planteado que los mecanismos de defensa como la idealización, el desplazamiento, la fantasía, la negación, entre otros, tienen la función de proteger al niño de la angustia ante los recuerdos de experiencias traumáticas. Señalan que, a pesar de que son mecanismos para lograr la supervivencia, tienen consecuencias psicológicas negativas a largo plazo. María reportó varias veces en las sesiones: "cuando las cosas iban mal yo me decía: tranquila que ya mismo te vas". De igual modo, utilizaba la fantasía para lidiar con el dolor. En múltiples ocasiones planteó el deseo de salir del país a lugares distantes para comenzar "una nueva vida". Le era muy fácil "quedarse en blanco". A través del aislamiento mental evadía enfrentarse al dolor. Dicho aislamiento era en ocasiones interpretado como distracción o falta de atención. En su historia cumplía la función de defensa ante la angustia.

Desde el modelo es importante evaluar aquellas representaciones que le permitieron desarrollar fortalezas. Por una parte, aunque de forma inconsistente, la presencia de los padres sustitutos (desde su infancia) jugó un rol significativo que aportó a su desarrollo emocional. María mencionó que al menos una vez al año visitaba a sus padres sustitutos. Es a esas personas a quien María identifica como: "mami y papi"; nombres que culturalmente se atribuye a aquellos que el sujeto identifica como las figuras que ofrecen afecto y seguridad emocional. María mencionó: "por lo menos yo no tuve tantas casas como las otras muchachas". Según el modelo, María había desarrollado una representación mental de consistencia en comparación con las experiencias de sus compañeras. Lo que incorporaba de su contexto social, iba transformando sus esquemas mentales. La protección que internalizó a partir de esas visitas y las experiencias de otras, le facilitó el desarrollo de una imagen de sí misma pseudo segura.

Por otra parte, María continuamente hacía referencia a sus creencias religiosas. Ella planteaba que tenía una relación única y especial con Dios. Repetidamente María expresó que era su único sostén. La joven desarrolló un modelo interno de trabajo en función de una seguridad que socialmente le plantearon siempre estaría disponible para ella.

TRATAMIENTO

Múltiples estudios han validado la efectividad de la teoría de apego tanto en procesos terapéuticos como en el campo de la investigación (Haydon, Roisman, Marks, & Fraley, 2011). La literatura señala que a medida que los apegos de los sujetos son seguros, mayor será la alianza terapéutica que sostendrán, lo que valida que mediante el proceso transferencial el sujeto pueda reestructurar sus relaciones afectivas (Diener & Monroe, 2011). Investigaciones utilizando medidas como la entrevista de apego en el adulto (AAI, por sus siglas en inglés), han evidenciado la relación entre apegos ambivalentes y ansiedad, lo que valida los supuestos teóricos de la vinculación afectiva (Colonnesi, Draijer, Stams, Van der Bruggen, Bogels, & Noom, 2011). De igual modo, investigaciones utilizando técnicas como 'la situación extraña', desarrollada por Mary Ainsworth, y 'el CARE-Index', confirman los postulados que dan base a la teoría (Crittenden, 1989, 2011; Ainsworth, 1979).

Desde la teoría de vinculación afectiva, el proceso terapéutico tiene como función facilitar que el sujeto reconstruya sus relaciones tempranas a partir del análisis de las previas, y de la transferencia en la relación terapéutica (Levy & Orlans, 1998). A través del análisis de sus experiencias traumáticas, el sujeto da cuenta de nuevas estrategias para lidiar con situaciones conflictivas. El rol del terapeuta es fundamental en el proceso. El modelo establece que el terapeuta debe asumir una postura de reciprocidad, lo que implica un contacto visual constante, empatía, dominio teórico de los procesos de apego, y una estructura del trabajo terapéutico que refleje firmeza, respeto y seguridad. La teoría de vinculación afectiva promueve la incorporación de otros modelos terapéuticos como por ejemplo, la perspectiva de sistemas de familia. Considera necesario la incorporación de otros miembros familiares en el proceso terapéutico, ya sea físicamente en sesión o a través del análisis del sujeto. La teoría de vinculación afectiva parte del entendido de que los afectos se dan en función de las relaciones, por tanto, para dar cuenta de los afectos que se manifiestan en síntomas, es necesario el análisis de las relaciones del sujeto.

María asistió a terapia, de forma inconsistente, por un periodo de tres años. El modelo plantea que la relación terapéutica pone en escenario las relaciones del sujeto así como sus representaciones mentales. No sería diferente entonces, que María tuviera gran dificultad en asumir su proceso terapéutico de forma consistente. Sin embargo, cabe señalar que sus ausencias prolongadas se minimizaron a medida que el proceso avanzaba. María siempre justificó sus ausencias, lo que fue analizado en el espacio terapéutico. Luego de las sesiones iniciales, se acordó trabajar con las relaciones tempranas de María, particularmente las experiencias de rechazo y abandono para facilitar una transformación de sus representaciones mentales.

El primer tiempo de trabajo, desde el modelo, plantea revivir las experiencias tempranas. El discurso de María fluctuaba entre las experiencias actuales y su relación con experiencias tempranas. María señaló que el "Departamento" la reubicó bajo la custodia de sus padres sustitutos. Sin embargo, narró con afecto de coraje que estos la habían aceptado, pero no en su hogar, sino en el hogar de un miembro de la familia extendida. Para María esto fue una experiencia de rechazo nuevamente. Por un lado, podía entender a nivel racional que ellos tenían una familia constituida, y que ella no estaría dispuesta a seguir sus reglas, mientras que a nivel afectivo manifestaba mucho coraje ante tal decisión. Parte del proceso terapéutico incluyó sesiones de familia en las que María y sus padres sustitutos tuvieron la oportunidad de lidiar con los afectos que la situación provocaba. Luego de las intervenciones de familia, María logró disminuir los niveles de ansiedad. Inicialmente su discurso giraba en torno a la distancia emocional que asumía en sus relaciones. Por ejemplo, "yo no extraño a nadie", "me gusta estar sola". A medida que las sesiones progresaban, María logró identificar dichas aseveraciones como estrategias que le permitían protegerse.

Durante el proceso hubo varias instancias de crisis en las que María asumió conductas regresivas como temores nocturnos y chuparse el dedo. Dichas conductas fueron analizadas en función de mecanismos de defensa ante amenazas a su seguridad emocional. Un evento que provocó mucha angustia en la joven fue su entrada al mundo universitario. Por una parte, sus experiencias de vida le habían facilitado desarrollar estrategias que le permitían ser independiente en el proceso de adaptación, pero por otra parte, requería de ella consistencia y perseverancia. María tendía a abandonar tareas cuando le parecían complejas. En su discurso repetía: "si no me sale, me tranco". Inicialmente enfrentó dificultades con sus materias. En clase tendía a distraerse, lo que causó que su rendimiento académico disminuyera generando altos niveles de ansiedad. María trabajó sobre estos síntomas en sesión y logró identificarlos como estrategias para protegerse. A través de su discurso fue entendiendo el significado de su conducta y transformando dichas estrategias, logrando minimizar el síntoma.

Otro evento significativo en el proceso de María, fue el encuentro con su madre biológica. Dicho encuentro exacerbó en María toda una sintomatología identificada como ansiedad, insomnio, falta de concentración y llanto frecuente. Ese encuentro provocó que María se enfrentara a los afectos que por muchos años evadió. Ciertamente, el incidente ocurre cuando la joven había trabajado en terapia con las simbolizaciones realizadas de sus relaciones tempranas. Durante este proceso particularmente, María utilizó nuevas estrategias. Previamente en situaciones de amenaza, María tendía a atacar y rechazar. En esta ocasión, manifestó una serie de afectos, que aunque la hicieron vulnerable, logró acercarse a esa relación materna.

Durante esos eventos descritos previamente, María logró lo que el modelo plantea como una segunda etapa del proceso terapéutico. El mismo consiste en revisar las estrategias utilizadas previamente ante situaciones de dolor y amenaza, para desarrollar nuevas estrategias que no sean disfuncionales a nivel psicológico. Esas nuevas estrategias facilitan la transformación de los esquemas mentales, proveyendo así mayor seguridad en la imagen que tiene el sujeto de sí y de los demás.

La creación de nuevas estrategias promueve lo que el modelo identifica como la tercera etapa en un proceso terapéutico desde el modelo de vinculación afectiva. A través de las sesiones terapéuticas, María no tan solo revisaba sus experiencias de abandono y rechazo, sino que transformaba las mismas para poder establecer nuevas formas de posicionarse psíquicamente. María comenzó a tener una imagen de sí misma distinta. Empezó a sentirse capaz de enfrentarse a los afectos sin la necesidad de protegerse a través de mecanismos disfuncionales. Durante sus últimas sesiones, María habló sobre la coordinación de una reunión entre los representantes del Departamento de la Familia y sus cuidadores sustitutos. En la misma deberían llegar a acuerdos sobre el futuro de María, ya que a partir de los 21 años el Departamento libera su custodia. Al hablar sobre la reunión, María fue capaz de asumir una postura sin angustia. Narraba los eventos con afectos y seguridad. De igual modo, reconoció que no estaba lista para encuentros frecuentes con la madre biológica. Identificó que la distancia emocional en esa relación era la única forma de protegerse al momento, hasta que logre mayor seguridad emocional. María comenzó a verbalizar sus afectos en vez de manifestarlos a través de la conducta como hiciera al inicio de su proceso terapéutico. De forma interesante María optó por interrumpir su proceso terapéutico hasta efectuada la reunión.

CONCLUSIONES

La teoría de vinculación afectiva provee un modelo teórico que integra las experiencias internas del sujeto, sus relaciones y el contexto social. Las investigaciones en el campo de la psicología han documentado ampliamente cómo la complejidad humana se organiza en función de múltiples instancias (Grossmann, Grossmann, & Waters, 2006). El modelo nos permite un acercamiento teórico para entender la complejidad de las vivencias experimentadas por María. Es un modelo que no impone, sino que facilita que el sujeto se re-defina a partir de sus propias vivencias. Algunos teóricos dentro del campo de la vinculación afectiva, asumen un tiempo cronológico en el proceso terapéutico. Sin embargo, la teoría provee para que se asuman técnicas de otras modalidades en las que el tiempo no necesariamente se circunscribe a un número específico de sesiones, sino a las transformaciones que requiere hacer el sujeto para desarrollar nuevas estrategias que le permitan funcionar psicológicamente estable en un contexto social particular.

Una mirada al caso de María nos lleva a concluir momentáneamente que durante su proceso terapéutico sus representaciones mentales se han ido transformando. María fue capaz de establecer relaciones sin anticipar el momento de separación. Logró iniciar una relación de pareja presencial. Se ha enfrentado a situaciones complejas sin la necesidad de huir. Tiene metas a largo plazo, con objetivos que integra tanto su espacio físico actual como su grupo de apoyo, al que ha identificado como "grupo familiar". Al presente sus síntomas no están manifiestos. María logra conciliar el sueño y lidiar con la ansiedad.

La joven continúa acercándose de modo defensivo a nuevas relaciones y experiencias, pero se da la oportunidad de establecerlas, reconociendo que su tendencia es huir. Hay un proceso a nivel consciente que reconoce que debe trabajar con lo que opera en ella a nivel inconsciente. A pesar de que el coraje es su afecto inicial, María es capaz de manifestar y reconocer en ella una gama de afectos más amplia. Como todo sujeto complejo, aún se protege. A María le toma tiempo confiar y tal vez ese sea su modo de acercarse a las experiencias, a través de la desconfianza. Ciertamente sus representaciones mentales se pueden ir transformando, pero requieren de nuevas experiencias de seguridad. María cuenta con nuevas estrategias que le permiten establecer nuevas relaciones desde otro lugar psíquico. Será en la interacción de su nueva representación mental, con las vivencias de nuevas relaciones en su contexto social, que surgirán nuevas experiencias que continuarán facilitando la redefinición de su historia. Al presente sus estrategias son más efectivas para ella y le han facilitado exponerse a experiencias no pensadas previamente.

María optó por detener su proceso terapéutico. Un análisis de ese evento plantea que la joven va a utilizar las estrategias desarrolladas asumiendo la responsabilidad de su proceso. Ella determinará cuándo necesita continuar redefiniendo su historia. Entender es parte del proceso, reconstruir es un proceso más complejo que requiere nuevas experiencias.

REFERENCIAS

Ainsworth, M. (1979). *Patterns of attachment: A psychological study of the strange situation.* Hillsdale, HNJ: Erlbaum

Bacon, H. & Richardson, S. (2001). Attachment theory and child abuse: An overview of the literature for practioners. *Child Abuse Review, 10,* 377-397.

Bowlby, J. (1969). *Attachment.* New York: Basic Books.

Bowlby, J. (1989). *Una base segura.* México: Paidós.

Bretherton, I. (2005). In pursuit of the internal working model construct and its relevance to attachment relationships. En K.E. Grossmann, K. Grossmann, & E. Waters (Eds.), *Attachment from infancy to adulthood: The major longitudinal studies.* (pp. 48-70). New York, NY: The Guilford Press.

Bunge, M. (1985). *El problema mente-cerebro.* Madrid: Técnos. Colonnesi, C., Draijer, E., Stams, G., Van der Bruggen, C., Bogels, S. & Noom, M. (2011). The relation between insecure attachment and child anxiety: A meta-analytic review. *Journal of Clinical Child and Adolescent Psychology, 40*(4), 630-645

Crittenden, P.M.; Landini, A. (2011). *Assessing adult attachment: A dynamic-maturational approach to discourse analysis.* New York: Norton & Company.

Crittenden, P.M. (2008). *Raising parents: Attachment, parenting, and child safety.* Portland, OR: Willan Publishing.

Crittenden, P.M. & Ainsworth, M. (1989). Child maltreatment and attachment theory. En D. Cicchetti & V. Carlson (Eds.), *Child maltreatment: Theory and research on the causes and consequences of child abuse and neglect.* (pp. 432-463). New York: Cambridge University Press.

Crowell, J. & Waters, E. (2005). *Attachment representations, secure-base behavior, and the evolution of adult relationships*: The Stony Brook Adult Relationship Project. En K.E.

Diener, M. & Monroe, J. (2011). The relationship between adult attachment style and therapeutic alliance in individual psychotherapy: A meta-analytic review. *Psychotherapy, 48*(3), 237-248.

Garhart Mooney, C. (2010). *Theories of attachment: An introduction to Bowlby, Ainsworth, Gerber, Brazelton, Kennell, & Klaus.* St. Paul, MN: Redleaf Press.

Gómez Muzzio, E., Muñoz, M.M., & Santelices, M.P. (2008). Efectividad de las intervenciones en apego con infancia vulnerada y en riesgo social: Un desafío prioritario para Chile. *Terapia Psicológica, 26*(*2*), 241-251.

Grossmann, K. Grossmann, & E. Waters (Eds.) (2006), *Attachment from infancy to adulthood: The major longitudinal studies.* New York, NY: The Guilford Press.

Haydon, K.; Roisman, G.; Marks, M.; Fraley, C. (2011). An empirically derived approach to the latent structure of the Adult Attachment Interview: additional convergent and discriminant validity evidence. *Attachment and Human Development, 13*(5), 503-524.

Levy, T., Orlans, M. (1998). *Attachment, trauma, and healing: Understanding and treating attachment disorder in children and families.* Washington, D.C.: Child Welfare League of America, Inc.

Main, M. (2001). Las categorías organizadas del apego en el infante, en el niño, y en el adulto: Atención flexible versus inflexible bajo estrés relacionado con el apego. *Aperturas Psicoanalíticas, 8.* Recuperado de: http://ww.apertura.org

Marrone, M. (2001). *La Teoría de apego. Un enfoque actual.* Madrid: Editorial Psimática

Mires, F. (1996). *La revolución que nadie soñó.* Venezuela: Nueva Sociedad.

Morin, E. (2007). *Introducción al pensamiento complejo.* Barcelona: Gedisa.

Muller, R.T., Gragtmans, K., & Baker, R. (2008). Childhood physical abuse, attachment, and adult social support: Test of a mediational model. *Canadian Journal of Behavioural Science, 40(2)*, 80-89.

Oliva Delgado, A. (2004). Estado actual de la teoría de apego. *Revista de psiquiatría y psicología del niño y del adolescente, 4(1)*, 65-81.

Slade, A. (2000). Representación, simbolización y regulación afectiva en el tratamiento concomitante de una madre y su niño: teoría de apego y psicoterapia infantil. *Aperturas Psicoanalíticas, 5*. Extraído de: http://ww.apertura.org/5slade.html

Soares, I. & Dias, P. (2007). Apego y psicopatología en jóvenes y adultos: contribuciones recientes de la investigación. *International Journal of Clinical and Health Psychology, 7(1)*, 177-195.

Sroufe, L.A., Egeland, B., Carlson, E., & Collins, W.A. (2005). Placing early attachment experiences in developmental context: The Minnesota Longitudinal Study. En K.E. Grossmann, K. Grossmann, & E. Waters (Eds.), *Attachment from infancy to adulthood: The major longitudinal studies.* (pp. 48-70). New York: The Guilford Press.

Steele, H. & Steele, W. (2005). Understanding and resolving emotional context. En K.E. Grossmann, K. Grossmann, & E. Waters (Eds.), *Attachment from infancy to adulthood: The major longitudinal studies.* (pp. 48-70). New York: The Guilford Press.

Winnicott, D.W. (2003). La tendencia antisocial. En C. Winnicott, R. Sheperd, & M. Davis (Eds.), *Deprivación y delincuencia.* (pp. 144-156). Buenos Aires: Paidós.

Capítulo 12

PSICOLOGÍA FORENSE DE FAMILIA: ESTUDIO DE CASO

JOSÉ PONS MADERA

FUNDAMENTO TEÓRICO Y EMPÍRICO

La práctica profesional de la Psicología o de la salud mental expone a sus practicantes a familias en transición, especialmente a las que confrontan cambios estructurales y pérdidas. Entre estas pérdidas, el divorcio constituye una de las más complejas y difíciles de superar. El divorcio implica la terminación de la ilusión que inicialmente motivó a la pareja a unir sus vidas. Por consiguiente, para muchos el divorcio es una de las mayores fuentes de frustración y de "des-ilusión" con un impacto importante en la vida de las personas involucradas en el proceso.

Desarrollo de la relación de pareja y de la familia

Las relaciones amorosas se basan en múltiples procesos psicológicos personales y sociales. Se fundamentan en procesos de apego que involucran y activan los modelos mentales que cada persona desarrolla sobre sí, sobre otros y sobre el mundo circundante (Bowlby 1979, 1988; Bartolomew, 1991). Las relaciones de pareja operan a base de los estilos de apego que se desarrollan desde la niñez con las personas significativas (Ainsworth, 1969). Las personas que obtienen una *base de seguridad* sólida y estable presentan mayor probabilidad de funcionar de modo satisfactorio y adaptativo en las relaciones íntimas (Bowlby, 1988). Las personas cuyo estilo de apego es ambivalente, inseguro o dependiente, usualmente confrontan mayores retos en lograr una relación armoniosa, estable y satisfactoria con la persona que escoge (Feeney,1994, 2002; Hazan & Shaver, 1987).

Cuando los estilos de apego son incompatibles (uno dependiente y el otro seguro, pero distante), la relación no necesariamente llenará las expectativas con las que cada miembro de la pareja se acerca al otro. Esto usualmente tiende a provocar sentimientos, pensamientos y acciones problematizantes (Feeney, 1994).

Se han identificado diversas etapas en el desarrollo de la pareja y de las familias que crean la pareja. A este proceso se le denomina "ciclo de vida de la familia" (McGoldrick & Carter, 1999; 2003). Dicho ciclo se inicia con el proceso del noviazgo. De progresar la relación hacia un compromiso formal (posiblemente legal), la pareja entra en la etapa de matrimonio lo que marca la salida del hogar. La pareja pasa a ser una familia con el nacimiento de hijos e hijas los que serán socializados mediante el proceso de crianza que se inicia en la infancia. La fase más intensa de la crianza continúa durante la niñez y durante la difícil etapa de la adolescencia para "culminar" con el despegue o la salida de los hijos o hijas del hogar. Si la pareja permanece unida, se añaden otras etapas que terminan con la muerte de cada cónyuge.

Las relaciones amorosas se representan psicológicamente mediante imágenes sensoriales, sentimientos y sensaciones psicofisiológicas, especialmente emociones. Bajo circunstancias normales, las imágenes de la otra persona se adhieren o conectan a la imagen que de sí tiene cada miembro de la pareja (Kernberg, 1995, 2011a; Fraley & Shaver, 2000; Fraley, 2007). La incorporación de la imagen del "otro" es parte del proceso de enamoramiento, viene acompañado de fuertes procesos de condicionamiento emocional e incluye conductas de acercamiento similar a lo que ocurre con los procesos de apego (Brumbaugh & Fraley, 2007). Estos procesos son mediados por los diversos circuitos neurofisiológicos de los cuales los más importantes son los de la emoción, al activarse los núcleos amigdaloides responsables de la respuesta emocional, los de placer (núcleo accumbens) que median la motivación, y los circuitos de estrés que se activan durante episodios de separación o de conflicto (Damasio, 2003, 1999, 1994; Ledoux, 1996, 2001; Fraley & Shaver, 2000). La interacción de estos procesos matiza y determina el sentido de bienestar o de displacer que experimentamos dentro de la relación de pareja o de familia. Por lo tanto, el proceso y el estado de enamoramiento activa emociones placenteras y de alegría mientras que el rompimiento de la relación íntima evoca emociones de coraje, frustración y de profundo malestar emocional (Emery, 2012).

Según ya estipulado, la mayoría de los divorcios emergen como consecuencia de conflictos en la pareja. Pero, independientemente de la severidad del conflicto, el proceso conlleva diversos niveles de reactividad emocional. Estas reacciones pueden ser de intensidad leve, moderada o severa. Este nivel de intensidad usualmente depende del tipo de conflicto que motiva el rompimiento del vínculo matrimonial y la percepción del daño psicológico/personal y social que ocasiona a cada cónyuge (Grych, 1992). El nivel de intensidad emocional depende también del modo cómo se maneja el divorcio y muy especialmente, del nivel de desarrollo, madurez y estabilidad de personalidad de cada miembro de la pareja (Bradbury & Fincham, 1990; Kernberg, 2011b).

La mayoría de las parejas que se divorcian, eventualmente desarrollan algún nivel, más o menos adaptativo, de acomodo psicológico a la nueva realidad personal y psicosocial. Otras parejas prolongan el conflicto marital y no logran disminuir la intensidad emocional de sus problemas de ajuste, ni del rompimiento del vínculo matrimonial (Lebow, 2003). En parejas con hijos, los conflictos suelen producir consecuencias detrimentales para la salud mental de los menores (Amato, 2001) y de los otros integrantes de la familia nuclear y extendida.

Divorcio y su impacto en los menores de la familia

Se conoce que los conflictos entre padres (que conviven o ya divorciados) es el factor más detrimental para la salud mental de las familias (Fincham, Grych, & Osborne, 1994; Grych & Fincham, 1990; Grych, Fincham; Jouriles, & McDonald, 2000). Se encuentra que los conflictos matrimoniales y los asociados a la custodia de menores son más perjudiciales que el mismo proceso de separación y rompimiento de los lazos matrimoniales. A tales efectos, Grych y Fincham (1990), apoyándose en sus estudios y en los de Emery (1988) indican que "el conflicto asociado al divorcio, más que el rompimiento de la familia, es principalmente responsable de muchos de los problemas que se observan en los hijos cuyos padres se divorcian" (Grych y Fincham, 1990, pag. 1)

Sabemos también que el conflicto entre padres, especialmente el conflicto crónico y prolongado, es el principal predictor de trastornos emocionales y conductuales en los hijos de la pareja (Fincham, 1994; Amato, 2001; Grych, 2005). En situaciones de divorcio donde la pareja no logra acuerdos sobre la custodia de los menores y donde existe conflicto intenso y prolongado, el efecto negativo sobre los menores es mayor y a más largo plazo (Johnston, 1994; Johnston & Campbell, 1988). Según Cummings (1981, 1989, 1991, 1993, 1994), esto se debe al nivel de estrés que estas situaciones ocasionan a los menores y al efecto concomitante de estas reacciones neurohormonales sobre el organismo en general y sobre el sistema nervioso central en particular.

Por consiguiente, encontramos que divorcios conflictivos y prolongados pueden afectar la salud física de los menores. McEwen y Wingfield, (2003) al igual que Luecken y Fabricius (2003), y Fabricius y Luecken (2007), encuentran desregulación de la respuesta fisiológica de estrés en hijos o hijas de parejas divorciadas cuyos conflictos son de mayor magnitud a lo usual. Esta desrregulación psicofisiológica de la respuesta de estrés provoca el desarrollo de condiciones patofisiológicas tales como hipertensión, enfermedades cardiacas, entre otras. El-Sheikh (2006), encuentra mediante sus investigaciones psicofisiológicas con familias en conflicto que los niños que viven en estos contextos presentan menor capacidad para regular sus activaciones autonómicas mediante la respuesta vagal del sistema nervioso. Al presente se conoce que el Nervio Vago (décimo nervio craneal) ejerce una fuerte influencia mediante el núcleo solitario y el núcleo dorsolateral, sobre diversos órganos del cuerpo que se activan como parte de la respuesta de estrés (Porges, 2011; Suchy, 2011). Esto confirma que niños de padres en conflicto matrimonial tienen mayor susceptibilidad al estrés interpersonal y familiar y que cuentan con menor capacidad para beneficiarse de la vinculación social para reducir sus activaciones psicofisiológicas. Por lo tanto, los menores que se encuentran en medio de estos conflictos no se benefician como otros jóvenes del alivio emocional que produce el apoyo psicológico y la ternura de adultos, de la vinculación social (ver a Porges, 2011 pp. 102-150, para mayor información sobre estrés y vinculación social).

La falta de consenso sobre la custodia y los derechos de visita frecuentemente ubican al menor en conflicto directo entre compartir con cada uno de sus padres y tener el tiempo y el espacio para llenar sus propias necesidades de desarrollo psicosocial. Esto se manifiesta a través de cambios de ubicación escolar, pérdida del núcleo social del menor, distanciamiento de sus amigos o amigas más íntimas y limitaciones en compartir con la familia extendida (Gould & Martindale, 2007).

En resumen, el divorcio contencioso en el que no se resuelve el conflicto entre los padres y en el que se involucra negativamente a los hijos menores produce mayores repercusiones adversas para los miembros de la pareja y para los menores. El mismo conflicto tiende a alejar a los menores de sus padres al encontrarles incompetentes para relacionarse adecuadamente entre sí e incompetentes para protegerles.

El diagnóstico del Síndrome de Alineación Parental

Una de las mayores manifestaciones de conflicto peri y postseparación o divorcio, es la alegación de que el o los menores no se relacionan con uno de los padres por influencias indebidas del otro padre. A este tipo de situación se le denomina Síndrome de Alineación Parental (PAS, por sus siglas en inglés) a partir del alegado síndrome descrito por el psiquiatra de niños Dr. Richard Gardner (1987) en casos de abuso sexual intra-familiar. Según Gardner, muchas de las alegaciones que hacen mujeres en proceso de separación sobre alegadas conductas sexuales o abuso sexual de parte de los padres de sus hijos surgen del intento de dichas madres de impedir la relación entre el padre no custodio y su hijo/hija y de conseguir custodia absoluta del menor. El síndrome no ha pasado el crisol científico, pero ha sido incorporado al ámbito de las disputas de custodia en casos donde no se alega maltrato sexual. En esas situaciones se alega un intento de uno de los padres, usualmente la madre, de influenciar en la percepción que ha desarrollado el menor de su padre. De esta forma, el menor adopta las ideas, valores y opiniones negativas de la madre sobre el padre. Mediante estos postulados se justifica la negativa del menor de relacionarse con el padre no custodio y se justifica esa conducta evitativa alegando que el menor le "teme" al padre. Las características de PAS descritas por Gardner son:

1. El o la menor participa activamente de la denigración del padre alienado.
2. El o la menor ofrece razones vagas o frívolas para sus opiniones y denigración.
3. El o la menor presenta evidencia de "escenarios prestados", en el que manifiesta verbalizaciones y procesos de pensamiento típicos del progenitor alienador.

4. Los sentimientos hacia el padre alienado son firmes y carentes del sentimiento de ambivalencia usual en las relaciones conflictivas entre padre/hijo-a.
5. El padre alienador alega que la opinión del menor es independiente. El/la menor a su vez, se hace dueño de su "pensamiento independiente" de rechazar al otro padre.
6. El apoyo al padre que aliena es incondicional.
7. Emerge un mecanismo de fragmentación (denominado en inglés *splitting*) en el que el padre alienador y el alienado se ven o totalmente bueno o totalmente malo.
8. El o la Menor no presenta sentimientos de culpa por el rechazo al otro padre.
9. El malestar emocional y el rechazo al padre alienado incluye su familia extendida y amistades

El resaltar las conductas o características negativas de cada padre ocurre frecuentemente en conflictos de divorcio y custodia. Sin embargo, estas conductas no se perpetúan entre las personas que han obtenido un mayor desarrollo de personalidad y madurez al ser capaces de entender el daño psicológico que estas narrativas (frecuentemente ciertas pero aumentadas o distorsionadas) ocasiona a sus propios hijos.

Warshak (2002, 2003) valida diversos aspectos del PAS y recoge mediante su página cibernética las decisiones de los tribunales en EEUU en las que se deciden casos relacionados con PAS (Warshak, 2012). Este autor propone unos elementos esenciales en la identificación de PAS. Estos elementos son:

1. Rechazo o denigración de uno de los padres que alcanza niveles de campaña contra esa persona.
2. El rechazo no aparenta ser justificado al no tener bases en el historial de la relación del menor con el padre denigrado.
3. El proceso de alienación es el producto, al menos parcial, de la influencia del padre que controla el proceso.

En resumen, el PAS no presenta validación empírica, pero se observa en diversos casos de custodia y las cortes comienzan a dar credibilidad a este proceso cuando se presenta con suficiente evidencia.

Evaluación de la pareja en conflicto de custodia

Las investigaciones de Emery (1994), y de Bickerdike y Littlefield (2000) sugieren que la prolongación del conflicto en la pareja que se divorcia está asociado a dificultades de uno o ambos miembros para aceptar el final del matrimonio. Esta dificultad se observa con mayor frecuencia en aquellos miembros de la pareja que resisten los acuerdos de custodia. Las parejas estudiadas por Emery (1994), y por Sbarra y Emery (2008), presentaban diferencias en cuanto a la resolución final de sus matrimonios. Los varones tendían a prolongar y a problematizar los procesos de custodia mientras las féminas intentaban lograr sus propósitos asociados a coraje y rencor prolongando las negociaciones de índole económica. Por lo tanto, la evaluación de familias en casos de custodia incluye necesariamente una determinación del estilo de interacción entre los padres además del tipo de relación con los menores. Maccoby y Mnookin (1992) proponen un modelo de tres dimensiones para evaluar los estilos de interacción desarrollados por los miembros de la pareja en proceso de determinación de custodia. Son estos:

1. Paternidad cooperativa: Existen intercambios frecuentes sobre el bienestar del menor, padres coordinan las normas y reglas entre los hogares y cada padre apoya el contacto del menor con el otro.
2. Paternidad Conflictiva: Existe desacuerdo y discusiones frecuentes entre ambos padres y cada uno de estos interpreta que el otro trata de entorpecer o devaluar su relación con el menor.
3. Paternidad Desinvolucrada: Se evade el contacto entre padres quienes desarrollan y mantienen un estilo de paternidad paralelo con poca consistencia en las normas que rigen las interacciones filiales en los respectivos hogares.

En el contexto clínico los y las profesionales de la salud mental trabajan con esta multiplicidad de variables que subyacen los divorcios y los acuerdos de custodia de los hijos e hijas menores de edad. Las parejas que no logran armonizar sus necesidades y frustraciones con las necesidades de custodia de sus hijos recurren al tribunal en busca de solución a sus desacuerdos, especialmente para la determinación de custodia y relaciones paterno-filiales (Emery, 2012).

La evaluación clínica de parejas en litigio de custodia frecuentemente se complica debido a las alteraciones perceptuales que cada miembro de la pareja desarrolla sobre su cónyuge o su excónyuge. Estas percepciones se concretan a través de atribuciones negativas sobre la otra parte. Se le atribuye a la otra persona la responsabilidad de los problemas matrimoniales y la culpa de las conductas con las que responde a los problemas. Más aún, se perciben las conductas y reacciones del otro como rasgos duraderos de personalidad que han sido a su vez causa de los problemas que propiciaron el rompimiento matrimonial (Bradbury & Fincham, 1990). Los profesionales que trabajamos con estas familias estamos a riesgo de aceptar como ciertas estas elaboraciones, lo que podría conducir a juicios y opiniones erradas sobre las determinaciones de custodia y sobre las recomendaciones a ofrecerse al tribunal sobre las disposiciones del caso.

Debido a que los conflictos asociados al divorcio pueden aumentar como función de lo que acontece durante la fase peri y postdivorcio (Lebow, 2003), la evaluación que se realiza y la intervención que se ofrece pueden ayudar a alcanzar una solución adaptativa y aceptable para todos o podría aumentar el desasosiego de la familia. Por lo tanto, las intervenciones que realizamos los y las profesionales de la salud mental nos pueden hacer parte de la solución o parte del problema. A estos efectos, la Junta Examinadora de Psicólogos de Puerto Rico dio a conocer recientemente que un creciente número de querellas formuladas contra psicólogos y psicólogas en Puerto Rico están asociadas a casos de familia y custodia (Pons, Fankhanel, & Álvarez, 2011). Por lo tanto, el trabajo con familias en procesos de determinación de custodia expone al profesional a un sistema adversarial y le pone en riesgo de ser objeto de querellas ante las agencias reguladoras de la profesión. El riesgo es mayor cuando el/la profesional no tiene las competencias requeridas.

Consciente de lo complejo de las actividades clínicas relacionadas con los procesos de determinación de arreglos de custodia de sus hijos, la American Psychological Association (APA) articuló guías para la evaluación de custodia de menores (APA, 1994). Estas guías se revisaron en el 2009 (APA, 2010) y es al presente una de las mejores fuentes de información sobre el tema. El principio orientador de las nuevas guías es *to assist in determining the psychological best interests of the child.* Sin embargo, la aplicación de estas guías sin el debido trasfondo académico y clínico pertinente a asuntos de familia y custodia puede resultar en errores y complicaciones legales. La American Academy of Child and Adolescent Psychiatry (1997b), propone guías para la evaluación de custodia y también van dirigidas al mejor interés de cada menor.

La Psicología Forense de Familia (PFF) emerge como respuesta a la necesidad de la profesión de ayudar a individuos y familias a resolver sus conflictos pre y postdivorcio. Las investigaciones sobre divorcio y custodia fundamentan la base de conocimientos de la PFF que permite al profesional de la salud mental orientar sus recomendaciones clínicas y forenses a base de evidencia sustentable (Emery, 2012; Gould & Martindale, 2007; Lebow, 2003; Grych, 2005).

MARCO TEÓRICO

El trabajo con familias es necesariamente *sistémico*. Dentro de esta orientación, diversos enfoques tienden a ser más beneficiosos para atender diversos asuntos de las familias en transición. Sin embargo, uno de los principales retos inherentes al rompimiento de un matrimonio es la creación de nuevas estructuras que provean la base para un nuevo modelo de comunicación e interacción entre los miembros de la pareja y entre estos y sus hijos. A más tiempo tarde en formarse la nueva estructura, mayores dificultades suelen ocurrir. Por ende, el acercamiento estructural, siguiendo los conceptos que emanan de la teoría de Salvador Minuchin (1974) resulta indispensable para atender esa primera fase de la transición familiar que constituye la disolución matrimonial (Emery, 2012). Además, se requiere una mirada amplia para entender las dinámicas de divorcio y los retos de las determinaciones de custodia. Un concepto que permite visualizar esa amplia mirada es el de "múltiples sistemas sociales entrelazados" (MSSE) según adaptado al campo de la terapia de familia por Evan Imber-Black y Marsha Mirkin, (1990). El concepto de MSSE permite conceptualizar las dificultades que presentan las familias tomando en consideración los diversos sistemas que entrelazados impactan su funcionamiento: familia extendida, agencias sociales y judiciales, sistemas de creencia, orientaciones socio económicas, patrones comunitarios y otros factores circundantes a la familia. En casos de divorcios contenciosos con dificultades en llegar a acuerdos sobre custodia, la mirada basada en MSSE resulta indispensable.

Según ya descrito, otro factor medular a los divorcios y a los procesos de determinación de custodia es lo emocional. Las parejas usualmente culminan sus relaciones de pareja sintiéndose heridas, frustradas, con mucho coraje y desilusionadas. Por lo tanto, la evaluación y la intervención inicial deben atender estos sentimientos, la direccionalidad de la culpa de cada miembro y la severidad de las heridas a la autoestima. Las intervenciones centradas en la emoción ofrecen alternativas terapéuticas para atender estos asuntos (Angus, & Greenberg, 2011).

Definición de Términos

Se define custodia como la "tenencia o control físico que tienen los padres sobre sus hijos(as) no emancipados(as), (Custodia en PR, 2006 Torres Ojeda y Chávez Ex parte 87 JTS 19). La custodia es un atributo inherente a la patria potestad y se tratan de modo independiente por el código civil y por la jurisprudencia. La custodia compartida permite a ambos padres la tenencia física de su o sus hijos a tenor con los acuerdos alcanzados. Por lo tanto, la custodia compartida es cuando ambos padres comparten de igual forma y manera la autoridad para decidir sobre el bienestar del menor. La Ley Núm. 223 del 2011, denominada *Ley Protectora de los Derechos de los Menores en el Proceso de Adjudicación de Custodia* define custodia compartida como:

> "la obligación de ambos progenitores, padre y madre, de ejercer directa y totalmente todos los deberes y funciones que conlleva la crianza de los hijos, relacionándose con éstos el mayor tiempo posible y brindándoles la compañía y atención que se espera de un progenitor responsable."

La patria potestad se define en la Ley 223 Supra, como "conjunto de derechos y deberes que corresponden a los padres sobre la persona y el patrimonio de cada uno de sus hijos no emancipados." Por lo tanto, una persona puede tener la patria potestad de su o sus hijo/s, pero no su custodia física.

REALIDAD SOCIAL Y CULTURAL DE PUERTO RICO

Según el Informe Anual de Estadísticas Vitales publicado en el 2011 por el Departamento de Salud de PR (2011), la tasa de nupcialidad en la isla descendió durante los pasados 30 años de 16.0 a 6.2 por cada 1,000 habitantes de 15 años o más. Se efectuaron 18,620 matrimonios en el 2008 lo que representa una reducción de 2,993 matrimonios en comparación con 2007 que fue de 21,613. Sin embargo, durante los años 2007 y 2008 se registraron 15,113 y 14,849 divorcios respectivamente. Las causales de divorcios que mayor representación obtuvieron en el registro de divorcios del 2008 fueron consentimiento mutuo con 63.8%, separación por más de dos años con 21.6%% y trato cruel con 11.9%, lo que representa un aumento de 2.5% para este renglón en comparación con el 2007. Se informa además un Índice de Divorciabilidad de 79.7% para el año 2008 que es mayor que el del 2007 que obtuvo un Índice de 69.9%. Esto implica que por cada 100 matrimonios celebrados en PR en el 2008, se registraron 80 divorcios. Estos datos sugieren que la mayoría de los niños puertorriqueños será testigo de profundos conflictos familiares, de la pérdida de la presencia continua en el hogar de unos de sus padres y de los problemas que acompañan las determinaciones de custodia.

Hasta el 2011 la madre de los menores era privilegiada por los tribunales al momento de la determinación de custodia. Esto respondía a las diversas doctrinas legales que orientaban las leyes de custodia antes del 2011. En los divorcios menos contenciosos que cumplían con requisitos estipulados por ley, la custodia compartida se obtenía en beneficio de la pareja y del mejor interés del menor. A partir del 2011, la Ley 223, Supra, convierte la custodia compartida en la primera alternativa a considerar por el Tribunal, al conceder el divorcio. Los propósitos de esta Ley se definen como:

> "proteger y procurar el mejor bienestar de los niños que son progenie de una pareja divorciada o de una relación consensual cuyos miembros se han separado; garantizar el mejor bienestar de nuestros niños(as); establecer como política pública la consideración de la custodia compartida y de la corresponsabilidad en los casos de disolución de un matrimonio o de separación de una pareja consensual donde hayan menores involucrados; establecer criterios a considerarse en la adjudicación de custodia para que los tribunales tomen la determinación correspondiente; requerir que las partes se sometan a una evaluación efectuada por la

Oficina de Servicios Sociales de la Administración de los Tribunales, cuando se identifican graves problemas de comunicación que interfieran con los arreglos de custodia; establecer el procedimiento de mediación cuando los progenitores, aun acordando la custodia compartida, no pueden ponerse de acuerdo en la forma en llevar a cabo la misma…"

La Ley 223 establece un procedimiento, a través del trabajador social (TS) de Relaciones de Familia y articula unos criterios específicos para la adjudicación de custodia cuando surjan controversias entre los progenitores. El/la TS realizará una evaluación, solicitará evaluaciones psicológicas o psiquiátricas de ser necesario y rendirá un informe con recomendaciones al Tribunal a base del material recopilado. La Ley 223, Supra, estipula que el trabajador social y el tribunal tomarán en consideración una serie de criterios, los primeros cuatro de los cuales se presentan a continuación:

1. La salud mental de ambos progenitores, así como la del hijo(a) o hijos(as)...
2. El nivel de responsabilidad o integridad moral exhibido por cada uno de los progenitores y si ha habido un historial de violencia doméstica...
3. La capacidad de cada progenitor para satisfacer las necesidades afectivas, económicas y morales del menor, tanto presentes como futuras.
4. El historial de cada progenitor en la relación con sus hijos, tanto antes del divorcio, separación o disolución de la relación consensual, como después...

PRESENTACIÓN DEL CASO:

El caso que aquí se presenta ilustra el impacto que puede tener en los hijos de la pareja el conflicto matrimonial prolongado y la no resolución de los conflictos del divorcio. Demuestra además la necesidad de evaluar estos casos desde una óptica sistémica que permita visualizar todos los componentes que operan en los divorcios contenciosos; familia nuclear y extendida, sistema escolar y comunidad, sistema judicial, sistema de salud y salud mental, variables económicas, entre otros. La mirada sistémica incluye además los aspectos psicológicos (estilo de apego, base de seguridad personal, modelos mentales, tipo de introyección de la imagen mental mutua de la pareja, estilos afectivos y de resolución de conflicto, entre otros factores.) y de la etapa en el ciclo de vida de la familia en que se encuentra la pareja al momento del rompimiento del vínculo matrimonial.

Referido del Caso

El tribunal solicitó los servicios del que suscribe por recomendación de los/las peritos que evaluaron psicológicamente al niño y a la madre. Se informa que la relación matrimonial de la Sra. AB y el Sr. CD duró aproximadamente 11 años y que se habían divorciado tres años antes de la fecha del referido. El matrimonio procreó un hijo varón que al momento del referido tenía 11 años. La separación que culminó en divorcio se debió a que el Sr. CD había abandonado el hogar alegadamente motivado por un involucramiento amoroso con otra mujer. Esta situación fue aparentemente traumatizante para su ex esposa, AB. Desde la partida del Sr. CD del hogar y durante el proceso de divorcio ocurrieron múltiples incidentes matizados por alta carga emocional.

La Sra. AB alegaba que su ex esposo tenía un historial de uso de substancias controladas, que era alcohólico y que la abusaba física y psicológicamente. También alegaba que su hijo escuchó múltiples altercados entre sus padres, usualmente cuando el Sr. CD llegaba a la casa bajo la influencia del alcohol. Se informa además que según el conflicto entre el Sr. CD y su esposa se prolongaba y aumentaba de intensidad, el hijo desarrollaba temor hacia el padre hasta el punto en que rehusó relacionarse con este. El menor no contestaba las llamadas del padre y se negaba a visitarle en su nuevo hogar.

Ante la imposibilidad de relacionarse con su hijo el Sr. CD recurrió en auxilio al Tribunal para que se ordenara a la madre que permitiera y viabilizara la relación paterno filial. Eventualmente, la madre fue acusada de no seguir las órdenes del tribunal. Ante esto, la Sra. AB se defendía alegando la renuencia del menor a relacionarse con el padre debido al temor que le tenía. Después de las evaluaciones de rigor por la oficina de Relaciones de Familia y de evaluadores independientes, el tribunal falla a favor del padre y ordena relaciones en las facilidades del Tribunal de Justicia de la ciudad donde residen los integrantes de la familia. El proceso fue difícil debido a las reacciones del menor, pero más aún, por los emotivos intentos de la madre de "proteger" a su hijo de la situación que le creaba las visitas con el padre dentro de las facilidades del tribunal. Estos procesos suscitaron múltiples situaciones desagradables que dieron base para la formulación de querellas contra uno de los guardias del tribunal. Esta persona alegadamente le enseñó un calabozo al menor y le dijo que ahí se ubicaban a niños que se portaban mal en el tribunal. Esto ocasionó un fuerte impacto en el menor quien respondió con mayor renuencia a regresar a ese tribunal. La Sra. AB también formuló querellas ante la Administración de Tribunales de PR contra la Procuradora de la Familia asignada al caso y contra el trabajador social que realizó la investigación. El caso fue visto en el Apelativo y por años fue uno de los casos más contenciosos de derecho de familia de dicho tribunal. El psicólogo que inicialmente atendió al menor fue también objeto de una queja ante la Junta Examinadora de Psicólogos. La queja se formuló por haber éste ofrecido el diagnóstico de PAS y por recomendar tratamiento en un centro de intervención para PAS no acreditado y con personal no profesional[1]. Anterior a esto, el psicólogo del menor intentó integrar al padre a una de las sesiones terapéuticas. Este intento fue infructuoso y produjo que el niño abandonara la oficina en estado de pánico y descontrol emocional. La visita del padre no se había coordinado con la madre del menor y no se había notificado al menor con antelación al día de la intervención, que el padre estaría presente. Esta intervención también pesó en la decisión de la madre del menor de formular la querella al psicólogo.

La Sra. AB objetaba la orden del tribunal por entender que forzar al menor a relacionarse con el padre ocasionaba más daño que el bien que se intentaba lograr. Durante el proceso, la madre comentó en varios contextos asociados al caso de custodia que consideraría llevarse al menor de PR, si la situación no mejoraba. Aparentemente, este comentario llegó a la consideración del Tribunal lo que sirvió de disparador para la remoción de la custodia del menor y la adjudicación de la custodia al padre.

El proceso de transferencia de custodia fue traumatizante y reflejó lo difícil y conflictivo que fue este proceso de determinación de custodia. La orden del tribunal concediendo custodia al padre se ejecutó el mismo día de la sentencia

---

[1] La información sobre las querellas formuladas fue obtenida de la Sra. AB y del psicólogo que atendía al menor.

y en momentos en que el menor capitaneaba el equipo de baloncesto de su escuela. El equipo jugaba en una cancha cuando varios alguaciles ejecutaron la orden de remoción de custodia en presencia de muchos espectadores. Esto activó una indignación colectiva en estas personas, la mayoría de las cuales eran figuras reconocidas en la comunidad y con altos ingresos. Esta situación permitió a la madre obtener apoyo de algunas de estas personas para el financiamiento de la lucha legal de custodia. Entre las personas involucradas asociadas al colegio y al grupo social más cercano de la madre se encontraban abogados, médicos y otros profesionales cuyos hijos formaban parte del grupo académico, deportivo y social del menor. La Sra. AB se encontraba desempleada al momento de la remoción del menor de su custodia. Se ocupaba como voluntaria en el colegio de su hijo lo que le ganó mayor simpatía y apoyo.

En menos de veinticuatro horas después de obtener la custodia de su hijo el Sr. CD viajó a un estado de EEUU para que su hijo recibiera junto a él tratamiento para el PAS diagnosticado por el Psicólogo del menor. Ambos estuvieron en ese centro por espacio de una semana y al regresar a PR la co-directora del centro vino al hogar del padre a ofrecer recomendaciones sobre el modo de organizar la vida del menor, evitando a toda costa la relación de este con la madre. La supuesta especialista en PAS pernoctaba en el hogar del padre. Esta especialista no contaba con licencia para practicar disciplinas de la salud mental. Tampoco estaba licenciada para ofrecer psicoterapia o asesoramiento psicológico y mucho menos tenía autorización para ejercer intervenciones psicológicas relacionadas con problemas emocionales y de familia en PR. Esta situación ocasionó una profunda alteración emocional a la madre del menor. Más aún, se produjo mayor activación del grupo social que la apoyaba y de la familia materna, la que siempre estuvo involucrada y presta para apoyarle.

Intervención Solicitada por Tribunal y Circunstancias del Caso

El juez a cargo del caso de la familia ABCD invitó al que suscribe a coordinar el tratamiento de la familia a finales del año 2006. Según ya indicado, el menor recibía intervenciones terapéuticas, la madre había contratado una Psicóloga Forense y el padre asistía a sesiones con una Psicóloga Clínica. Durante la próxima vista del caso se delinearon los objetivos de la intervención y las responsabilidades del que suscribe. Para ese momento el menor había recibido el supuesto tratamiento para PAS y residía con el padre y con la compañera consensual de éste. Se solicitó al que suscribe la continuación del tratamiento psicológico para el niño. Se solicitó además intervención para mejorar la situación familiar lo que incluía coordinación para permitir la comunicación gradual entre madre e hijo a tenor con recomendaciones realizadas por las personas que proveyeron el tratamiento para la condición de PAS. Las relaciones con la madre serían inicialmente por teléfono y progresaría a visitas supervisadas durante las sesiones terapéuticas del menor. Estas interacciones entre la madre y el menor se permitirían si la madre observaba las órdenes del tribunal de no afectar la relación entre el menor y su padre.

Presentación de la Familia ABCD

La Sra. AB tenía 38 años de edad al momento del referido al que suscribe. Había completado todos los requisitos de su bachillerato, excepto por varios cursos medulares. AB es la mayor de tres hermanos. Sus padres han mantenido una relación matrimonial estable y se encontraban juntos al momento de esta intervención. AB se casó con el padre del menor mientras éste culminaba su adiestramiento profesional. A los dos años de estar casados nació el primer y único hijo. La Sra. AB ha tenido varios empleos pero antes de la separación del esposo trabajó en la oficina de éste como secretaria y a cargo de aspectos relacionados con la administración del negocio. Informa la Sra. AB que tuvieron mucho éxito económico lo que les permitió adquirir varias propiedades y vehículos de lujo. La división de gananciales incluía dos propiedades una de las cuales estaba tazada en varios cientos de miles de dólares. Adicional a esto, el Sr. CD había adquirido otras propiedades posterior al divorcio de la Sra. AB. El SR. CD residía en una de estas propiedades en un sector residencial exclusivo.

La Sra. AB se proyectaba negativamente ante el tribunal y ante las otras personas con las que interactuaba con relación al caso de su hijo. La impresión generalizada que ocasionó la Sra. AB se describe mediante los siguientes atributos recogidos del personal de la corte: "inmadura, problemática, hipománica, histriónica, alienadora/controladora, pendiente del dinero del ex-esposo". Ante el cuadro de conductas manifestadas por la Sra. AB, el tribunal la había refirido a tratamiento psicológico. La psicóloga que la atendió realizó una evaluación forense y sometió un informe al tribunal, el cual no había sido solicitado por lo que ocasionó profundas controversias.   Mediante las intervenciones de la psicóloga forense con la Sra. AB no se lograron cambios en las actitudes ni en la conducta que propiciaron que perdiera la custodia de su hijo.   La psicóloga que la evaluó indicó en su informe que ésta sufría de distimia y de un trastorno de personalidad no especificado con rasgos Histriónicos y de Personalidad Fronterizo.   Los años de interacción del que suscribe con la señora madre del menor confirmaron la presencia de trastorno de personalidad Histriónico. AB fue referida a un nuevo terapeuta quien atendió sus problemas de regulación afectiva, su resentimiento contra el padre del menor y las conductas que le ganaron mala reputación en los círculos legales.

El Sr. CD tenía 37 años al momento del referido. Es el menor de tres hermanos y producto de una familia intacta. Los hermanos mayores del Sr. CD presentan historial de abuso de substancias y uno de estos tuvo problemas legales por alegada distribución y venta de drogas. El Sr. CD completó estudios universitarios en PR y su grado profesional fuera del país. Siendo estudiante graduado contrajo nupcias con la Sra. AB. Su ex esposa alega que éste fue usuario de sustancias mientras cursaba estudios graduados y que nunca dejó de ingerir alcohol excesivamente. Indica la Sra. AB que estando fuera de PR el uso de sustancias era frecuente y que bajo estados alterados de consciencia su esposo se tornaba impulsivo y agresivo. No tardó mucho para ella arrepentirse de la decisión de casarse con el Sr. CD. A pesar de esto, el Sr. CD ha sido exitoso en su línea de trabajo y genera suficientes ingresos para mantener un estilo de vida cómodo y lujoso.

El Sr. CD se proyecta como una persona introversa, pasiva y tranquila. En los círculos del tribunal CD era visto como un hombre "trabajador, triunfador, amante de su hijo y víctima de su ex esposa". Las alegaciones de abuso de alcohol y del historial de abuso de sustancias fueron de conocimiento del personal del Tribunal y se tomaron en consideración al analizar el caso.

A la Sra. AB se le hacía difícil transmitirle al tribunal las estrategias que utilizaba el Sr. CD para herirla emocionalmente mediante palabras, gestos y mediante el control de los pagos de pensión alimenticia y manutención. Estos problemas ocasionaron que la Sra. AB perdiese su crédito, no tuviese dinero para pagar la hipoteca y confrontara múltiples dificultades para sostenerse y mantener a su hijo. Ante estas situaciones la Sra. AB recurría a la ayuda de su familia extendida y a su núcleo de amistades.

La observación a largo plazo de las técnicas de resolución de problemas utilizadas por el Sr. CD nos llevó a constatar la presencia de un trastorno de personalidad tipo pasivo-agresivo que pasaba desapercibido ante los "ojos" del tribunal. El que suscribe introdujo una visión sistémica al caso y compartió la nueva mirada con el juez y la procuradora mediante los informes periódicos que se sometían y mediante las reuniones sostenidas para evaluar progreso. Esta estrategia permitió a las personas involucradas percatarse, lentamente, de la naturaleza reciproca del problema de la pareja y de la familia y sirvió para orientar el plan de intervención. El Sr. CD continuó asistiendo a sesiones de terapia individual con su Psicóloga. Sin embargo, su progreso en cobrar consciencia de su problema con el alcohol y de cómo su estilo de relación con su hijo afectaba la relación entre ambos, era muy limitado. Años después de asistir a psicoterapia una o dos veces al mes el Sr. CD no encontraba faltas en sí y culpaba aún a su ex esposa por sus problemas económicos y por el rechazo de su hijo.

El menor ABCD ha sido un joven saludable, estudiante de honor, excelente atleta, reconocido como joven competente por su cículo social y muy apegado a su madre. La vida del joven ABCD se encontraba estructurada por la madre con quien este estudiaba casi todos los días. La madre logró inculcar en el joven valores de aprendizaje y de alto rendimiento en todas sus gestiones; especialmente en las académicas y deportivas.

Durante la primera cita, el joven presentó un afecto embotado y una mirada perdida. No fue hasta que se le informó que el que suscribe le ayudaría a disfrutar de la relación con ambos padres que el menor comenzó a verbalizar sus ideas y sentimientos. En ese momento suplicó por mi ayuda para ver a su madre a quien no le "habían dejado ver" por meses. Durante esa primera entrevista se observó una profunda confusión sobre sus sentimientos hacia su padre y sobre las experiencias tenidas durante los pasados meses. Se encontraba en aquel momento en un mundo vivencial confuso, con profundos sentimientos de indefensión y tristeza y deseoso de ver a su madre. El joven logró relatar lo que acontenció la tarde que lo removieron de la cancha de baloncesto y de lo confuso que fue para él la experiencia en el hogar de tratamiento para PAS. Describió el sentimiento de terror que le sobrecogió cuando el empleado de la corte lo amenazó con encerrarlo si no se portaba bien. Informó que no se sentía cómodo en el hogar del padre y expresó las razones para esto: que su padre bebía casi todos los días, especialmente cuando venían sus hermanos a compartir con él; que la novia del padre, quien también residía en la residencia del padre, no le hablaba mucho y no lo entendía; que el padre y la novia discutían; y que no se llevaba mucho con la abuela paterna quien era la persona que el padre trajo a la casa para cuidar de él. Al menor le molestaba el olor a cigarrillo que producía la abuela al fumar cigarrillos frecuentemente durante el día. Además de esto, el menor tenía serias dificultades en lograr que su padre entendiese sus sentimientos, sus necesidades de desarrollo psicosocial y su deseo de relacionarse con su madre. Eventualmente el menor logró verbalizar lo difícil que se le hacía transmitirle a su padre sus sentimientos y las sensaciones fisiológicas que sentía ante la situación de estrés y tristeza en la que vivía.

Al año de residir con su padre el menor comenzó a presentar mayores dificultades para tolerar el ambiente del hogar paterno y la separación de la madre. Gradualmente desarrolló una Depresión Mayor que requirió de tratamiento psicofarmacológico. Su funcionamiento cognoscitivo deterioró severamente lo que produjo una merma significativa en su desempeño académico: de todas A a notas de C, D y F. Su deterioro fue precedido por múltiples quejas somáticas tales como dolores de estómago, de cabeza, cansancio, etc. , las que el padre no reconocía como válidos. El menor también era afectado por comentarios negativos del padre y de la abuela contra la Sra. AB, su madre. Lejos de acercarlo a la familia paterna, el menor se sintió alejado y ofendido por estas circunstancias.

La relación del menor con los otros miembros de la familia paterna tampoco era satisfactoria. El menor no se sentía cómodo con las costumbres de la familia, especialmente con el énfasis de la familia al uso del alcohol durante sus actividades. Además, no se integraba a los patrones de conducta de sus primos quienes presentaban costumbres diferentes a las suyas y a las de sus amigos del colegio privado.

Componente Legal del Caso al Momento del Referido

A diciembre del 2006, la determinación de división de gananciales no se había completado. Al acercarse la posibilidad de alcanzar acuerdos, alguna desavenencia ocurría que impedía que esto se lograra. Los desacuerdos frecuentemente giraban en torno la percepción de la Sra AB de que el Sr CD no negociaba de buena fé. Bajo estas circunstancias el matrimonio perdió por embargo del banco la propiedad más cara, pero retuvieron y vendieron la propiedad que compraron antes del éxito financiero obtenido.

La Sra. AB cambió de abogados en tres ocasiones debido a inhabilidad para entrar en acuerdos sobre el manejo y la dirección del caso. El Sr. CD mantuvo el mismo abogado quien es una persona con vastos conocimientos sobre derecho de familia y amplia reputación en este campo. El último bufete de abogados que representó a la Sra. AB se iniciaba recientemente en el campo del derecho de familia y funcionaban de modo asertivo en sus planteamientos y mociones al tribunal. En los círculos legales se comentaba que quien ganase el caso obtendría un alto nivel de reconocimiento dentro del mercado del derecho de familia.

La primera Procuradora de la Familia asignada por el Tribunal renunció al caso debido a que su hijo comenzó a asistir a la misma escuela que el menor del matrimonio ABCD. La segunda Procuradora asumió un alto sentido de responsabilidad para con el caso. Esta letrada, quien provenía de un origen familiar humilde, admiraba al Sr. CD por su éxito profesional y económico. A la vez, esta Procuradora tuvo que lidiar con las conductas negativas de la madre, con las múltiples mociones presentadas por los abogados de ésta y con las contestaciones a las mociones que el abogado del padre sometía. Muchas de las mociones sometidas por ambas partes representaban quejas y acusaciones más que asuntos importantes para el bienestar del menor. Una de las querellas sometidas por la madre fue contra esta Procuradora de Familias.

FORMULACIÓN CLÍNICA

En el matrimonio de la Sra. AB y el Sr. CD existieron múltiples conflictos emocionales, decisionales y de percepción que mermaron la capacidad de la pareja para lidiar con el divorcio y tomar acuerdos adecuados sobre la custodia de su hijo. Entre los conflictos más destructivos se encontraba la tendencia a culpabilizarse mutuamente por los eventos negativos. Se atribuían malas intenciones a cada cual y se percibían desde caracterizaciones negativas de la personalidad de cada uno. Los defectos se percibían de modo exagerado. Fue muy difícil para la Sra. AB superar la infidelidad y eventual abandono del esposo. Ante este panorama la estructura familiar no logró cambiar y consolidarse adaptativamente posterior al divorcio, a tenor con la nueva realidad social y legal de la pareja.

Ante la multiplicidad y severidad de los conflictos habidos y ante la intensidad de las emociones que se producían, se activaron los siguientes sistemas sociales; sistema judicial, sistemas de salud mental, familias extendidas, amistades, comunidad, y agencias gubernamentales. Sin embargo, la intervención de los sistemas sociales no logró disminuir los conflictos ni la intensidad emocional de este caso. Por el contrario, los sistemas sociales quedaron involucrados en el conflicto, en la intensidad emocional y en la polarización que el divorcio de esta pareja creó.

Mientras tanto, el niño comenzó a sufrir las consecuencias de la interminable problemática entres sus padres. El padre reclamó su derecho a relacionarse con el menor. La madre alegó que el niño le temía a su padre y que por ese motivo no se lograba la relación entre padre-hijo. Al evaluar esta situación, una profesional que trabajó con el caso determinó que el Síndrome de Alineación Parental explicaba la conducta del menor. La corte medió para que se viabilizaran las visitas entre padre e hijo y ante la imposibilidad para resolver este problema concurrió con el diagnóstico de PAS y le concedió la custodia temporera al padre. El padre se trasladó con el niño a EEUU para recibir tratamiento psicoterapéutico para el PAS.

El que suscribe reconoció el diagnóstico de PAS en este caso al detectar signos del síndrome. Esto se atendió enérgicamente mediante la terapia semanal que recibió la madre con su nueva terapeuta. Nunca quedó claro si la determinación inicial de la presencia de PAS incluyó una evaluación profunda de los factores que afectaban la relación entre padre e hijo (deficiencias de interacción del padre, problemas con el alcohol), o si dicha decisión se circunscribió a una determinación exclusiva de la aportación que hacía la madre a la renuencia del niño a relacionarse con el padre. Tampoco hay información disponible de si al realizarse el diagnóstico de PAS se tomó en cuenta la naturaleza de la Base de Seguridad (Ainsworth, 1969; Bowlby, 1988) del niño. Quedó evidente que la base de seguridad del menor descansaba sobre la figura materna y la separación abrupta tuvo consecuencias negativas no intencionadas.

Se entiende que conceptualizaciones de causalidad de tipo individual en ausencia de un entendimiento de las dinámicas sistémicas familiares existentes y de los MSSE que impactan a la familia no ofrece un entendimiento completo del caso. Por lo tanto, el problema que tiene el padre en relacionarse con su hijo y del hijo de aceptar la paternidad del padre no se puede conceptualizar exclusivamente a base de la relación del niño con la madre y del síndrome de PAS detectado. Un acercamiento sistémico nos hace tomar en consideración la posibilidad de que los conflictos y las peleas previas del matrimonio han debilitado la posición del padre ante el niño, como comúnmente ocurre en familias de alto conflicto (Grych, 1992). El acercamiento sistémico nos hace levantar la posibilidad de que las deficiencias de personalidad del padre (pasivo-agresivo) y uso de alcohol impactaron negativamente en su intento de relacionarse satisfactoriamente con su hijo. Desde la perspectiva sistémica, integrativa y ecológica, se considera también la posibilidad de que exista un deterioro de la imagen de ambos padres ante el niño al ser percibidos por éste como incapaces de resolver sus propios problemas y más aún, de protegerle. Estas hipótesis podrían explicar los intensos estados de ansiedad que sufrió el niño al sentirse no protegido, inseguro de perder nuevamente a su madre, e inseguro de lo que la vida le puede traer en el futuro.

Quizás, todos estos factores afectaron y aún afectan la relación entre padre e hijo. Se sabe que los conflictos matrimoniales afectan adversamente las relaciones padre-hijo además de afectar el desarrollo psicosocial de los niños (Fincham, 1994). A la vez, la armonía matrimonial es indispensable para el desarrollo de relaciones satisfactorias entre padre e hijos. Por lo tanto, culpar a uno de los padres por los problemas paterno-filiales del otro es abonar al conflicto entre ellos sin resolver lo que usualmente más afecta la relación entre padre-hijo; la falta de estabilidad, la ausencia de cordura y la pérdida de la armonía entre los padres.

PLAN DE INTERVENCIÓN

A continuación se presenta un breve resumen del plan de tratamiento desarrollado a principios del año 2007 para atender las necesidades de esta familia, a tenor con los acuerdos tomados en el Tribunal durante la vista de finales del 2006.

Meta principal del plan de intervención.

Que el niño se relacione con ambos padres de modo psicológicamente saludable sintiéndose libre para expresar sus sentimientos / emociones y sus deseos mientras supera las tareas evolutivas que confronta en cada etapa de desarrollo físico y psicosocial.

Meta específica # I. Intervenciones con el menor.

Viabilizar y fomentar el desarrollo psicológico del niño mientras se trabaja con los retos que se detecten mediante el proceso diagnóstico e interventivo.

Meta específica # II: Intervenciones con padres del menor:

Los padres de ABCD proveerán un ambiente psicológicamente saludable y estable al niño para que este supere sus debilidades y aumente sus fortalezas de personalidad. Los padres aprenderán a impedir que sus necesidades interfieran con las del menor.

Meta específica # III: Aspectos sistémicos del caso; sistema legal, sistema educativo, comunidad.

Disminución del énfasis legal del caso y aumento de la atención hacia atender las necesidades y la condición psicológica del niño.

RESULTADOS DE LA INTERVENCIÓN

Los conflictos aparentan ser más perjudiciales que el proceso de separación y rompimiento de los lazos matrimoniales, (Grych y Fincham, 1990). Por esto, la disminución del conflicto y de la continua problematización de las situaciones que ocurrían a todos los niveles de este caso, se convirtió en uno de los objetivos principales de la actividad terapéutica. La intervención que se inició en diciembre del 2006 con el que suscribe y con el nuevo equipo terapéutico, estuvo dirigida a controlar los conflictos y a ayudar a esta familia a resolverlos.

Mediante las intervenciones de pareja, de familia e individuales, se logró disminuir temporeramente la intensidad de los conflictos en este matrimonio. Esto permitió llevar a cabo sesiones de familia con ambos padres mediante las cuales se sentaron las bases para completar el proceso de división de gananciales. Durante los meses de verano del 2007, la pareja logró acuerdos para aumentar las visitas del niño a la madre y para permitirle al niño mayor acceso a esta. Después de una merma temporera en la comunicación y la confianza, y al ver el inmenso impacto que esto tuvo en la salud mental del niño, la pareja nuevamente hizo un compromiso escrito con el menor de mantener la comunicación entre ellos. Concomitantemente, se logró disminuir las atribuciones negativas entre ellos.

Más aún, se controló el patrón de crear nuevos conflictos ante cada situación difícil que ocurría entre ellos o con su hijo las que producían nuevas mociones al tribunal expresando sus quejas al efecto.

Asistió considerablemente en este quehacer clínico el modelo de múltiples *sistemas sociales entrelazados (MSSE)* (Imber-Black & Mirkin, 1990) en el contexto teórico *ecosistémico* (Bronfenbrenner, 1981). Desde este amplio marco teórico psicosocial se pudo visualizar con mayor claridad las múltiples fuerzas psicosociales (familias, amistades, justicia, abogados, los padres del menor, la escuela, etc.) que operaban en este caso. Según indicado, estos subsistemas intervenían con esta familia desde sus respectivas opiniones, metas e intereses.

Las interacciones entre los padres al momento de entregar al menor a la madre para las visitas, pronto comenzó a producir conflictos. El padre alegadamente aprovechaba la entrega del menor para hostigar psicológicamente a la madre. Mientras, la madre no cumplió con algunos de los acuerdos tomados con relación a la división de gananciales al obtener información que indicaba que su ex esposo le escondía información o la estaba engañando.

Mientras, la condición emocional del menor no mejoraba al punto que desarrolló ideación suicida y dificultades en procesamiento cognitivo en la escuela. Ante el deterioro emocional y cognoscitivo del menor, el padre accedió a un acuerdo de custodia que permitió al menor pernoctar con la madre durante la semana y residir con él los fines de semana. Este acuerdo no progresó debido a que la renuencia del menor a regresar a la casa del padre aumentó y eventualmente produjo un rompimiento casi total de la relación entre ambos.

Al momento en que se redacta este estudio de caso el menor se encontraba bien, con buen funcionamiento social y académico y destacándose en los deportes. La relación con el padre se limitaba al pago del colegio y otros gastos académicos. Después de tener una hija con su compañera, el padre entró en una nueva relación con otra mujer con la que aparentemente tuvo otro hijo. La Sra. AB también entró en una relación sentimental con otro hombre con quien mantiene una relación estable. A la vez, el menor logró retornar a su excelente nivel de funcionamiento académico y social logrando superar su depresión y estados de ansiedad.

Múltiples factores contribuyeron a que el menor lograra recuperarse de la depresión mayor que sufrió y protegerse del severo y prolongado conflicto post matrimonial de los padres. Algunos de los factores que aparentan ser primordiales son:

1. El alto nivel de resiliencia psicológica aparentemente adquirido por el menor durante sus años formativos, durante los cuales disfrutó de mayor tranquilidad emocional y familiar.

2. La resiliencia que surge de su alto nivel intelectual y de sus excelentes destrezas para el deporte.

3. La presencia de una base de seguridad con su madre, que aunque "imperfecta", correspondía a su hijo en el mantenimiento de la vinculación afectiva de dicho sistema de apego.

4. El desarrollo de una relación fuerte y estable con un terapeuta que entendió el mundo interno del menor y validó sus necesidades. El terapeuta se prestó para ser voz del menor ante los múltiples y complejos sub sistemas sociales que reclamaban autoridad sobre su vida.

   a. Desde una perspectiva dinámica se postularía que el terapeuta sirvió de objeto transicional durante la difícil época de la adolescencia del menor, sirviendo por lo tanto como modelo alterno para su desarrollo psicosocial.

Poco antes de concluida la redacción y edición final de este documento la Sra. AB notificó al que suscribe que el menor había invitado a su padre a viajar juntos a EEUU para visitar una de las universidades que le ofrece beca de estudio…de pre médica. (¡)

RECOMENDACIONES FINALES

1. Modificar los currículos de enseñanza en Psicología Profesional para que las futuras generaciones enfaticen la conceptualización de casos desde el entorno psicosocial, sistémico y ecológico. La mirada desde la psicología individual a la prestación de servicios psicoterapéuticos a menores y sus familiares limita el entendimiento de las complejidades que usualmente necesitan atenderse.

2. Adiestramiento básico en PFF para preparar a futuros profesionales a lidiar efectivamente con los casos de divorcio y custodia que surgen en toda práctica clínica de la salud mental.

3. Adiestramiento mediante educación continúa a colegas en práctica privada sobre los asuntos de custodia de mayor riesgo y dificultad para el manejo clínico.

4. Para entrar al campo de la PFF, como a cualquier otra especialidad de la Psicología Profesional, se requiere de práctica supervisada. Esta práctica podría obtenerse mediante supervisión de pares y consulta a colegas con mayor experiencia, además de los cursos teóricos necesarios para entender los aspectos conceptuales relevantes.

5. Las personas en práctica clínica harían bien en fomentar en padres divorciados el sentido de responsabilidad de atender los asuntos de custodia de sus hijos como padres y no como personas divorciadas. Los padres resuelven las situaciones que atañen a sus hijos y evitan relegar dicha responsabilidad a abogados o al tribunal.

6. La PFF requiere de una orientación clínica multidimensional, necesariamente sistémica/ estructural con atención a los aspectos emocionales, sociales y de salud de las personas involucradas, especialmente de los menores de matrimonio.

REFERENCIAS

Amato, P.R., & Booth, A. (2001). The legacy of parents' marital discord: Consequences for children's marital quality. *Journal of Personality and Social Psychology, 81*, 627-638.

American Academy of Child and Adolescent Psychiatry. (1997). Practice parameters for child custody evaluation. *Journal of the American Academy of Child and Adolescent Psychiatry, 36* (10 Supplement), 57S – 68S.

American Psychological Association. (1994). Guidelines for child custody evaluation in divorce proceedings. *American Psychologist, 49*, 677-680.

American Psychological Association. (2010). *Guidelines for child custody evaluations in family law proceedings.* Accesado de: http:// www.apa.org/practice/guidelines/child-custody.pdf

Ainsworth, M. (1969). Object relations, dependency and attachment, a theoretical review of the infant-mother relationship. *Child Development. 40*, 969-1025

Angus, L. E., & Greenberg, L. S. (2011). An introduction to working with narrative and emotion processes in emotion-focused therapy. In *Working with narrative in emotion-focused therapy: Changing stories, healing lives* (pp. 3-17). Washington, DC: American Psychological Association. doi:10.1037/12325-001

Bartholomew, K., & Horowitz, L. M. (1991). Attachment styles among young adults: A test of a four-category model. *Journal of Personality and Social Psychology, 61*, 226–244.

Bickerdike, A. J., Littlefield, L. (2000). Divorce adjustment and mediation: Theoretically grounded process research. *Mediation Quarterly, 18*, 181-201.

Bronfenbrenner, U. (1981). *The ecology of human development: Experiments by nature and design.* Cambridge: Harvard University Press.

Bowlby, J. (1969). *Attachment and loss*: Vol. 1. Attachment. London: Hogarth Press

Bowlby, J. (1973). *Attachment and loss*: Vol. 2. Separation. London: Hogarth Press

Bowlby, J. (1980). *Attachment and loss*: Vol. 2. Loss. London: Hogarth Press

Bowlby, J. (1979). *The making and breaking of affectional bonds.* London: Tavistok.

Bowlby, J. (1988). *A secure base: Parent-child attachment and healthy human development.* New York: Basic Books.

Bradbury, T. N., & Fincham, F. D. (1990). Attributions in marriage: Review and critique. *Psychological Bulletin, 107*(1), 3-33.

Brumbaugh, C. C., & Fraley, R. C. (2007). The transference of attachment patterns: How parental and romantic relationships influence feelings toward novel people. *Personal Relationships, 14*, 513-530.

Cummings, E.M., Ballard, M., El-Sheikh, M., Lake, M. (1991). Resolution and children´s response to inter adult anger. *Developmental Psychology, 27*, 462-470.

Cummings, E. M., Zahn-Waxler, C., & Radke-Yarrow, M. (1981). Young children's responses to expressions of anger and affection by others in the family. *Child Development, 52*, 1274–1281.

Cummings, E. M., Simpson, K. S., & Wilson, A. (1993). Children's responses to interadult anger as a function of information about resolution. *Developmental Psychology, 29*, 978–985.

Cummings, E. M., Davies, P. T., & Simpson, K. S. (1994). Marital conflict, gender, and children's appraisals and coping efficacy as mediators of child adjustment. *Journal of Family Psychology, 8*, 141–149.

Cummings, E. M., Vogel, D., Cummings, J. S., & El-Sheikh, M. (1989). Children's responses to different forms of expression of anger between adults. *Child Development, 60*, 1392–1404.

Custodia en Puerto Rico. *Revista Jurídica de LexJuris de Puerto Rico.* Volumen 8, marzo 2006 Núm. 1 y definición según el Tribunal Supremo de Puerto Rico en el caso Torres Ojeda y Chávez Ex parte 87 JTS 19 accesada de http://www.ramajudicial.pr/orientacion/custodia.htm

Damasio, A. (2003). *Looking for Spinoza: Joy, sorrow and the feeling brain.* New York, New York: Harcourt

Departamento de Salud. Informe Anual de Estadísticas Vitales (2011). Accesado de http://www.salud.gov.pr/Datos/EstadisticasVitales/Documents/Informe%20EV%20Nacimientos%20y%20Matrimonios%20Final%20rev2.pdf

El-Sheikh, M. Whitson, S.A., (2006). Longitudinal relations between marital conflict and child adjustment: Vagal regulation as a protective factor. *Journal of Family Psychology, 20,* Issue 1, 1-11.

Emery, R.E. (1988). *Marriage, divorce and children´s adjustment.* Newbury Park, CA: Sage Publications.

Emery, R. E. (1994). *Renegotiating family relationships: Divorce, child custody, and mediation.* New York: Guilford Press.

Emery, R. E., Laumann-Billings, L., Waldron, M. C., Sbarra, D. A., & Dillon, P. (2001). Child custody mediation and litigation: Custody, contact, and coparenting 12 years after initial dispute resolution. *Journal of Consulting and Clinical Psychology, 69*(2), 323-332.

Emery, R. T. (2005). A Critical Assessment of Child Custody Evaluations. *Psychological Science In The Public Interest, 6,* 1-29.

Emery, R.E. (2012). *Renegotiationg family relationships: Divorce, child custody and mediation.* New York: Guilford Press

Fabricius, W. (2012). Patrick Parkinson: Family Law and the Indissolubility of Parenthood. *Journal of Child & Family Studies, 21*(1), 172-175.

Fabricius, W.V. & Luecken, L.J. (2007). Postdivorce living arrangements, parent conflict, and long-term physical health correlates for children of divorce. *Journal of Family Psychology, 21*(20), 195-205

Feeney, J. A. (2002). Attachment, marital interaction, and relationship satisfaction: A diary study. *Personal Relationships, 9,* 39–55.

Feeney, J. A. (1994). Attachment style, communication patterns, and satisfaction across the life cycle of marriage. *Personal Relationships, 1,* 333–348.

Fincham, F. D., Grych, J. H., Osborne, L. N., (1994). Does marital conflict cause child maladjustment? Directions and challenges for longitudinal research. *Journal of Family Psychology, 8* (2), 55-69.

Fincham, F. D., Grych, John H., (1991). Explanations for family events in distressed and nondistressed couples: Is one type of explanation used consistently? *Journal of Family Psychology, 4,* 112-119.

Fraley, R. C., & Shaver, P. R. (2000). Adult romantic attachment: Theoretical developments, emerging controversies, and unanswered questions. *Review of General Psychology, 4,* 132-154.

Fraley, R. C. (2007). A connectionist approach to the organization and continuity of working models of attachment. *Journal of Personality, 75,* 1157-1180.

Gardner, R.A. (1987). *The parental alienation syndrome and the differentiation between fabricated and genuine child sex abuse.* Cresskill, NJ: Creative Therapeutics

Gould, J.W. & Martindale, D.A. (2007). *The art and science of child custody evaluations.* New York: The Guildford Press.

Grych, J. H. (2005). Interparental conflict as a risk factor for child maladjustment: Implications for the development of prevention programs. *Family Court Review, 43,* 97– 108.

Grych, J. H., Fincham, F. D. (1990). Marital conflict and children's adjustment: A cognitive-contextual framework. *Psychological Bulletin, 108*(2), 227-241.

Grych, J. H. & Fincham, F. D., (1992). Interventions for children of divorce: Toward greater integration of research and action. *Psychological Bulletin, 111* (3)

Grych, J. H., Fincham, F. D., Jouriles, E. N., & McDonald, R. (2000). Interparental conflict and child adjustment: Testing the mediational role of appraisals in the cognitive-contextual framework. *Child Development, 71*, 1648-1661. doi:10.1111/1467-8624.00255

Hazan, C., & Shaver, P. (1987). Romantic love conceptualized as an attachment process. *Journal of Personality and Social Psychology, 52*, 511–524.

Imber-Black, E., Mirkin, M.P. (Eds.), (1990). *Multiple embedded systems. The social and political contexts of family therapy.* MA: Allyn & Bacon.

Johnston, J. R. (1994). High-conflict divorce. *Future of Children, 4*, 165– 182. doi: 10.2307/1602483

Johnston, J. R., & Campbell, L. E. G. (1988). *Impasses of divorce: The dynamics of and*

resolution of family conflict. New York: Free Press.

Kernberg, O. F., (1995). *Love relations: normality and pathology.* New Haven, CT: Yale University Press.

Kernberg, O. (2011a). The sexual couple: a psychoanalytic exploration. *Psychoanalytic Review, 98*, 217-245.

Kernberg, O. (2011b). Limitations to the capacity to love. *The International Journal of Psycho-Analysis, 92*, 1501-1515.

Lebow, Jay. (2003) Integrative family therapy for disputes involving child custody and

visitation. *Journal of Family Psychology, 17*(2), 266-280.

Lebow, J.L. (1992). Systematically evaluating custody disputes. *Family Therapy News.* P.15

Lebow, J.L. (1987). Integrative family therapy: An overview of major issues. *Psychotherapy, 40*, 584-594.

LeDoux, J. (1996). *The emotional brain: The mysterious underpinnings of emotional life.* New York: Simon & Schuster

LeDoux, J. (2001). *Synaptic self: How our brains become who we are.* New York: Viking

Ley Núm. 223 del 2011, *Ley protectora de los derechos de los menores en el proceso de adjudicación de custodia.* Accesado por http://www.lexjuris.com/lexlex/Leyes2011/lexl2011223.htm

Luecken, L. J., & Fabricius, W. V. (2003). Physical health vulner- ability in adult children from divorced and intact families. *Journal of Psychosomatic Research, 55*, 221–228.

Maccoby, E. E., & Mnookin, R. H. (1992). *Dividing the child: Social and legal dilemas of custody.* Cambridge, MA: Harvard University Press.

McEwen, B.S. & Wingfield, J.C. (2003). The concept of allostasis in biology and

biomedicine. *Hormones and Behavior, 42,* 2-15.

McGoldrick, M., Carter, B. (Eds.). (1999). *The expanded family life cycle: Individual, family, and social perspectives.* Boston: Allyn & Bacon.

McGoldrick, M., Carter, B. (2003). The Family Life Cycle. In F. Walsh (Ed.), *Normal family processes.* New York: Guilford.

Minuchin, S. (1974). *Families and family therapy.* Cambridge. MA: Harvard.

Pons-Madera, J., Fankhanel, E., Alvarez, G., (2011, noviembre). *Retos y oportunidades de la Psicología Profesional Puertorriqueña: Junta Examinadora de Psicólogos.* Panel presentado durante la 58va. Convención de la Asociación de Psicología de Puerto Rico, Rio Grande, PR.

Porges, S.W. (2011). *The Polyvagal Theory: Neurophysiological foundations of emotions, attachment, communication and self-regulation.* NY: W. W. Norton & Co.

Sbarra, D. A. & Emery, R. E. (2008). Deeper into divorce: Using actor-partner analyses to explore systemic differences in coparenting following mediation and litigation of custody disputes. *Journal of Family Psychology, 22*, 144-152.

Suchy, Y. (2011). *Clinical neuropsychology of emotion.* New York: Guilford Press.

Warshak, R. A. (2012, September, 25). Dr. Richard A. Warshak: Building Family Bridges web site. Accesado de http://warshak.com/publications/resources-purchase.html

Warshak, R. A. (2002). Misdiagnosis of parental alienation syndrome. *American Journal of Forensic Psychology, 20,* 31-52.

Warshak, R. A. (2003). Bringing sense to arental alienation: A look at the disputes and the evidence. *Family Law Quarterly, 37*, 273-301.

V. TERAPIAS AFIRMATIVAS

Capítulo 13

"MIEDO A QUIÉN SOY":
EVALUACIÓN E INTERVENCIÓN CLÍNICA PARA TRABAJAR CON LA HOMOFOBIA INTERNALIZADA A TRAVÉS DE LA TERAPIA AFIRMATIVA GAY

JUAN A. NAZARIO-SERRANO

La visión tradicional de que la homosexualidad es patológica o "desviada" o peor aún, un "pecado", ha permeado en la sociedad desde tiempos inmemorables. A lo largo de la vida, el grupo de personas que se autoidentifican como lesbiana, gay, bisexual y trans con todas sus vertientes (LGBT) han vivido en la opresión dentro de una sociedad que su modelo "normativo" es el heterosexismo. A través de la historia, observamos la conceptuación equívoca de la homosexualidad que va desde un "pecado ante los ojos de Dios", delito punible y hasta enfermedad mental (Ardila, 2007). Conceptuaciones que promovieron en el pasado y promueven en la actualidad actitudes de prejuicio, discriminación y estigmatización hacia el colectivo LGBT.

La psicología y la psiquiatría no estuvieron exentas de estas actitudes y vemos como a través de la ciencia se llegó a etiquetar la homosexualidad como un desorden psiquiátrico en el Manual Estadístico de Desórdenes Mentales mejor conocido por sus siglas en inglés, DSM (APA, 1952; APA, 1968). Sin embargo, para la década de los 70 y gracias a la evolución que la ciencia ha generado a través de las investigaciones, las organizaciones profesionales como la Asociación Americana de Psiquiatría, Asociación Americana de Psicología y la Asociación Americana de Pediatría, entre otras organizaciones, proclaman la eliminación de la homosexualidad como una enfermedad mental. Este movimiento trae consigo una reconceptuación salubrista de la homosexualidad como un estilo de vida normal e igual al estilo de vida heterosexual. No obstante, los/ las psicólogos/as y profesionales de la conducta humana se han formado dentro de modelos y escuelas psicológicas que también toman de base la heterosexualidad, más cargan con lo que la sociedad les ha enseñado a través de sus procesos de socialización. Estos dos elementos se unen y permiten el desarrollo de una visión homofóbica que fomenta o refuerza la superioridad de la heterosexualidad sobre la homosexualidad. Siendo el proceso de intervención clínica el micro del macro social donde pudiera tener una connotación estigmatizada y prejuiciada de nuestro paciente.

La visión heterosexista dentro de la sociedad ha aportado al desarrollo de un comportamiento que representa pensamientos, afectos y conductas en oposición hacia la homosexualidad o su representación. A este conglomerado de actitudes y comportamientos se le llama homofobia, y tiene una repercusión negativa en el colectivo LGBT. La homofobia es un término que describe la hostilidad y prejuicios hacia las personas homosexuales y sus conductas (Herek, 1996). Pudiera considerarse como un miedo intenso que personas heterosexuales desarrollan hacia personas homosexuales ante la falta de entendimiento y la adquisición de prejuicios en una sociedad basada en fundamentos heterosexuales como grupo normativo. Sin embargo, existe el debate si el término es el correcto por la connotación clínica que ofrece. Autores como Pachankis y Goldfried (2004) proponen el término de heterocentrismo para explicar los prejuicios hacia la población LGBT. El heterocentrimo es un sistema de actitudes y asunciones que proclama por sí misma la sociedad como una heterosexual y que es el único modelo aceptado que goza de privilegios (McGeorge & Carlson, 2011). Esta noción establece que la visión heterocentrista se argumenta por dos vías, la cultura y por el individuo (Herek, 1996). Independiente si es homofobia o heterocentrismo, la realidad es que el impacto de estas actitudes afecta de manera adversa el desarrollo de una identidad saludable y de una orientación sexual acorde con su sistema de valores y creencias personales. Ampliamente en la literatura se estable los efectos a la salud mental, a la violencia o crímenes de odio, condenas religiosas, obstaculización de servicios o actividades y a la invisibilidad de un grupo que merece la igualdad en calidad de vida (Martínez-Taboas & Padilla-Martínez, 2011; Ortiz, 2005; Sue & Sue, 2008).

Estas conductas prejuiciadas dan paso a otro fenómeno social, emocional y psicológico que impacta de manera negativa a muchos hombres gay y mujeres lesbianas invisibilizando su identidad como ser humano. La homofobia internalizada es la contraparte dentro de personas que su orientación sexual es gay o lesbiana y que da paso a la no aceptación o negación de su orientación sexual y al desarrollo de vergüenza por ser gay o lesbiana (Kurt, 2008). La homofobia internalizada es definida como la incorporación de prejuicios multidimensionales de la cultura dominante (Carlock, 2008) en personas que su orientación sexual es gay o lesbiana, pero que ellos/as mismos/as han preferido reprimir o negar basado en cómo se interpreta dentro de la sociedad lo que es ser homosexual. Esta visión internalizada hace que la persona gay o lesbiana quiera vivir de acuerdo con las normas que corresponde a una sociedad hetorosexista, obstruyendo así el reconocimiento como normativo de la homosexualidad.

Ortiz (2005) define la homofobia internalizada como la incorporación al autoconcepto del hombre gay o mujer lesbiana de los significados negativos, los prejuicios y los estereotipos asociados con la homosexualidad. Múltiples investigaciones han dejado claramente establecido que la consecuencia de la homofobia y de la homofobia internalizada recae en la persona gay o lesbiana que ha internalizado estos prejuicios dando paso a un conglomerado de emociones negativas hacia sí mismo, relaciones sentimentales conflictivas, alto riesgo de uso de alcohol o sustancias (Cochran, Keenan, Schober, & Mays, 2000), depresión, ansiedad, ideación suicida y vivir en la invisibilidad ante la no revelación de su propia identidad (Rienzo, Button, Sheu, & Li, 2006; Moradi, Berg, & Epting, 2009). Por otro lado, si establecemos que el tener un grupo social de apoyo pudiera funcionar como factor protectivo para la homofobia internalizada, esto se asociaría a menos ideación e intentos suicidas, disminución de síntomas de distres psicológicos y menos conductas sexuales de riesgo dentro de la población LGBT (Sherry, 2007).

El desarrollo de la identidad sexual gay o lesbiana es un proceso que implica un movimiento de reconocimiento de su homosexualidad o lesbianismo y una percepción de ser diferente a la visión heterosexual (Jiménez, Borrero, & Nazario, 2011). Por su parte, este proceso de reconocimiento de su homosexualidad o lesbianismo incluye las expresiones verbales, no verbales, emocionales y de conducta de quién soy y lo que represento en todos los sentidos como ser humano. Es en este proceso de expresión donde la homofobia internalizada pudiera tener el efecto devastador en la persona, al no permitir la libre expresión de sus sentimientos, emociones, conductas, establecimiento de relaciones sentimentales efectivas y el impacto negativo a la salud mental.

Ante esta realidad, los psicológos/as y otros profesionales de la salud mental deben estar preparados por la posibilidad de que uno/a de nuestros/as pacientes pudiera presentar actitudes y comportamientos con matices de homofobia internalizada. La responsabilidad es realizar una evaluación comprensiva de la queja principal y balancear la normatividad en la diversidad de orientaciones sexuales. Sin embargo, debemos tener cautela que no pasemos al otro extremo en el trabajo con comunidad LGBT y queramos explicarlo todo a través de la homofobia internalizada o como resultado de la orientación sexual de nuestro/a paciente (Kort, 2008; Sue & Sue, 2008). Para esto, debemos reconocer nuestras actitudes y prejuicios hacia la diversidad sexual y no partir de la premisa errónea que nuestros/as pacientes son heterosexuales. También es necesario las competencias adecuadas, que incluye por ejemplo el conocimiento de las guías que la Asociación Americana de Psicología (2000) y la Asociación de Psicología de Puerto Rico (2008) establecen para el trabajo en psicoterapia, así como el conocimiento de las investigaciones y las destrezas clínicas para el trabajo con la población LGBT. Por otro lado, implica el conocimiento de modelos y estrategias que permita el manejo clínico adecuado basado en las necesidades de nuestros/as paciente. Es por eso que en los últimos años la terapia afirmativa gay ha tenido un crecimiento exponencial entre los proveedores de servicios de salud mental para trabajar con aspectos de homofobia internalizada, heterocentrismo y como modelo de intervención con la comunidad LGBT.

FUNDAMENTO TEÓRICO Y EMPÍRICO

Base teórica

La terapia afirmativa gay o la "psicología afirmativa gay o psicoterapia dinámica afirmativa" (Harrison, 2000) es un abordaje terapéutico que permite trabajar desde una perspectiva de conocimiento psicológico que fomenta el mover la visión tradicional de la homosexualidad hacia una visión de aceptación personal. Este abordaje pretende proveer una salud psicológica saludable a hombres gay y mujeres lesbianas que sea similar a la de grupos heterosexuales (Clarke, Ellis, Pell, & Rigss, 2010). Pero, debe reconocer que, de igual forma que dentro del grupo heterosexual existe diversidad, en el grupo LGBT existe un sinnúmero de experiencias de vida que hace que abunde la diversidad dentro de este grupo, como lo es la hegemonía de la masculinidad y el discurso de la feminidad (Nair & Butler, 2012). Esta terapia no constituye un sistema independiente de psicoterapia, sino más bien un rango especial de conocimiento psicológico que reta la visión tradicional de que el deseo homosexual es patológico (Kurt, 2008). La terapia afirmativa gay abre el camino a través de sus estrategias, técnicas y consideraciones psicológicas a una neoformación cognoscitiva, afectiva y conductual de lo que representa ser un hombre gay o una mujer lesbiana dentro de un contexto personal saludable y libre de prejuicios.

La terapia afirmativa gay no se considera un modelo de intervención por sí solo, sino más bien una estrategia basada en elementos cognitivo-conductuales, acercamientos centrados en el cliente, acercamientos multiculturales y acercamientos basados en la evidencia (APA, 2009), que llevan al/a la paciente al desarrollo de orgullo por su autodefinición como hombre gay o mujer lesbiana. Este abordaje terapéutico presenta como meta la definición de una identidad más coherente y auténtica, el ajuste emocional a su realidad, la aceptación y desarrollo de una autoestima más saludable y promover el logro de una identidad positiva y con coherencia entre la parte afectiva y cognitiva del ser humano (APA, 2009). Algunos autores señalan que este abordaje terapéutico nace de la consideración de los asuntos relacionados a la comunidad LGBT y que meramente adapta modelos de terapia previamente existentes a los *issues* presentados por la población (Pachankis & Goldfried, 2004).

El/La terapeuta debe respetar los valores, creencias y las necesidades del/de la paciente a través de la aceptación, apoyo y entendimiento de la narrativa de vida y de lo que significa ser gay o lesbiana en el/la paciente. También debe adherirse a tres principios comúnmente utilizados en la práctica como profesionales de la salud mental: competencias culturales (la aceptación de la diversidad de orientaciones sexuales, el conocimiento relacionado con los retos y experiencias de esta diversidad y su interacción con aspectos sociales); una perspectiva de fortaleza (focalizar en salud, privilegio de autodeterminación en todas las áreas de vida y el desarrollo de las fortalezas existentes); y un acercamiento centrado en el ambiente de la personas (la apertura de la orientación sexual varía basado en el sentido que cada persona tiene de sí mismo a través de la influencia recíproca de la divulgación y su contexto) (Hill, 2009).

Apoyo de la investigación

La terapia afirmativa gay posee entre los clínicos puntos encontrados relacionados con su efectividad y validez. Algunos autores como lo son Pachankis y Goldfried (2004) establecen que no se tienen estudios que examinen la efectividad de orientaciones teóricas particulares en el trabajo con pacientes LGBT. Así, se sugiere que una variedad de orientaciones teóricas pueden ser efectivas en el trabajo con la población LGBT si el/la terapeuta opera desde una postura afirmativa (Pachankis & Goldfried, 2004). Parte del debate científico que se establece está relacionado con la conceptuación de la terapia afirmativa como una adaptación de modelos ya existentes. Esto pudiera ser apoyado cuando observamos que los principios del modelo cognitivo-conductual son aplicados dentro de la terapia afirmativa en una amplia gama de estrategias y técnicas dirigidas a trabajar con: establecer sistema de apoyo de otros individuos LGBT, concienciación de cómo la opresión afecta su calidad de vida, desensibilizar la vergüenza y la culpa relacionado con los pensamientos, conducta y emociones homosexuales, y permitir la ventilación y expresión del coraje en respuesta a la opresión (Pachankis & Goldfried, 2004).

Harrison (2000) encontró en su estudio que la terapia afirmativa está presente en la revisión de literatura aunque con poca evidencia empírica o nociones fragmentadas. Según esta investigación, a través de la revisión de literatura se observa que la terapia afirmativa gay posee la buena práctica de considerar los siguientes aspectos: el desarrollo del peritaje en conocimiento y destrezas del terapeuta junto con la integración de una visión no patológica de la homosexualidad; el movimiento del cambio de la opresión; el uso del modelo de intervención; los *issues* del cliente; las intervenciones terapéuticas; y la autoconciencia del/de la terapeuta.

VÍNCULO ENTRE LA TEORÍA, LA INVESTIGACIÓN Y LA REALIDAD SOCIAL Y CULTURAL DE PUERTO RICO.

El afán de la ciencia, en especial de la psicología en utilizar categorías, hace que a las personas gay y lesbianas se les considere minorías sexuales en la actualidad. Estas minorías sexuales pueden estar más expuestas a prejuicios o rechazos cuando interactúan dentro de un contexto social cargado de una cultura de machismo como lo son las sociedades latinoamericanas donde se rigen por los valores tradicionales en torno a la sexualidad (Vázquez & Sayers, 2011). Puerto Rico tiene la peculiaridad, por su relación sociopolítica con los Estados Unidos de América, en estar influenciado por las creencias y valores de una cultura anglosajona. En adición, al representar la cultura latina y sobre todo caribeña, posee mayor influencia en los valores tradicionales sobre la sexualidad, roles de género y machismo/feminismo que se acercan a una visión heterosexista (Vázquez & Sayers, 2011). A esto le agregamos el fuerte fundamentalismo religioso que existe en Puerto Rico y la influencia que tienen estos grupos en la visión colectiva de la sociedad para señalar y enjuiciar a las minorías sexuales como "pecadores e inmorales", donde se acepta como único marco de referencia las familias tradicionales desde una perspectiva heterosexista. Esta visión pone en evidencia lo que los estudios y la literatura científica han establecido en relación al desarrollo, manifestación y consecuencias en la salud mental de la población LGBT sobre los prejuicios: emociones negativas hacia sí mismo, relaciones sentimentales conflictivas, alto riesgo de uso de alcohol o sustancias, depresión, ansiedad, ideación suicida y vivir en la invisibilidad ante la no revelación de su propia identidad, entre otras (Rienzo, Button, Sheu, & Li, 2006; Martínez-Taboas & Padilla, 2011; Moradi, Berg, & Epting, 2009; Cochran, Keenan, Schober, & Mays, 2000).

PRESENTACIÓN DEL CASO CLÍNICO

MM (nombre ficticio) es una fémina de 40 años de edad, en relación consensual con otra fémina hace un año, sin hijos y de creencias religiosas católica no practicante. La paciente posee un nivel educativo de doctorado y se desempeña como directora de un departamento de una organización privada donde los miembros o empleados son en su mayoría varones.

Síntomas

La paciente expresa en la entrevista inicial síntomas asociados a "ansiedad, estrés y tensión". Estos síntomas han estado presentes alrededor de un año, sin embargo la paciente expresa que en los últimos 6 meses se han intensificado. MM reporta que estos síntomas se exacerban o se disparan en el ambiente laboral y en el ambiente familiar. Al operacionalizar los síntomas, la paciente expresa que "comienzo a pensar que en mi trabajo sepan o se den cuenta que soy lesbiana y comienzo a ponerme nerviosa, me siento asustada y con miedo a que sepan quién soy". También, refiere que este estrés se refleja en pobre concentración, "hipervigilante a conductas que pudieran interpretar como de lesbiana", miedo a ser despedida o humillada por otros/as en el ambiente laboral, distanciamiento de familiares y dificultad en expresiones de cariño con su pareja actual. Según se desprende del historial, estos síntomas se inician al comenzar una relación consensual con otra fémina hace aproximadamente un año.

Motivo de la consulta

Al indagar el motivo de la consulta, la paciente expresa venir por motivación propia y refiere "he sido una mujer muy exitosa en mis cosas, sobretodo en el trabajo, pero en mi vida, en ocasiones me pongo mucha presión. Esta presión viene ya que soy lesbiana y me da mucho estrés que en el trabajo y amistades se enteren...es bien fuerte". Paciente describe el ambiente laboral como "uno de demandas continuas, retante y altos niveles de tensión".

Al continuar explorando el motivo de la consulta, la paciente refiere dificultad en su proceso de divulgación de su orientación sexual dentro del ambiente laboral y en otros ambientes como familia y relaciones interpersonales con amigos. Sin embargo, expresa que sus padres conocen su orientación sexual, pero evidencian dificultad en el procesamiento de esa información, por lo que se genera ambiente de tensión y ansiedad. El conocimiento de la orientación sexual de la paciente por la familia se realizó hace aproximadamente un año cuando MM decide establecer formalmente una relación sentimental con su actual pareja.

MM expresa lo que "posiblemente despierta en mí todo

esto es mi pareja, ya que ella es un gran apoyo, pero ella es muy extrovertida, bella, fuera del clóset, orgullosa de su sexualidad, ella fluye y no tiene miedo del qué dirán". Paciente reconoce en su narrativa que al observar la conducta tan espontánea y natural de su pareja actual en relación a su apertura sobre su orientación sexual "me ha confrontado con mi realidad y lo reprimida que siempre he sido sobre mi sexualidad".

Durante la exploración resaltan algunos elementos que son esenciales para la comprensión y conceptuación de la queja principal de la paciente. Estos elementos se centran en que la paciente es la directora de un departamento de gran demanda económica para la compañía; la mayoría de los empleados son hombres con una visión "machista y heterosexista"; su pareja actual labora en la misma compañía y evidencia apertura de su orientación sexual; separación de amistades heterosexuales versus amistades gay o lesbianas, y una relación pasada de 10 años con otra mujer que fue conceptuada como una "hermana" ante los ojos de los familiares.

Historial relevante

Durante la primera sesión de psicoterapia individual, entre otras cosas, se trabajó con el desarrollo de un historial relevante a la situación conflictiva que presenta la paciente. En relación a la etapa de desarrollo de la niñez resalta ser la tercera de cuatro hermanos varones de padres casados y con una crianza adecuada aunque es descrita como: "mi padre siempre fue muy estricto y siempre han sido muy religiosos". Se desprende que el ambiente familiar fue uno aparentemente adecuado y no se evidenció conflictos mayores dentro del sistema familiar. Por otro lado, se constata un desarrollo aparentemente adecuado por las etapas de desarrollo de la paciente. En la etapa de la adolescencia se desprende un desarrollo adecuado y se establece que en la adolescencia tardía comienza su proceso de reflexión sobre su orientación sexual. Esta reflexión trajo un conflicto interno entre "lo que soy y lo que debo ser" donde la paciente identifica a través de su narrativa de vida que la parte de "lo que debo ser" se basó en las creencias familiares tradicionales de lo que significa la homosexualidad apoyado en una visión fundamentalista religioso *de pecado"* que evidenciaban sus padres.

De su historial se infiere que, en la adultez joven, la paciente comienza a tener varias relaciones sentimentales con hombres "que no dieron ningún resultado, excepto que mis padres estuvieran contentos". Es para esta etapa de vida que inicia relación sentimental con una *"amiga de la infancia"*, luego de varios intentos en relaciones heterosexuales. Sin embargo, la paciente expresa que la relación fue conceptuada por sus familiares y amigos como una relación de "mejores amigas y hermanas… siempre quise que pensaran eso". A través de esta conceptuación equívoca de su relación, MM permitió que se desarrollara un mundo paralelo a su verdadera realidad, trayendo como consecuencia la separación de sus amistades heterosexuales de su relación sentimental, la enajenación de actividades sociales que propicien la identificación con personas con sus mismos intereses, y la encapsulación de una relación sentimental que lejos de progresar se convirtió en "una relación de *room-mate* y de mejores amigas".

A través de la narrativa de vida de la paciente, ésta expresa conflictos familiares relacionados con "no hablar de mi orientación sexual con mi familia". También expresa que a lo largo de su desarrollo, sus padres le establecieron altas expectativas relacionadas con la formación de una "familia estable y tradicional con hijos" por ser la única hija fémina entre cuatro hermanos varones. De otra parte, la paciente expresa que a lo largo de su desarrollo el discurso de sus familiares relacionado con la homosexualidad estaba fundamentado en "un pecado y ser contranatura", al punto que, la paciente recuerda comentarios estigmatizados, discriminatorios y prejuiciados por parte de padre y hermanos hacia personas que ellos percibían como de la comunidad LGBT.

En la actualidad, la paciente evidencia dificultad en su relación sentimental ya que refiere que en ocasiones se siente presionada por la pareja "a expresar abiertamente que somos pareja". Esta situación trae como consecuencia desacuerdos, ansiedad, miedo y niveles altos de estrés en la paciente que se reflejan en las dinámicas de pareja.

En otras áreas del historial psicosocial, como su patrón de relaciones interpersonales se puede observar facilidad en las relacionarse con conocidos y no conocidos. Sin embargo, expresa que "siempre pongo una pared para que no lleguen totalmente". Al indagar sobre esta verbalización la paciente expresa que se refiere a que no conozcan su orientación sexual y trae las siguientes verbalizaciones "desarrollé un grupo de amigos, una vida aparte fuera de mi relación sentimental y todos heterosexuales"; "cuando preguntaban sobre mí, me alejaba de ellos con tal de no hablarles de mi realidad"; "he sido la creadora de una pared más fuerte que el muro de Berlín para que nadie tenga acceso a mi intimidad". Se desprende del historial psicosocial un uso de alcohol ocasionalmente que no presenta elementos de complejidad o de peligrosidad en paciente. A través de la exploración de la narrativa de vida no se evidenció dificultades en las áreas de abuso sexual, problemas legales, problemas económicos, historial de conductas agresivas, psicóticas y/o ideación o intentos suicidas u homicidas. En relación a problemas de salud física, se reporta el diagnóstico de sinusitis con tratamiento activo al presente.

EVALUACIÓN DEL CASO CLÍNICO

Impresión diagnóstica multiaxial

Luego de una evaluación comprensiva del motivo de la consulta, signos y síntomas, conductas y cogniciones, y de su narrativa de vida, se puede realizar la impresión diagnóstica que se presenta en la tabla 13.1.

TABLA 13.1

Impresión Diagnóstica Multiaxial según el DSM-IV TR (2000)

Ejes	Diagnósticos
Eje I	313.82 Problemas de identidad
Eje II	No diagnóstico
Eje III	Sinusitis
Eje IV	Problemas con grupo primario de apoyo
	Problemas en ambiente laboral
Eje V	70%

Los diagnósticos diferenciales considerados en el caso clínico de la paciente MM fueron: Problema de la fase de la vida (V62.89); Problemas laborales (V62.2); y Trastorno de ansiedad. Se descartó el problema de la fase de la vida ya que la sintomatología evidenciada en MM se circunscribe a problemas con su proceso de aceptación y revelación de su lesbianismo. Se descartan problemas laborales porque a pesar que evidenciaba dificultad laboral, la misma estaba asociada y es secundaria a un miedo provocado por una internalización de homofobia ante su orientación sexual lésbica dentro de un ambiente demandante, posiblemente homofóbico y machista, según descrito por la paciente. Se descarta trastorno de ansiedad ya que los síntomas evidenciados en MM son secundarios a toda una internalización de homofobia y al desarrollo de esquemas cognoscitivos irracionales asociados al significado de los que es ser una mujer con orientación sexual lésbica.

Preferencias, valores, creencias, idioma, cultura y contexto de la persona

En relación a los valores, observamos que la paciente ha desarrollado valores tradicionales relacionados con el concepto de familia dentro de un contexto heterosexista. Estos valores se han fundamentado dentro de creencias irracionales de que el único grupo normativo es la heterosexualidad y que lo que sale fuera de esto es considerado como "anormal" o "desviado". Creencia que concuerda con el discurso religioso familiar de que la homosexualidad es un "pecado" y que influyen en la internalización de la visión heterosexual. La paciente MM se ha desarrollando dentro de una cultura latina y caribeña que es un territorio de EE.UU. influenciado por valores tradicionales (Vázquez-Rivera & Sayers-Montalvo, 2007).

CONCEPTUACIÓN DEL CASO CLÍNICO

Modelo teórico

El modelo cognitivo-conductual establece que la formación del ser humano se basa en gran medida en la adquisición de esquemas de pensamientos que moldean la forma de pensar de mí mismo, del mundo y de mi futuro (triada cognitiva). Estos esquemas son desarrollados desde la niñez a través del proceso de socialización y de las interacciones que hacemos con nuestros cuidadores, dando paso a que las creencias existentes dentro del sistema de familia puedan pasar a los integrantes menores. De esta forma se van desarrollando pensamientos irracionales, esquemas disfuncionales cargados con prejuicios y estigmas. A su vez, el modelo describe como las percepciones de las personas o sus pensamientos influencian las situaciones con reacciones emocionales y conductuales.

Por otro lado, el modelo de estrés de minoría es un concepto que se genera desde las teorías sociales de estrés para poder categorizar lo que sucede con un individuo que es considerado dentro un macrosocial como una minoría como lo son los grupos raciales diversos y grupos por orientación sexual, entre otros. Este modelo establece que las personas que pertenecen a estos grupos viven unas experiencias psicosociales cargadas de estrés ante su estatus de ser parte de una minoría (Mayer, 2003).

De acuerdo con Miller (2003), el proceso de estrés minoritario en las personas LGBT se fundamenta en la siguiente ecuación: Existen unas circunstancias en el ambiente que dan forma a unos prejuicios, estigma y discriminación por parte del grupo mayoritario. Esto tiene un impacto directo en las personas que son parte del estatus minoritario (LGBT). Y lleva a que se den los procesos distales (atribuciones que pone la sociedad y que se dan dentro de un contexto de percepciones) que fomentan los eventos de prejuicios como lo son la violencia, discriminación, comentarios de odio, entre otros. Estos procesos distales van directamente a los que tienen una identificación minoritaria y aportan a los procesos proximales que fomentan en la minoría expectativas de rechazo, encubrimiento de su identidad e internalización de la homofobia. A su vez, esto afecta las características de la identidad minoritaria (prominencia, balance e integración) teniendo dificultad con las destrezas para lidiar y con el apoyo social. Trayendo como consecuencia la posibilidad de manifestaciones en la salud mental del miembro que pertenece al grupo minoritario.

Explicación del caso según el modelo teórico

En el caso de MM, observamos de acuerdo a su historial psicosocial, cómo ella fue desarrollándose en un ambiente familiar tradicional bajo un fundamentalismo religioso por parte de sus padres. Este fundamentalismo religioso trae como consecuencias discursos matizados con prejuicio hacia las personas LGBT en la familia al expresar "que son pecadores y que irán al infierno". MM se cría bajo estos conceptos religiosos y los va internalizando dando paso a esquemas cognoscitivos influenciados por percepciones erróneas relacionado con lo que es ser gay o lesbianas. Este discurso tiene un choque fuerte en su vida cuando en la adolescencia tardía procesa cognitivamente su identidad sexual como mujer lesbiana. Estos conceptos religiosos, unidos con la visión de su grupo de pares y los elementos estructurales sociales de prejuicio, estigma y discriminación hacia la minoría sexual aportan al desarrollo de esquemas cognoscitivos cargados de prejuicios de una sociedad heterosexista. Esta visión trae como consecuencia la internalización de la homofobia al punto que lleva a MM a desarrollar dos mundos paralelos: el mundo heterosexista donde entra la sociedad y su familia y no permite que se logre el validar la percepción de su orientación sexual; y el mundo homosexual separado del resto de su representación como ser humano, un mundo totalmente separado y aparte de sus interacciones sociales e interpersonales familiares, con su grupo de apoyo y dentro de su estructura laboral.

Estos mundos paralelos hacen que MM esté hipevigilante, constantemente en sus relaciones interpersonales para evitar las actitudes distales de la sociedad y así minimizar su miedo al rechazo como le evidencia su verbalización: "comienzo a pensar que en mi trabajo sepan o se den cuenta que soy lesbiana y comienzo a ponerme nerviosa, me siento asustada y con miedo a que sepan quién soy". Estas verbalizaciones apoyadas a elementos distales como lo es un grupo de trabajo con matices "machistas y heterosexistas", aportan a procesos proximales en MM evidenciados en la internalización de su homofobia que se manifiesta a través de sus cogniciones ("si saben que soy lesbiana todo se acaba"), conductas ("tengo que comportame todo el tiempo como una mujer femenina", "me molesta que mi pareja sea tan abierta en su orientación sexual, me siento incomoda cuando me toma las manos en público") y a nivel somático ("me pongo nerviosa, ansiosa, siento náuseas en ocasiones").

Esta reflexión trajo un conflicto interno entre "lo que soy y lo que debo ser" donde paciente identifica a través de su narrativa de vida que la parte de *"lo que debo ser"* se basó en las creencias familiares tradicionales de lo que significa la homosexualidad apoyado en una visión fundamentalista religioso *"de pecado"* que evidenciaban sus padres. ". A través de esta conceptuación equívoca de su relación, MM permitió que se desarrollará un mundo paralelo a su verdadera realidad, trayendo como consecuencia la separación de sus amistades heterosexuales de su relación sentimental, la enajenación de actividades sociales que propicien la identificación con personas con sus mismos intereses y la encapsulación de una relación sentimental que lejos de progresar se convirtió en "una relación de *room-mate* y de mejores amigas".

TRATAMIENTO Y SEGUIMIENTO DEL CASO CLÍNICO

Objetivos y plan de tratamiento

Luego de la evaluación, diagnóstico e identificación de la problemática de la paciente se establece la siguiente meta terapéutica: "La paciente logre una experiencia emocional correctiva que permita identificar issues heterosexistas y homofóbicos, re-enmarcar sus cogniciones, afectos y conductas homofóbicos y evidencia bienestar emocional en sus relaciones interpersonales".

Se propuso utilizar el modelo Cognitivo-Conductual y la Terapia Afirmativa Gay para el logro de la meta terapéutica. Se estimó que la intervención clínica debería realizarse en una modalidad de terapia individual, a razón de 60 minutos y una frecuencia de una vez cada dos semanas. También, se consideró el integrar a la pareja actual en momentos indicados clínicamente con el propósito de explorar historial y dinámicas de pareja, y en algunas intervenciones de seguimiento para trabajar con problemática identificada. En la tabla II se presenta el plan de tratamiento realizado y aplicado a la paciente. Se observa que el plan de tratamiento incluye un posible diagnóstico de cáncer de mama que la paciente tuvo que enfrentar durante el proceso clínico y ante la posibilidad de ese diagnóstico se trabajó en estrategias de afrontamiento.

TABLA 13.2

Plan de tratamiento para MM

Problema a tratar	Meta terapéutica	Modalidad de tratamiento	Tiempo esperado
Distorsiones cognoscitivas	1. Conoce lo que son distorsiones cognoscitivas y el efecto en su vida diaria. 2. Identifica sus distorsiones cognoscitivas relacionadas con su identidad y orientación sexual. 3. Modifica sus distorsiones cognoscitivas y evidencia cogniciones de valor, aceptación y reconstrucción cognitiva sobre su identidad como mujer lesbiana.	Terapia individual a razón de una vez cada dos semanas a través de un marco teórico cognitivo-conductual y de terapia afirmativa	2 meses
Homofobia internalizada	1. Identifica los mensajes y cogniciones homofóbicos, heterosexistas y discriminatorio sobre su identidad y orientación sexual. 2. Adquiere estrategias para re-enmarcar pensamientos distorsionados con contenido homofóbico. 3. Demuestra afectiva, cognoscitiva y conductualmente decodificación de la homofobia.	Terapia individual a razón de una vez cada dos semanas a través de un marco teórico cognitivo-conductual y de terapia afirmativa	4 meses
Posibilidad de un diagnóstico de cáncer de mama	1. Valida sus sentimientos de tristeza, ansiedad, preocupación ante posibilidad de diagnóstico de cáncer.	Terapia individual a razón de una vez por semana a través de un marco teórico cognitivo-conductual	1 mes

(Continua)

TABLA 13.2
Plan de tratamiento para MM (continuación)

Problema a tratar	Meta terapéutica	Modalidad de tratamiento	Tiempo esperado
Posibilidad de un diagnóstico de cáncer de mama	1. Identifica fuentes de apoyo internos y externos para enfrentar y afrontar situación actual. 2. Identifica y modifica pensamientos distorsionados relacionados con su salud física. 3. Verbaliza restauración de esperanza ante posible diagnóstico de cáncer. 4. Adquiere estrategias de afrontamiento ante posible diagnóstico de cáncer.	Terapia individual a razón de una vez por semana a través de un marco teórico cognitivo-conductual	1 mes

Proceso del tratamiento vinculado a los objetivos

El proceso de tratamiento consistió de aproximadamente doce (12) sesiones de psicoterapia, de las cuales cuatro (4) fueron en modalidad de pareja y ocho (8) en modalidad individual. En la tabla III se presenta un resumen de las intervenciones con las áreas trabajadas, estrategias y técnicas de psicoterapia utilizadas.

TABLA 13.3

Resumen de sesiones de psicoterapia en el caso clínico de MM

Sesión	Áreas trabajadas clínicamente	Estrategias y técnicas utilizadas
Primera sesión	Se establece *rapport* y empatía. Se clarifican límites de confidencialidad, relación profesional y consentimiento de tratamiento. Se ofrece orientación sobre el manejo de información de salud. Se comienza a explorar motivo de consulta y exploración de historial psicosocial.	Microdestrezas, exploración de queja principal, identificación de distorsiones cognoscitivas y preguntas exploratorias.
Segunda sesión	Se ofrece conceptuación de caso y se orienta en relación a impresión diagnóstica multiaxial. Se orienta sobre plan de tratamiento recomendado, se evalúa junto con la paciente y se firma plan de tratamiento. Se comienza a trabajar con psicoeducación sobre el concepto de homofobia internalizada y el impacto en la vida de la paciente.	Discusión de conceptuación del caso, problemas identificados y plan de tratamiento. Psicoeducación y autorreflexión sobre impacto en la vida. Técnicas de ventilación y validación de sentimientos. Restructuración cognitiva sobre concepto de homofobia internalizada.
Tercera a quinta sesión	Se trabaja clínicamente con el reconocimiento de la visión heterosexista que ha integrado a través de la narrativa de vida y de los mensajes prejuiciados y estigmatizados dentro de su contexto social, cultural y familiar. Se identifican actitudes, conductas y pensamientos que están relacionadas con internalización de la homofobia y su relación con el proceso de revelación de su orientación sexual lésbica. Se ofrece psicoeducación sobre distorsiones cognoscitivas y el efecto en la vida de la paciente. Se lleva a la identificación y modificación de estas distorsiones cognoscitivas. Se promueve la autoaceptación y afirmación como mujer lesbiana.	Ejercicio de la línea de la vida. Psicoeducación sobre distorsiones cognoscitivas. Ejercicio terapéutico dirigido a la identificación de "Esquemas de las Distorsiones Cognitivas". Ejercicio terapéutico de "Ideas Irracionales Frecuentes". Ventilación y validación de sentimientos. Restructuración cognitiva, afectiva y conductual. Preguntas socráticas Afirmación de su orientación sexual lésbica.

(Continúa)

Sexta a séptima sesión	Se hace un alto en el plan de tratamiento establecido y se integra otra meta terapéutica debido a necesidad ante posibilidad de diagnóstico de cáncer de mama. Se trabaja con las emociones y pensamientos asociados a la posibilidad de un diagnóstico de cáncer. Se integran aspectos de estrategias de afrontamiento y apoderamiento ante el proceso de evaluación médica y de descartar o confirmar diagnóstico de cáncer. Se trabaja con autoconcepto de feminidad, autovalía, autoimagen y autoestima. Establecimiento de redes de apoyo familiar.	Ventilación y validación de sentimientos, emociones y cogniciones. Técnicas de parar pensamiento y re-enfoque cognitivo ante situación de adversidad. Estrategias de visualización dirigida y autoafirmaciones positivas. Estrategias de afrontamiento. Identificación y concienciación sobre factores protectivos (resiliencia) para el manejo de demandas externas. Manejo de ansiedad. Intervención de pareja.
Octava a duodéci-ma sesión	Se conecta intervención clínica realizada en sesiones tres, cuatro y cinco con el concepto de homofobia internalizada. Se lleva a la paciente a la identificación de sus esquemas y mensajes homofóbicos, discriminatorios y heterosexistas que influyen en una afirmación pobre de su orientación sexual. Se trabaja con la decodificación de la homofobia internalizada. Se hace consciente del reconocimiento de etapas diferentes en el proceso de revelación de la orientación sexual dentro de la relación de pareja y el efecto en las dinámicas internas y expectativas de la relación. Psicoeducación e introspección sobre lo personal que es la revelación de la orientación sexual y cuándo y a quién la paciente decide revelar su orientación sexual.	Ejercicio terapéutico "¿Sufre usted del Síndrome Heterosexista? Ejercicio terapéutico "Lista de Cotejo de Estresores Diarios Heterosexistas" Ejercicio terapéutico "Identificación de Esquemas Tradicionales Homofóbicos" Ejercicio terapéutico "Mi Afirmación" Dinámica de pareja "Mi Proceso de Auto-Aceptación de mi Orientación Sexual". Establecimiento de expectativas dentro de la relación de pareja sobre proceso de revelación de orientación sexual. Restructuración cognitiva, afectiva y conductual asociado a la homofobia internalizada. Psicoeducación.

EVALUACIÓN DE LOS RESULTADOS

¿Qué ocurrió con la queja principal y síntomas iniciales?

Luego de las intervenciones en psicoterapia individual e intervenciones con su pareja, la paciente logró una experiencia emocional correctiva donde pudo identificar los conflictos relacionados con la homofobia y comenzó un proceso de modificación de esquemas cognoscitivos asociados a una visión heterosexista. Esta re-conceptuación cognoscitiva, afectiva y conductual que fue abordándose en el proceso de psicoterapia permitió una normalización de la homosexualidad junto a la heterosexualidad como estilos de vida igualmente saludables.

Interesantemente, entre la séptima y novena intervención se comenzó a observar verbalizaciones que eran congruentes con sus estados emocionales/afectivos y con sus conductas que evidenciaban una aceptación de su orientación sexual a través de un orgullo por su identidad. La paciente comprendió a través de su proceso reflexivo que la divulgación de su orientación sexual lo determina ella como ser humano y que la revelación de su identidad va más allá de presiones sociales y de pareja. Se evidenció un mayor fortalecimiento de su autoestima que se vio reflejado en mejores relaciones interpersonales en el ambiente laboral y en la relación de pareja, de igual forma se observó mayor seguridad ante su diversidad como mujer lesbiana. Los síntomas asociados a ansiedad y miedo disminuyeron significativamente en la medida que la paciente se observaba más cómoda con su orientación sexual y con la decodificación de la homofobia internalizada. A pesar que se tuvo que trabajar con destrezas de afrontamiento ante posibilidad de diagnóstico de cáncer de mama, los resultados fueron negativos descartando la presencia de tumores malignos. Sin embargo, la paciente verbalizó la ganancia para su vida en la adquisición de "estrategias que las puedo utilizar en otras situaciones ante la adversidad".

MÉTODO DE EVALUACIÓN

El proceso de psicoterapia consistió en varios métodos de evaluación tanto para los signos y síntomas como para la efectividad del proceso. En relación a la evaluación comprensiva se utilizó la entrevista semiestructurada del Historial Psicosocial, al igual que instrumentos terapéuticos como "La Línea de la Vida", "Esquemas de Distorsiones Cognitivas", e "Ideas Irracionales

Frecuentes" que permitieron la obtención de información relevante. También, se utilizó como medida pre y post ejercicios terapéuticos que permitieron la recopilación de información y la evolución de la paciente como lo son: "¿Sufre usted del Síndrome Heterosexista? y la "Lista de Cotejo de Estresores Diarios Heterosexistas". Por otro lado, algunos ejercicios que se ofrecieron casi al final del proceso sirvieron como medidas de evaluación, por ejemplo: "Establecimiento de expectativas de pareja sobre proceso de revelación de orientación sexual", "Mi proceso de autoaceptación de mi orientación sexual", y "Mi afirmación de mi orgullo". Por último, la paciente cumplimentó al final del proceso de psicoterapia una encuesta de satisfacción con el proceso y su tratamiento.

Áreas de fortalezas y debilidades

Es evidente, a través de la narrativa del caso clínico, que la paciente MM goza de fortalezas que le ayudaron en su proceso de psicoterapia. Entre estas fortalezas se pueden identificar: aparente nivel intelectual alto, destrezas interpersonales adecuadas, fluidez en la comunicación, compromiso con su proceso, responsabilidad y capacidad de introspección. Entre las debilidades identificadas en la paciente se encuentran: distorsiones cognoscitivas, falta de confianza en sí misma y expectativas irracionales de perfeccionismo.

Retos enfrentados

Durante el proceso de psicoterapia los retos encontrados se centraron en que la paciente pudiera decodificar sus esquemas tradicionales heterosexista y desarrollara un orgullo por ser una mujer lesbiana. Otro de los retos fue que su pareja pudiera entender la narrativa de vida que llevó a la paciente a estructurar sus esquemas heterosexista y que, pudieran internalizar que se encuentran en etapas diferentes en su proceso de revelación de su orientación sexual y se generara un ambiente de respeto y apoyo. Sin embargo, el mayor reto durante el proceso fue uno inesperado y que no tenía relación con su queja principal y fue la posibilidad de un diagnóstico de cáncer de mama.

Áreas de crecimiento

El proceso de psicoterapia fue uno de crecimiento para ambas partes: la paciente y el terapeuta. El proceso de la paciente está ampliamente documentado en este capítulo, por lo que haré referencia al proceso de crecimiento del terapeuta. Resulta interesante que, el terapeuta de este caso posee conocimiento y su autoevaluación es que posee las competencias para el manejo de personas que se autoidentifican como LGBT. Sin embargo, a través de los años de práctica clínica solo había trabajado con *issues* relacionados a homofobia internalizada en hombres gay, no así con mujeres. De esta forma, el crecimiento mayor para el terapeuta fue las consideraciones de género en psicoterapia que debieron identificarse ante una paciente mujer y con orientación sexual lesbiana.

IMPLICACIONES Y CONCLUSIONES

Nuestra sociedad está llena de diversidad en todas las manifestaciones, incluyendo la diversidad de orientaciones sexuales. Los/las profesionales de la conducta humana deben estar ampliamente preparados para poder trabajar con la diversidad que se ejemplifica en cada ser humano. Sin embargo, nosotros como profesionales no estamos libres de prejuicios y estigmas que hemos adquirido a través de nuestro desarrollo dentro de un grupo social. Ante esta realidad, es imperativo que cada profesional pueda hacer un análisis reflexivo e introspectivo para poder, en primer lugar, identificar y modificar nuestros prejuicios hacia la diversidad de orientaciones sexuales. Segundo, poder analizar si poseemos el conocimiento científico sobre los *issues* que enfrentan las personas que se autoidentifican como LGBT ante una sociedad heterosexista. Por último, y no menos importante, si poseemos las competencias clínicas y el conocimiento de las prácticas basadas en la evidencia para poder realizar intervenciones adecuadas que respeten la diversidad y que permitan un desarrollo adecuado de las orientaciones sexuales diversas. Así, dando paso a una autoafirmación de orgullo gay y una normalización de la homosexualidad como un estilo de vida igualmente saludable como lo es la heterosexualidad.

En especial los/as psicólogos/as, aspiramos a proveer tratamientos que sean consistentes con los principios éticos que rigen nuestra profesión con especial énfasis en el beneficio, justicia y respeto por los derechos y dignidad de las personas, incluyendo su autodeterminación (APA, 2009). Para garantizar estas expectativas de nuestro quehacer diario, es vital la continua educación, adiestramientos y que se generen investigaciones dentro de las orientaciones sexuales diversas, especialmente, en aspectos sensibles a nuestra cultura e idiosincrasia como puertorriqueños. Esto permitirá que los/as psicólogos/as que se dedican a la práctica puedan consumir de manera adecuada el conocimiento científico y lo pongan a la disposición de nuestros/as pacientes cuando así se requiera de una manera sensible a sus necesidades.

REFERENCIAS

American Psychiatric Association (1952). *Diagnostic and statistical manual of mental disorders.* (1st ed.), Washington, D.C.: Author.

American Psychiatric Association (1968). *Diagnostic and statistical manual of mental disorders.* (2nd ed.), Washington, D.C.: Author.

American Psychological Association Division 44/Committee on Lesbian, Gay, and Bisexual concerns Joint Task Force on Guidelines for Psychotherapy with Lesbians, Gay, and Bisexual Clients (2000). Guideliness for psychotherapy with lesbians, gay, and bisexual clients. *American Psychologist, 55,* 1440-1451.

Asociación de Psicología de Puerto Rico (2008). *Estándares para el trabajo e intervención en comunidades LGTB.* San Juan, PR: Autor.

American Psychological Association Task Force on Appropriate Therapeutic Responses to Sexual Orientation (2009). Report of the American Psychological Association task fork on appropriate therapeutic responses to sexual orientation. Accesado de www.apa.org/pi/lgbc/publicattions/

Carlock, C.J. (2008). Building healthy self identity in gays and lesbians: A Satir Approach. *The Satir Journal, 2* (3), pp.20-75.

Clarke, C., Ellis, S. J., Pell, E. & Rigss, D.W. (2010). *Lesbian, gay, bisexual, trans & queer psychology: An introduction.* New York: Cambridge University Press

Cocharn, S.D., Keenan, C., Schober, C., & Mays, V.M. (2000). Estimates of alcohol use and clinical treatment needs among homosexually active men and women in the U.S. population. *Journal of Consulting and Clinical Psychology, 68,* 1062-1071.

Frost, D. M., & Meyer, I. H. (2009). Internalized homophobia and relationship quality among lesbians, gay men, and bisexuals. *Journal of Counseling Psychology, 56* (1), 97-109.

Harrison, N. (2000). Gay affirmative therapy: A critical analysis of the literature. *British Journal of Guidance & Counselling, 28* (1), 32-49.

Herek, G.M. (1996). Heterosexism and Homophobia. In R.P. Cabaj & T.S. Stein (Eds.), *Textbook of homosexuality and mental health* (pp. 101-113). Washington, DC: American Psychiatric Press.

Hill, N. L. (2009). Affirmative practice and alternative sexual orientations: Helping clients navigate the coming out process. *Clinical Social Work Journal, 37,* 346-356.

Jiménez, M., Borrero, N., & Nazario, J. (2011). Adolescentes gays y lesbianas en Puerto Rico: Procesos, efectos y estrategias. *Revista Puertorriqueña de Psicología, 22,* 147-173.

Nair, R.D., & Butler, C. (2012). *Intersectionality, sexuality, and psychological therapies: Working with lesbian, gay, and bisexual diversity.* Oxford, UK: John Wiley & Sons, Ltd.

Martínez, A., & Padilla, V. (2011). La salud mental de personas gays, lesbianas y besexuales: ¿Qué sabemos?. En J. Toro-Alfonso & A. Martínez-Taboas (Eds.). *Lesbianas, gays, bisexuales y transgeneros: Apuntes sobre su salud desde la psicología.* Hato Rey, Puerto Rico: Publicaciones Puertorriqueñas.

McGeorge, C. & Carlson, T.S. (2011). Deconstructing heterosexism: Becoming an LGB affirmative heterosexual couples and family therapist. *Journal of Marital & Family Therapy, 37* (1), 14-26.

Meyer, I. H. (2003). Prejudice, social stress, and mental health in lesbian, gay, and bisexual populations: Conceptual issues and research evidence. *Psychollogical Bulletin, 129* (5), 674-697.

Moradi, B. Berg, J. V. D., & Epting, F. R. (2009). Threat and guilt aspects of internalized antilesbian and gay prejudice: An application of personal construct theory. *Journal of Counseling Psychology, 56*(1), 119-131.

Ortiz, L. (2005). Influencia de la opresión internalizada sobre la salud mental de bisexuales, lesbianas y homosexuales de la Ciudad de México. *Salud Mental, 28* (4), 49-65.

Rienzo, B. A., Button, J. W., Sheu, J-J., & Li, Y. (2006). The politics of sexual orientation issues in american schools. *Journal of Schools Health, 76,* 93-97.

Rostosky, S. S., & Riggle, E. D. B. (2002). "Out"at work: The relation of actor and partner workplace policy and internalized homophobia to disclosure status. *Journal of Counseling Psychology, 49,* 411-419.

Sherry, A. (2007). Internalized homophobia and adult attachment: Implications for clinical practice. *Psychotherapy: Theory, Research, Practice, Training, 44* (2), 219-225.

Sue, D. W., & Sue, D. (2008). *Counseling the culturally diverse: Theory and practice* (5ta Ed.). Hoboken, New Jersey: John Wiley & Sons, Inc.

Vázquez, M., & Sayers, S. (2011). Las actitudes de psicólogos/as en adiestramiento clínico hacia atender a los/as clientes gays y lesbianas en psicoterapia: La validación de la escala de AGLP. En J. Toro-Alfonso & A. Martínez-Taboas (Eds.), *Lesbianas, gays, bisexuales y transgeneros: Apuntes sobre su salud desde la psicología*. Hato Rey, PR: Publicaciones Puertorriqueñas.

Capítulo 14

LO CORTÉS NO QUITA LO VALIENTE: EL DES(CUBRIMIENTO) DE LA HOMOSEXUALIDAD EN UN JOVEN PUERTORRIQUEÑO, UN CASO DE LA CLÍNICA

JOSÉ TORO-ALFONSO

En este capítulo pretendo examinar parte del proceso terapéutico de un joven que viene [¿lo traen?] a la consulta con un cuadro sospechoso que combina una diversidad de síntomas que trascienden el silencio del joven en la sala. Sin lugar a dudas, los síntomas plantean a gritos la incomodidad con el cuerpo y su deseo.

Generalmente, cuando me refieren insistentemente un caso, pienso en la orientación sexual y la homosexualidad como elementos que no aparecen en el referido, pero que se convierten en un secreto a voces. Después de todo, es ampliamente conocido mi trabajo clínico y académico sobre las homosexualidades.

Desde la perspectiva de una psicoterapia afirmativa, y reconociendo que no hay psicopatología inherente a las homosexualidades, me parece importante examinar un poco de la historia de la psicología y la homosexualidad para poner en contexto la dirección del trabajo terapéutico. Los asuntos relacionados a la homosexualidad están profundamente insertados en los procesos sociales y en el manejo que tiene nuestra sociedad sobre la sexualidad en general y sobre la homosexualidad en particular.

En los Estados Unidos, Evelyn Hooker (1957) publicó la primera investigación sobre homosexualidad, en la que planteó que no existían diferencias en el funcionamiento y la salud mental de hombres homosexuales y heterosexuales cuando se comparaban sus resultados en pruebas psicológicas. A partir de este trabajo, se realizaron diversas investigaciones dirigidas a demostrar la normalización de la homosexualidad, principalmente en hombres, y en menor escala, entre mujeres lesbianas. El énfasis de los estudios fue demostrar la ausencia de patología y convencer a la sociedad sobre la normalidad de este sector.

Después de los años setenta, se desarrolló una mayor cantidad de trabajos sobre el tema de las homosexualidades, fortalecidos por las luchas antirracistas, el movimiento antibélico y el feminista. Bell y Weinberg (1978), y Bell, Weinberg y Hammersmith (1981) publicaron las primeras investigaciones de esa década tomando como punto de partida entrevistas a hombres y mujeres en la costa oeste de los Estados Unidos. Varios centros de investigación sobre sexualidad en América del Sur se adentraron en el estudio sobre las homosexualidades siguiendo la tradición estadounidense (Alvarez-Gayou, 1984).

LAS INVESTIGACIONES SOBRE LAS HOMOSEXUALIDADES EN PUERTO RICO

A partir del 1980, en Puerto Rico podemos identificar las investigaciones relacionadas con el tema de la homosexualidad y el lesbianismo, que han continuado de forma sólida hasta el día de hoy, principalmente mediante investigaciones de tesis y disertaciones en las diferentes universidades del país. Desafortunadamente, la mayoría de estas investigaciones, aunque oportunas, y con una excelente aportación al tema, nunca se han publicado. Muchos de los trabajos de investigación que se han realizado en Puerto Rico se vinculan en especial, al tema de la epidemia del VIH incluyendo el impacto y las formas de prevención para poblaciones diversas.

En tiempos recientes, observamos investigaciones académicas relacionadas con el tema de la transgresión del género (Rodriguez, 2010). Además, ya antes, Rodríguez-Madera y Toro-Alfonso (2002), exploraron el tema de las poblaciones trans con la descripción de las conductas de riesgo para la infección del VIH y las situaciones de vulnerabilidad de una muestra de transgéneros en Puerto Rico. Por otro lado, Toro-Alfonso y Rodríguez Madera (2004) publicaron un trabajo sobre violencia doméstica en parejas del mismo sexo en el que examinaron la prevalencia de agresión emocional, física y sexual en parejas de hombres homosexuales en Puerto Rico. Otro trabajo describió el proceso de construcción de la homosexualidad en poblaciones de jóvenes adolescentes (Mercado, 2000) comparándola con el desarrollo de la sexualidad heterosexual de una contraparte de jóvenes. Ramírez, García Toro y Solano-Castillo (2007) presentaron las narraciones de un grupo de hombres en su descripción del reconocimiento y posterior aceptación de su deseo homosexual, lo que se definió como el proceso de la salida del *closet* en una muestra de hombres puertorriqueños. Borrero-Bracero (2008) publicó una revisión de literatura sobre investigaciones relacionadas a la salida del closet con jóvenes adolescentes y González Guardarrama (2012) explora el recuerdo del manejo de la auto revelación en una muestra de adultos homosexuales.

La diversidad de temas y la versatilidad de los trabajos muestran el creciente interés en nuestra sociedad sobre la temática de las sexualidades y sus manifestaciones particulares. En menor cantidad, se han desarrollado investigaciones sobre el lesbianismo, en disertaciones y tesis de diferentes facultades. Los trabajos han incluido diferentes acercamientos teóricos con diversidad de métodos, desde cuantitativos hasta estudios de casos e historias de vida. Esto no debe sorprender, si tomamos en consideración que actualmente existen cursos formales sobre homosexualidad y lesbianismo en diversos programas en la Universidad de Puerto Rico como psicología, trabajo social y estudios interdisciplinarios.

La responsabilidad de la disciplina en esta situación

Si a la fecha de hoy se ha eliminado todo intento de patologizar las homosexualidades, si no existe ninguna organización profesional que no reconozca que no hay psicopatología inherente a la orientación sexual... entonces ¿por qué seguimos escuchando de situaciones intolerables por las que atraviesan muchas personas que recurren en busca de ayuda?

Como dijo Martínez Taboas (2006) durante su presidencia en la Asociación de Psicología de Puerto Rico:

> "El problema fundamental no radica en ser homosexual, sino en el desgaste emocional que tienen que pasar para combatir los discursos de odio de diversos líderes de nuestro país. Estos discursos, los cuales lamentablemente muchas veces se expresan de manera destemplada y fanática, adquieren fuerza y convicción en algunas personas, produciéndose entonces toda una escalada de prejuicios y estigmatizaciones sociales totalmente innecesarias. Por esta razón los profesionales de la salud mental tenemos que elaborar

discursos de vanguardia para remover el estigma de enfermedad mental y de desviación social de personas con orientación homosexual." (p.90)

Todavía hay psicólogos y psicólogas que insisten en identificar a la homosexualidad como una condición inherentemente patológica. Estudios recientes han identificado altos niveles de prejuicio hacia la homosexualidad en profesiones de ayuda: psicología, trabajo social (Toro-Alfonso, 2009; Nieves Rosa, 2012; Vázquez & Sayers, 2011). Estas actitudes se reflejan en intervenciones inapropiadas que luego traen serias complicaciones en el desarrollo de la orientación sexual en etapas adultas (González & Toro-Alfonso, 2012).

Los riesgos de la adolescencia gay

La investigación ha establecido que a los y las adolescentes que son abiertamente gays o lesbianas, se les molesta con mayor frecuencia y que tienden a ser víctimas de la mofa y escarnio (Berlan et al., 2010; Hu, Jones, & Bruce, 2013). También se indica que en la medida que se desarrolla mayor estabilidad y seguridad personal, se reduce la presión y se proyecta mayor satisfacción con la vida. El clóset entonces parece no tener sentido y la autorevelación de las orientaciones sexuales abren puertas a una mejor calidad de vida (Jiménez, 2011; Toro-Alfonso, 2008a).

El debate de "decir o no decir" es tan viejo como el mismo movimiento homosexual que lo enarbola. El mismo término "gay" utilizado inicialmente en el mundo anglosajón evocaba precisamente a la misma imprecisión del término. ¿Será una persona alegre y divertida… o será otra cosa? Esa otra cosa se mantenía en el silencio. Se trataba de abrir espacios para la interacción social mediante códigos casi secretos que aludían probablemente a la misma necesidad de no dar a reconocer abiertamente lo indecible.

Ya para los inicios del siglo XIX el "amor que no osa decir su nombre" se hace público en el juicio contra Oscar Wilde, en donde fue condenado a dos años de reclusión. Para esos tiempos, la homosexualidad permanecía como delito en la mayoría de los códigos occidentales. De hecho, en Puerto Rico, el Código 103 estuvo vigente hasta el año 2003. Este código prohibía las relaciones sexuales entre personas del mismo sexo, a pesar de que, se consideraba un crimen sin víctima que, nunca había sido invocado ni se procesó a nadie en Puerto Rico por este delito.

Nunca usado, este código no tenía otra función que mantener en el imaginario social la memoria de un posible delito y la intención de vigilar y disuadir a los potenciales implicados. Desde luego que, la eliminación de las restricciones legales no cambian por decreto necesariamente las condiciones de rechazo y exclusión de las que son objeto muchos homosexuales. A pesar de la eliminación de todos los códigos de sodomía en los Estados Unidos, y la aparición de legislación en defensa de la homosexualidad en algunos países latinoamericanos, sigue vigente la estigmatización y la marginación de las personas que asuman su sexualidad no-heterosexual abiertamente.

La metáfora del clóset surge entonces como una alternativa de supervivencia y protección con el objetivo de mantener afuera el rechazo y la agresión – familiar y social – que muchas veces acompaña el reconocimiento público de las homosexualidades. La aparición de los guetos gay en los ambientes urbanos occidentales a finales del siglo XX coloca el clóset en otra perspectiva. Las personas salían del clóset para insertarse en una comunidad cerrada que ofrecía aparentemente la protección social que disfrutaban en el closet. Por un lado, cumplía la función de protección a los y las sujetos gay y por otro, le daba la tranquilidad al resto de la sociedad de que "los otros" estaban confinados a un espacio geográfico determinado. Entonces el clóset se hizo grande y mantenía dentro los que eran y fuera los que no eran...

Aunque el gueto es fundamentalmente un ambiente comercial – San Francisco, Los Ángeles, Nueva York, y en años recientes, Argentina y México- permitió el desarrollo de espacios de apoyo social en donde se manifestaba y se valoraba la diversidad. Surgieron grupos religiosos, grupos de estudio, sectores de partidos políticos y organizaciones de base comunitaria que ofrecían servicios sociales y de salud.

Como el gueto se construye con márgenes difusos y desde luego nadie se cree que son todos los que están ni que están todos los que son... la influencia se disemina y observamos la aparición en los medios de comunicación de una imagen gay distinta a la que anteriormente se había generalizado. La imagen del gay triste, solo, abandonado a su suerte, con amplia ideación suicida, y adicto al sexo y a la promiscuidad, fue sustituida mediante los medios de comunicación en imágenes más integradas, principalmente de hombres gay blancos de clase media y media alta que disfrutaban de la integración social y de la sociedad capitalista.

Como no hay mal que dure cien años, ni cuerpo que lo resista, la epidemia del SIDA añade dolor a la ignominia a inicios de la década de los '80. La aparición de hombres gay jóvenes, previamente saludables, con infecciones sin control y que les llevaba a la muerte produjo la posición de culpar a la víctima insistiendo que "estilos de vida particulares" eran la base de la enfermedad, y el designio divino para aniquilar poblaciones completas de homosexuales, negros, haitianos y usuarios de drogas. El reconocimiento público de su enfermedad de parte de Rock Hudson en el 1981 puso en la palestra pública la universalidad del SIDA y el hecho de que Hudson era "uno de ellos".

A mi modo de pensar, el SIDA se convierte en los clavos y los goznes con que se rediseña y se construye nuevamente el clóset. Ahora teníamos no solamente que proteger la supuesta identidad, sino además proteger la identidad de ser sidoso. En las tres décadas que lleva la epidemia se han proliferado los gimnasios, las dietas y la imagen corporal "saludable" que hace patente el deseo, pero el deseo "limpio, que no infecta".

Desde la década de los 80, la metáfora del clóset se construye con la realidad de más de 7,000 hombres reportados con SIDA por el Departamento de Salud de Puerto Rico. La sospecha de que el "otro" puede ser gay se combina ahora con que ese "otro" puede tener SIDA.

Entonces, el debate ya era salir del clóset tradicional- el clóset del deseo- para abarcar la salida del clóset del SIDA. El movimiento gay – principalmente el masculino- dirigió sus esfuerzos hacia el cuidado de la salud y hacia la atención de las personas enfermas. La mayoría de los modelos de atención y servicios a las personas con SIDA en el mundo entero fueron desarrollados y financiados por grupos de comunidades gay que se organizaron frente a la inacción y desaire de los gobiernos.

En este periodo se reinician los intentos terapéuticos para "curar" la homosexualidad. Se disemina información sobre terapias reparativas y de curación, que prometían curar a las personas gay de sus deseos homosexuales. Actualmente, estas terapias están contraindicadas por todas las organizaciones profesionales de la psicología y la psiquiatría (APA Task Force on Appropriate Therapeutic Responses to Sexual Orientation, 2009; Comité para los Asuntos LGBT, 2008; Santiago & Toro-Alfonso, 2011).

El continuo de la homofobia

Las paredes del clóset están cubiertas de homofobia. Los procesos de prejuicio y rechazo social han ido cambiando en la medida en que la sociedad ha tenido que abrir espacios para la presencia de las homosexualidades. Sin embargo, no deja de ser homofobia la mera tolerancia de la diversidad. Hay personas que señalan que no tienen problemas con las personas homosexuales, que hasta tienen amistades que son así y que no tienen problemas.

Sostengo que la homofobia y la exclusión son funciones de la misoginia. El rechazo a todo lo femenino en una sociedad patriarcal y profundamente masculina pone el límite a la aceptación de las homosexualidades en tanto se percibe como la inversión del género. El rechazo al afeminamiento es discurso conocido, inclusive al interior de las comunidades gay masculinas (Toro-Alfonso, 2008b).

Es lo femenino que tenemos lo que queremos en el clóset

En tiempos actuales, a las personas en general no les preocupa la homosexualidad, les repugna lo femenino de los hombres gay (Toro-Alfonso, 2009). Es en el rechazo a la feminidad que montamos los modelos de las masculinidades. Los hombres gay son primero hombres. La representación social de lo masculino se hace presente en el imaginario de un deseo entre iguales. Esto se combina con los elementos de clase social y raza para enarbolar la vigencia de una masculinidad particular que responde a los dictámenes de una masculinidad hegemónica que contradictoriamente es siempre heterosexual. Es evidente que, la adhesión a los cánones tradicionales de la representación social del género es un requisito importante para la aceptación y la inclusión social en Puerto Rico y en América Latina.

La tolerancia social es extendida en la medida en que las personas gay se conformen a la normativa del género. Hombres gay masculinos, que visten y se comportan como hombres, que representan la masculinidad tradicional y que sobre todo, no hablan abiertamente de su deseo homoerótico – estos gay no tiene mayores dificultades para ser aceptados silenciosamente por la sociedad. A pesar de que hay sectores que siempre insisten en que se les puede identificar, siempre es más difícil identificar a aquella persona que no parece ser diferente. La sospecha no molesta. Aquellos hombres y mujeres que provocan sospecha y que se sumergen en el silencio y la incógnita son claramente tolerados.

Los significados del clóset

El tema de "estar en el clóset" implica una situación compleja, difícil y muchas veces angustiante para el que la sufre y en algunos casos para su entorno inmediato. Sin embargo es importante distinguir el uso estratégico del closet para lograr la supervivencia dentro de un medio hostil, que vivir permanentemente dentro de él por el terror que muchas personas tienen de descubrirse a sí mismos y luego ser descubiertos por el entorno como homosexuales.

La realidad es que, la salida del clóset es un proceso largo y en ocasiones tumultuoso. La metáfora alude a un espacio cerrado al interior de una habitación lo que proyecta un proceso inicial de reconocimiento personal…como que se enciende la luz dentro del clóset. Sin embargo, contrario a la creencia popular, el clóset tiene múltiples puertas que se abren y se cierran dependiendo de las circunstancias. Después de todo, al abrir la puerta del clóset el sujeto todavía se encuentra dentro de una habitación, al salir de esta, se haya en la sala y para salir al mundo todavía tiene varias posibilidades de espacios en donde puede colocarse. Al final siempre habrá alguna puerta adicional que abrir y que explorar… la familia, las amistades, el empleo, entre otros. "Con el tiempo el clóset se va convirtiendo en un accesorio portátil como el caparazón del caracol o el de la tortuga, que en momentos de peligro sirve de defensa ante un entorno hostil" (List, 2009 p. 182).

Cuando ese caparazón ya no da espacio entonces se presenta el reto de la exigencia de mostrar nuestra identidad. No obstante, muchos piensan que insistir en desarrollar una identidad es a su vez un ejercicio para disciplinarnos. Cuando se identifica la presencia de una identidad como una manera específica en la que se dan la homosexualidad y las masculinidades observamos que se da poco margen a formas alternas. Entonces, al igual que la imposición de la masculinidad heterosexual, la identidad gay tiene también su libreto obligatorio.

Por tanto, la identidad gay pone en escena otra multiplicidad de identidades que convergen en los espacios sociales tradicionales. La clase social, la raza, la profesión, la religión entre otras, compiten en el desarrollo de una única y absoluta identidad gay. Mucha gente se pregunta por qué la identidad tiene exclusivamente que darse dentro del contexto del binario homo-heterosexual.

Este discurso pudiera venir de aquellos sujetos que temerosos de ser reconocidos buscan otros medios para el desarrollo de su orientación sexual y dicen no querer asumir su sexualidad en términos identatarios, porque el reconocimiento de ese elemento – a veces conocido por todos- implica enfrentarse a una sociedad hostil que no acepta esta definición. Es entonces que, nos encontramos con el debate de "decir o no decir", el tema del silencio.

Cuando el sujeto gay plantea la idea de no tener o no querer, ser reconocido, implícitamente está dando paso al silencio que el clóset representa. La visibilidad de los gay ha permitido la ampliación del reconocimiento de los derechos en términos jurídicos. Pero esta visibilidad colectiva se construye a partir de las visibilidades individuales, es decir, a partir de que los sujetos individualmente pueden ser capaces de hacerse visibles ante la sociedad, con los riesgos que en un momento dado esto puede implicar (List, 2009).

Parece que el objetivo final es heterosexualizar la homosexualidad. Al 'desgayzarse' los gay se unen en la cultura a la que les gusta creer que pertenecen, pero esta dinámica solo puede fortalecer la misma homofobia...la eliminación de todo lo que es gay. Esto incluye la posibilidad de reducir o limpiar la visibilidad. Es frecuente encontrar personas gay que resienten de las manifestaciones públicas de afecto o la exuberancia de las paradas gay: "porque tienen que ser tan esplayaos", "no todos somos locas o afeminados", "no representa la realidad de la homosexualidad". Y aunque estas aseveraciones pudieran ser ciertas, lo interesante es la molestia al interior del gay que produce la visibilidad de la diversidad y la diferencia: precisamente lo mismo que le ocurre al sector homofóbico. Después de todo, el rechazo de la sociedad no va necesariamente dirigido al individuo gay, no va dirigido al homosexual, sino al sujeto genérico de la homosexualidad. Se plantea entonces la posibilidad de las identidades discretas. Esas personas que no llaman mucho la atención, que saben guardar secretos, que actúan con tacto y moderación (Dones, 2009). Mientras la separación entre lo público y privado se hace cada vez menor, me pregunto si la discreción es la medida del clóset.

Como psicólogo clínico no puedo obviar la internalización de la homofobia social que produce la angustia y el sufrimiento de vivir convencido de la normalidad de la heterosexualidad y la flaqueza de la homosexualidad. A pesar de los adelantos conceptuales y políticos, hay un hecho que se ha confirmado en muchos estudios recientes: las poblaciones lesbianas, gays, bisexuales y transexuales (LGBT) tienden a informar más estados de depresión, ansiedad, intentos suicidas y alcoholismo, que poblaciones de personas heterosexuales. Diversas investigaciones han constatado el hecho que existe un fuerte enlace entre la orientación sexual hacia personas del mismo sexo y los pensamientos e intentos suicidas (Martínez Taboas & Padilla, 2011). Por ejemplo, en adolescentes lesbianas y gay (LG) se ha encontrado que la probabilidad de cometer suicidio es de dos a tres veces mayor que para jóvenes heterosexuales (Jiménez, 2011).

Lo cierto es que los datos son contundentes:

"Según estudios recientes, se ha reconocido que los/ las adolescentes gay, lesbianas y bisexuales están en un alto riesgo a cometer suicidio ya que existe una relación fuerte entre la orientación sexual homosexual y la ideación y acto suicida, siendo esta la causa número uno de muerte en los adolescentes gay. Se entiende que esto ocurre como consecuencia a sus experiencias de prejuicio, discriminación y violencia, tanto verbal como física, en los diferentes ámbitos en que se rodean, sea la escuela, su familia y/o la comunidad" (Jiménez, 2011, p. 88).

Han surgido distintas versiones para explicar la diferencia que algunos estudios han encontrado entre las lesbianas y los gays, y cómo les afecta su orientación sexual incrementando las conductas suicidas. Primero, los hombres salen del clóset, en promedio, a edad más temprana que las mujeres. Se ha encontrado que la autoidentificación de sí mismo como homosexual a edad temprana aumenta el estrés psicológico, que a su vez aumenta el riesgo de suicidio (Cochran & Mays, 2009). Se ha discutido que en la población general los intentos suicidas son más altos en mujeres que en hombres y por esto, no hay diferencia significativa en mujeres heterosexuales y lesbianas, mientras que, en hombres gays y heterosexuales, sí.

Un número considerable de personas lesbianas, gay, bisexuales y transgéneros (LGBT) internalizan los prejuicios heterosexuales y terminan creyéndose que son personas deficientes, enfermas, e inferiores. Asimismo, muchas terminan desarrollando una homofobia internalizada que los/as lleva a rechazar su identidad LGBT. Esta internalización es una carga tan nefasta como la de los prejuicios sociales y políticos, ya que ahora la persona LGBT autovalida y vive en carne propia el contenido de todos estos estereotipos falsos que hay sobre LGBT (Ardila, 2007).

En términos externos, muchas personas gays y lesbianas han creado una identidad social o colectiva basada en su orientación sexual. Esto implica que la persona muestra una fuerte identificación con otras personas LGBT, en donde se ventilan y validan sus identidades, sus sentimientos sexuales y sus afiliaciones, creándose entonces una identidad legítima y valiosa que es integrada en su autoconcepto. El término "orgullo gay" va por esa misma línea. Se ha encontrado que personas LGBT que participan activamente de actividades de una comunidad LGBT, presentan menos angustias psicológicas e informan recibir apoyos y recursos adicionales, más allá de sus acoplamientos individuales. Adicional, estas comunidades de LGBT muchas veces proveen diversos tipos de apoyo para lidiar con estigmas sociales y otras adversidades (Morris, Waldo, & Rothblum, 2001). En última instancia, esto puede culminar en un activismo político vigoroso el cual trae más visibilidad y comprensión de las comunidades LGBT, más protecciones civiles y más derechos ciudadanos (Herek & Garnets, 2007).

Por lo tanto, se desprende que las poblaciones LGBT tienen múltiples retos. A nivel individual tienen que lidiar con sus creencias religiosas y con la posibilidad de internalizar un heterosexismo pernicioso. A nivel microsistémico, tomar buenas decisiones sobre cómo manejar el descubrimiento de su orientación sexual a sus amistades y familiares. A un nivel más macrosocial, aprender a lidiar y buscar opciones ante una sociedad que, aunque más tolerante, todavía enjuicia y estereotipa a la población LGBT con conductas indeseables. El hecho de que muchas personas LGBT tengan una buena salud mental indica que estas tareas, aunque retantes, son factibles de llevarse a cabo. El producto final es una persona que ha aprendido a lidiar de manera efectiva con la intolerancia de ciertos grupos, que ha aprendido a reconocer y valorar su orientación sexual, y que al visibilizar su identidad, se ha unido a otros grupos LGBT maximizando así su presencia y su capacidad para trabajar en conjunto por la lucha de mejores derechos y opciones de vida.

CASO CLÍNICO

Juan de 17 años, padres separados hace 10 años, vive con su madre y hermana de 12 años, acude a la escuela superior. Es referido desde la escuela por presentar desde hace dos meses un cuadro de desánimo, angustia, aislamiento de los pares y 3 intentos suicidas (2 con psicofármacos y 1 ahorcamiento). En un hospital psiquiátrico de la ciudad, se diagnostica cuadro depresivo, inicialmente se trata con antidepresivos, ansiolítico y psicoterapia. Se da de alta con observación de primer brote esquizofrénico luego de quedar hospitalizado después del último intento de suicidio.

En la primera visita al psicólogo, se observa sedado, de habla lenta, cooperador con la entrevista y refiere cuadro de ánimo bajo, y angustia intermitente, el último intento sucede después de una pelea con su madre y abuela materna. Verbaliza que "Si se enteran de lo que sucede, me muero". "Pienso que mis amigos sospechan algo"; "Todo el mundo me rechaza". Relata dificultades con los pares y sentirse poco aceptado por los compañeros varones. Mantiene un contacto afectivo normal, con ánimo depresivo, sin ansiedad, y escasa labilidad emocional, refiere ambivalencia frente a los intentos de suicidios y relata que de manera ocasional se realiza cortes en sus antebrazos para disminuir la rabia; indica que "me alivia la presión".

Presenta hace un año inicio de consumo de alcohol dos o tres veces al mes, con embriaguez, una vez al mes en grupo de amistades. Mantiene tratamiento con antidepresivos. Se plantean diagnósticos de Trastorno depresivo moderado, clínicamente normal, desarrollo de personalidad reservado y disfunción familiar.

A las tres semanas de tratamiento, acudiendo de manera regular, tanto al psicólogo como al psiquiatra, el joven refiere que lo que lo tenía angustiado y deprimido era el haberse dado cuenta "que estaba confundido respecto a mi identidad sexual" refiriendo que ha tenido encuentros sexuales con hombres. No sabe cómo lo va tomar su familia y algunos amigos ya saben y lo aceptan por lo que se ha sentido mejor.

CONCEPTUALIZACIÓN DEL CASO

El caso alude a un joven de 17 años, con tres intentos previos de suicidio, que vive con su madre y asiste a la escuela superior. Ha estado hospitalizado por el último intento suicida en donde recibió farmacoterapia y referido a psicoterapia. Se reporta insomnio, bajo estado anímico, poca interacción social y algún evento de automutilación.

El joven presenta estatura dentro de lo normal, bajo peso y lentitud al hablar con silencios prolongados. A pesar de reportar participación en actividades deportivas, impresiona como poco masculino en términos de la expectativa social. Habla cómodamente sobre el intento suicida y sobre varias instancias de automutilación. Se compromete a asistir semanalmente a las sesiones terapéuticas y a comunicarse con el terapeuta si surgiera ideación suicida. En la primera sesión no reporta ideas suicidas ni plan particular para intentarlo. Se le plantea al joven los límites de la confidencialidad indicando que toda comunicación sobre ideas o planificación de comportamiento suicida serán reportadas a sus padres. La madre, que participó parcialmente de la primera sesión, acordó con el terapeuta y el joven que, toda comunicación sería confidencial fuera del suicidio.

El joven presenta un cuadro de depresión con intentos suicidas subeditado a una serie de ideas relacionadas a su orientación sexual. Predominan ideas irracionales sobre sospecha de que la información pueda ser diseminada en la escuela entre sus amistades, ideas catastróficas sobre lo que sucedería si sus padres y amistades se enteran de su orientación sexual. La necesidad de mantener un "secreto" le lleva a aislarse de sus pares, pérdida del sueño, baja actividad social y bajo estado anímico. Utiliza el alcohol y la automutilación para mantener en control la incertidumbre sobre su deseo sexual.

Los conflictos familiares están relacionados con el desarrollo regular del deseo de independencia de la adolescencia, dificultades en comunicación con la madre y desapariciones de la casa sin autorización de la familia. El joven no asiste a la escuela en el momento de la primera sesión de terapia.

MARCO COGNITIVO CONDUCTUAL

El modelo teórico cognitivo conductual presenta extraordinarias oportunidades para la conceptualización y el trabajo terapéutico con poblaciones LGBT. Como he planteado anteriormente, la sociedad impone un imaginario hegemónico que supone que todas las personas son heterosexuales. Esto produce un cúmulo de ideas y pensamientos que se diseminan a través de todo el proceso de socialización.

Estas ideas forman parte del pensamiento medular de toda persona en nuestra sociedad. Esto significa que, todos y todas crecemos en una sociedad que alimenta ideas disfuncionales e irracionales sobre la sexualidad no-heterosexual. Estas ideas provocan la mayoría de las disonancias cognitivas al interior de las personas LGBT. El sentido de aislamiento, la unicidad y la percepción patológica del deseo homosexual son sentimientos y pensamientos comunes en el proceso de manejo de la orientación sexual.

El modelo cognitivo-conductual permite examinar estas ideas y pensamientos que provocan sentimientos que pueden atentar contra la salud mental de las personas LGBT. El objetivo es utilizar el marco teórico cognitivo-conductual para facilitar el examinar aquellas ideas que socialmente se instauran en las personas como meta-cogniciones relacionadas a la sexualidad (Martell et al., 2004).

Por otro lado, hay evidencia sobre la efectividad del acercamiento cognitivo-conductual para el manejo terapéutico de la depresión (Beck, 1976; Beck et al, 1979). Además, existe evidencia de la aplicabilidad de este modelo en psicoterapia con adolescentes gay (Duarté, Bernal, & Bonilla, 2010; Martell, 2001).

Resumen desde el marco cognitivo-conductual (Beck, 1976)

Comportamiento	Afectivo	Cognitivo
Menos actividad	Tristeza	Indecisión
Aislamiento de actividades positivas	Sentido de culpa	Pobre concentración y memoria
Disfunción en lidiar con problemas	Ansiedad	Ruminación
Insomnio	Coraje	
Abuso de alcohol	Vergüenza	
Posible actividad sexual sin protección		
Automutilación		

Impresión Diagnóstica

Ejes	Diagnósticos
Eje I	296.2 Depresión Mayor
	Insomnio
Eje II	Reservado
Eje III	Ninguno
Eje IV	Problemas relativos al grupo primario de apoyo
Eje V	GAF 50 (actual)

Inventario de Depresión de Beck (1979): 60

Plan de Tratamiento (Martell et al., 2004).

- Reducir pensamientos de autocrítica.
- Reducir síntomas de depresión (incl. sueño, falta de energía).
- Reducir comparaciones con otras personas.
- Mejorar funcionamiento diario (más actividad).
- Incrementar actividades placenteras.
- Desarrollar intereses propios.
- Desarrollar grupo de apoyo y amistades apropiadas.
- Convertir la información e introspección adquirida en pasadas experiencias terapéuticas en acción y cambios significativos.
- Mejorar autoestima.
- Desarticular los posibles significados del diagnóstico preliminar que recibió el joven el hospital relacionado

al "brote esquizofrénico". Muchos adolescentes gay reciben este diagnóstico dentro del contexto de la ignorancia de muchos profesionales de la salud mental.

El inicio del tratamiento incluye el proceso psicoeducativo para examinar el modelo cognitivo conductual y la explicación del origen de los síntomas del joven. Se le explica al joven que los estados de ánimo están vinculados directamente con las ideas que el joven tiene sobre sí mismo y sobre la situación que le aqueja (Ver Figura 4.1).

Modelo Cognitivo de Depresión

Aaron Beck

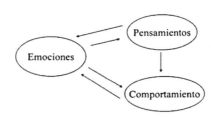

Figura 14.1. Modelo de la depresión de Beck (1976)

La salida del "clóset"

En general se puede observar:

- Síntomas somáticos y psicológicos de ansiedad fóbica y paranoide (la sensación del riesgo de ser "descubierto", sensaciones de catástrofe inminente).
- Síntomas preferentemente distímicos de tristeza, falta de deseos, sentimientos de vacío y soledad, necesidad imperiosa de aceptación.
- Multiplicidad de distorsiones cognitivas como:
  - lectura de pensamiento ("tal o cual ya sabe", "tal o cual entiende");
  - profecías ("si mi papá se entera...");
  - generalizaciones ("mis amigos heterosexuales ...", "nadie me comprenderá", "los homosexuales son todos iguales");
  - maximizaciones ("si se enteran, me muero");
  - pensamiento emocional ("si siento que es así, debe ser cierto"), entre otros.

- Tres presupuestos que un/a adolescente gay o lesbiana debe enfrentar:
  - Presunción de heterosexualidad ("uno es diferente por no ser heterosexual").
  - El reconocimiento de un estigma (favoreciendo la idea de estar o ser alguien fallado o dañado).
  - El presupuesto de la homogeneidad ("todos los homosexuales son iguales").

Ejercicio de Estimando Probabilidades

- ¿Qué es lo peor que puede pasar si tus padres y amistades se enteran?
- ¿Qué es lo mejor que puede pasar cuando tu padres y amistades se enteren?
- ¿Qué es lo más probable que pase cuando tus padres y amistades se enteren?
- Investiga probabilidades en el Internet

  - Ej. ¿Cuántos jóvenes son brutalmente rechazados por sus padres cuando se enteran de que son gays? (ver Figura 14.2)
  - Puede incluirse películas comerciales sobre jóvenes que han manejado la autorevelación de su orientación sexual exitosamente.

Figura 14.2.Encuesta en periódico El Nuevo Día
Tomado de *El Nuevo Día,* 9 de julio de 2006.

EVOLUCIÓN DEL CASO

El joven asiste puntualmente a sus sesiones de terapia. Realiza tareas asignadas para el hogar y participa activamente de las sesiones de reestructuración cognitiva. Examina sus ideas y reconoce la irracionalidad en muchas de ellas.

Para la sesión 10, asiste semanalmente a un grupo de apoyo para jóvenes gay y habla cómodamente sobre su orientación sexual; plantea que conversará con sus padres sobre su homosexualidad. Reporta dormir con menos interrupciones y ha aumentado de peso.

Reporta no depresión en la escala de Beck. Se consulta con el psiquiatra y se eliminan los antidepresivos. El joven se muestra más conversador, sonríe con frecuencia en las sesiones de terapia. En la sesión 11, el joven invita a la madre a la sesión, ya han tenido una conversación en el hogar sobre su orientación sexual. La madre reporta disposición a aceptar al joven y solicita información adicional sobre la sexualidad. La madre plantea dificultades con las salidas constantes del joven.

El joven llama por teléfono para cancelar la sesión, al solicitarle si deseaba poner fecha próxima indica que por ahora no. "Todo está bien". Interpreto que el joven ha sido fortalecido por el proceso terapéutico en el manejo de las relaciones con sus padres y amistades. La aceptación incondicional durante la terapia puede tener un impacto directo sobre su propia aceptación de su sexualidad. Hablar abiertamente sobre su homosexualidad le permitió reconocer aquellas ideas irracionales sobre su persona y sobre su identidad sexual. La tarea pendiente es que el joven examine su realidad y sus circunstancias para salir del clóset. Después de todo el clóset puede tener múltiples significados y utilidad dependiendo de las circunstancias. Como dice List (2006), el clóset puede ser un dispositivo portátil que se utiliza a conveniencia y necesidad… y esta decisión es individual.

La aplicación del modelo cognitivo-conductual a la intervención con jóvenes que manifiestan dificultades con su orientación sexual representa una oportunidad para utilizar un modelo de terapia afirmativa que se aleje de la patologización de la diferencia sexual. Se recomienda la utilización de este acercamiento terapéutico en contraposición al riesgo que representa el uso de terapias reparativas o de curación, que se han puesto de moda en algunos países latinoamericanos (Santiago & Toro-Alfonso, 2011).

REFERENCIAS

Alvarez-Gayou, J.L. (1994). *Sexoterapia integral.* México, D.F.: Editorial El Manual Moderno.

APA Task Force on Appropriate Therapeutic Responses to Sexual Orientation. (2009). *Report of the Task Force on Appropriate Therapeutic Responses to Sexual Orientation.* Washington, DC: American Psychological Association.

Ardila, R. (2007). Terapia afirmativa para homosexuales y lesbianas. *Revista Colombiana de Psiquiatría, 36* (1), 67-77.

Beck, A. T. (1976). *Cognitive therapy and the emotional disorders.* New York: Meridian.

Beck, A.T., Rush, A.J., Shaw, B.F., & Emery, G. (1979). *Cognitive therapy of depression.* New York: Guilford Press.

Bell, A. P., & Weinberg, M .S. (1978). *Homosexualities: A study of diversity among men and women.* New York: Simon & Schuster.

Bell, A. P., Weinberg, M. S., & Hammersmith, S. K. (1981). *Sexual preference: Its development in men and women.* Bloomington, IN: Indiana University Press.

Berlan, E.D., Corliss, H.L., Field, A.E., Goodman, E., & Austin, S.B. (2010). Sexual orientation and bullying among adolescents in the growing up today study. *Journal of Adolescent Health, 46*(4), 366.-371.

Borrero Bracero, N. (2008). De la vulnerabilidad a la resiliencia: Las investigaciones sobre la salida del closet de jóvenes gay puertorriqueños. *Revista Ciencias de la Conducta, 23,* 25-54.

Cochran, S.D., & Mays, V.M. (2009). Burden of psychiatric morbidity among lesbians, gay, and bisexual individuals in the California Quality of Life Survey. *Journal of Abnormal Psychology, 118,* 647-658.

Comité para los Asuntos LGBT (2008). *Posicionamiento ético y teórico sobre las comunidades GLBT.* San Juan, Puerto Rico: Asociación de Psicología de Puerto Rico. Disponible en http://www.asppr.net/documents/PosicionamientoteoricoeticopsicologiacomunidadesLGBT.pdf

Duarté Vélez, Y., Bernal, G., & Bonilla, K. (2010). Culturally adapted cognitive-behavioral therapy: Integrating sexual, spiritual, and family identities in an evidence-based treatment for Latino adolescent. *Journal of Clinical Psychology: In Session, 68*(8), 895-906.

González Guardarrama, J. & Toro-Alfonso, J. (2012). El significado de la experiencia de la aceptación de la orientación sexual homosexual desde la memoria de un grupo de hombres adultos puertorriqueños. Revista EUREKA, *9*(2), 158-170

Herek, G. M., & Garnets, L. D. (2007). Sexual orientation and mental health. *Annual Review of Clinical Psychology, 3*, 353-375.

Hooker, E. (1975). The adjustment of the overt male homosexual. *Journal of Projective Techniques, 21*, 17-31.

Hu, E., Jones, K., & Bruce, S.E. (2013). Child maltreatment and bullying: Examining the experiences of LGB children and adolescents. *Journal of Traumatic Stress Disorders & Treatment, 2*,1-3. doi:10.4172/2324-8947.1000e106

Jiménez, M. (2011). Terapia de grupo con adolescentes gay, lesbianas, bisexuales, transgéneros y que cuestionan su orientación sexual (GLBTQ). En J. Toro-Alfonso & A. Martínez Taboas (Eds.), *Lesbianas, gay, bisexuales y transgéneros: Apuntes sobre su salud desde la psicología* (pp. 87-116). San Juan, PR: Publicaciones Puertorriqueñas.

Jones, D. (2009). Estigmatización y discriminación a adolescentes varones homosexuales. En M. Pecheny, C. Figari, & D. Jones (Eds.), *Todo sexo es político. Estudios sobre sexualidades en Argentina* (pp. 47-72). Buenos Aires: del Zorzal.

List Reyes, M. (2009). *Hablo por mi diferencia. De la identidad gay al reconocimiento de lo queer.* México, DF: OEON Sociales.

Martell, C.R. (2001). Including sexual orientation issues in research related to cognitive and behavioral therapies. *The Behavior Therapist, 24*, 214-216.

Martell, C. R., Safren, S.A., & Prince, S.E. (2004). *Cognitive-behavioral therapies with lesbian, gay, and bisexual clients.* Nueva York: Guilford Press.

Martínez Taboas, A. (2006, noviembre). Homosexualidad y psicología. *El Nuevo Día*, p. 90. Disponible en http://groups.yahoo.com/group/PRparaTODOS/message/1737

Martínez Taboas, A. & Padilla Martínez, V. (2011). La salud mental de gays y lesbianas. En J. Toro-Alfonso & A. Martínez Taboas (Eds.), *Lesbianas, gay, bisexuales y transgéneros: Apuntes sobre su salud desde la psicología* (pp. 13-42). San Juan, PR: Publicaciones Puertorriqueñas.

Mercado, M.E. (2000). *Desarrollo de la orientación sexual en un grupo de adolescentes heterosexuales y homosexuales en Puerto Rico.* Disertación Doctoral no publicada. Universidad Carlos Albizu, San Juan, Puerto Rico.

Morris, J. F., Waldo, C. R., & Rothblum, E. D. (2001). A model for predictors and outcomes of outness among lesbian and bisexual women. *American Journal of Orthopsychiatry, 71*, 61-71.

Nieves-Rosa (2011). *Homofobia: Trabajo social y políticas públicas.* San Juan, PR: Publicaciones Puertorriqueñas.

Ramírez, R., García Toro, V., & Solano, L. (2007). *Los hombres no lloran.* San Juan, Puerto Rico: Ediciones Huracán.

Ritter, K.Y. & Terndrup, A.I. (2002). *Handbook of affirmative psychotherapy with lesbians and gay men.* Nueva York: Guilford Press.

Rodríguez-Madera, S. (2010). *Género Trans: Transitando por las zonas grises.* San Juan, PR: Terranova Editores.

Rodríguez-Madera, S. & Toro-Alfonso, J. (2002). Ser o no ser: La transgresión del género como objeto de estudio de la psicología. *Avances en Psicología Clínica, 20,* 63-78.

Santiago, M. & Toro-Alfonso, J. (2011). La cura que es (lo)cura: Una mirada crítica a las terapias reparativas de la homosexualidad y el lesbianismo. *Salud & Sociedad, 1*(2), 136-144.

Toro-Alfonso, J., & Rodríguez-Madera, S. (2004). Domestic violence in Puerto Rican gay male couples: Prevalence, intergenerational violence, addictive behaviors, and conflict resolution skills. *Journal of Interpersonal Violence, 19*(6), 639-654.

Toro-Alfonso, J. (2008a). Ciudadanía condicionada: Percepción de la comunidad gay sobre la tolerancia en Puerto Rico. *Revista de Ciencias Sociales, 19,* 42-69.

Toro-Alfonso, J. (2008b). *Masculinidades subordinadas: Investigaciones para la transformación del género.* San Juan, PR: Publicaciones Puertorriqueñas.

Toro-Alfonso, J. (2009). La inversión del género como el límite a la tolerancia de gays y lesbianas en una muestra de empleados de agencias públicas en Puerto Rico. *Cuadernos de la Revista Cayey, 3,* 141-158.

Vazquez, M. & Sayers, S. (2011). Las actitudes de psicólogos/as en adiestramiento clínico hacia atender a los/as clientes gays y lesbianas en psicoterapia: La validación de la Escala de AGLP. En J. Toro-Alfonso & A. Martínez Taboas (Eds.), *Lesbianas, gay, bisexuales y transgéneros: Apuntes sobre su salud desde la psicología* (pp. 193-124). San Juan, PR: Publicaciones Puertorriqueñas.

VI. TERAPIA CONSTRUCTIVISTA Y SOBRE LA MEJORÍA RÁPIDA EN LA PSICOTERAPIA

Capítulo 15

CONSTRUCCIONISMO RELACIONAL EN LA PSICOTERAPIA

EDGARDO MORALES ARANDES Y PALOMA TORRES DÁVILA

El caso que se ha de presentar es producto de la colaboración de los dos autores de este artículo. Paloma Torres fungió como terapeuta en el caso, mientras que Edgardo Morales supervisó su trabajo clínico. Las ideas, reflexiones y estrategias que se produjeron y se aplicaron en la psicoterapia fueron producto de nuestra labor conjunta. El artículo está escrito en dos voces. En su mayoría se habla en plural, excepto en la sección del proceso de psicoterapia, que está redactada en primera persona para facilitar su lectura.

BASE TEÓRICA

El conjunto de ideas que sirven de base teórica para nuestro trabajo como psicoterapeutas, provienen del pensamiento posmoderno, particularmente de aproximaciones sistémicas, narrativas y centradas en soluciones. La propuesta de Gergen (2009) sobre el Construccionismo Relacional es el fundamento teórico principal de nuestro acercamiento clínico. En la misma, Gergen destaca el rol de los procesos relacionales en la construcción de la realidad y la generación del sentido. Desde esta teoría, percibir e interpretar el mundo implica "construirlo" desde una mirada particular que emerge de nuestra participación en una red compleja de relaciones, procesos sociales, tradiciones y comunidades. Supone que como seres humanos, somos agentes activos en la construcción de una realidad co-creada, cuyas posibilidades permanecen abiertas y que está sujeta a un proceso de reconfiguración constante, en donde nuestras relaciones con los demás juegan un papel vital (Gergen, 2009).

El Construccionismo Relacional propone que el lenguaje, particularmente las narrativas e historias que relatamos y dramatizamos, ocupan un papel central en nuestra vida, ya que estas organizan y ubican nuestra experiencia en un espacio temporal y nos proveen un orden para explicar lo que acontece (McLeod, 1997). Lo que narramos se construye en el presente a través de las interacciones que sostenemos mientras conversamos. Y se nutre de aquellos modos de hablar y de interpretar que provienen de las tradiciones y las relaciones en las que hemos participado a lo largo de nuestras vidas. Este proceso incluye mucho más que la palabra hablada. Narramos y conversamos dramáticamente, utilizando nuestro cuerpo, el gesto, la mirada, el tono y el ritmo de voz (Hoffman, 2007). Nuestras narraciones emergen como un fenómeno co-creado, que cobra sentido y se transforma a través de la interacción dinámica entre el contexto, el narrador o narradora, lo que es narrado y la audiencia que participa e interactúa con lo que se relata.

Según el Construccionismo Relacional, nuestras historias están en evolución constante. No hay una sola historia que nos define o permanece estática a través de nuestra vida. Tampoco existe una identidad que permanece invariable a través del tiempo o a través de las múltiples relaciones que sostenemos. Esta postura nos concibe como seres polivocales que tenemos la capacidad para hablar con voces diferentes, desde distintas perspectivas y puntos de vista (Gergen, 2009).

El Construccionismo Relacional no es un modelo de hacer psicoterapia, sino un modo de pensarla y trabajarla (Morales, 2010). Al describir la psicoterapia, este prefiere utilizar un lenguaje que proviene de las humanidades, la literatura y las artes escénicas. Se concibe la misma como una forma cultural de relación y de dramatización (*performance*) que privilegia la conversación y la re-construcción del sentido (Gergen & Gergen, 2012). En ese espacio se co-generan relatos de todo tipo. Los de los consultantes están típicamente saturados de problemas. La forma en que estas historias se construyen, se dramatizan, y se significan está afectada por las danzas relacionales que ocurren dentro del espacio de la psicoterapia y particularmente, por los modelos teóricos y las prácticas clínicas que utilizamos (Gergen, 2005).

Al asumir una óptica construccionista relacional, el o la terapeuta atiende las distintas voces y perspectivas que forman parte de las historias que escucha, a la vez que considera que éstas son un fenómeno contingente y co-construido y que por lo tanto, son capaces de ser re-interpretadas y re-construidas (Anderson, 2007). Además, la inclinación construccionista y polivocal lleva al terapeuta a incluir en su descripción de la persona, espacios de vida en donde existen capacidades y habilidades que sirven como recursos relacionales y pueden utilizarse para lo que Gergen (2009) describe como una "recuperación relacional".

APOYO DE LA INVESTIGACIÓN

Por no ser un modelo de hacer terapia sino una forma de concebir y operar en la misma, no existe un caudal de investigaciones sobre la aplicación específica de esta perspectiva en la psicoterapia. Sin embargo, existen múltiples estudios que han evaluado la efectividad con diversas condiciones clínicas de varios modelos de psicoterapia que les son afines y que nutren su práctica, como los son la Terapia Orientada Soluciones, la Terapia de la Narrativa y la Terapia Estratégica-Sistémica (McKeel, 2012; Pedraza-Vargas, Perdomo-Carvajal, & Hernández-Manrique, 2009; Nardone & Portelli, 2006; Watzlawick & Nardone, 2001).

Por otro lado, el carácter colaborativo y sistémico de este acercamiento privilegia y potencia la relación entre terapeuta y consultante y otros factores contextuales que han sido identificados en el trabajo de Wampold (2001), y Norcross y Lambert (2006) como factores que propician el cambio psicoterapéutico. Es por esto que, aunque no existen investigaciones que evalúan la efectividad de este abordaje clínico con personas clasificadas con Trastorno de Déficit de Atención e Hiperactividad (TDAH), como lo es el cliente que aparece en el caso que habremos de presentar, el papel central que juegan los factores contextuales en este abordaje clínico y la crítica que investigadores le hacen a esta categoría diagnóstica por considerarla un constructo cultural, justifican la selección de un acercamiento terapéutico fundamentado en el Construccionismo Relacional para trabajar problemas como los que aparecen en este caso (Mather, 2012).

Este acercamiento subraya la importancia que tienen los discursos sociales y las tradiciones culturales y familiares en la construcción de la realidad y la identidad de los y las consultantes. Por lo tanto, reconoce el papel que juega lo cultural, en este caso la cultura puertorriqueña y la del emigrante, en la configuración del sentido. Así, propone que cualquier conceptualización y trabajo clínico dé cuenta de cómo lo social y lo cultural incide sobre las problemáticas que se enfrentan en la clínica y el modo en que estás se abordan en el trabajo psicoterapéutico (Gergen, 2005).

EL PROBLEMA

Greg, un niño extranjero de 10 años, llegó a nuestra clínica a través de un referido de una neuropsicóloga que le diagnosticó un Trastorno de Déficit de Atención e Hiperactividad de tipo combinado. En su informe, indicó que el niño sufría de tristeza, coraje y ansiedad, y que tenía una tendencia a fantasear, condición que según ella, le hacía más difícil regular su atención y comportarse adecuadamente en la escuela y en el hogar. La neuropsicóloga había recomendado un tratamiento farmacológico y psicoterapia para ayudar a Greg a modificar su conducta y manejar sus emociones y su Déficit de Atención.

Al entrevistar a los padres, estos indicaron que Greg evidenciaba varios problemas en la escuela y en el hogar. Los maestros de Greg les habían indicado que el niño era inteligente, pero desorganizado e impulsivo, que interrumpía sus clases y hablaba demasiado. Dijeron también, que se distraía con facilidad. Señalaron que, Greg se aislaba de los demás niños y que en ocasiones realizaba "travesuras". Estos comportamientos los había llevado a sospechar que el niño padecía de un Trastorno de Déficit de Atención.

Los padres de Greg coincidieron con la apreciación de sus maestros. Indicaron que el niño incumplía con sus asignaciones y había bajado sus notas en disciplinas que antes dominaba. Indicaron que, a pesar de estas dificultades, consideraban a Greg como un niño brillante, amigable, sincero, y "fajón", que cuando se lo proponía, podía hacer un trabajo sobresaliente.

Según sus padres, las dificultades de Greg en la escuela estaban acompañadas por cambios en su conducta y su "manera de ser" en el hogar. Su madre dijo que el niño se había distanciado del resto de su familia y rehusaba ayuda con sus tareas escolares. Además, se lamentó que Greg había dejado de hablar con ella, ya que hasta ese momento ella siempre había sido su confidente. A los padres, también, les preocupaba su estado emocional. Indicaron que Greg tenía coraje a menudo, mentía mucho y era insolente con su madre. Incluso, les había dicho que en ocasiones escuchaba voces que le decían que se hiciera daño.

El niño, por su parte, conocía la preocupación de sus padres. Al preguntarle en su entrevista inicial porqué creía que venía a terapia, Greg señaló, "ellos (sus padres) dicen que tengo Déficit de Atención y tengo que bregar con eso." Al cotejar si estaba de acuerdo con esa apreciación, Greg afirmó, "obviamente, estoy teniendo problemas en la escuela y en mi casa." Esta doble preocupación fue el problema que él niño indicó que quería atender en la terapia.

Historial relevante

Greg, su mamá, papá y hermano menor se habían mudado a Puerto Rico el año anterior, a una residencia en un área urbana cerca de la escuela en donde habían matriculado al niño. Antes de llegar a Puerto Rico, Greg y su familia vivían en una zona rural de Europa. El niño no asistía a una escuela, sino que era instruido en su casa por su madre. Al hablar sobre la vida de Greg en Europa, su madre indicó que él estaba acostumbrado a "andar" entre adultos y que había viajado por el mundo con ella y su esposo. Señaló también, que el niño tenía una formación educativa y una creatividad "excepcional". Indicó que el pasatiempo principal del niño había sido visitar museos, actuar en obras de teatro, escribir cuentos y jugar en el bosque que rodeaba su casa. Describió también, a Greg como un chico con "pocos, pero buenos amigos".

Al especular sobre la razón de ser de la conducta actual del niño, la madre indicó que el año anterior, Greg había sufrido un accidente esquiando y se había rajado su cabeza. Luego del accidente, el niño tuvo periodos de pérdida de visión y dolores de cabeza que, según la madre, él "manejó bien". Añadió, que los exámenes médicos que se le habían hecho no habían evidenciado trauma cerebral o concusión. Según la madre, la mudanza a la isla representó un proceso difícil de adaptación y aculturación para toda la familia. Indicó que el trabajo del padre, como ejecutivo de una empresa multinacional, lo mantenía fuera del hogar gran parte del tiempo. Greg, por su parte, ingresó a un ambiente escolar formal por primera vez en su vida, mientras que, su madre se quedó en la casa cuidando a su hermano menor. Fue durante este tiempo que comenzaron los problemas en la conducta del niño, razón por la cual sus padres lo evaluaron y lo trajeron a terapia.

Diagnóstico

Luego de nuestras conversaciones iniciales con la familia de Greg, la clínica en donde trabajamos nos pidió que le asignáramos un diagnóstico clínico al niño. Desde nuestro acercamiento solemos cuestionar el sentido y la utilidad del diagnóstico clínico. Cuestionamos la utilidad que tiene el uso de un discurso y una taxonomía médica para clasificar los problemas humanos y nos preocupa el modo en que esta práctica patologiza la identidad de la persona y puede generar profecías autorealizables (Ceberio & Watzlawick, 2006; Gergen, 2009). Sin embargo, debido a que la ausencia de un diagnóstico hubiese afectado la facturación de los servicios de psicoterapia e imposibilitado la misma, optamos por cumplir con la tarea que se nos había solicitado. Consideramos que la tarea administrativa de asignar un diagnóstico no nos obligaba a adoptar el discurso médico que supone el mismo. Al revisar la literatura, descubrimos que terapeutas construccionistas obran de una forma parecida en situaciones similares. Por ejemplo, al describir el modo en que estos y estas terapeutas utilizan el DSM, Strong (2012) encontró que "era común que los y las terapeutas le asignaran administrativamente un diagnóstico fundamentado en el DSM, para entonces, hacer trabajar clínicamente en una forma que era inconsistente con el acercamiento psiquiátrico del DSM" (p. 11).

Decidimos entonces, utilizar la evaluación de la neuropsicóloga, así como la información recopilada en nuestra entrevista inicial, para asignar administrativamente el siguiente diagnóstico diferencial: DSM-IV-R: Eje I- Trastorno de Déficit de Atención e Hiperactividad- tipo combinado (314.01), Eje II- Ninguno (V71.90), Eje III- Ninguno, Eje IV- ajuste de transición, dificultad de aculturación, problemas académicos, problemas en el entorno familiar Eje V- 70.

MODELO TEÓRICO

Al conceptualizar y trabajar el caso, hicimos uso de acercamientos terapéuticos que eran afines con el Construccionismo Relacional. Por ejemplo, el modelo de Terapia Colaborativa nos sirvió de trasfondo teórico para abordar la complejidad inherente en un sistema familiar y asegurar que cada participante en la psicoterapia tuviese un espacio para expresarse. En cuanto a esto, Anderson (2007) nos dice que cada uno de los miembros de una familia puede tener su propio lenguaje y expectativas sobre la psicoterapia, así como su forma particular de entender y describir lo que ocurre en la familia. Estas descripciones no necesariamente son compatibles y por lo tanto, lo que resulta problemático, así como lo que puede representar una solución a una situación particular, puede variar de un miembro de la familia a otro.

Por otro lado, el modelo de la Terapia de la Narrativa sirvió para significar y contextualizar los relatos que escuchamos. Este acercamiento propone que la capacidad del ser humano para construir historias juega un papel central en la configuración de la identidad y del sentido. El modelo narrativo sugiere que las personas y/o las familias acuden a terapia cuando las historias en las que viven excluyen aspectos significativos de su experiencia y están saturadas de dificultades y problemas (White & Epston, 1990). Típicamente, en el conjunto de historias posibles, una de ellas asume un papel dominante. Esta construye la identidad problematizada del consultante y sirve como la historia del problema. Las personas y las familias organizan su vida alrededor de esta narrativa, que nosotros denominamos como "la historia oficial", y la sostienen mediante prácticas y discursos que contribuyen inadvertidamente a su sobrevivencia.

Esta postura nos llevó a examinar el modo en que las historias que escuchábamos y que se dramatizaban en el consultorio, estaban entretejidas y servían para organizar la realidad familiar. También, cobramos conciencia de como las interacciones entre los miembros de la familia y la relación que éstos sostenían con las autoridades escolares y médicas operaban como recursos que sostenían el problema. Encontramos que esta idea de "recurso para sostener el problema" tenía afinidad con la propuesta que hace la Terapia Estratégica-Sistémica cuando argumenta que los problemas se sostienen por nuestros intentos por resolverlos (Nardone & Portelli, 2006). Es por esto que también nos interesamos por identificar las soluciones que habían sido ensayadas, pero que no habían logrado resolver o atenuar el problema.

La Terapia de la Narrativa propone, además, que al margen de las historias dominantes existen historias o relatos únicos. Estas son experiencias y formas de actuar, sentir y significar el mundo que no son incluidas en la historia oficial y son contrarias a la lógica del problema. Estas experiencias que se identifican también como "excepciones al problema" en la Terapia Orientada a Soluciones, sirven para alterar la historia oficial y generar soluciones a las dificultades que las personas enfrentan (De Shazer, 1994; White & Epston, 1990).

La concepción de un mundo narrativo plural, que no está sujeto a una sola historia y a una sola verdad, apuntó nuestro trabajo clínico y a nuestra conceptualización en varias direcciones. Por un lado, promovió un posicionamiento crítico ante las descripciones problematizadas y las verdades que matizaban la historia oficial. De otra parte, contribuyó a que nos mantuviésemos alerta desde los inicios de la terapia, a cualquier detalle en la conversación que podría formar parte de una historia alterna o excepción y que podría utilizarse para debilitar y socavar la identificación de la familia con la historia oficial.

CONCEPTUALIZACIÓN DEL CASO

En la historia oficial del problema, la que relatan principalmente los padres, existía una relación estrecha entre el trastorno del niño y las descripciones de sus conductas y su identidad. Esta historia privilegiaba la voz del mundo "adulto" que describe a Greg como un niño inteligente y creativo, que en un momento dado se torna rebelde, hiperactivo y emocionalmente distante, por lo que deja de cumplir con las múltiples exigencias y normas académicas y sociales que existen en su entorno familiar y escolar. En esta historia saturada de problemas, las carencias y deficiencias de Greg sobresalían y opacaban sus rasgos positivos.

Sin embargo, desde nuestra perspectiva teórica, asumimos que los relatos de sus padres, así como las descripciones y atribuciones de sus maestros, configuraban una entre múltiples posibles historias que podrían describir la situación que enfrentaban. Por ejemplo, en nuestras conversaciones iniciales con Greg, escuchamos una explicación sobre lo que motivaba algunos de sus actos. El niño dijo sentirse aburrido en la escuela, ya que las tareas que le asignaban le parecían muy sencillas. Señaló que se sentía como un robot que tenía que ejecutar sus obligaciones mecánicamente. Además, se sentía solidario con otros niños que eran marginados por sus compañeros y maestros. Pensaba que estos necesitaban un portavoz, papel que en ocasiones estaba dispuesto a asumir aunque implicara desafiar a las autoridades escolares.

El relato de Greg ayudó a generar una concepción alterna del caso y su problemática. Notamos que sus dificultades recientes comenzaron una vez él y su familia se enfrentaron a un nuevo contexto cultural, social y académico cuyas exigencias trastocaron el orden familiar y requirieron de él y de su familia, capacidades y habilidades relacionales que aún no dominaban. En Europa, la experiencia educativa del niño se acomodaba a sus intereses y necesidades, mientras promovía su autonomía y creatividad. Sin embargo, el nuevo contexto escolar requería que Greg subordinara su criterio propio a un orden que él sentía que no lo acogía o respondía a lo que consideraba importante. Greg optó entonces por utilizar sus talentos y capacidades para oponerse a prácticas pedagógicas que le parecían irrazonables y/o formas de relación que consideraba opresivas. Su forma de relacionarse y su modo de expresar su inconformidad fueron rechazados y re-significados como evidencia de un trastorno psicológico.

Los desafíos que enfrentó Greg en la escuela, fueron acompañados por cambios significativos en el entorno familiar. Los requisitos del nuevo trabajo del padre lo convirtieron en una figura ausente, mientras que la madre se dedicó a la crianza de uno de sus hijos. Esto ubicó a la familia dentro de la narrativa de una familia de clase media tradicional: el padre ausente que cumple con las obligaciones económicas del proveedor y la madre abnegada cuya responsabilidad primaria es cuidar a los niños y asegurar su bienestar. En dicho orden, cumplir con las normas y expectativas sociales es el fin primario, aunque esto no responda a las necesidades emocionales de los miembros de la familia. Pensamos que esta familia había tenido dificultades para ubicar en esta narrativa la diversidad de sus experiencias, valores y principios. Supusimos que parte del malestar que la familia experimentaba se debía a que estaban entrampados en una historia que restringía sus posibilidades y capacidades de autoorganización.

Al reflexionar sobre los modos en que se sostenía el problema, descubrimos que cuando se suscitaba una dificultad en la escuela o el hogar, la familia se unía. El padre se reintegraba al seno familiar y participaba de las visitas a la escuela, a médicos y/o a profesionales de la conducta. Es decir, la conducta de Greg, que los adultos habían tildado de problemática, operaba como un recurso relacional que ayudaba a re-establecer los vínculos entre los padres y afirmaba su rol parental. Además, los invitaba a ellos y a la escuela a formar una gran alianza que le permitía a ambos demostrar su compromiso con el bienestar del niño.

Consideramos que estos procesos relacionales sirvieron para integrar a la familia a su nuevo contexto social. Sirvieron también para construir el personaje de Greg, un niño creativo que afirma su individualidad pero al hacerlo, se trastoca y se convierte en el protagonista de una historia saturada de problemas. Esta le provee una identidad y sirve para unir a sus padres y junto a ellos a las autoridades escolares en un proyecto para rescatarlo y salvarlo de su dificultad.

Teoría de Cambio

Hemos propuesto que la complejidad del mundo social provee una riqueza de sentido que facilita la creación de múltiples historias para significar la experiencia humana. Este tejido de narrativas posibles hacen de todo relato, una construcción que puede ser de-construida, reconstruida y trascendida (Gergen, 2005). El cambio en la terapia ocurre cuando las personas comienzan a poner en duda las verdades que aparecen en la historia oficial, particularmente, la creencia de que las descripciones y significados que subyacen la misma, representan una realidad objetiva e independiente, que ellas son incapaces de transformar (White & Epston, 1990).

Este proceso de de-construcción lo denominamos como "una crisis de fe" y se facilita en la terapia a través de distintos recursos que provee el lenguaje y la relación, como lo son la metáfora, el humor, la escucha sensible, el cuestionamiento reflexivo, la asignación de tareas y la capacidad del o la terapeuta de convertirse en una audiencia impredecible (Morales, 2010). Para generar una crisis de fe, se hace uso de excepciones, relatos marginalizados y "logros únicos", así como las "grietas", inconsistencias y contradicciones que aparecen en la historia oficial (Bertolino & O'Hanlon, 2002; Beyebach, 2006; Freeman & Lobovitz, 1993). Como resultado, se rescatan aquellas voces que habían sido silenciadas por los discursos dominantes, a la vez que se privilegian las fortalezas y las competencias de las personas.

Una vez se comienza a de-construir las narrativas problematizadas, las personas están en condiciones de re-autorizar su historia, particularmente, aquellos aspectos de la misma que han servido para desvalorarse y restringir sus capacidades para actuar en el mundo. Este proceso de re-construcción invita a la persona a re-describirse y re-significarse a si misma y a las relaciones en las que participa (White & Epston, 1990). Significa también, ensayar nuevos modos de relacionarse que amplíen su sentido de "agencia personal" y su capacidad para actuar conforme con las múltiples posibilidades e identidades que envuelve el "multi-ser" (Gergen, 2009).

Objetivos de la Psicoterapia

Nuestra conceptualización del caso nos llevó a concluir que el núcleo del problema de Greg estaba localizado en las relaciones familiares, particularmente, en la relación entre los padres y el niño. Entendimos que lo que ocurría en la escuela estaba supeditado a las problemáticas familiares y el modo en que la familia atendía su integración a un nuevo ambiente escolar y cultural. Por lo tanto, enfocamos nuestro trabajo clínico en la familia, a la vez que cotejamos periódicamente con los padres el efecto de nuestro trabajo sobre la conducta del niño en la escuela. De esta forma, podríamos evaluar si en un futuro sería necesario visitar e incluir a los maestros en la psicoterapia.

Formulamos varios objetivos iniciales para guiar nuestro trabajo terapéutico. Entendimos que estos deberían ser flexibles y que al definirlos era importante incluir a Greg y sus padres. Nos interesaba propiciar un cuestionamiento de las descripciones patologizantes que se hacían sobre Greg y modificar las formas de pensar y de relación que mantenían al niño encapsulado en una identidad problematizada y el conjunto de comportamientos que la acompañaban. Además, entendíamos importante propiciar que Greg y sus padres colaboraran juntos para generar dinámicas familiares que facilitarán su bienestar, revitalizaran el papel del padre en la familia y les permitieran acoplarse a su nueva realidad cultural.

El proceso de Psicoterapia

El proceso terapéutico de Greg consistió de 19 sesiones realizadas en el transcurso de cinco meses. Al iniciarlo, me reuní a solas con Greg para cotejar si estaba interesado en participar en la terapia y ofrecerle un espacio para que me relatara su historia. Al hacerlo, consideré importante ubicarme en una postura relacional distinta a la que supuse habían asumido otros profesionales que habían interactuado con él. En vez de evaluarlo, corregirlo, categorizarlo o indicarle lo que tenía que hacer, preferí conversar con él, escucharlo, validar sus preocupaciones e interesarme genuinamente por lo que tenía que decir.

El Greg que conocí era un niño amable y respetuoso. Al hablar, se expresaba con claridad. Su lenguaje era sofisticado, hasta el punto que en algunos momentos me sentía que estaba escuchando a un joven adulto. Colaboraba conmigo, seguía mis instrucciones y contestaba mis preguntas. Al escuchar sus relatos, noté que era capaz de sentir empatía hacia otras personas. Por ejemplo, escuché cómo planificaba travesuras que según él, estaban al servicio de proteger otros niños en la escuela. Es por eso que Greg se denominaba como el "Robin Hood de los *geeks*".

Al dialogar con Greg, noté que utilizaba su diagnóstico clínico para definirse a sí mismo y explicar su conducta. Por ejemplo, en múltiples ocasiones me dijo, "Es que soy TDAH, por eso no puedo concentrarme", "Me pasó eso, porque soy TDAH". En estas ocasiones, hablaba como adulto y perito sobre su condición.

Desde los inicios de nuestra relación demostré escepticismo ante su empeño por categorizarse de esta forma. Por eso, cuando lo escuché disertar sobre su diagnóstico, ni me asombré ante su peritaje, ni acepté pasivamente su identificación con su diagnóstico. Por el contrario, comencé a cuestionar, con algo de humor, las premisas y evidencia que sustentaban el convencimiento que tenía sobre "su condición". Al hacerlo, reconocí implícita o explícitamente capacidades y habilidades que había demostrado en su relación conmigo, pero que habían sido descontadas por él en su historia oficial. Por ejemplo, en un momento, cuando conversábamos sobre mi incapacidad para construir un avión de plástico, actividad que él había realizado sin problema alguno, le pregunté, "¿Pero cómo es que se te hace tan fácil construir este artefacto, si el TDAH hace imposible que te puedas concentrar?".

Esta práctica rindió frutos durante nuestra tercera sesión, cuando dialogábamos sobre lo que él denominaba como el *"boring college plan"*. Esta era una actividad de su escuela en donde había identificado metas a corto y largo plazo que de acuerdo a ella, lo habrían de llevar eventualmente a convertirse en un planificador financiero. Al escuchar los detalles de su plan le dije, "¡Me siento tan *slacker*! Me parece que tu futuro está hasta más planificado que el mío y yo soy una adulta. ¿Cómo es posible que un niño que tiene TDAH como tú, que se le hace tan difícil concentrarse, planificar y regular su actividad, haya podido lograr esto?" Greg se sonrió y me dijo, "Bueno, en realidad no lo había pensado así". Entonces, le dije, "Te lo pregunté, porque me parece que tienes una habilidad sorprendente para planificar y lograr lo que quieres. ¿No has pensado en utilizar las mismas destrezas que empleaste al hacer tu *'boring college plan'* en otras áreas de tu vida, como en tu casa y la escuela? Quizás las puedes utilizar para hacer cosas que te gusten y evitar meterte en líos". Greg, me contestó con una sonrisa, "No lo había pensado, pero es una posibilidad".

Luego de esta sesión, comenzamos a explorar capacidades y talentos que podrían servirle para atender sus dificultades. Durante nuestras conversaciones salió a relucir que tenía un talento para elaborar y contar historias. De hecho, había ocasiones que al escucharlo pensaba que estaba frente a un novelista principiante. También, poseía aptitud por el dibujo. Conversamos sobre cómo aprovechar ambas habilidades. Fue entonces que se le sugirió que creara un cómic inspirado en sus "aventuras". A Greg le encantó la idea y se comprometió a regresar la próxima semana con varias ideas sobre la posible trama de su cómic.

Al vernos la semana siguiente, Greg esbozó la trama que serviría de base para el cómic. Según me explicó, su protagonista sería distinto a los demás niños, razón por la cual no sería comprendido. "Un día," me indicó, "el niño encuentra un súper poder que le permite sobreponerse a distintas pruebas para lograr un 'bien mayor', lo que lo convierte en un héroe". "Eventualmente", Greg continuó, "el niño adquiere poderes adicionales, como la capacidad para salvar y proteger a los *geeks* de los *bullies* en su escuela mediante actos de magia y travesuras". En el relato, el héroe desarrolla la capacidad para leer con una velocidad "extraordinaria," lo que le permite terminar sus asignaciones a tiempo. Además, obtiene el poder de convertirse en un torbellino, lo que le facilita terminar con rapidez sus tareas en la casa.

El protagonista del cómic de Greg era brillante y creativo. Aunque tenía pocos amigos, éstos le eran leales. Prefería compartir con personas interesantes que velaban por su bienestar. No le interesaba relacionarse con niños o adultos que buscaban aprovecharse de él y de sus súper poderes. Sin embargo, a pesar de todas estas maravillosas cualidades, el héroe de Greg tenía un defecto: se aburría fácilmente con la rutina, particularmente la de la escuela. Por eso, le encantaba hacer actividades nuevas que lo ayudaran a desarrollar sus muchos talentos o que contribuyeran a su misión de ayudar a sus amigos.

En la próxima sesión, Greg compartió las ilustraciones que formarían parte de su cómic. Sin embargo, al evaluar las mismas nos percatamos que este superhéroe tenía dificultades para controlar sus poderes, por lo que a veces se metía en problemas con otras personas, particularmente aquellas que estaban cercanas a él. Comenzamos entonces a examinar los modos en que el protagonista de su historia podía regular sus habilidades extraordinarias, como decía Greg, "al estilo Hulk o Iron Man". El niño entonces, empezó a dibujar una historia alterna en donde su héroe logra controlar sus poderes, canalizar sus energías y evitar problemas en la escuela y en su hogar. Al hacerlo, su protagonista hizo uso de las mismas capacidades y habilidades que el niño había utilizado al diseñar su *"boring college plan"*.

La actividad del cómic abrió un espacio nuevo en la conversación. Conversamos sobre las semejanzas que existían entre él y el personaje de su historia. Dejó de hacer referencia a su trastorno. Hablamos entonces sobre la forma en que podía controlar sus "súper poderes" (su creatividad, su energía y su empatía) para beneficio de él, su familia y sus amistades. Por ejemplo, exploramos cómo en vez de utilizar su creatividad para hacer travesuras podía emplearla para generar actividades artísticas y creativas que fortalecieran sus relaciones con los *geeks*. Decidió dejar que las autoridades de la escuela se encargaran de los *bullies*.

Al final de cada una de las sesiones iniciales, sostuve reuniones breves con la madre de Greg. Justo alrededor del tiempo que Greg comenzó a elaborar su cómic, la narrativa de su madre empezó a cambiar. Me indicó que había notado cambios positivos en la escuela y en el hogar. El niño había comenzado a hacer sus asignaciones a tiempo y cumplir con algunas de sus responsabilidades en el hogar. Estos cambios fueron lo suficientemente significativos para que los padres le dieran permiso a Greg para ir en un viaje de dos semanas con un grupo de niños a un campamento de la NASA fuera de Puerto Rico.

Estos cambios iniciales en la narrativa de su madre fueron

inconsistentes. Todavía solía descontar los logros o los cambios en Greg. No los consideraba permanentes e insistía que el trastorno continuaba ejerciendo una poderosa influencia sobre el niño. Recalcó una y otra vez que estaba agotada y abrumada por la situación de Greg. Me indicó además que el padre del niño, a pesar de estar muy ocupado los siete días a la semana con su nuevo trabajo, había tenido que atender personalmente los problemas que Greg provocaba en la escuela y el hogar.

Parecía que la historia oficial en la que Greg participaba ejercía una influencia poderosa sobre el sistema familiar y que se seguían privilegiando conductas que confirmaban la identidad problematizada del niño. Los cambios que habían comenzado a ocurrir implicaban una transformación del papel que el niño ocupaba en la familia y en la historia que gobernaba sus relaciones. No obstante, sus padres permanecían dramatizando una narrativa que le daba pocas oportunidades a Greg de ensayar y validar una identidad alterna. Es por eso que, se decidió incluir a los padres en el espacio psicoterapéutico durante las semanas que Greg estaba de viaje.

En esas sesiones, conversé con la madre y el padre de Greg sobre lo que ocurría en el sistema familiar. La madre habló de las dificultades que ella y la familia habían confrontado al tener que adaptarse a las realidades de un nuevo país y una nueva cultura. El padre conversó sobre los ajustes que tuvo que hacer en su nuevo trabajo y admitió que aunque lo disfrutaba, las demandas del mismo habían reducido el tiempo que les dedicaba a la familia y a su esposa. Ambos reflexionaron sobre las implicaciones de estos cambios sobre su estilo de vida. Me indicaron que mientras las cosas iban "bien", no había mucha interacción entre los tres. "Cada uno," me decían, "vivía en su propio mundo", pero cuando Greg se portaba "mal", el padre y la madre se unían para disciplinarlo o para acudir juntos a la escuela para conversar con sus maestros.

Escuché con detenimiento sus preocupaciones y les dije, "Ante situaciones como las que ustedes describen, muchos padres tirarían la toalla. Sin embargo, no se han rendido y se han preocupado por buscar soluciones a los problemas que Greg enfrenta en la escuela". Les pregunté entonces, "Luce que cada vez que Greg se mete en problemas, ustedes se unen. ¿Es así o me lo estoy imaginando?" Permanecieron en silencio por unos segundos y entonces, el padre respondió, "Es cierto. Yo voy a la escuela y ayudo a su mamá cuando Greg se descontrola y se mete en problemas. Si él no hiciese eso, asumiría que no se me necesita". Comenzamos a hablar sobre el papel que había jugado el TDAH en la familia, en la transición a su nuevo hogar y en su relación de pareja. Concluyeron entonces que era importante que tuviesen una participación más activa en la psicoterapia. Acordamos por tanto celebrar tres tipos diferentes de sesiones. Primeramente, crearíamos un espacio para que los padres pudiesen reunirse a solas conmigo. Entonces, alternaríamos las sesiones de terapia de familia y la terapia individual con Greg.

Exploramos también, su papel como padres en la familia. Indicaron que se les hacía difícil mantener un "frente unido" ante sus hijos. Señalaron que, aunque en teoría establecían reglas, reconocieron que estas ni estaban claras, ni administraban consecuencias por romperlas. Ambos dijeron que preferían fungir como "los policías buenos" y por lo tanto, se les hacía difícil disciplinar a los niños. Acordaron entonces, implantar reglas para regular la convivencia familiar y las acciones que deberían tomar como pareja, si estas se violentaban. Concluyeron que esto les daría una estructura mínima a los niños y reducirían los conflictos entre ellos.

Una vez Greg regresó del viaje, me reuní con él y sus padres para conversar sobre lo que deseaban para sí mismos y para la familia. Los tres coincidieron que les gustaría pasar más tiempo junto y disfrutar actividades en familia. Sin embargo, admitieron que no estaban seguros de cómo hacer esto ya que durante los últimos meses se habían alejado y habían dejado de comunicarse con afecto.

Para trabajar con esta situación, se les propuso una actividad que podían jugar juntos. Les sugerí que durante la próxima semana cada uno de ellos se ocupara de hacer algo para complacer a otro miembro de la familia. "El truco," les dije, "es que no pueden dejarle saber a la persona el propósito que tiene lo que están haciendo. Es decir, cada uno de ustedes tiene que adivinar cuando alguien trata de complacerlos. Tampoco pueden hablar sobre esta asignación hasta que lleguen a nuestra próxima sesión." Greg y sus padres accedieron al juego. En nuestra próxima entrevista discutieron su experiencia con el ejercicio. Descubrieron que no solo se habían percatado de las conductas que deliberadamente habían llevado a cabo, sino que también habían notado otras acciones con las cuales también se sentían atendidos o complacidos.

La tarea asignada produjo un círculo virtuoso. Orientó la atención de Greg y sus padres hacia las conductas que los vinculaban. Mientras más acciones positivas notaban y significaban, más dispuestos estaban a compartir tiempo junto. Esto ayudó a que pudieran identificar actividades específicas que podrían servir para fortalecer sus vínculos como familia o para que cada uno de los padres mejorara su relación con Greg. Comenzaron a cocinar juntos. Decidieron ver en familia todos los domingos un juego de *football* norteamericano, actividad que todos disfrutaban. Designaron también una noche a la semana como *movie night*. En esta actividad, padres e hijos se rotaban la responsabilidad de seleccionar una película que toda la familia pudiera ver. La madre también comenzó a ejercitarse y caminar durante las mañanas. Luego de unas semanas invitó a Greg a acompañarla, convirtiendo a las caminatas en una actividad que ella y el niño compartían. El padre que era un practicante del *surfing*, aprovechó el interés que Greg tenía en el deporte para llevárselo con el a la playa para compartir y enseñarle los fundamentos del mismo.

Los cambios que estaban ocurriendo dentro y fuera de la terapia crearon un espacio en la narrativa familiar para co-generar descripciones alternas del niño. Los padres empezaron a notar y resaltar momentos en donde Greg no actuaba como un niño problemático. Alabaron por ejemplo, la forma en que cuidaba de su hermano menor. Describieron diferentes instancias en que Greg cooperaba y los ayudaba con las tareas del hogar, sin que uno de ellos se lo pidiera. Hablaron también, de la creatividad del niño y admitieron que él era ingenioso y tenía su propia forma de aprender y hacer sus asignaciones en la escuela.

Durante este tiempo, en sus sesiones de terapia, Greg hablaba positivamente de los cambios en la familia y de la importancia que tenía para él, el que estuviesen más unidos. Sobre la escuela, sentía que ahora podía usar sus energías de una forma más productiva, aunque seguía criticando la manera en que los maestros enseñaban, ya que decía que esta no facilitaba el aprendizaje de un niño como él.

EVALUACIÓN DEL PROCESO TERAPÉUTICO

Al acercarse el receso del verano, utilizamos las últimas sesiones de psicoterapia para evaluar el progreso de la misma. Greg y sus padres describieron los cambios que se habían producido en sus relaciones familiares y en el comportamiento de Greg en la escuela y en el hogar. Reconocieron, por ejemplo, que las quejas sobre el niño en la escuela habían disminuido significativamente y que sus notas y aprovechamiento académico habían mejorado. Sus padres indicaron también que, aunque periódicamente Greg todavía se metía en problemas con algunos maestros, su actitud hacia esto había cambiado. Señalaron que veían estas dificultades como algo que enfrenta un niño típico en un ambiente escolar. Sentían además que ahora tenían la capacidad de conversar como familia y encontrar una solución a cualquier problema que estuviese ocurriendo.

Acordamos entonces hacer un cierre preliminar y recesar durante el verano. A mediados del mes de agosto me comuniqué nuevamente por vía telefónica con la madre de Greg. Esta me informó que el niño se había graduado y había pasado al próximo grado en su escuela. Me indicó que los problemas en la casa se habían reducido y que las relaciones familiares continuaban fortaleciéndose. Me dijo también que Greg había comenzado a participar en varias actividades extracurriculares, por lo que se le haría difícil asistir regularmente a terapia. Además, señaló que sus preocupaciones como madre se habían disipado y que se sentían satisfechos con los cambios ocurridos. Me indicó que no sentían la necesidad o la urgencia de continuar asistiendo a terapia. Acordamos entonces, cerrar el proceso de terapia aunque dejamos un espacio abierto para continuar la misma, si tuviesen la necesidad de reiniciarla.

Al hacer esta evaluación, utilizamos un acercamiento cualitativo y fenomenológico conocido como la evaluación discursiva (Sutherland, Sametband, Gaete Silva, Couture, & Strong, 2012). A través del mismo se promueve el que el cliente indique mediante la conversación si está de acuerdo o en desacuerdo con la dirección del proceso terapéutico y el grado en que las metas que se han alcanzado. La conversación y el diálogo son entonces, la forma y el método a través de la cual se mide la efectividad de la terapia y constituye una forma de evidencia basada en el resultado (*outcome-based*) (Sutherland et al., 2012).

Esta metodología de evaluación está fundamentada en la idea de que los problemas son construcciones sociales que devienen del contexto relacional del cliente, y por lo tanto, son ellos o ellas los que están capacitados para evaluar si los problemas existen y si han sido o no han sido resueltos. Es por esto que Beyebach (2006) sostiene que la relación terapéutica termina cuando los o las consultantes determinan que su problema ha sido resuelto y/o cuando el propósito por el cual estos o estas habían decidido participar en la misma ha sido atendido.

LIMITACIONES DEL CASO

Aunque se hizo un cierre preliminar que facilitó que Greg y su familia identificaran los cambios ocurridos y expresaran su nivel de satisfacción con los logros obtenidos en la psicoterapia, no se pudo realizar un cierre oficial. Por ello, no se pudo profundizar en la calidad de los cambios ocurridos y conversar en detalle con los padres y el niño sobre aquellos aspectos de la psicoterapia que contribuyeron a lo que se logró.

Existe también, una limitación que es inherente al uso de la perspectiva construccionista relacional en la psicoterapia. La misma precluye la reproducción de técnicas y estrategias específicas para atender problemáticas particulares. Al suponer la psicoterapia como un proceso construido y relacional, el terapeuta parte del supuesto que no hay forma de predecir con certeza el modo en que el cliente significará y responderá a lo que él o la terapeuta hace. Por lo tanto, la psicoterapia se concibe como un proceso relacional caracterizado por la incertidumbre y la improvisación, en donde la sensibilidad e inventiva del terapeuta juegan un papel vital. Esto requiere que este o esta domine una multiplicidad de destrezas y habilidades relacionales y terapéuticas que le permitan adaptarse a los cambios e imprevistos que ocurren en la psicoterapia. La carencia de las mismas o de la habilidad de determinar cuándo es el momento apropiado de ponerlas en prácticas, puede representar una limitación importante en la aplicación clínica de este acercamiento.

IMPLICACIONES Y CONCLUSIONES

El caso de Greg es un ejemplo de un abordaje construccionista relacional en la psicoterapia. Quisimos ilustrar a través del mismo la relación colaborativa que implica su práctica. También nos interesaba esbozar varios elementos centrales del acercamiento, particularmente el carácter abierto de las conversaciones y el modo en que las historias y los problemas se van construyendo y de-construyendo a través del diálogo terapéutico. Finalmente, queríamos presentar la imagen de un terapeuta que puede convivir con la incertidumbre que implica ejercer la psicoterapia desde una perspectiva que privilegia la conversación. En la misma, la sensibilidad al momento interactivo, así como el uso de diversos recursos relacionales como la metáfora, la hipérbole, el juego y el humor, son requisitos indispensables para el trabajo clínico. Este posicionamiento le ofrece al o la terapeuta un conjunto de posibilidades y abordajes que requiere de su inventiva e imaginación y hacen de casa sesión y cada relación con un consultante una experiencia singular que no es repetible, ni esta sujeta a la pre-planificación.

REFERENCIAS

Anderson, H. (2007). Dialogue: People creating meaning with each other and finding ways to go on. En H. Anderson & D. Gehart (Eds.), *Collaborative therapy* (pp. 7-19). New York, NY: Routledge.

Bertolino, B., & O'Hanlon, B. (2002). *Collaborative, competency-based counseling and therapy.* Needham Heights, MA: Allyn & Bacon.

Beyebach, M. (2006). *24 ideas para una psicoterapia breve.* Barcelona, España: Herder.

Ceberio, M., & Watzlawick, P. (2006). *La construcción del universo.* Barcelona, España: Herder.

De Shazer, S. (1994). *Words were originally magic.* New York, NY: W.W. Norton.

Freeman, J. & Lobovits, D. (1993). The turtle with wings. En S. Friedman, (Ed.), *The new language of change: Constructive collaboration in psychotherapy* (pp. 188-225). New York, NY: Guilford.

Gergen, K. (2005). *Construir la realidad.* Buenos Aires, Argentina: Paidós.

Gergen, K. (2009). *Relational being: Beyond self and community.* New York, NY: Oxford University Press.

Gergen, K., & Gergen, M. (2012). *Playing with purpose: Adventures in performative social science*. Walnut Creek, CA: Left Coast Press.

Hoffman, L. (2007). The art of withness: A new bright edge. En H. Anderson & D. Gehart (Eds.), *Collaborative therapy* (pp. 63-79). New York, NY: Routledge.

Mather, B. A. (2012). The social construction and reframing of attention-deficit/hyperactivity disorder). *Ethical Human Psychology and Psychiatry: An International Journal of Critical Inquiry, 14*(1), 15-26.

McLeod, J. (1997). *Narrative and psychotherapy*. London, UK: Sage Publications.

McKeel, J. (2012). What works in solution-focused brief therapy: A review of change process research. En C. Franklin, T.S. Trepper, W.J. Gingerich, E.E. McCollum (Eds.), *Solution-focused brief therapy: A handbook of evidence-based practice* (pp. 130-143). New York, NY: Oxford University Press.

Morales, E. (2010). Therapeutic Heresies: A Relational-Constructionist Approach to Psychotherapy. *Human Systems: The Journal of Therapy, Consultation & Training, 21*(3), 420-443.

Nardone, G., & Portelli, C. (2006). *Conocer a través del cambio*. Barcelona, España: Herder.

Norcross, J. & Lambert, M. (2006). The therapy relationship. En J. Norcross, L. Beutler, & R. Levant (Eds.),. *Evidenced based practices in mental health* (pp. 208-218). Washington D.C.: American Psychological Association.

Pedraza-Vargas, S.F., Perdomo-Carvajal, M.F., & Hernández-Manrique, N. J. (2009). Narrative therapy in the co-construction of experience and family coping when facing an ADHD diagnosis. *Universitas Psychologica, 8*(1), 199-214.

Strong, T. (2012). Talking about the DSM-V. Recuperado de http://www.taosinstitute.net/ manuscripts-for-downloading#S.

Sutherland, O.A., Sametband, I., Gaete Silva, J., Couture, S.J, & Strong, T. (2012). Conversational perspective of therapeutic outcomes: The importance of preference in the development of discourse. *Counselling and Psychotherapy Research, 1*, 1-7.

Watzlawick, P. & Nardone, G. (2001). *El arte del cambio*. Barcelona, España: Herder.

Wampold, B. (2001). *The great psychotherapy debate*. Mahwah, NJ: Lawrence Eribaum Associates.

White, M. & Epston, D. (1990). *Narrative means to therapeutic ends*. New York, NY: Norton.

Capítulo 16

¿PUEDEN LOS PACIENTES MEJORAR RÁPIDO EN PSICOTERAPIA? DOS CASOS DE GANANCIAS SÚBITAS

ALFONSO MARTÍNEZ-TABOAS

Todo clínico ha tenido casos en donde el paciente presenta unas mejorías clínicas dramáticas y duraderas de manera súbita e inesperada. A veces, incluso, el propio paciente se muestra sorprendido de los cambios dramáticos que ha experimentado. A este fenómeno Tang y DeRubeis (1999) lo tildaron de *ganancias súbitas* (GS; sudden gains). Las GS han sido definidas como cambios favorables substanciales, que representen al menos un 25% de declinamiento en la patología original, y que sea estable en tiempo. Desde la publicación de Tang y DeRubeis, se han publicado docenas de estudios, los cuales han documentado, de manera contundente, que las personas que experimentan GS, tienden a mantener las mismas y a *mejorar más* que aquellas personas que su mejoría clínica fue más gradual. Por ejemplo, en el estudio de Tang y DeRubeis (1999) el 39% de los clientes en terapia cognitiva-conductual experimentaron el fenómeno de GS. De esos que tuvieron GS el 79% llegó a recobrarse de su condición clínica, versus el 41% del grupo de pacientes que mejoraron paulatinamente.

Posteriormente, muchos estudios han encontrado que el fenómeno de GS es uno real y que se relaciona a un mejor pronóstico en terapia (Bohn, Aderka, Schreiber, Stangier & Hofmann, 2013; Gaynor, et al., 2003; Hardy, et al., 2005; Hofmann, Schulz, Meuret, Moscovitch, & Suvak, 2006; Vittengl, Clark, & Jarrett, 2005). Para explicar este fenómeno, Tang y DeRubeis (1999) postularon que las GS se debían a cambios cognitivos que se daban dentro de la sesión de terapia. Una vez las GS se dan, estas toman una vertiente de espiral de cambio rápido, lo que trae cambios conductuales, afectivos e interpersonales. Esta explicación se genera dentro de un modelo de terapia cognitiva-conductual (TCC), por lo que estos autores postularon que las GS se podrían dar en otras terapias, pero en menor magnitud. Para auscultar de manera sistemática esta hipótesis, que sugiere que los pacientes en TCC mostrarán más GS, Aderka, Nickerson, Boe y Hofmann (2012) realizaron un meta-análisis de 16 estudios recientes con 1,104 pacientes. En este meta-análisis se midieron los tamaños de los efectos comparando las GS en TCC versus otras modalidades de terapia. Los resultados confirmaron la hipótesis de Tang y DeRubeis (1999): los pacientes en TCC mostraban unos tamaños de los efectos notablemente más grandes (Hedges's $g= .75$) que los pacientes en otras terapias (Hedges's $g= .23$). Más recientemente aún, en un estudio reportado por Bohn y colaboradores (2013), en donde se comparó el fenómeno de GS en pacientes con fobia social tratados con TCC y con terapia interpersonal, se encontró que los pacientes en TCC mostraron un efecto más positivo cuando tenían GS, que los que estaban en terapia interpersonal.

En este capítulo voy a presentar dos casos típicos de ganancias rápidas, los cuales se dieron en dos pacientes que presentaban unos cuadros clínicos complejos. Luego de presentar los casos, discutiré las implicaciones de los mismos.

CASO (Vanesa)

Vanesa es una mujer de 22 años de edad. Reside con una tía, estudia contabilidad en una universidad del área metropolitana y trabaja en un negocio de comida rápida. Estuvo casada por un año y se divorció hace dos años. Indicó que desde muy niña padece de epilepsia de tipo ausencia y parcial compleja. Para esto, está tomando Keppra. Por otro lado, desde hace tres años recibe tratamiento psiquiátrico para una depresión mayor. Para esto toma Cymbalta.

Al preguntarle qué le motivaba a recibir tratamiento psicológico, indicó que se sentía muy deprimida. Apuntó que ha tenido tres episodios suicidas: uno a los 18 años, otro a los 19 y otro a los 21. Indicó que su depresión se debía que su mamá la "regaló" a su tía y que no la buscó nunca. Su padre biológico nunca la reconoció ni la buscó. Indicó: "Yo pienso que no sirvo y por eso me regalaron". De su mamá, lo único que sabe es que es usuaria de drogas. Añadió que ella tiene 12 hermanos y hermanas, productos de diversos embarazos de su madre y de múltiples parejas de su padre. Sin embargo, no tiene casi contacto con ninguna hermana o hermano.

Indicó que estuvo casada un año y que lo hizo para escapar de su soledad. Sin embargo, su ex-esposo resultó ser un hombre violento. Actualmente no tiene pareja, no identifica ninguna amistad y se pasa gran parte del día en la casa viendo TV y durmiendo. Añadió que no es feliz así. Enseguida añadió que "yo nunca he sido feliz". También, desconfía mucho de los hombres porque su padre no la quiso, su esposo la maltrató y a los 16 años un adulto la violó sexualmente una noche, al salir de un trabajo que tenía.

Le pregunté qué la ayudaría a sentirse mejor. Identificó que salir, conocer gente, que su tía fuera más cariñosa, estudiar y superar su pasado. Indicó: "quisiera salir de la depresión y curarme". En esta primera sesión le indiqué que ella tenía muchos asuntos emocionales inconclusos y que le daríamos énfasis a estas tareas emocionales. Para este propósito le asigné que le escribiera una carta a su madre recriminándole el abandono. Esta tarea es una consistente con los modelos de psicoterapia de expresión de emociones (Greenberg & Elliot, 2012).

En la segunda sesión, la cual fue 6 semanas más tarde, Vanesa me sorprendió con lo que me contó. En ese tiempo había comenzado a salir bastante con compañeros de trabajo y había conocido gente nueva. Indicó que se sentía más segura ahora y con más ánimo. Como un ejemplo, me indicó que el tema de la violación sexual, lo cual antes le molestaba, ya lo veía como un evento pasado sin carga emocional. Añadió que se ha sentido tan bien, que hace semanas dejó el Cymbalta y no fue a la cita del psiquiatra.

Cuando le pregunté por la asignación que le di de escribirle una carta a su madre, respondió diciendo que no hizo la carta. Explicó: "Luego de que hablé con usted y me explicó lo de soltar el odio y el coraje, decidí perdonarla. Ahora no pienso ya en mi mamá con coraje; ahora ella me da pena por ser una adicta". Al preguntarle si alguna vez se había sentido así hacia su madre, indicó que no, e hizo hincapié que el cambio era profundo y genuino. En ese punto me aclaró: "La sesión que tuve con usted me impactó mucho. Me di cuenta que ya tenía que soltar mi pasado".

Relató también que su padre se quedó en la casa de la tía un par de días. En esta ocasión, en vez de tener odio y coraje, lo vio con indiferencia. "No sentí nada cuando lo vi".

En otros asuntos, trajo que estaba saliendo con unas amistades nuevas y que había un muchacho que le gustaba y que deseaba conocer mejor. Se le sugirió que se acercara más y buscara más información sobre éste. Al finalizar la sesión, le ofrecí una retrocomunicación positiva, resaltando fortalezas y virtudes que se estaban movilizando en ella.

La tercera sesión fue 6 semanas más tarde. Vanesa vino de mejor ánimo y relató que seguía saliendo bastante con amistades del trabajo y otras personas nuevas. Había incluso ido a jugar billar y lo disfrutó. En este punto comenzó a hablar del muchacho que en la sesión pasada dijo que le gustaba. Este es un hombre soltero, trabaja en una ferretería, estudia en la misma universidad que ella y hacía dos semanas se habían hecho novios. Vanesa indicó que él era cariñoso y que ambos estaban muy contentos en la relación.

Debido a que Vanesa comenzó a sentir más confianza en ella, decidió renunciar al trabajo de comida rápida y aceptó un trabajo como ayudante de contable en una mueblería. Dijo sentirse muy satisfecha con el cambio. Asimismo, indicó que en dos meses terminaba su grado universitario.

Al ver su optimismo, decidí hablar e indagar áreas que en la primera sesión Vanesa identificó como muy dolorosas. Sobre la violación sexual, dijo que ahora veía ese evento como algo lejano en su vida y sin carga emocional. Sobre su mamá, insistió en que la perdonó y sobre su tía, ella le hizo un acercamiento y ahora salían juntas a diversas actividades.

Al terminar la sesión, Vanesa me dijo que se sentía contenta con todos los cambios, y añadió: "Ahora me doy cuenta que valgo mucho". Incluso, le había dado una convulsión de epilepsia hacía un mes, pero la manejó muy bien y sin tropiezos mayores. Debido a los cambios substanciales logrados, la paciente me pidió una última cita, en un espacio de dos meses.

Ocho semanas más tarde, Vanesa entró con confianza a la sesión. Indicó que a nivel social seguía saliendo bastante, y que se sentía cómoda y segura. Un dato interesante fue que ella y su novio decidieron terminar la relación un mes atrás, debido a ciertas incompatibilidades. Sin embargo, Vanesa nos relató que aunque le dolió, pudo manejar con mucha madurez y equilibrio ese rompimiento. Actualmente aún se veían a veces, pero como amigos. Indicó que terminó sus estudios con notas de A y que quería buscar un mejor trabajo. Con su tía ahora se llevaba mejor. Al preguntarle sobre su autoestima, señaló que estaba alta y robusta. Al discutir nuevamente el tema del abuso sexual, ella informó que lo había superado y que se sentía orgullosa de trascender dicho evento. También, indicó que hacía meses ya no tomaba antidepresivo.

Al finalizar la sesión, Vanesa me dio las gracias por mi ayuda. Le pregunté qué le ayudó y me dijo otra vez: "usted me hizo entender que yo tenía que salir del pasado y perdonar a la gente que me hizo daño. Ya no vivo en el pasado. Vivo en el presente". Le indiqué que me llamara si necesitaba otra orientación o terapia. Me aseguró que así lo haría.

CASO (Omayra)

Omayra es una niña de 11 años que reside con sus dos padres y una hermana de 20 años. Cursa el séptimo grado con notas de B. Acude para una evaluación psicológica. Es referida por un psiquiatra con un diagnóstico de Trastorno Obsesivo-Compulsivo que ha resultado recalcitrante al tratamiento psiquiátrico. Al auscultar la severidad de sus síntomas, notamos que Omayra nos indicó que de un 1 al 10, 8 eran severos. Sus síntomas le ocupaban dos horas mínimas en rituales para lavarse las manos y bañarse. Ella se pasaba cargando muchos pañitos de alcohol y limpiaba con estos todo lo que iba a tocar. Asimismo, se lavaba de manera vigorosa sus manos con mucho jabón. Al preguntarle por qué hacía esto, nos dijo que tenía miedo de enfermarse con gérmenes y bacterias.

En esta primera sesión nos indicó que ella casi no socializaba, ya que tiene un temor intenso de que otra gente la toque y se enferme. Además, señaló que antes, sus notas eran todas A, pero que ahora habían bajado a B y C porque sus rituales le tomaban mucho tiempo. Me informó también que llevaba un año con estos síntomas.

En esta primera sesión, tomé un tiempo considerable para explicarle lo que era un TOC, la naturaleza de los pensamientos obsesivos, y de que otras niñas también padecían de este trastorno. Esta cita fue mayormente psicoeducativa. Sin embargo, Omayra salió de la misma con un compromiso conmigo de que le íbamos a ganar a sus obsesiones y compulsiones. La noté optimista y motivada.

La próxima cita fue dos meses más tarde. Esto se debió a que los padres de Omayra tuvieron que cancelar dos citas previas por razones inesperadas de familia. Para mi sorpresa, cuando Omayra entra a mi oficina, llega con una sonrisa amplia, se sienta y me dice: "Me curé de mis rituales". De primera impresión pensé que era un chiste de la niña, pero al seguir conversando con ella, me di cuenta que ella hablaba en serio. Como en la última cita me había dicho que sus síntomas eran 8 de severos, ahora le volví a preguntar por un número. Nuevamente, para mi sorpresa, me dio un 0.

Le pedí que me abundara sobre cómo se sentía ahora. Indicó que luego de la cita anterior conmigo, se puso a pensar mucho sobre lo que yo le dije; que esos pensamientos no tenían que ver con la realidad y que la meta era reírnos y burlarnos de ellos. Pues Omayra decidió "no hacerles caso a esos pensamientos. Antes les hacía caso y me daban miedo. Pero ahora, cuando pienso en ellos, ya no me preocupan porque sé que no me voy a enfermar". Abundó diciendo que ahora salía más y podía socializar un poco mejor. Sin embargo, al indagar su sintomatología TOC resultó que todavía sentía una ansiedad leve/moderada si tocaba objetos desconocidos y sucios. Asimismo, admitió que todavía se lavaba las manos más de lo necesario, pero la intensidad había bajado marcadamente.

En este punto le expliqué que quería comenzar con ella una terapia de exposición con prevención de respuesta. Esta terapia consiste de exponer prolongadamente a la persona con TOC a estímulos contaminados, sin permitir luego rituales de limpieza. Esta terapia es el tratamiento de primera línea y el *gold standard* para tratar el TOC (Abramowitz, Braddock, & Moore, 2009; Emmelkamp, 2013). La llevé al baño de mi oficina y allí tocamos objetos que aparentaban estar sucios (una taza de café de papel) y nos contaminamos todo el cuerpo y la ropa. Esto lo hicimos un rato largo. Luego, ninguno de los dos nos lavaríamos las manos hasta pasar una hora. Al regresar a la oficina, noté que Omayra entendió el racional de la terapia y se comprometió a practicarlo en su casa.

Antes de terminar, también practicamos y le expliqué la técnica de mentalización (*mindfulness*) y cómo aplicarla a sus obsesiones. Se le dijo que cuando viniera un pensamiento obsesivo a decirle que ella se enfermaría, ella decentralizaría el pensamiento, lo observaría con curiosidad, no argumentaría con éste, y lo dejaría pasar sin resistencia. Esto se practicó en la oficina (Hannan & Tolin, 2005).

Un mes más tarde Omayra acudió a su tercera sesión de terapia. Al entrar, me miró contenta y me dijo: "He mejorado mucho. Ya casi no pienso en que me voy a enfermar si toco las cosas". Añadió que después de un año, está volviendo a hacer cosas que le gustaban antes. Como ejemplo, me dijo que había dejado la natación porque sus obsesiones le decían que el agua de la piscina estaba sucia y se enfermaría. Ahora, ya había hablado con sus padres para volver a nadar. Al preguntarle cuánto miedo le tenía a las obsesiones, tomando un número del 0 al 10, nos contestó: "Doble cero".

Otra buena noticia que trajo fue que sus notas estaban subiendo y que estaba sacando otra vez A en varios exámenes. Ahora podía concentrarse mejor en sus estudios. Indicó además que ya no ocupaba tiempo en rituales. Otro aspecto que resaltó fue que estaba saliendo con amistades y practicando más deportes en la escuela.

Le pregunté qué ella esperaba en los próximos meses, y me dijo: "Quiero sacar mejores notas y sentirme feliz". Dado a que Omayra se sentía tan bien, hablé con ella y sus padres y le di una cita en dos meses.

Dos meses más tarde, Omayra llega nuevamente de buen humor y me dice: "No pienso casi en lo de antes. Y si pienso, no les hago caso". Al preguntarle cómo hacía para desenfocarse de las obsesiones, me indicó que estaba utilizando la técnica de mentalización y que la encontraba útil y entretenida.

Los cambios eran espectaculares. Me informó que ahora estaba saliendo con cuatro amigas al cine y a los centros comerciales, y que lo hacía sin rituales. Asimismo, ya había tomado unas clases de tenis y dos clases de baile. Indicó que le encantaba bailar. Debido a que en el tenis uno agarra objetos sucios, le pregunté cómo se lavaba luego de terminar el partido. Me indicó que se lavaba las manos de forma normal y sin rituales. Más aún, su promedio académico, que antes rayaba en la C, había subido a 89. Indicó que se sentía feliz y que estaba segura que sus obsesiones ya no le molestarían porque no les hacía caso.

Mi curiosidad me hizo preguntarle, qué la hizo cambiar tan rápido y de manera tan impresionante. A esto me contestó: "Porque tú me ayudaste. Tú tenías razón, esos pensamientos eran mentiras que yo creía que eran ciertos. También me ayudó que en casa comencé a tocar muchas cosas sucias y no me enfermaba". En otras palabras, mi charla psicoeducativa de la primera sesión, más unos breves ejercicios de exposición y de mentalización, pusieron en marcha un proceso de recuperación vertiginoso en esta niña.

En esta sesión hice pasar a la mamá de Omayra para hablar con más detenimiento. Al preguntarle cómo notaba a su hija, dijo: "La noto muy bien. Está como eran antes del trastorno: animada, le gusta bailar, activa, juega tenis y sus notas están subiendo". Al preguntarle si en casa hablaba de sus obsesiones, mamá contestó: "Ya no habla de eso. Ya no tiene miedo a salir. Incluso hace unos días atrás se quedó a dormir en casa de una amiga". Al preguntarle a mamá el nivel de mejoría de su hija, dijo: "Tiene una mejoría marcada".

Los tres acordamos que esta era la última cita de Omayra y que si los síntomas regresaban o volvían a molestar, que me llamaría. Recuerdo la satisfacción de la niña al irse y enviarme el mensaje de que ella tenía muchas tareas placenteras por hacer y que no perdería su tiempo con rituales y obsesiones.

CONCEPTUALIZACIÓN DE LOS CASOS

El fenómeno de GS se ha reportado en el tratamiento de diversos trastornos, tales como obsesiones-compulsiones (Aderka, Anholt, van Balkom, Smit, Hermesh, & van Oppen, 2012), trastorno de estrés postraumático (Aderka, Appelbaum, Shafran, & Gilboa-Schechtman, 2011), fobia social (Bohn, Aderka, Schreiber, Stangier & Hofmann, 2013), entre otros. En todos estos estudios el resultado ha sido consistente: los pacientes que informan GS mejoran más rápido, terminan la terapia con más ganancias y por lo general dichas ganancias se mantienen. Interesantemente, la literatura indica que no son pocos los pacientes que experimentan GS. En muchos estudios los porcentajes están entre un 20% a un 40%. Incluso en el estudio de Aderka y colaboradores (2011), un 49.2% de los niños y adolescentes con trastorno de estrés post-traumático mostraron GS.

Partiendo del dato de que las GS son bastante comunes en psicoterapia, vamos a tratar de entender nuestros dos casos. En la Tabla 1, el lector puede apreciar las comunalidades entre ambos casos. Ambas llegan quejosas, con sintomatología moderada/severa, con deterioro interpersonal, y teniendo una vida apagada y aburrida. Sin embargo, ambas pacientes en terapia lograron un cambio en dos niveles. En el primer nivel, ambas logran re-enfocar sus percepciones patológicas. En el primer caso, dándose cuenta de la madeja compleja de asociaciones con un pasado doloroso que se prolongaba al presente al plantearse como una víctima perenne de ese pasado. En el segundo caso, la niña re-enfoca y re-interpreta su relación con sus obsesiones. Antes éstas eran "peligrosas", pero ahora son "embustes" e "irreales", y hasta nos podemos burlar de ellas.

En el segundo nivel, ambas, de manera paralela, no sólo hacen una re-interpretación de sus cogniciones patológicas, sino que comienzan a reactivar un conglomerado de actividades placenteras que contribuyeron a levantar su estado de ánimo, en especial a través de buscar relaciones interpersonales saludables.

Dentro de esta conceptualización, ambos casos guardan una consistencia notable. Una vez ambas se apartan y ven ya con distancia sus creaciones cognitivas enfermizas, se adentran en un mundo rico interpersonal, que en forma de espiral ascendente, refuerza la idea de un mundo más retante, más placentero y donde los pensamientos disfuncionales tienen poca o ninguna cabida.

A nivel de conjetura, si estas pacientes sólo hubiesen manejado mejor su re-interpretación de los pensamientos disfuncionales, sin a la vez reactivar su mundo social, me inclinaría a pensar que ninguna hubiese informado el fenómeno de las GS. Aparentemente, fue esa combinación exquisita de alejarse de unas cogniciones depresogénicas/obsesivas, más la activación conductual, la que propició este cambio dramático.

Esta conceptualización parte de la premisa de que las personas que tienen GS suelen presentar un cambio súbito cognitivo, el cual puede abarcar un mejor autoentendimiento y una mejor comprensión de los mecanismos subyacentes de su patología. Así, por ejemplo, Goodridge y Hardy (2009) encontraron que el 100% de los pacientes que mostraron GS en TCC tuvieron una ganancia marcada de autoentendimiento de su condición y pudieron asimilar esta información a un nivel profundo de cambio cognitivo y afectivo. Este proceso es muy similar al que encontraron Tang y DeRubeis (1999) en su estudio de TCC.

Adicional, el cambio no sólo se tradujo a niveles de entendimiento, sino que se ramificó rápidamente a nivel conductual. Según el modelo de Terapia de Activación Conductual (Martell, Dimidjian, & Herman-Dunn, 2010), la depresión y otros trastornos relacionados al neuroticismo, suelen ser mantenidos por un nivel muy bajo de actividades placenteras y por el uso de acoplamientos evitativos. En el caso de Omayra y Vanesa, ambas mantenían una vida monótona, aburrida, se habían desactivado de núcleos significativos interpersonales, y no participaban de experiencias placenteras. Sin embargo, luego de los cambios cognitivos y afectivos logrados tras las GS, ambas comenzaron a salir más, buscaron amistades, y según el caso, a participar de bailes, deportes y de un trabajo más reconfortante.

El modelo de activación conductual puede ayudarnos a entender cómo es que los cambios cognitivos logrados se sostienen. Una vez la persona cuestiona sus esquemas y premisas cognitivas disfuncionales, se le abre el apetito de reactivar experiencias y conductas que conlleven a cambiar el estilo conductual, logrando en última instancia la consolidación del cambio inicial logrado.

Para terminar, es importante señalar que el fenómeno de GS se puede dar en cualquier modalidad de terapia, aunque la literatura parece apoyar la idea de que se dan más en las TCC (Aderka et al., 2012). Por ejemplo, Andrusyna, Luborsky, Pham y Tang (2006) estudiaron las variables que antecedían una GS en terapia psicodinámica. Los datos revelaron que las variables que predijeron una GS en terapia psicodinámica eran las interpretaciones intrapsíquicas que ofrecía el terapeuta. Este estudio pone de manifiesto que las GS pueden manifestarse de acuerdo al nivel de impacto y mecanismos diversos de varios modelos psicoterapéuticos.

TABLA 16.1

Comparación de la ganancia súbita para los dos casos

Vanessa	Omayra
Mejoría notable reportada en la segunda sesión.	Mejoría notable reportada en la segunda sesión.
La persona atribuye el cambio a un re-enfoque con su pasado y figuras conflictivas.	La persona atribuye el cambio a que entendió que sus obsesiones no eran reales y no podían hacerle daño.
Se utilizaron técnicas de re-estructuración cognitiva y uso del perdón.	Se utilizaron técnicas de re-estructuración cognitiva, mentalización y exposición/prevención de respuesta.
Paciente habla de temas que antes eran muy conflictivos, con serenidad, paz y con la convicción de haber soltado el dolor y agravios del pasado.	Paciente enfoca sus obsesiones como pensamientos esporádicos que no tienen valor ni credibilidad.
Paciente re-activa innumerables actividades placenteras (cambio de trabajo, amistades, novio, salidas, estudios).	Paciente re-activa innumerables actividades placenteras (bailar, salir con amistades, tenis, nadar, subir notas).

REFERENCIAS

Abramowitz, J. S., Braddock, A. E., & Moore, E. L. (2009). Psychological treatment of obsessive-compulsive disorder. En M. M. Antony & M. B. Stein (Eds.), *Oxford handbook of anxiety and related disorders* (pp. 391-404). New York: Oxford University Press.

Aderka, I. M., Anholt, G. E., van Balkom, A. J., Smit, J. H., Hermesh, H., & van Oppen, P. (2012). Sudden gains in the treatment of obsessive-compulsive disorder. *Psychotherapy and Psychosomatics, 81,* 44-51.

Aderka, I. M., Appelbaum, E., Shafran, A., & Gilboa- Schechtman, E. (2011). Sudden gains in prolonged exposure for children and adolescents with posttraumatic stress disorder. *Journal of Consulting and Clinical Psychology, 79,* 441-446.

Aderka, I. M., Nickerson, A., Boe, H. J., & Hofmann, S.G. (2012). Sudden gains during psychological treatments of anxiety and depression: A meta-analysis. *Journal of Consulting and Clinical Psychology, 80,* 93-101.

Adrusyna, T. P., Luborsky, L., Pham, T., & Tang, T. Z. (2006). The mechanisms of sudden gains in supportive-expressive therapy for depression. *Psychotherapy Research, 16,* 526-536.

Bohn, C., Aderka, I. M., Schreiber, F., Stangier, U., & Hofmann, S. G. (2013). Sudden gains in cognitive therapy and interpersonal therapy for social anxiety disorder. *Journal of Consulting and Clinical Psychology, 81,* 177-182.

Emmelkamp, P. M. G. (2013). Behavior therapy with adults. En M. J. Lambert (Ed.), *Bergin and Garfield's handbook of psychotherapy and behavior change* (pp. 343-392). New York: Wiley.

Gaynor, S. T., Weersing, R., Kolko, D. J., Birmaher, B., Heo, J., & Brent, D. A. (2003). The prevalence and impact of large sudden improvements during adolescent therapy for depression: A comparison across cognitive-behavioral, family, and supportive therapy. *Journal of Consulting and Clinical Psychology, 71,* 386-393.

Goodridge, D., & Hardy, G. E. (2009). Patterns of change in psychotherapy: An investigation of sudden gains in cognitive therapy using the assimilation model. *Psychotherapy Research, 19,* 114-123.

Greenberg, L. S., & Elliot, R. (2012). Corrective experience from a humanistic-experiential perspective. En L. G. Castonguay & C. E. Hill (Eds.), *Transformation in psychotherapy* (pp. 85-102). Washington, DC: American Psychological Association.

Hannan, S. E., & Tolin, D. F. (2005). Acceptance and mindfulness-based behavior therapy for obsessive-compulsive disorder. En S. M. Orsillo & L. Roemer (Eds.), *Acceptance and mindfulness-based approaches to anxiety* (pp. 271-300). New York: Springer.

Hardy, G. E., Cahill, J., Stiles, W. B., Ispan, C., Macaskill, N., & Barkham, M. (2005). Sudden gains in cognitive therapy for depression: A replication and extension. *Journal of Consulting and Clinical Psychology, 73,* 59-67.

Hofmann, S. G., Schulz, S. M., Meuret, A. E., Moscovitch, D. A., & Suvak, M. (2006). Sudden gains during therapy of social phobia. *Journal of Consulting and Clinical Psychology, 74,* 687-697.

Martell, C. R., Dimidjian, S., & Herman-Dunn, R. (2010). *Behavioral activation for depression: A clinician's guide.* New York: Guilford Press.

Tang, T. Z., & DeRubeis, R. J. (1999). Sudden gains and critical sessions in cognitive-behavioral therapy for depression. *Journal of Consulting and Clinical Psychology, 67,* 894-904.

Vittengl, J. R., Clark, L. A., & Jarrett, R. B. (2005). Validity of sudden gains in acute phase treatment of depression. *Journal of Consulting and Clinical Psychology, 73,* 173-182.

ALFONSO MARTINEZ-TABOAS Y GUILLERMO BERNAL

Alfonso Martínez-Taboas, Ph.D. es catedrático asociado en la Universidad Carlos Albizu. Sus trabajos investigativos y teóricos se han centrado alrededor de temas tales como: disociación, trauma psicológico, epilepsia, poblaciones LGBT, psicología de la religión, prácticas basadas en la evidencia, hipnosis y aspectos culturales de las psicopatologías. Ha ocupado puestos de liderato en la psicología puertorriqueña, siendo vice-presidente de la *Asociación de Psicología de Puerto Rico* (1993-1994) y más tarde presidente de la misma (2007). Se ha caracterizado por difundir sus hallazgos e ideas en revistas profesionales, contando al momento con 180 publicaciones y 6 libros. Uno de estos libros recibió en los EEUU el *Pierre Janet Writing Award.* Ha sido editor en jefe de la *Revista Puertorriqueña de Psicología* y de la revista *Ciencias de la Conducta.* Adicional, ha presentado sus hallazgos en más de 160 conferencias y paneles científicos en las áreas de neurología, psiquiatría y psicología. Ha recibido importantes premios nacionales e internacionales tales como premio Carlos y Ermida Albizu, Psicólogo Distinguido del Año de Puerto Rico, Investigador del Año, Facultativo del Año, Premio Rubén Ardila a la Excelencia en la Investigación Científica, y en el 2012 recibió el premio una Vida de Logros. Debido a su peritaje en el campo del trauma y la disociación, fue electo *Fellow* de la International Society for Trauma and Dissociation.

Guillermo Bernal, Ph.D., es catedrático en el Departamento de Psicología de la Universidad de Puerto Rico y Director del Instituto de Investigaciones Psicológicas. Su trabajo se ha centrado en la investigación, la capacitación y el desarrollo de servicios de salud mental para poblaciones caracterizada por la diversidad lingüística y cultural. Su investigación se centra en estudios de eficacia sobre tratamientos psicológicos culturalmente adaptados para la depresión con adolescentes en Puerto Rico. Él ha contribuido al diálogo sobre las adaptaciones culturales en torno a las Prácticas Basadas en la Evidencia. Desde 1992, ha colaborado en generar estudios sobre la eficacia de la Terapia Cognitiva Conductual y la Terapia Interpersonal. Su marco conceptual de adaptación cultural ha servido de guía para muchos en el campo de la investigación en psicoterapia. Ha publicado más de 160 artículos en revistas arbitradas, capítulos y siete libros. Bernal es miembro de la Asociación de Psicología de Puerto Rico, de la American Psychologial Association (APA) (divisiones 45, 12, 27, 43 & 29). Fue designado *Fellow* de las divisiones 45, 12, y 27 de la APA y ha recibido importantes reconocimientos en Puerto Rico y a nivel internacional. Su libro editado (con Domenech Rodríguez) más reciente se titula *Cultural adaptations: Tools for evidence-based practice with diverse populations* fue publicado en el 2012 por la editorial de la APA.